U0118508

冥王星
靈魂的演化之旅

Pluto: The Evolutionary Journey of the Soul Volume I

傑夫．格林｜ Jeff Green——著
韓沁林——譯
胡因夢——審訂

關於本書

你如果曾經問過：「我為什麼在這裡？」，或者「我的功課是什麼？」之類的問題，那麼本書將可以透過占星的觀點，客觀地幫助你找到答案。

你如果是一位職業占星家，而你的案主向你提出這些疑惑，那麼本書將可以幫助你從案主的立場找出答案。

這本書除了呈現靈魂進化之旅的主要準則和概念，同時還提供了實際、簡潔又獨特的占星方法和技巧，讓人可以明確地回答以上的問題。格林花費十年的功夫發展本書中的方法和技巧，並將其運用在數以千計曾經問過同樣問題的案主身上。這本書裡的方法，可說是他十年的心血成果。

讀者若是能仔細地閱讀，將書中所言應用在自己的星盤上，就可以找到一種客觀的方法，揭露自己存在的本質。而書中所倡導的自我認知，更可以幫助一個人與今生的演化及業力功課合作，而非一味地抗拒。

除此之外，作者還粉碎了過去常聽到的指控：占星家一談到生命經驗中靈魂或形而上的面向，就會變得語焉不詳或欠缺邏輯。格林將這種觀念掃蕩一空。個人的命運應該是反映出更高整體的一種設計。他極具技巧的解釋不僅能觸碰到靈魂層面，還能清楚地描述一個人在冥王星的人生之旅中，會面臨到的實際議題。此書的確是一本只談論冥王星的著作，但其意義決不僅限於此，而格林就像是一名守衛，護守著我們度過靈魂演化進程中的每一次躍進。

——黛安娜．史東（Diana Stone）

這本書可以名為「勇敢的新書」，它為特定的心智帶來了影響，讀者應該將內容融會貫通，而非只是閱讀它。格林在書中涵括了所有的占星技巧，雖然這是一本純形上學的著作，但卻是一本非常實用的包含所有占星準則的工具書。作為唯一的一本專門討論冥王星的著作，它的確大幅彌補了占星文獻中的不足，所以絕對不能錯過。本書很容易閱讀，作者採用對話的口吻，將自己對冥王星領域的深刻洞見，化成了可以立即應用的見解。在冥王星符號化為現實的演化進程中，濕婆神（Shiva）重新顯化在人們的面前，而冥王星代表的就是化身體現本源的神祇。我們都知道進步之前必須先將一切毀滅，而毀滅之前必須先前進一步，因此我們靈魂的演化都是在這條完美的道路上，朝著未知的圓滿前進。好好將這本書融會貫通吧。

——艾林．蘇利文—席爾（Erin Sullivan-Seale）

感謝辭

在此感謝我的愛人暨摯友，同時也是我的妻子——蘿拉對本書的堅定信念，尤其在我陷入文思枯竭的絕望時；感謝她極大的犧牲，讓我無後顧之憂地完成本書。

我想要感謝琳恩・韋揚（Lynn Weyand）給予我即時的財務援助和精神支持，才能讓這本書成形，謝謝露西・貝克（Lucille Baker）和泰兒・貝爾（Thia Bell）在初期階段不辭辛勞地替我校對和打字，也很感激布雷特・鮑曼（Bret Bowman）和克魯娜・鮑姆（Karuna Baum）所作的文獻研究。感謝韋揚（Lyn Weyand）、羅莉・布尼—格林（Laurie Burnett-Green）、裘恩・諾瓦克（June Novak）、蘿拉・葛金（Laura Gerking）和瑪格莉特・納班迪恩（Margaret Nalbandian）在閱讀手稿之後，給予我寶貴的意見。我要對珊蒂・拉佛瑞斯特（Sandy LaForest）獻上最深摯的謝意，感謝她幫這本書做的最後校訂。

我還要謝謝伊琳・諾曼（Eileen Nauman），她教導我言簡意賅的寫作風格，同時在各種研討會上幫我作開場白，協助我呈現書中的概念和想法。我也要感謝已逝的詹斯基（Robert Jansky），讓我對自己抱持信心。謝謝麥克埃維斯（Joan McEvers）的激勵、鼓舞與溫和的責備，讓我能夠開始寫作。也要謝謝瑪格莉特・納班迪恩和諾伯爾・納班迪恩（Noubar Nalbandian）在我投入占星學的這些年來，給予我持續的支持。感謝西雅圖「卡斯特及波路克斯工作室」的索莉絲・潘普（Saulis Pempe）和泰瑞莎・麥比（Theresa Maybee），他們努力創造了獨樹一格的攝影作品，讓這本書有了一個極棒的封面。

我還要特別感謝庫寧漢（Donna Cunningham）、麥克埃維斯（Joan McEvers）、蘇利文—席爾（Erin Sullivan-Seale）和史東（Diana Stone）費時檢查手稿。謝謝艾倫・歐肯（Alan Oken）激勵人心的前言，還有諾亞・泰爾（Noel Tyl）精彩的序言。還要格外感謝雷維林出版社的泰瑞・巴斯克（Terry Buske）優秀的修訂編輯，以及凱羅・麥基（Carol Maki）在周末加班工作，讓這本書順利完成。

最後要感謝的是這麼多年來，我在各種工作坊、演講和聚會中所遇到的人，你們的重要性絕不亞於任何人，謝謝你們激勵我不停地向前邁進。願上帝保佑你們。

> 「一個小孩誕生的那一刻，天體的光輝會與他個人的業力精準地調成一致。他的本命星盤就像是一張充滿挑戰的自畫像，揭露了他無法改變的過去，以及未來可能出現的結果。但是只有具備直觀智慧的人，才能正確無誤地詮釋本命星盤，而這樣的人是少之又少的。」
>
> ——斯里・亞塔斯瓦上師（Swami Sri Yukteswar）

目次

審訂者序

長久以來，西方占星學家一直在尋找一種詮釋系統，能夠完整地結合心理占星學和奧祕占星學，同時又能擺脫後者留給人們的那種缺乏邏輯性、過度玄奧的印象。這種更深入於因果律的「業力占星學」，不但應該指出人們最執迷不悟的固著點，還應該指引他們去洞察、理解和轉化這些不易覺知的慾望和驅力，同時要幫助他們去包容和正向地實現這些慾望或驅力。然後人們才能藉由這個客觀的參考架構，發展出內心的默觀空間，一種比本覺還要寬廣的遍覺和全知，來擺脫累世輪迴所造成的痛苦、束縛和疲困，輕鬆自由地回歸靈性的源頭。

本書作者傑夫・格林的「演化占星學」，可以說是到目前為止令許多占星家驚豔的深層詮釋系統，也是比較有可能達成上述目標的占星學派。我們可以說它獨樹一格地形成了占星界「教外別傳」的「頓悟」法門，因為它完全不在星盤的細瑣元素上著墨，選擇以更根本的方式，直指整張星盤裡不斷興風作浪促成輪迴的首腦：冥王星，以及在過去和未來一旁推波助瀾的南北交點。從星盤上的冥王星落入的星座和宮位，可以看出一個人源自於無意識底端的強迫性傾向和驅力，人們越是能帶著覺知，以符合真理法則的方式來完成這份慾望，就越不會成為它的受害者。否則就可能在這股壓倒性的勢力之下，遭遇全盤的瓦解、摧毀、喪失恩寵，或是墮落到地洞裡。若想避免這種因缺乏覺知而造成的極端發展，就必須將這股驅力扳往相反的方向，也就是冥王星對宮的生命領域，以及對立的行星所代表的人格面向。同時要用北交點落入的星座及宮位，還有其主宰行星落入的星座和宮位，所代表的人格面向及生命領域的發展，來輔助冥王星達成一種較為平衡的演化動力，如此才能在完成靈魂最深慾望的同時，不再留下未竟的惡業，而能無憾地朝著靈性的源頭繼續演進。

我以本書的架構來觀察自己和個案的深層業力，包括與冥王星有關的過往生命週期循環，發現它的確能觸發內心最真誠的省思。但是這種省思的能力，正如書中所說的，是在數十年後歷經漫長的揭露，才逐漸揭曉的一種遲來的後見之明。如果自己和個案在涉世未深的年紀，有幸能接觸到書中的這種生命教育，是不是就能更成熟、平衡和穩健地處理人生和命運？是否有了一定程度的覺知，就無需莽莽撞撞、頭破血流地成長？這或許就是在越戰殺戮場上瞰透人性的傑夫，要帶領讀者去發現的道理。除了冥王星和南北交點的關係，本書也詳細且嚴謹地闡述了冥王星在十二個宮位裡的作用力，以及冥王星和九大行星的相位的意涵，最後則剖析了冥王星推進和移位至十二個宮位，可能引發的挑戰和經驗，及正向的轉化該抱持的態度。

接下來積木文化將會出版傑夫・格林的女兒，演化占星學苑目前的主持人蒂瓦・格林（Deva Green）的著作，同時也在計畫推出傑夫的另一本重要著作《冥王星：靈魂在關係中的演化》（*Pluto: The Soul's Evolution Through Relationships*）。這是目前歐美唯一的一本深入探討「合盤」(Composite) 中的業力關係的著作，請讀者拭目以待！

——胡因夢，二〇一一年於台北

序言

「比利在哪裡？」這對一個正在探索自我的嬰兒而言，是一個很好的測試問題。但我們問的是比利「目前」在**哪裡**？他是不是從特定的時空移置過來的？或者以一種非個人性的方式來看，他就「只是出現在這裡」罷了。

有關早期的自我意識的心理學測試都認為，大部分的比利（當然，還有大部分的珍妮）在回答這種存在性的問題時，都會指一指自己的肚子，也就是他們身體的中央部位。

當你讀完這一段後，請問問你自己：**你目前在哪裡？**大聲地問自己。你有什麼感覺？你一定會覺得有些尷尬，很難替自己解套。

我們在一生中經常得回答這樣的問題或想法：「**我是誰？**」現在就大聲而堅定地問問自己這個問題。當然，你可能會有另外一種奇怪的感覺。你也許只是擺個手勢，輕鬆地把這個問題唸出來，或是覺得不得不這麼做，才會問自己這個問題（也許你正擰著手腕）。

你以前／現在會指著身體的哪個部分？「我」在哪裡？你也許會稍微往上一點，指著自己的心臟部位，位置較比利的肚子高一些。這個部位就是解剖成年人肉體的中央位置，我們對心臟的必要性所產生的覺知，還有我們對語言和藝術所產生的情感，都會強化這個部位。所以我們總會指著自己的心臟，認為它就代表自己的存在。

雖然這是直覺性的反應，卻也是非常基本的概念。我想沒有人會指著自己的手臂或腿吧！如果你問全世界超重量級拳擊手這個問題，他可能會緊握著自己的右拳，揮舞地說：「老兄，就在這裡。」一個只用大腦的知識分子則可能不假思索地直接指著腦袋，或是眨一下眼睛，一副不用想也知道答案的模樣。

無論是上述的哪一種情形，有個部分可能被遺漏了：那就是人性的部分。

所以我們必須要問：「我**現在**身處何處？我是誰？」當然，接下來我們很快會問自己，「為什麼我是這樣的人？」「我這個樣子已經多久了？」「誰應該為此負責？」「我對這樣的自己是否滿意？」等等諸如此類的問題。

這並不是什麼新鮮有趣的問題，但一問起來就永無止境。宗教就是要幫人們回答這些自己無法回答的問題，同時把所有的事情都整合在一起，為自我的存在賦予意義和保障。我們姑且假設自己可以在追尋宗教的進程中，形成**靈魂和靈魂探索**的概念。

即使是最包羅萬象的語源學字典，也無法追溯「靈魂」這個字的明確出處。這個字的意涵就如同生命的驟然出現一樣，是模糊難解的。正統的心靈教誨會將靈魂視為存在的本質或整體性的存在意識。靈魂不是腺體，不是肌肉，不是複雜的荷爾蒙和染色體，也不是一種異常的生長情形。然而，每個年代都有所謂的靈魂治療師，企圖賦予靈魂一種明確的形式。有趣的是，他們最後可能都會接受比利或是你的答案，證明肉體是靈魂的棲息處。他們會說：「答案當然是胸腺！這還用說嗎？」

舉個例子，十九世紀末，英國出現了一位天賦異稟、有些古怪又能啟發人的占星家艾倫・里歐（Alan Leo），他的著作對於美國初期的占星家們影響甚鉅。他曾經提出非常好的見解，認為靈魂與海王星有關（或許我該說，他以一種極具洞見的方式談到與靈魂有關的海王星）。他曾說過：「海王星允許靈魂離開身體。」「靈魂要去哪裡？為什麼？靈魂過去在哪裡？我們是在說一種『旅程』嗎？」里歐特別指出，海王星突顯了我們的有形存在與無形存在之間的差異。對於里歐而言，靈魂是無形的，是一種存在的本質。事實上，當你深入探討靈魂的一切時，就會發現里歐所指的靈魂與海王星之間的關聯性，只是用當時最基本的占星學內涵，去解釋這個最模糊難懂的領域。

舉個例子，土星會將過去的一些沉重的包袱帶到現在，占星家能夠發現這些包袱，也可以評估其影響力，同時將這些東西視為最後的警告。任何的「殘餘物」都歸於土星管轄：所有殘留的痛苦、隱藏的恐懼和外境的威脅（因此才會有對不同「層次」、高八度或主宰行星的研究）。

天王星的發現則讓事物獲得了解放，個人也因而得到了一些尊嚴。但現在我們又認為個人主義破壞了社會的和諧，就像以前把所有問題都歸咎於象徵主義一樣。

然後海王星就出現了。

當我觀察到傑夫・格林在占星圈子冒出頭時，我問的就是：「傑夫目前人在哪裡？」後來我讀到他在雜誌上的一些文章和訪談，也聽過他的一些演講。我四處打聽他。最後，我終於可以和他討論他的新手稿了。

傑夫在手稿裡指出了冥王星的重要性，他指的是每個人的冥王星，每個人的「身體中央位置」；他認為占星學家可以從這裡開始面對靈魂的奧祕，也可以在演化的進程中，體驗到人生就是一場旅程。我閱讀傑夫的手稿時，實在鬆了一口氣，而且樂在其中：書中沒有唯心論者編織的魔咒。相反地，這是一本極為細膩、帶有折衷精神又顯得練達的占星著作，而且是用一種具體的方式去解釋這個不怎麼具體的領域。

我們過去想要討論靈魂時，似乎總得把個人主義拋到腦後（里歐就是在海王星和天王星之間掙扎），彷彿除非能超越世俗的一切，否則就無法依循靈魂的指引。傑夫則敏銳地區分了靈魂裡的「慾望」結構和「不變的本覺」：一種是想要與存在源頭分離的慾望（意即個人化），另一種則是回到本源的慾望（意即成為整體的一部分）。

傑夫透過冥王星運行至星盤上每個宮位的不同階段，將他的洞見逐一詳實地呈現出來。他從各種不同的層次，對每一個位置進行了非常深入的探討。每個宮位的探討都指向了靈魂的概念：「『我』就在此。」

再舉一個**真實的例子**，當我在閱讀傑夫的手稿時，我接到一通非常戲劇化的長途電話。一位名為喬治的男子向我尋求占星諮詢，他正面臨著極不尋常的困境。喬治給人的感覺是非常聰明、思緒清楚、感覺敏銳、知識淵博、心胸寬大又毫不設防。他有一部分的問題是，某些非常具體的影像、夢境和幻聽，令他十分確定在某一世曾經是耶穌的門徒之一。

這並不好笑。當喬治在討論自己的問題和狀況時，是非常嚴肅的，完全沒有一丁點兒的笑意。事實上，複雜的自我意像經常會令人出現這種被說服的情況，但是占星家的角色不是去評斷它。我如果只是懷疑他，或是給他一個輕蔑的回答，他的反應就會像勇敢地把自己的問題告訴某個朋友一樣，那麼我跟他都不會從中獲得任何收穫。

源自於罪惡感和羞恥心，喬治過去世的身分為他今生的現實生活帶來了問題。換言之，他無法再用現在的生活方式繼續過日子，因為根據他過去世的從屬關係建立的標準，他目前的所作所為完全是背棄了這種標準，過著令自己無法忍受的生活。

這其中還有許多細節，但不該在序言中討論。我的責任就是要幫助喬治，讓他能夠幫助自己。我想要找到一個起點，我需要就他對於生命的觀點，進一步地了解他的靈魂演化歷程。

當我跟喬治通電話時，傑夫的手稿就放在隨手可及之處。我重新讀了其中某一個章節，書中有關喬治的冥王星位置的討論，讓我產生了一些想法，最後為喬治帶來了極大的幫助。

傑夫的書讓喬治指向了他自己的靈魂。當我們跟著冥王星加快腳步，在時間的框架內穿越不同的空間和意義時，我們所有的人也可以在這段旅途之中，感受到傑夫書中想要傳達的意義。

恭喜你，傑夫。同時也謝謝你。

——諾亞・泰爾於麥克林市，維吉尼亞州，一九八五年九月

前言

當我逐頁閱讀格林的第一本著作《冥王星：靈魂的演化之旅》時，不禁想給這本啟迪人心的占星著作另外一個書名：《占星家的返鄉之旅》（*Astrologer, Come Home*）。這本書讓我們徹底領悟了應用這門古老科學、一種不可思議的美妙技藝的真正理由。它讓我們完全體驗到對人類同胞的無私奉獻。它更讓我們完整地理解了生命的簡樸之美，明白一切不過是一場人性的演化計畫。

在所謂人類的古老智慧中，占星學代表的是形上學傳統的面向。占星家如果能正確地應用占星學，便能直觀「上帝的幾何學」的表現，然後就會發現：在人類意識的展現之中，其實有一種可以印證、具有邏輯的模式。占星家只要運用自己的方法和技巧，以及更重要的一種自我培養的直觀能力，就會發現這個看似混亂的世界其實是井然有序的，而這種秩序甚至是可以被評量和預測的。占星家在全心研讀這門科學之後，就能體悟到宇宙其實是一種活生生的意識能量。宇宙的確是「活的」，每個生命都是有意志、目的和智慧的，而這一切都會透過愛的原始面貌呈現在太陽系中。愛是所有存在的真實本質，也是「肉身演化的最終目的」。

很少有著作討論到占星學中較為奧祕或靈魂的面向，除了少數的例外，像是西藏指導靈大師D.K. 最具權威性的著作《奧祕占星學》（*Esoteric Astrology*，此書是由他的代筆人愛麗絲・貝利〔Alice A. Bailey〕，透過自動書記謄寫出來的），還有艾倫・里歐（Alan Leo）、瑞格（W. P. Rigg）和梅・陸德倫（Mae R. Ludlum）等人的力作，以及廣受好評的伊莎貝爾・希奇（Isabel Hickey）的作品。丹恩・魯依爾（Dane Rudhyar）是對占星學貢獻最多的人物之一，他不但影響了二十世紀，而且整個占星學的歷史都受到他的影響。他建立了一種哲學性的參考架構，讓我們對寶瓶時代人性的原型有了初步的概念。此外，他在描述本命盤的演變和發現上也貢獻良多。但即使是魯依爾的大量作品（以及馬可・艾德蒙、瓊斯〔Marc Edmund Jones〕多本重要的著作），也無法滿足喜愛形上學的占星家的需求和興趣。這些追尋者在內心燃燒著對上帝和人類的愛，其所散發出來的光輝，遠勝過至上的理想和完美無缺的才智。

對於形上學的追尋者和那些著重靈性的人文占星家而言，格林的這本書（還有他目前的教學和演講）頗能觸及他們的思想核心。占星學家正在推動一種全球性的集體潮流，努力地將占星學拉出限制重重、追尋個人權力謎語般的詮釋的歷史，而格林的這本書可以說是這股潮流中的一部分。《冥王星：靈魂的演化之旅》的焦點，集中在冥王星這個負責轉化的行星上，這將有助於這股潮流的推動。儘管本書是奧祕導向的著作，但是對於抱持嚴肅心態的占星學子而言，仍然是簡明易懂的。

格林採用了形上學的法則和律法，來描述本命星盤的符號，呈現出他對冥王星獨特而清晰的洞見。書中的文字不僅反映了他的形上學訓練，也相當地口語化。他慣用日常對話般的親切語氣，卻又不失古老智慧傳承的學術修養。同時格林也是一位成熟的花童，透過本書和占星教學，他真實地呈現了六〇年代所深深追求的人本主義精神。在他朝著人類集體福祉邁進的靈修過程中，我可以說是一路陪伴著他的兄弟。在這趟占星學和形上學的服務之旅中，能夠有他的陪伴，還有這麼多兄弟姊妹一起分享轉化的點滴，實在是非常愉快的事。

人類的演化越是趨近寶瓶時代，就越需要藉由行星的集體相位能量來整合個人的志向，如此人類才能出現新的秩序。如果在這個過程中有足夠的愛作為支撐，這種新秩序就不會摧毀我們目前的世界，讓一切灰飛煙滅。但毀滅是重生必經的歷程之一，死亡則是輪迴轉世的載具。透過輪迴轉世，行星和人類生命的內在結構才能逐一成形。所有無法再生的情感和理智的慣性模式、具體和非具體的毒素及阻礙，以及所有因隔絕而產生的罪惡，都是業力的一部分。我們必須將這些東西釋放出來，才能獲得淨化和重生。當冥王星這位死亡（重生）的使者經過其主宰的天蠍座時，我們可以看到強烈又負面的摧毀渴望，但唯有如此才可能出現一個更美好的未來。我們都知道冥王星需要花費十二年來完成這個歷程，期間跨越了一九八三年到一九九五年，而此時「業力之王」的土星也正通過天蠍座，直到一九八五年年底為止。所以格林這本專述冥王星的佳作能在這個時間點推出，實在是再適合不過了。

我們正處於兩個時代的交接點，而天蠍座就是「界線」，區分了兩種截然不同的人性表現的法則，這裡指的是個人性和集體性的區分。冥王星會透過天蠍座和本命星盤上八宮所代表的事物，為個人帶來諸多的轉化上的試煉。人們此時會急切地想要滿足個人慾望（源自於牡羊座和一宮），卻被迫透過靈性的啟蒙，或是情感及物質層面的毀滅，放棄對於自我的執著。在這個過程中，個人的自我會漸漸消融，轉化成與集體意識融合的狀態。我們在之前天秤座的試煉中，已經學到了結合的過程和意義。天蠍座則是更深一步地，首度允許「一個全然領悟的個體」潛入集體生命經驗的浩瀚海洋中，帶著對於「人—我—整體」神祕結盟的覺知，再度浮出水面。這個過程一直要到個人化的「自我」首度體驗到「宇宙真理的火焰」（射手座）之後，才能畫下句點。唯有如此，我們接下來才能透過摩羯座的開創能量，顯現出自我發展的成果。所以，天蠍座和八宮是非常重要的，因為轉化的過程可以將我們引向更高的層次。既然冥王星正好通過天蠍座中的「人類意識的界線」，就代表了整體人類都會歷經死亡和重生的試煉，而且一次比一次強烈，直到千禧年降臨為止。

這裡有一點非常有趣：人類在物質層面的存在危機，是透過冥王星的低八度行星或天蠍座的共同主宰行星—火星呈現出來。火星在傳統上被視為「戰神」。當我看到人類不接受形上法則的陶冶和引導時，實在深感痛苦。人類如果能在恐怖的念頭變成行動之前，先在更細微的意識層面上進行轉化，戰爭就不會發生了。這些可怕的行為往往會展現在對族群、種族和國家的威脅上面，而在我們所處的核子時代裡，這更代表了全球性的毀滅。但這的確也會促進演化或人類的「魔化」（devil-ution）。我們可以從歷史發現，啟動戰爭最常見的理由，就是需要或想要獲得更多的領土，也可能起源於其他的經濟因素。這些情況會製造出什麼樣的星盤呢？通常都會有天蠍座、冥王星／火星及八宮，與金牛座、金星及二宮的對立。宇宙包含了一種隱微的秩序，可以透過占星學的模式展現出來。世界的混亂都是源自於人類沒有意識到這種秩序的存在，而且人性也不樂意遵守它，不願意讓它引領我們前往「應許之地」（也就是所謂的「地球」）。我們寧願繼續當個傻子，就像飢渴的小孩一樣。但我們可以、也必須改變這種無法重生的存在狀態。我們必須有意識地與冥王星的能量合作，無論這將會對自我構成何種威脅，都是顯現根本性的成長的必經之路。

我們再次讓自己的國家走向了戰爭的毀滅中，因為這是唯一的一種可以讓我們甦醒、恢復理性的棒喝。但即使有這麼多的外在戰爭，仍不足以讓集體意識朝著正面去發展。外在的戰爭終究是無用的，我們唯有透過個人轉化的內在戰爭，才能夠找到和平的國度。個人的自我唯有在內心深處的神聖之地，才可能與靈魂相遇，進而得到轉化，而靈魂才是我們每個人內在導師的棲息之處。

和平能夠「穿越所有的知識」，而這並非源自於理智，更不是來自於精神領袖或國家元首，因為他們鼓吹的多半是帶有排他性的理性。正如格林在書中所說的：「…放慢腳步，讓你自己進入沉思和默觀中，去感受這些想法。」而這的確需要一點敏銳度。我們必須透過自我意識與靈魂交流的過程，才能將其培養出來。人類唯有透過根本性的整合，才能免於自我毀滅。古老的智慧將這種整合的過程稱作「門徒的修練之道」。

我願與格林（以及這條道路上的兄弟姊妹們）分享最深摯的祝福、最真誠的願望和本書真正的目的：我們已經向低層次的自我全面宣戰（無條件的愛就是我們的武器）。希望冥王星這顆愛的核子彈能毀滅小我的分子結構，讓更高自我最真實的光輝照耀著我們，於現在和未來人類的心中灑下遍地的希望種籽。

——艾倫・歐肯於山塔非，新墨西哥州，一九八五年一月

導言

本書是寫給執業的占星家看的，當他們的案主問到：「我為什麼會在這裡？我的功課是什麼？」時，就可以將此書作為一種參考。這也是為占星學子以及曾經問過以上的問題，並試圖在占星架構中尋求答案的人撰寫的一本書。

我們如果認同占星學是一種描述整體生命的象徵性語言或系統，就能了解書中的敘述都是根據實際的觀察和聯想，這裡指的聯想就是在觀察的當下，看到個人與天上的行星的關係。其中包含了演化、循環和成長的三種現象。萬物都是建構在過程之上的，而過程往往包含了過去、現在和未來。無論是從個人或集體的觀點來看，一切的造物都是被自然的演化法則所掌控。如果從過去的角度來分析，我們也會發現可以觀察到的過去、現在和未來。

演化有兩種模式，一是驟變性的，另外一種則是持續性的。當各種不同的力量在同一時間累積到最高點時，就會產生全面性的蛻變，這便是所謂的驟變性演化。從表面上看來，驟變性演化似乎會帶來突然的改變，實際的情形卻並非如此。這其實是許多力量匯集而成的結果，其中包含著一些相互牴觸的力量。牴觸的力量存在於過去和現在，演化產生的驟變則存在於未來，而未來又是過去造成的果。當追求改變的演化力量變得越來越強勁，超越了牴觸的力量時，呈現出來的結果就是突然的改變。這兩股力量的相對強度，則決定了驟變本身的規模和劇烈的程度。

我可以舉一個簡單的例子來解釋這個過程，那就是大自然中的地震。在人類社會裡也有一個相同的例子，譬如水門案事件導致尼克森總統辭職下台。

相較之下，依循持續性的整合所進行的演化，通常會在一段極長的時間內帶來進步或是平穩的成長。這一類的演化通常比較溫和，不會造成突如其來的變動。從自然或人類科學的觀點來看，這代表在生命自然演化的循環過程中，無論是個人或集體，都只能表現出極少的抵抗力，甚至是毫無抗拒的能力。

從個人和集體的觀點來看，冥王星是與演化進程有關的一個行星符號。它是最原始的推手、主要的演化原因，也是最後的底線，可以將其他行星的因素連結在一起。

當案主問到：「我為什麼在這裡？我的功課是什麼？」這類的問題時，代表此人的生命正在面臨一種蛻變。本書的概念、方法和技巧可以提供一些建議，幫助占星家回答這一類的問題。這些方法不過是一層濾鏡，讓占星家透過它來幫助我們解決個人和集體的演化議題。

這些方法也可以幫助一個人認清過去的演化歷程，知道他／她為何會有這樣的過去？過去的種種如何影響了他／她現在的人生狀態？如果能了解靈魂演化的目的，我們就能認清每個人在今生要面對的演化功課。今生演化的目的和功課，可以讓一個人透過某些方式獲得成長，同時讓他／她變成自己最合適的模樣，也可以讓他／她在生命中的每一刻，都能在一些領域中獲得成長和改變。如果能明瞭過去的演化歷程，就會知道演化的目的何在，同時也可以知道為什麼每張星盤都有特別的功課。如果能了解過去的集體（人類）演化歷程，就能看清楚集體的現況，也可以知道人類目前面臨的抉擇，而這些抉擇都會創造未來。此外，我們也可以知道過去是如何被創造出來的？如何形成的？如何限制了我們現在面臨的特定選擇？最後我們還能明瞭自己為何會有這些特別的選擇。

在冥王星行經天蠍座、海王星行經摩羯座之際，認識個人和集體的演化是十分重要的事。我們每五百年才會遇到一次這種特別的週期循環，而它總是發生在世紀交接的前後。

如果回顧過去的歷史，去了解在這種循環中曾經出現的演化和業力課題，就會發現其中最主要的選擇或議題，都是圍繞著整合或對立在打轉。我們如果深入探究這兩種主題的原型，並且將這種原型投射到當今世界所面臨的問題上面，就會更加重視反映這些問題的個人或集體的選擇。當前世界的首要問題就是，人們對核子科技及其衍生出來的軍事武器，到底該怎麼反應和採取什麼樣的手段。冥王星與事物的本質、核心、穿透力及融合力有關，而這些都是核能和核子彈的基礎。冥王星也跟各種防衛行為或防衛性有關。它也跟我們如何運用自己和他人的資源有關。目前冥王星正通過天蠍座，它所代表的議題以及和自然的關聯，都會在過程中被清楚地擴大和強化。天蠍座的對面是金牛座，無論從個人或集體的角度來看，金牛座最深層、最基本的原型都是生存和自保。當冥王星落入天蠍座時，我們所作的決定又會對人類的生存帶來什麼樣的影響呢？

從歷史來看，國家主義、集體主義、保守主義、掌權者為保有權威而刻意散播的欺騙、任何形式的宗教事件（耶穌就是在海王星行經摩羯座時現世的，然後被釘在十字架上）、個人或集體的幻滅及啟示，以及先存或過時的現實結構的瓦解，都發生在海王星行經摩羯座的階段。這種瓦解的力量會在集體意識中造成不安全感，促使人們去相信幻覺，認為一切都完美無缺。這種集體的需求最後會轉化成一股吸引力，而人們會被那些只說他們想聽的話的人吸引，即使這些人口說無憑。而當厄日來臨時，我們也會看到各種形式的代罪羔羊被處決被攻擊，或是以某種形式與「主流」隔離，因為所謂的主流想要順應潮流，堅持一切都是安然無恙的。這樣的情形可能會發生在一個國家內，也可能發生在國與國之間，或是演變成某個國家或一群國家孤立另一個或一群國家。這些歷史事件驚人地呈現了海王星經過摩羯座的基本目的，意即超越國家認同和純屬自我的利益，在個人和集體的層面上，將所有的精神、力量或源頭都結合在一起。我們要記住，就是這個「本源」創造了萬物。人們為了處理眼前的問題和事件，必須在所有的現實層面上攜手合作。唯有如此，個人和集體才能繼續存活下去。

我們可以從歷史的記載中得知，目前這五百年一次的循環並不令人愉快，也無法鼓舞人心。這個世界已經有太多的族群和國家的對立，遠遠超過了人類需要的團結一致。人口的區隔為土地劃出了界線，每一個區塊的團體都提出了獨特的觀點、自身的利益、價值的同盟和信仰系統。這些團體會受到外來的挑戰，或者把自己的觀點強加在不願意隨從的團體身上。最常見的情形是，每個團體都可能利用宗教或一些看似公正的道德威權，來捍衛或合理化自己的所做所為。事實上，每個團體都認為自己是對的，別人是錯的。在國家利益這個欺人的名義之下，每個國家都曾經為了同樣的理由與其他國家對立，進而發生了衝突。在這些週期循環的階段裡，不同政權的領導人往往把國家主義當成了權謀的籌碼。

人們如果想要滿足一種重生的原始需求，就必須超越小我，但這種情形在歷史上是很少見的。相反地，在冥王星行經天蠍座、海王星行經摩羯座的時代裡，全世界都將充斥著分裂和權力的對抗。還有一點非常有趣，在這一類的週期循環中，冥王星總是落在海王星的軌道之內。按照估算，冥王星需要兩百四十八年才會回歸到天蠍座，而每次的回歸都會展開新一回合的演化循環。當冥王星再度回到天蠍座時，其所呈現的結果將會與上一次演化循環達到的極限有關。而當冥王星通過天蠍座的時候，我們也會看到另一個全新的演化循環。這一次回歸呈現的極限，和之前兩百四十八年曾經發生在全世界的行為有關，正面或負面的都包括在內。換言之，之前所有的行為造成的結果，都會面臨關鍵時刻，而這種極限暗示著新的演化循環必須發生。唯有如此，人類和地球才能繼續存活下去。冥王星和天蠍座會強化並集中與其連結的任何驅力。因此，冥王星通過天蠍座自然會「強化這個時代的各種問題」。為了讓個人和集體覺知到必須面對、消滅或重新定義的議題，這種強化作用是必要的。唯有如此，個人和集體的成長、演化及生存才能延續下去。

在新舊演化循環的過渡時期，可能會出現強烈的緊張和衝突。有些人會試圖維持舊有的現實結構的秩序；有些人則可能想要往前邁進，試著去界定一些必須面對或必須用新方法來解決的議題，如此才能獲得正向和必要的成長；還有一些人則會在這兩種對立的團體所關切的焦點、議題和主張上面產生矛盾。事實上，有三分之一的人會堅守著過去不放，三分之一的人會為了未來的需求而前進，另外三分之一的人則會覺得矛盾。個人和集體的事務只會促成或加強對立。但是就時代演化必經的歷程來看，這個週期的過渡階段未必能在統一的狀態下安穩度過。

當今世界有許多的議題和問題，包括核戰、國家主義和民族自我利益的謬見、國營和國際金融體系的獨立、政府在國家資源上的利用及分配、糧食的分配和生產、政府預算的流向和運用、進出口貿易和科技進步導致的失業或遷移（人類史上最後一次的工業化在海王星與天王星落入摩羯座的時候展開，而當這兩顆行星進入寶瓶座、冥王星進入牡羊座的時候，工業化達到了高峰期）、基因工程的利用及應用等。此外還有如何在人類世界中推動全球意識的問題。最後一個問題十分有趣，很值得我們深究。拜媒體所賜，大多數的人都已經具備了多元化的意識。全世界的民眾都真切地渴望和平，也願意與他人為善。但霸權大國的主政者卻制訂了相反的政策，而他們對民眾關心的事務只會開空頭支票。這一種朝野的分歧就是我們應該從歷史上學到的教訓。當冥王星行經天蠍座、海王星行經摩羯座時，就是這種分歧造成了許多已經發生的重大問題。

我們如果想從歷史學到教訓，不再重複過去的錯誤，那麼無論身處何處，都應該把自己的聲音和願望表達出來。政府在激起對立的過程中經常對人民發號施令，但人民在必要且可能的情況下，應該設法擺脫政令的限制。眼前的例子就是衣索比亞的悲劇，他們的人民為了跨越種族界線去促進團結，不惜推翻政府的命令。當我寫這本書的時候，天上的冥王星正通過衣索比亞的八宮，與它本命盤中落入二宮的金牛座形成對分相，這種相位誘發了蔓延全國的大饑荒。當今世界的主要大國顯然早已預知會有這樣的結果，卻沒有及時採取行動。即使饑荒的消息已經傳遍全世界，包括美國在內的許多國家仍然不為所動，只因為衣索比亞是馬克思主義的政權。當饑荒的嚴重程度被揭露在世人面前時，有些國家總算伸出了援手，美國也是其中之一，但卻因為救援的方式不對而無法解決問題。反倒是許多美國、英國和南非的音樂家發起了自發性的救援行動和一些私人機構的捐獻，這不僅實際地紓解了饑民的困境，同時也促進了超越國界的全球意識。後者帶來的影響遠勝過國家的政策。正如美國音樂家為了賑災所錄製的歌曲「四海一家」的歌名，這整件事點出了當今人類必須面對的演化議題。你如果仔細聆聽過其中的歌詞：「四海本是一家，都是上帝的子民，我們都來自上帝的大家族，我們必須伸出援手，這是我們的決定，我們是在拯救自己，要讓明天更美好，只有要靠你我攜手努力了。」就能發現其中隱含的演化議題。這首歌獲得全世界數百萬人的熱烈迴響。在此期許人類在未來的演化進程中，「四海一家」的範例能夠繼續陪伴我們，發揮正向的影響力。

我們在未來十五年所做的任何決定，無論是關乎個人或集體，將會是有史以來最重大的抉擇，足以宣判人類歷史的終極命運。歸咎其因，都是因為人類擁有了毀滅性的武器。若想要避免核武可能帶來的負面結果，全世界包括你我在內的所有人都必須挺身而出，要求政府放棄會導致國家和民族敵對分裂的政策，改以強調整體性、和諧及合作的方式，帶領我們朝未來邁進。別忘了四海本是一家，我們都是上帝的子民。我們如果能秉持這種精神，所做的任何決定都會為地球帶來正面、健全又具建設性的演化。

我們必須謹記在心，當下必須面對的演化功課將會以不同的方式呈現。這有可能是一場災難性的驟變，面臨一些業報，或是出現一些緩慢而持續的事件，而這一切都是要提醒我們，從個人或集體的角度作出正確的決定。唯有正視並了解這些問題，才能作出正確的抉擇，來避免突如其來的變動。順帶一提，法國占星家諾斯特拉達姆斯（Nostradamus）對未來提出的願景，也帶有同樣的精神。他跟我都相信，那些被眾人預測即將發生的大災難，並不是命中注定的。諾斯特拉達姆斯剛好是在上一次冥王星行經天蠍座、海王星行經摩羯座的週期循環後誕生的，在他的本命盤上，海王星是落入摩羯座，冥王星只差幾度就要進入九宮的射手座。回歸正題，如果大部分的人類，特別是握有強權的大國，如果仍然堅持國家主義和對立的路線，那麼被眾人預測的災難便極有可能發生，而改變也必然會隨之出現。

到了二十世紀末，海王星和天王星將會進入寶瓶座，冥王星也會進入射手座（火象星座）。我們可以從歷史發現，這種行星排列的模式往往會造成社會或文化的重組，例如一八二〇年代至一八三〇年代發生的工業革命。在這段時期裡，所有模式重組的行為都會加快腳步，變得更加急迫。在冥王星經過天蠍座、海王星經過摩羯座時（再加上二十世紀末時天王星的影響）所做的決定，則會影響我們如何經歷另一波的文化和社會的重組。

本書強調的是個人的經驗，因為集體發生的現象都會先出現在個人身上。如果每個人都能認清自己的演化功課，確實地做好這些功課，那麼集體演化的功課就不會以災難的方式呈現出來。這就是本書的用意所在。

我將冥王星與靈魂的概念結合在一起，解釋個人的演化是如何源自於靈魂。別忘了靈魂是主要的推手，也是「最後的底線」。我們會在書中討論靈魂的本質，以及推動靈魂演化的內在架構或驅力。我們也會討論「自由意志」或「抉擇」的問題。我不僅會解釋這兩者是如何運作的，同時也會解釋為何它們是兩種不同演化模式的基礎。任何人的過往演化歷程，都會清楚地展現在輪迴轉世的際遇上面。換言之，輪迴轉世就是靈魂的轉生。

一個人過往的演化歷程也代表他最深的安全感的來源。老舊的安全模式會讓我們抗拒改變和未知的一切。這種對抗／追求安全感的驅力，會在許多人身上導致強迫、迷戀或複雜的心理情結。我們會在本書中討論為何強迫性的行為或情結是源自於過去，而這些又與過去有何關聯？我們也會討論「業」的觀念和顯化：什麼是業？什麼不是業？而這又與每個人的演化有何關係？書中會舉出許多本命盤的案例，不僅能解釋演化要素的影響力，也可以將本書所秉持的原則具體地呈現出來。冥王星系列的書已經出版兩冊。我們會在第1冊中解釋冥王星通過每個宮位的基本概念、詮釋方法和技巧，冥王星與其他行星之間的相位，以及冥王星的推進、移位和太陽回歸的意義。第2冊的主要內容則是冥王星在關係中扮演的演化和業力角色，而這會涉及到合盤及星盤比對。此外還會討論冥王星與解剖學、生理學及脈輪系統的關係（我們會在書中完整地介紹脈輪系統及其作用），最後還會深入探討冥王星在現代歷史扮演的演化角色，同時也會根據歷史預測未來的發展。

由於本書的焦點是放在演化的目的、成長和改變的必要性上面，所以當我們在討論冥王星通過每個宮位和星座的情形時，會同時提出一些必須改變的舊有模式、傾向和行為表現，如此才能為生命帶來演化和成長。這樣的討論會點出每個人先天的限制和缺陷。有些讀者可能會覺得這些敘述是「負面的」，但這並非作者的本意。演化的本質和天性就是改變，同時也暗示著阻礙改變的限制和結構。在討論冥王星通過每個宮位和星座的情形時，我們會客觀地提出在持續演化的進程中，最常遭遇的限制和缺陷。每個人都必須面對這個部分，才能在個人演化進程中的某些時刻完美地達成目的。這本書並不是占星學「指南」，在此建議讀者應該從頭到尾讀一次，才能全面了解書中原則的本質和基礎。

（我希望本書的想法可以幫助人們在個人或集體的層面上，透過占星學的知識回答「我為什麼在這裡？我的功課是什麼？」之類的問題）。基於這些問題與冥王星的本質，部分的內容可能會有些沉重。我建議讀者不要著急，慢慢地閱讀，讓自己體會並感受書中的想法。書中的想法和原則並非嶄新的概念，它們和人類的文明一樣古老，只不過是以另外一種角度與占星學結合了。我真誠地希望你們能從這本書中獲得閱讀的樂趣。

願上帝保佑。

——傑夫・格林於西雅圖市，華盛頓州

第一章
冥王星：靈魂的演化之旅

冥王星與靈魂及演化有關。但靈魂究竟是什麼？包括薄伽梵歌（Bahagavad-Gita）和聖經在內的許多形上學派，都認為靈魂是一種不變的意識，而且每個靈魂都具有獨特的個人性或身分認同，完全不受輪迴轉世的影響。當然，靈魂在每一世都會展現一種人格，其中包含著主觀的意識及無意識。在占星學上，土星負責劃分主觀意識的界線，也就是我們在意識上能覺察到的東西。天王星代表的則是個人的無意識領域，海王星代表的是集體的無意識領域，冥王星則代表靈魂本身。每一世靈魂顯化成的人格中，都存在著一個自我（月亮），月亮就像是聚焦的媒介，負責創造一個人的自我意像。月亮也像電影投影機的鏡片，如果少了它，大銀幕上就不會有畫面。每種人格都有與生俱來的本質和傾向，會藉由自己獨特的方式來體驗生命。每個靈魂展現出來的人格，都與其必然的演化有直接關連。戴上人格面具的靈魂必須用一種獨特的方式去體驗人生，藉此來獲得成長和進步。每一種被創造出來的人格，都與靈魂在過去世的業力或演化歷程息息相關。

靈魂之中包含兩種並存的慾望。其中一種是獨立存在的慾望，渴望與創造靈魂的源頭分離。另外一種慾望則是回歸創造的「本源」。這兩種顯然相反的慾望會產生互動，共同促進個人和集體的演化。慾望是一股決定性的力量，代表每個人的現實面。佛陀在菩提樹下獲得的開悟，不過就是看透了人世的哀傷、痛苦和磨難。我們如果能在此細想一下行星的象徵意義，就會發現一些有趣的東西。冥王星的月亮卡隆星（Charon）[1]，本身就是一個行星。卡隆星的體積大概是冥王星的一半，兩者之間的距離只有月亮和地球之間距離的二十分之一。我們在此行星的象徵意義上，似乎也可以發現兩種並存的慾望。

這些慾望的互動會決定我們所認定的需求，而我們又會根據這些需求做出決定，每個決定又會導致行為的產生，行為的產生又決定了現實的遭遇。每種行為都會得到回應，而這些回應又會製造更多的行為。簡單地說，這種進程就是所謂的「業」。換言之就是種瓜得瓜，種豆得豆。

就是因為這兩種並存的慾望原型，才讓個人和集體累世的演化歷程變得如此冗長。靈魂進化的立基點就是逐步消滅所有獨立存在的慾望，如果從這個角度來思考，一切就顯得清楚多了。當所有獨立的慾望都被消滅了，存在於我們意識之中的那股回歸本源的慾望，就會變得越來越強烈、越來越重要。我們很容易就可以觀察到這兩種慾望的運作，也很容易驗證它。我們難道不會在每一世中表現出各種慾望嗎？像是擁有新財產、新愛人等等。當我們每回獲得自己想要的東西，產生短暫的愉悅或快感時，腦海中不總是會出現一種熟悉的念頭嗎？我們會認為在這個東西之外一定「還有更好的」。這種「還有更好的」之類的念頭，只會製造另一股慾望。在歷經數百年的演化之後，我們會漸漸耗盡或根除這些慾望。一旦走到這一步，尋找本源的慾望就會變得越來越強烈。總有一天，這將會變成我們心中唯一的慾望。到最後這種演化的進程就會創造出「體悟到造物」（Creation-realized）的靈魂，就像是耶穌、佛陀、老子、尤伽南達和摩西等聖哲上師。

> 人類永遠在追尋「別的東西」，希望藉此帶來幸福、完整和無止境的存在。對於那些已經找到或發現神的靈魂而言，追尋已經結束了。因為他就是自己在追尋的一切。
>
> ——尤伽南達《人類永恆的追尋》（*Man's Eternal Quest*）

很顯然地，在這兩種慾望之中，重返本源的慾望是比較強烈的。但這兩種並存的慾望造成的自由意志或自由抉擇，也會影響做決定的過程。我們可以在所有的宗教戒律中找到這一類的故事，聖經中亞當與夏娃的故事就是一例。所以承認吧！我們必須為自己的演化和業力負責，也必須為集體的現實扛起責任。

每個人在自我演化循環的某些時刻都會問到：「我為什麼在這裡？我的功課是什麼？」我們該如何利用本命盤來回答這些問題？如何從適用於所有人的觀點來回答這些問題？很多人

1卡隆星是冥府的擺渡者。

對於從整體或宇宙的角度來認識業力、造物者或自己，並沒有太大的興趣，但他們仍然想知道自己今生的功課是什麼。正如心理學家榮格（Carl Jung）所指出的，諮商師主要的角色就是客觀地驗證個案的主觀遭遇。我們如果能完整地認清集體所處的現實環境，再根據案主的個人遭遇（而非我們的）給予他們需要的幫助，就是身為一位諮商師或朋友所能做的最好的事了。我們必須根據他們的處境或表達方式，提供最恰當的建議。因此當我們試著去解答「我為什麼在這裡？我的功課是什麼？」這類的問題時，必須先了解本命盤所暗示的「現實」。

冥王星的宮位、星座和對應點

冥王星落入的宮位和行星位置，意味兩種現象。冥王星在星盤上的位置既代表一個人參與的世代性變動，也代表個人化的本體模式，像是慾望、信仰、思想、認知、價值觀以及對現實的態度，而這些都與過去的演化歷史有關。另一方面，我們可以從冥王星的對宮看出今生的演化慾望、導向或因果。

無論一個人有沒有意識到演化的導向都無關緊要，因為每一世背後的本源或決定性的力量都是靈魂，不是人格。每一世的功課都會在必然的演化中呈現出來。

我們如果能意識到今生的導向，就會用合作且不抗拒的態度來達成它。我們可以從星盤的冥王星位置看出一個人與生俱來的身分認同模式，從冥王星對面的宮位和星座，則可以看出此人會透過哪一種方式表現出重生。過去所隱含的限制會以不同的方式呈現，所以在某些演化的轉折點上，生命會將這些限制轉化成全新的覺知和表達方式。

當我們將這些原則與靈魂固有的兩種慾望聯想在一起時，就會發現過去、現在和未來之間，隱約地存在著緊繃的拉扯。這種緊繃可能會導致非常激烈的內在衝突。渴望從源頭分離出來的慾望，可能會讓我們固著於過去；回歸源頭的慾望則會促使我們將焦點放在未來（這就是冥王星的對應點）。如果潛意識裡帶有抗拒的成分，緊張或衝突就會不停地發生。

「當你來到這個世界或化為肉身時，你的心智並不是一塊空白的石板，等待著經驗在上面刻下紀錄。你已經擁有了一個記憶的資料庫，其效能遠超過任何一台電腦。打從降臨到世上的第一天，你就已經具備了一些技巧和能力，儘管你未必會使用它們。這些並不是你所認為的遺傳……你可以把這些視為靈魂或本體……就好像一台具有意識或神聖靈感的電腦，為自己的存在和生命週期編寫程式。但這台『電腦』具備極高的創造能力，它所編寫的各種人格都會創造出現實，而這些現實的結果可能是它自己始料未及的。

為了符合每個特殊情境的需求，每一種人格都會經過許多修飾。人格具有完整的自由意志，但它一定得按照已經編寫好的生存程式來運作。無論如何，每個人格裡都包含了濃縮的知識，這些知識已經完整地儲存在這台電腦裡面。

每個人格不僅能在環境中獲得某種形式的存在（就是你們所說的存有的本質），還可以創造自己的意識特質，如此一來，它就可以在特別的系統中運作，打破現實的障礙……」

——《賽斯語錄：諮商的形上概念》（*Seth Speaks Metaphysics of Counseling*）

我可以舉一些簡單的例子來證明這些原則的存在。當冥王星運行通過一個星座時，我們會感受到一種世代性的脈動。舉個例子，在一九三七至一九五八年間，冥王星都停留在獅子座。在這段期間有成千上萬的人出生，他們本命盤上的冥王星都是在獅子座。基本上，這個世代的人們都具有一種與生俱來的慾望和傾向，渴望透過創造性的方式來展現自我。冥王星落入獅子座的人需要足夠的空間，藉由創造性的方式來實現獨一無二的存在目的。這種需求意味著一種深層的個人傾向，或多或少都有些自戀的成分。冥王星落獅子座代表一個極具創造力的世代。這個世代的人想要掌握自己的生命，靠自己的雙手去挑戰命運，甚至用意志力去創造命運。不過這個世代的對宮星座是寶瓶座，所以他們必須學會寶瓶座的功課，意即培養整體意識或人道意識，而非只覺知到自己的存在。他們唯有在發展整體意識的過程之中，讓自我的成就或身分認同與整體社會的需求連結，才能透過創造性的方式來實現特定的人生目標。（在這個過程中，他們必須將主觀轉化為客觀，將過度參與轉化成抽離）我們正快速地進入寶瓶時代，而在接下來的數十年裡，獅子座世代的人會逐步接掌社會的權責，這難道只是一種巧合嗎？

就整體來看，所有冥王星在獅子座的人都必須學會寶瓶座的功課，而冥王星落入的宮位則點出了每個人獨特的功課。舉個例子，如果冥王星是落入獅子座、九宮，我們就可以說此人在前一世很渴望透過宇宙性、形而上或宗教的觀點來認識生命，他們多半會憑直覺而非觸覺來體驗現實。這些人在前一世就想要透過多元化的生命經驗，來發現或理解自己所追尋的知識，而從演化的觀點來分析，這類的需求或慾望都會促成創造性的自我實現。這些人在今世不僅具備高度發展的直覺力，也會在思想上呈現出一種僵化的架構（信仰），而這都代表他們試圖從宇宙性的觀點來認識自己。這些人的冥王星對應的是三宮的寶瓶座。簡單地說，他們將會透過三宮的生命經驗來學習寶瓶座的功課。因此無論是內心或外在的層面上，這些人都必須透過哲學和心智的挑戰，來發現自我現實架構（信仰）的侷限。他們的信仰不一定是錯的，但卻是十分受限的。這些人會漸漸地發現一件事：通往真理的道路（九宮）是相對性的，所以溝通的方式應該因人因地而異。別忘了，每個靈魂裡同時都存有兩種慾望，而這兩種慾望帶來的緊張或衝突，都有可能影響上述的過程。舉個例子，這些人在今生時常會捍衛自己的信仰，保護與自我信仰有關的現實結構。他們經常想要說服他人，讓對方轉換立場來贊同自己。這種捍衛的需求反映了獨立存在的慾望。另一方面，他們的演化或成長慾望，卻會引發對面三宮所暗示的心智或哲學的對立性。這兩種慾望的交互作用以及所導致的行為，都是他們一生中最重要的生命課題。

這兩種慾望造成的緊張和衝突，基本上就是心理學的「吸引」和「排斥」現象。我們可能會受自己排斥的事物吸引，也可能被自己吸引來的事物排斥。

我們在上一個例子中提到，冥王星落入九宮的人的靈魂導向或渴望獲得的演化，都會透過冥王星的對應點呈現出來。當他們的慾望藉由個人意識（自我）反映到現實層面時，很容易被智力或哲學性的討論吸引。但是基於過去世的演化帶來的侷限，這種吸引的現象也會演變成與別人在心智或哲學上形成對立。他們則會在對立的過程中發現自己在心智或哲學上的侷限，同時也可能在心中生出排斥感。在行為上面，他們則可能會說服或改變別人來認同自己的觀點，也可能完全逃避這一類的經驗，避免去面對已知的衝突。這種逃避傾向就像在心中有一座對立的火山，不時會爆發直覺性的思考或想法，直接挑戰從過去世帶來的既定信仰和哲學。因為靈魂（冥王星）渴望獲得演化（三宮），所以這會引導他們與別人交流，而對方往往會在這個過程中提出挑戰，迫使他們改變既有的信仰。換言之，他們的潛意識會被足以挑戰其自我或哲學的人吸引，不自覺地想要接近這些人。

當這樣的活動不停地在生命中重複出現時，這些人也許會開始明白其中的演化功課是什麼，也會承認自己的觀點只是相對而非絕對的。他們一旦體悟到這一點，就能放下防禦心，願意和別人討論信仰或哲學，這不僅能讓自己從中學習，也可以教化他人。這些人必須學著了解並尊重每個人在信仰、哲學、宗教和心智結構上的差異性。當然，他們也可能反過來排斥這種演化的壓力或念頭，在遇到任何一個不能認同自己觀點的人的時候，表現出防衛或抗拒的行為。

這種吸引／抗拒的驅力，和靈魂與生俱來的兩種慾望有關，往往會展現在本命盤冥王星所處的宮位。你現在不妨花點時間回到本命盤冥王星的位置，觀察自己這一生的運作法則是什麼。從終極的觀點來看，除了回歸本源的慾望之外，其他任何形式的慾望或吸引，都會不自覺地變成排斥。

從純心理學的角度來看，冥王星與每個人最深的安全需求有關。這些需求模式是無意識的，而且大多數的人都會不自覺地選擇最少阻力之道。從過去的演化帶來的認同模式，會直接選擇阻力最少的方向，也會在無意識中滿足安全感的需求。過去代表的是熟悉和已知的事物，今生的功課卻是未知的，而我們對冥王星的對應點代表的演化導向也很陌生。這些都是未知又陌生的領域。演化導向所代表的未知部分，會直接挑戰我們已知或熟悉的事物，也會直接考驗「最深層」的安全感。這裡所謂的「最深層」，指的就是靈魂或自我的核心。有多少人覺察過自己潛意識中對於安全感的需求？有多少人意識過這些模式或需求會導致或控制自己的行為？我相信大部分的人都沒有意識到這些東西。如果此言屬實，那麼又有多少案主曾經覺知過這些模式？我想答案應該是少數。這些深層的安全感需求，會讓我們一再地用同樣的態度去面對特定的生命領域。這些特定的生命領域與冥王星在本命盤的位置有關。我們如果為了滿足安全感，而一直停留在老舊的模式（過去）裡，問題就會在這些領域裡，再出現，因為每個人的靈魂都渴望成長和演化。

冥王星在本命盤中的位置，代表我們出自本能地渴望安全感的生命領域，其中必然蘊含了巨大的能量。冥王星代表一股無法抗拒的力量，會讓相關的生命領域停留在（宮位和星座）熟悉的狀態（過去）。如果有一種強烈的阻力（慾望）出現時，這股力量就會變成所謂的強迫傾向或執迷。我們在本命盤冥王星宮位和星座的相關領域中，到底會遭遇多少的問題和對立？這都取決於抗拒力的強烈程度。靈魂演化的力量一直在追求成長，我們如果因為抗拒演化而遭遇問題，就會經歷突如其來的成長（演化），但如果能用一種較不抗拒的態度去面對演化，則可能獲得緩慢而持續的成長。

這些本性所偏好的生命領域，都會阻礙個人的發展和成長，問題就在於冥王星（靈魂）的認同意識和強烈程度。冥王星的本質是一種無意識的活動，所以每個人基本上是無法覺知到靈魂的運作模式，甚至可能會覺得生命是停滯不前又充滿挫折的。一個人可能會好奇為什麼同樣的功課、同樣的錯誤、同樣類型的親密關係、甚至是同樣的問題，總是會重複地出現。最後他可能會問：「我為什麼會在這裡？我應該做些什麼？」或者「我能對這些問題做些什麼？」這類問題都是一種慾望的自然反應，意味著我們渴望找到對造物者的終極認同（ultimate identification with the Creator），儘管我們本身並不能意識到這一點。

在這種時刻，占星師就能幫助一個人變得更自由，更朝著成長的方向邁進。人一旦意識到自己的人生經驗都會受這些問題、動機、需求、慾望、態度和安全感議題影響，那麼只要他願意讓改變發生，生命中就會出現必然的改變。每件事都是源自於慾望。讓我再提醒一次，改變的道路就存在於冥王星對面的星座和宮位之中。當改變發生時，冥王星所在的宮位代表的生命領域，就會自然地出現重新定義、演變或重新顯化的現象。這個人會改用不同的方式去面對這個生命領域，藉由老舊行為模式的毀滅，來獲得全新層次的重生。

我們可以將這種冥王星的概念應用在每個人身上。占星諮詢師可以透過對案主的觀察和聆聽，來分析他的本命星盤，判斷他的現實處境；同時也要根據案主的理解力，採用不同的方式與他們溝通，向他們解釋冥王星的法則。

認識一個人過去的演化歷史是非常重要的一件事。根據我多年分析本命盤的經驗，發現百分之七十五到百分之八十的個人行為，都直接受到過去世的影響。即使是現代心理學家也認為，「無意識的力量」或「記憶」，會影響我們主觀意識的想法、感受、情緒和慾望。了解過去是十分重要的一個步驟，因為過去可以解釋當下的現況，讓我們了解為什麼會有這樣的人生。從演化的必然性和業力因果的觀點來看，過去可以解釋一切。過去的歷史可以解釋我們為什麼會有這樣的父母和愛人？為什麼會遭遇這些經驗和限制？我們如果能明白原因所在，就能掌握已經擁有的一切，主宰現在和未來的發展。我們在人生的每一步、每個當下都有選擇權。這些選擇反映了我們的慾望，而慾望則決定了個人身上或集體層面所發生的每件事。人們如果能用這種角度去理解人生，就能更透徹地了解必須面對的「功課」。人們如果能了解這些功課的「起因」，就能根據過去所學到的經驗，試著去接受而非抗拒這些功課。

你如果是研究占星學的人，應該可以透過這些概念，客觀地去認識自己的議題。你如果是占星諮商師，也許可以將這些概念用在案主身上。

為什麼在土星回歸的時候，我們通常都覺得不太愉快？每個人在生命的第一個二十八歲到三十歲之間，通常只能夠活在過去的演化和業力狀態裡。當土星推進原來的位置時，往往會因為個人的生活條件或現實，產生受限、挫折或沮喪的情緒。

當土星越來越接近本命盤原來的位置時，我們會同時感受到兩種狀態。一方面我們會因為老舊的限制（業力的傳承）而感到侷限、挫折和沮喪，但同時間又會出現一種本能的需求，想要重新定義或重新創造生命的條件。換言之，過去和未來（靈魂的演化目的）開始在個人生活的每一刻發生碰撞。當演化的力量匯集過去（冥王星）的歷史而開始界定既存現實（安全感）的時候，這個人就會面臨極重要的抉擇，而他所做的決定將會影響接下來二十八年的人生。

當然還有其他的行星循環會影響這種自然的演化進程。土星回歸的二十八年完整循環之中，還有每七年一次的自然循環。木星的循環則是每十二年一次的成長和擴張。南北交點軸會有十八年的自然循環。天王星則會在每個人二十一歲時，與本命的天王星形成九十度，三十九到四十二歲之間形成第一次對衝，六十三歲時又會形成另外一個九十度，總共約需要八十四年才會完成回歸。海王星則會在四十二歲時與本命的海王星形成九十度。冥王星也會根據運行的軌道，在人生的某些階段與本命的冥王星形成九十度。

在這些自然的循環中，與未來有關的演化力量會加速腳步，試圖超越過去的歷史所代表的現實狀態。過去所代表的演化力量，決定了眼前所有個人和集體的現實狀態。創造是一種持續地誕生、死亡和重生的過程。觀察一下周遭所有的自然演化進程，從四季的變化到太陽系，甚至是宇宙之外，就能體會每個人都是這個過程中的一環。了解過去就等同於了解現在。這種認知可以幫助我們做出正面的決定，而這些決定都與個人和集體的未來有關。如果每個人能幫助自己，就能幫助整個人類和地球。我們可以在演化加速的循環中獲得最多的成長機會。如果因為過去累積的力量而抗拒這些機會，就可能發生突如其來的劇變。

冥王星和南北交點

大部分的占星家都知道南交點綜括了許多議題，諸如價值觀、信仰、需求、從過去世帶來的習性，以及今生的傾向。我們也知道北交點代表今生要學的功課。有些占星家堅持這種說法是錯的，反而認為北交點代表過去，南交點代表未來。儘管少數人有分歧的意見，但是根據數百年來的觀察，我們可以證明南交點與過去有關，北交點則與未來有關。根據我個人多年來的觀察，再加上解讀了數千張本命盤的經驗，這種說法似乎才是正確的。你不妨想一下自己本命盤上的這些符號，再將其與現實人生做個印證，我想這之間的關聯性就昭然若揭了。

南北交點與冥王星的關係十分重要。我們已經根據演化的起因，將冥王星和慾望連結在一起。冥王星在本命盤中的位置，代表身分認同連結的先存模式，也就是一個人今生本能地會被吸引的傾向。從過去世的經驗來看，南交點代表的是一種運作模式，人們是透過這種模式，來實現或具體呈現冥王星的慾望及目的。

讓我們繼續前面冥王星落入九宮的例子，來解釋這一點（參見圖 1、圖 2）。在此假設南交點是落入七宮。根據之前的討論，這類人一生中最重要的功課，就是透過宏觀的宇宙架構來認識自己的生命。如果南交點是落入七宮，他們會如何實現或具體呈現這種需求呢？從前一世的觀點來看，這些人會與他人建立各種類型的關係，然後在關係中尋找九宮的冥王星代表的知識，往往會跟可以教導自己的「精神導師」建立關係。這些前世先存的模式代表的是今生的依賴傾向。因此他們時常會透過關係，吸引來一些想要說服他們或改變他們觀點的人。從這個角度來看，他們可以從各種不同的人身上得到形形色色的訓示。他們可能會問：到底哪一種訓示才是對的？哪一種是錯的？這一種比另一種更正確嗎？還是所有的訓示都是錯的？此時，北交點的運作模式就會呈現在一宮和冥王星對應點的三宮裡。為什麼演化的功課會出現在這兩個宮位的生命領域裡？簡單地說，這些人可能已經明白了各種不同觀點之間的關聯性，但仍然必須透過北交點一宮的運作模式，來培養自己的看法、身分認同、眼界和知識，同時也必須學會從內而發地提出問題，然後找到自己的答案。這種轉化會漸進式地、全面性地改變關係的態度和性質。他們會不再依賴導師類型的關係，反而在潛意識中想要當對方的老師。這些人到最後會渴望一份平等的關係。關係之中的兩個人都可以當對方的老師或學生，同時鼓勵彼此都保有自我的獨立性。

讓我們繼續以冥王星落九宮為例，假設南交點是在一宮裡，冥王星的對應點還是在三宮裡。這裡的運作模式就是，冥王星的演化導向的落實或具體化，會表現在北交點落入的七宮裡。此處的底線仍然是九宮的冥王星，這些人會渴望透過宏觀的宇宙架構來認識生命。從前一世的模式來分析，他們會堅持獨立和自由，避免與他人建立關係，藉此來滿足自己對宇宙

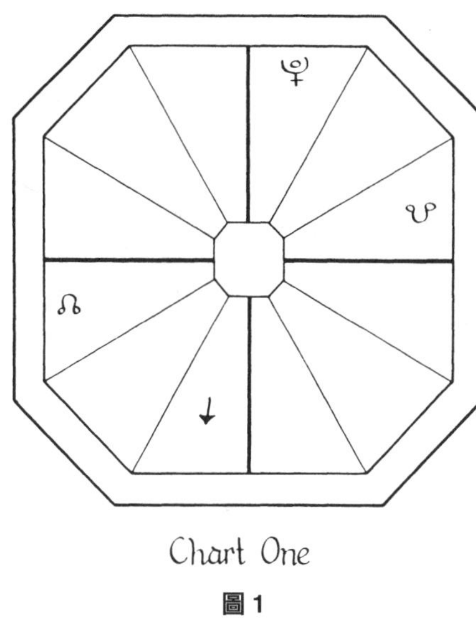

圖 1

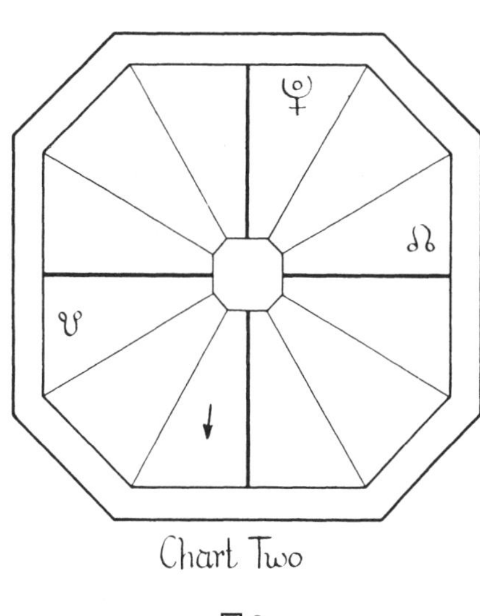

圖 2

性知識的渴望。他們會凡事只靠自己，而且很自然地就能回答心中的疑惑。這種傾向反映了他們演化的侷限和目的。當然，這些人也會透過三宮（九宮冥王星的對應點）象徵的事物，來學習心智和哲學信念的功課。他們當然也會在心智或哲學上與他人對立，來突顯這些功課的必要性。這些功課將會如何呈現出來？答案是透過七宮的北交點。這些人的靈魂在今生會渴望、也必須進入關係之中。他們如果想要了解或認清其他人的現實遭遇，就必須學會對別人付出，並且聆聽別人的聲音，唯有如此，他們才能從別人的觀點（北交點在七宮，冥王星的對應點在三宮）來滿足對方的需求，而非根據自己的想法（南交點在一宮，冥王星在九宮）對別人付出。這些人在過去世與別人相處時，通常都是擔任導師的角色。他們時常表現出過人的學識（冥王星在九宮、南交點在一宮），所以往往會被別人視為領袖或特別的人。然而，冥王星的對應點三宮所帶來的心智或哲學的挑戰，才能突顯他們個人信念系統的侷限；而七宮的北交點運作模式則是在生命的每個階段裡，都可以領受一些重要關係人的教導。

這些人漸漸會透過（心智或哲學性）挑戰，發現自己也可以從別人的身上學到東西。此外他們也會明白，自己必須學會如何平等地對待關係，因為就自我的演化而言，關係是既根本又重要的環節。他們如果能有這份認知，最後就能和北交點在七宮的人一樣，可以藉由彼此獨立的自我實現，發展出一段平等的關係。

（南北交點會藉由兩種運作的模式，來幫助一個人實現演化的慾望和必然性。）我們在兩個例

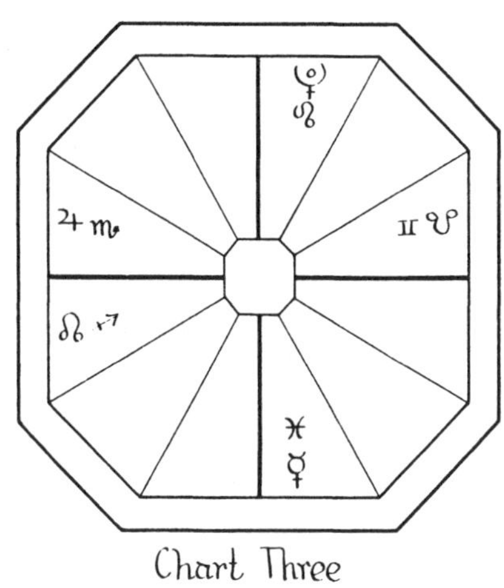

圖 3

子中都用冥王星在九宮來說明，但是實現九宮冥王星的慾望的運作模式，以及這個人所面對的過去和現在，卻是完全相反的。這一種準則可以運用在所有冥王星和南北交點軸的結合中

我們下一個要考慮的準則就是：南北交點的主宰行星是落在哪個宮位和星座？這裡的主宰行星指的是「主宰」南北交點落入的星座的行星。例如，南交點在天秤座，主宰行星就是金星。南北交點的主宰行星落入的宮位和星座就像是推手，一方面會引發這個人在過去世已經發展的運作模式，另一方面則會為了促進今生的演化導向，而發展出新的運作模式

舉個例子（參見圖 3），冥王星落獅子座九宮的人，南交點雙子座是在七宮，而雙子座的主宰行星水星是雙魚座在四宮；北交點

是射手座在一宮，而射手座的主宰行星木星則是天蠍座在十二宮。我們前面已經提過九宮冥王星與七宮南交點結合的情形，那麼雙魚座的水星又會如何扮演推手的角色，改善南交點雙子座在七宮的運作模式呢？

這種位置代表他們的「導師」就是早期生長環境裡的父母，這些人會對父母的信念系統造成的影響極為敏感和印象深刻。他們基於自我的適應性及安全的需求（四宮與九宮冥王星有關），往往會吸引來一些能夠反映父母的信念的伴侶（七宮），這是受到水星落雙魚座在四宮的影響。他們通常都不知道如何獨立思考，所以會接受伴侶的想法，因為伴侶替他們展現了透過宇宙架構來認識生命的渴望，甚至他們可能會把這些想法繼續傳給孩子。（南交點雙子座的人通常會極度地渴望不同的想法和經驗）。但是在這個例子中，九宮的冥王星卻會否定其他觀點的正統性或有效性的想法。他們的觀點一開始只是延伸父母的想法，之後則是延伸伴侶的信念。其他不同的觀點所產生的威脅，則可能會破壞他們內心深處的安全結構和自我形象（水星是雙魚座在四宮）。

但南交點落入雙子座、七宮的人，很自然就會吸引來一些觀點不同的人。雖然他們會試圖否認這些人的觀點，但仍然會在潛意識中接受對方的想法。他們會覺察到有別於從父母或伴侶身上學到的想法。就是這種覺知「設定」了他們這一世的發展。他們的北交點是射手座在一宮，冥王星的對應點是三宮，而北交點的主宰行星木星則是天蠍座在十二宮。簡單地說，他們在這一世很可能會遇到把想法強加在孩子身上的父母。他們會逐漸覺得父母的想法令人窒息，也無法真正了解自己的需要。他們會慢慢地退縮到自己的世界中，開始學習獨立（北交點是射手座在一宮，木星是天蠍座在十二宮）。這些小孩同時還會藉由情感上的退縮，學著從內在建立安全感（水星雙魚座在四宮，透過北交點射手座在一宮表現出來）。當他們的身心日益成熟之後，就能發展出個人的眼界、想法和獨立性，這種演化的結果會讓他們有能力回答心中的疑惑。這些人不僅會透過哲學或智力上的衝突（一開始是與父母）來學習信念的相對性，同時也會透過冥想（木星是天蠍座在十二宮），來理解所有的宇宙觀、形上學或宗教體系的本質。北交點射手座、南交點雙子座的人可以在任何地方體驗到真理，他們可能會認同一種在直覺上產生共鳴的體系。木星天蠍座在十二宮代表這種體系是能夠被體驗的。這種體系可以提供一些方法和技巧，讓他們直接感受到形而上／精神修持系統中的真理概念。在這種情形下，他們必須學會分辨導師和教誨的真假，認清何謂真理或啟蒙、何謂妄念或虛構；他們必須學會與來自不同現實面的人建立關係（南交點是雙子座，冥王星的對應點在三宮），針對他人的需要來付出。他們最後可能會建立一段鼓勵自由和獨立的平等關係，但彼此也都很重視承諾。這些人在經過轉化之後，就會鼓勵自己的小孩獨立發展，同時也會尊重孩子的個人特質。

任何涉及到本命盤冥王星的位置、冥王星對應點的宮位和星座，以及南北交點的基本準則，都代表演化的運作模式；而南北交點的主宰行星，則代表促進這種模式的推手，這一切就構成了本命盤中主要的業力／演化驅力。這種驅力就像是底線和基礎，賦予了本命盤中每

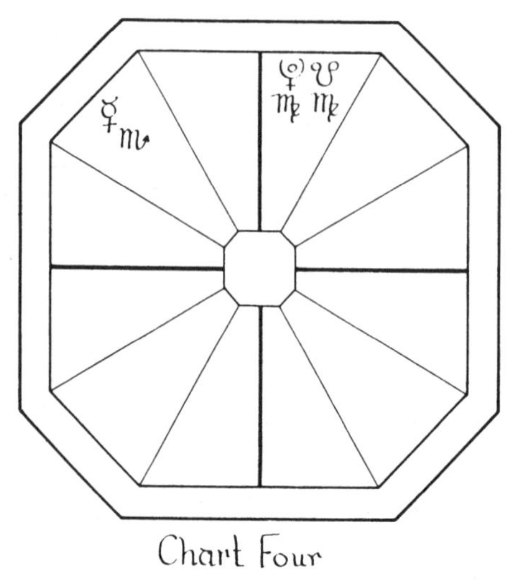

圖 4

個要素不同的意義。每個要素都與主要的業力／演化驅力有關，也會在參與演化的進程中被賦予新的意涵。

冥王星與南北交點的相位

如果在本命盤中我們發現冥王星和南北交點形成了相位，就意味著明確而獨特的演化和業力要素。相位的本質會決定其中包含了什麼演化要素。

冥王星與南交點合相（參見圖 4），可能會有以下三種情形：

1. 這個人正處於演化和業力再現的狀態。他在過去世沒有面對或無法成功地解決冥王星和南交點落入的宮位及星座代表的議題。有關這些議題的內容和必然性，我們可以從南交點主宰行星的宮位和星座，找到更多的資訊。

2. 這個人正處於演化和業力的豐收狀態。他在過去世已經非常努力且毫無雜念地解決了這個領域的問題，所以他正在豐收之前辛苦努力的成果。他可能必須實現某些特別的「天命」。關於這一點，我們可以從南交點主宰行星的宮位和星座，找到更多的資訊。

3. 這個人某些方面可能處於演化和業力再現的狀態，其他方面則處於豐收的狀態。我們可以從冥王星和南交點的星座和宮位看出兩方面的議題和狀況。南交點主宰行星的宮位和星座，也可以提供更多的資訊。

冥王星與南交點合相出現前面的兩種情形，是比較罕見的，第三種情形最常見到。我們如何知道這個人是處於哪種狀態呢？一般而言，我會建議你採取傳統的占星途徑：觀察並詢問他一些人生的經歷。這種技巧能夠讓我們很快地了解他的狀況。我們很難單從本命盤看出一個人是處於何種狀態。

如果想要問對方一些人生的問題，建議你從與冥王星對應點以及和北交點相關的領域及經驗下手。如果你認識對方，不妨觀察一下與這些驅力有關的情形。但如果你完全無法從這些行星和交點中找到蛛絲馬跡，答案就會是第一種情形。假設你發現了一些特別的狀況，與冥王星／南交點落入的宮位和星座所代表的經驗及領域（宮位）有關，答案就是第二種情形。假設發現與兩種情形都有關的事實，答案就是第三種情形了。

本命盤中還有一些條件有助於我們理解一個人的業力狀態。一般而言，冥王星如果有柔和相位，代表此人是處於豐收狀態，緊張相位則代表業力再現的狀態。冥王星如果同時有柔和及緊張相位，就代表同時存在於兩種狀態裡。我們可以從與冥王星形成柔和相位的行星（透過其落入的宮位和星座），看出哪些生命領域已經進入豐收狀態。同樣地，我們可以從與冥王星形成緊張相位的行星（透過其落入的宮位和星座），判斷哪些生命領域正處於業力再現的狀態。

除此之外，當我們在分析一個本命盤中有冥王星與南交點合相的個案時，還必須考慮涉及的其他演化因素或原則。無論這個人處於上述的哪一種狀態之中，通常要到第二次土星回歸時，才能完全了解自己的演化議題，除非本命盤中有一些起緩和作用的因素。我之前曾經提過，第一次的土星回歸代表一種常態的循環階段，我們會在這個時段裡實現或活出過去的業力條件。本命盤中如果有一些起緩和作用的因素，則可以縮短我們展現過去條件所需的時間，這些因素包括：（1）與北交點合相的行星，（2）與北交點形成相位的行星。如果北交點與一個行星或多個行星形成合相，就代表此行星已經在過去好幾世中，直接地參與了此人的演化，讓他擺脫了過去的限制，而這種演化很可能就發生在上一世。我們可以根據這個或這些行星的具體本質得知演化的進程。當一個或多個行星與北交點形成其他相位（除合相之外）時，就代表這個行星在過去好幾世中，曾經間接地參與一個人的演化，讓這個人擺脫了過去的限制，而這種演化可能就發生在上一世。北交點相位的數目，也決定了一個人可以縮短多少展現過去條件所需的時間。

如果有其他行星與南交點及冥王星合相，就代表這些因素（行星）不僅與過去世有直接關聯，同時也會影響前面提到的三種業力／演化的狀態。把同樣的原則應用在這些行星上面，將有助於我們釐清一個人的狀態。北交點的主宰行星如果同時與冥王星及南交點合相，過去所帶來的限制會加倍地呈現出來。

我們檢查一下北交點的相位，就可以知道一個人必須花多少時間才能展現過去世的條件。如果一個行星與南北交點及冥王星形成四分相，這個行星的功能（透過其所在的星座和宮位）就會交錯呈現在過去與未來的議題上面。這類人在過去世中時常刻意逃避與此相位有關的議題。這種閃躲或逃避的傾向，會造成衝突或緊張，而衝突或緊張又會出現在南交點與冥王星合相的星座和宮位的領域中，或是這個四分相行星落入的星座和宮位的領域中（參見圖5）。在過去世中，此人時常想藉著與北交點的星座和宮位有關的議題，來逃避南交點的問題。然而這種做法只是一時的逃避。他還是沒有成功地解決南交點和冥王星的問題（與南交點、冥王星落入的宮位和星座有關）。

到了這一世，此人必須重新走一次以前跳過的步驟。他必須對北交點許下徹底的承諾，才能完整地將一切實現出來。他必須同時間兼顧兩個方向，時而展現與冥王星及南交點有關的行為，時而展現與北交點有關的行為。但最終的解決之道就是：在冥王星與南交點合相落入的星座和宮位的領域中，解決與過去世有關的問題。唯有如此，他才能徹底達成對北交點的承諾。

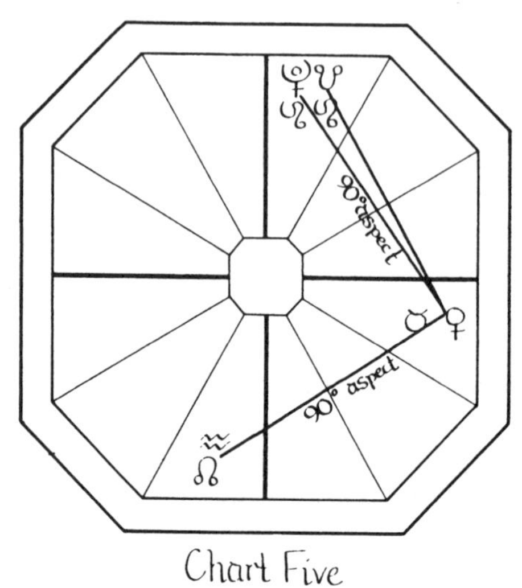

圖 5 90 aspect：90 度

我們通常可以從北交點相位的多寡，來判定一個人需要多少時間才能重現或展現過去的業力條件。有些人需要用第一次土星回歸前的所有時間，來展現這些條件。如果都是一些柔和相位，所需要的時間就會大幅地縮短，因為這代表此人在前幾世中已經對這些業力問題有了整體性的認識，也知道部分的解決方法。但如果都是緊張相位，就意味著此人到了這一世，仍然對他的業力議題欠缺認識，也不知道該如何解決，因此顯然必須花更多的時間，才能擺脫業力的限制，而且遠超過第一次土星回歸所需要的時間。總之，這裡面並沒有一種確切或快速的判斷原則，因為對演化和業力的分析，還是要考慮與生俱來的演化條件，或是個人的狀態。我們會在下一

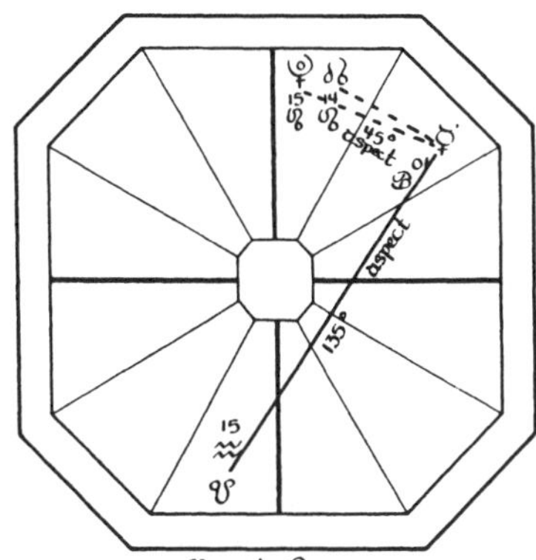

15

15
Chart Seven
example chart of a planet in a relive condition that in some way is blocking full development of Pluto's conjunction to the north node.

圖 7 一個處於減輕能量的行星，多少阻礙冥王星與北交點合相的發展
（45 aspect：45 度；
135 aspect：135 度）

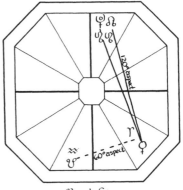

Chart Six
example chart of a planet helping Pluto conjunction to north node.

圖 6 一個行星有助於冥王星與北交點合相
（120 aspect：120 度；
60 aspect：60 度）

章裡討論人類四種自然的演化進程。整體而言，一個人在演化時間表上的進度，往往取決於他得花費多少時間去經歷過去世的業力議題。

冥王星與北交點合相（參見圖6、圖7）只會出現一種演化或業力的狀態，而且可以應用在所有的本命盤上面。這代表此人在過去幾世中，已經開始在此合相落入（星座和宮位）的生命領域（星座和宮位）裡進行轉化，而且在此生還會繼續這樣的方向。他在此生所得到的轉變，將會為生命帶來顯著的成長。本命盤中其他的相關因素，都會被導引或集中在北交點與冥王星合相的領域中。冥王星對應點的原

則並不適用在這一種特別的相位上。

當然我們還必須考慮一些起緩和作用的因素。如果有一個行星與南交點合相或形成其他相位，我們就可以把「冥王星與南交點合相」的討論中提到的三種情形，套用在這個行星身上。我們必須根據相位的本質（柔和或緊張），來判斷這個行星可能出現的限制。這個行星如果正處於豐收的業力狀態，那麼此行星特有的本質、它的星座和宮位的位置，以及與它形成相位的其他行星，還有這些行星的星座和宮位的位置，全都可以為北交點與冥王星合相所暗示的演化導向，帶來正面及整合性的幫助。

這個行星如果正處於業力重現的狀態，那麼它特有的本質，以及它所落入的星座和宮位的位置，就會變成一股衝突的力量，或多或少都會阻礙北交點與冥王星合相所渴望的發展。解決這個問題的關鍵就在於，此人應該抗拒心中的那股想要逃避的慾望和傾向。與其避免這股衝突所帶來的影響，不如迎頭面對，在冥王星與北交點合相的生命領域中整合或解決這些問題。

如果有不只一個行星同時處於上述的兩種狀態，我們就要判斷哪個行星與南交點形成柔和相位，哪個行星與南交點形成緊張相位。形成柔和相位的行星將可以用一種正面和整合的方式，實現冥王星與北交點合相所暗示的演化導向。形成緊張相位的行星則必須採取迎頭痛擊的方式，在冥王星與北交點合相的生命領域中解決問題。

冥王星與南北交點形成四分相（參見圖 8），代表此人正處於特別的演化階段，被過去和

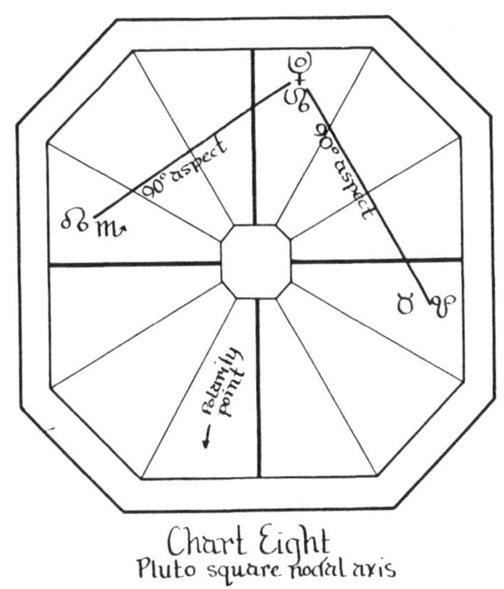

圖 8 冥王星與南北交點形成四分相（90 aspect：90 度；polarity point：對面點）

未來的議題拉向兩邊。他在生命中的每一刻都會面臨這樣的分裂。這種業力／演化的驅力狀態，代表此人沒有完全解決或理解與過去世的業力（慾望）有關的議題，也不明白北交點代表的主題。由於冥王星與交點軸形成四分相，代表此人在過去世已經處理過與南北交點相關的議題，但無論是哪一個交點的議題，都沒有獲得完整的發展、了解、解決或整合。這個人正面臨非常重要的演化門檻。他／她為慾望做出的決定都是非常重要的，攸關自己演化的旅程和進展。這些人會被兩個交點代表的議題、傾向和功課吸引，同時又想要抗拒。他們在前一世略過的未處理議題，會在這一世加倍地呈現，而且必須加倍努力地解決這些被略過的問題，才能整合南北交點的議題。這種情形在南北交點的領域裡都會發生。這些人如果能有意識地認清自己的功課，並且找到處理和發展的方法，很自然地就會在行為上展現南北交點的傾向。

我們可以把冥王星的對應點用在這種情形上面。當這類人想要整合或解決演化的議題時，一定得啟動冥王星的對應點。我們必須考慮以下起緩和作用的因素：

1. 如果冥王星是朝南交點行進（參見圖9），那麼冥王星的對應點、亦即北交點和北交點的主宰行星，就必須透過南交點來整合。這個人將會有一條前後一致的「底線」做為基礎，讓冥王星的對應點、北交點和北交點主宰行星所代表的演化目的，都能持續地有所依據。如此一來，南交點和其主宰行星就能獲得轉化，進入全新的表現層次。

2. 如果冥王星是朝北交點行進（參見圖10），那麼冥王星的對應點、南交點和南交點的主宰行星都必須透過北交點來整合，並且得透過北交點的主宰行星，來促進這個過程。同樣地，此人也會有一條前後一致的「底線」做為基礎，讓冥王星的對應點、南交點和南交點主宰行星所代表的演化目的，都能持續地有所依據。如此一來，北交點及其主宰行星就能獲得轉化，進入全新的表現層次。

如果其他的行星與交點軸合相或形成相位，我們也可以用同樣的方法來分析其演化階段。判斷冥王星朝哪一個交點行進，可以解釋此人會用哪種方式整合或處理這些議題。我們在判斷時必須謹記一點：南北交點的平均運動是逆行的，因此我們必須將一般的判斷方法反過來應用。舉個例子，冥王星在獅子座十六度，南交點是金牛座，而北交點是天蠍座十六度。因

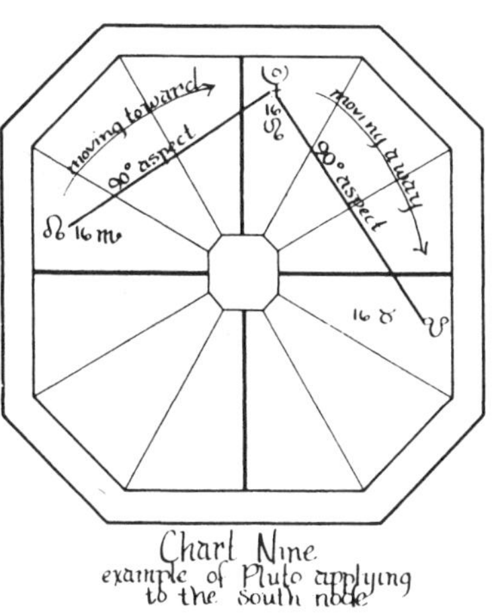

圖 9 冥王星朝南交點行進
（圖中左上方文字是行進，
右上方文字是遠離）

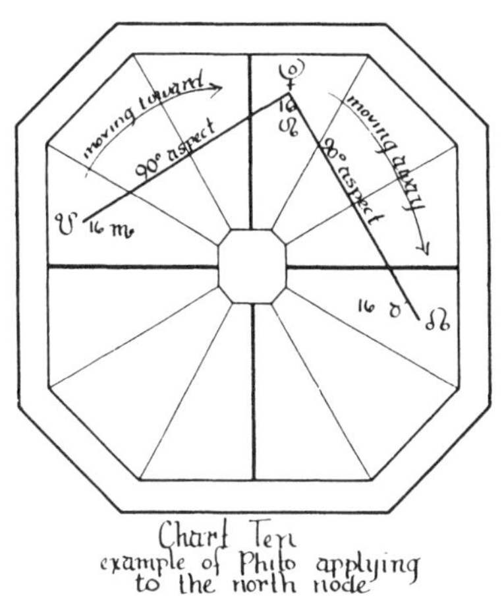

圖 10 冥王星朝北交點行進
（圖中左上方文字是行進，
右上方文字是遠離）

為南北交點是逆行的，所以北交點朝著冥王星貼進，南交點則會離冥王星越來越遠。這時情形就會變成北交點朝冥王星行進，而冥王星則朝著南交點行進。在這個例子中，整合的點將會落在南交點。之前曾經與冥王星合相的交點，就是冥王星現在行進的交點。

冥王星與南北交點形成相位的行星

如果一些行星與南北交點形成相位、而冥王星沒有直接與南北交點形成相位，那麼這些行星都會在一個人的演化和業力的生命經驗裡，扮演重要的角色。相位的類型（柔和或緊張）可以決定此人在相關生命經驗裡的反應，同時也可以看出這些行星正處於何種演化和業力狀態。我們會在

第二章的最後舉出一些例子，將所有的重點整合起來。

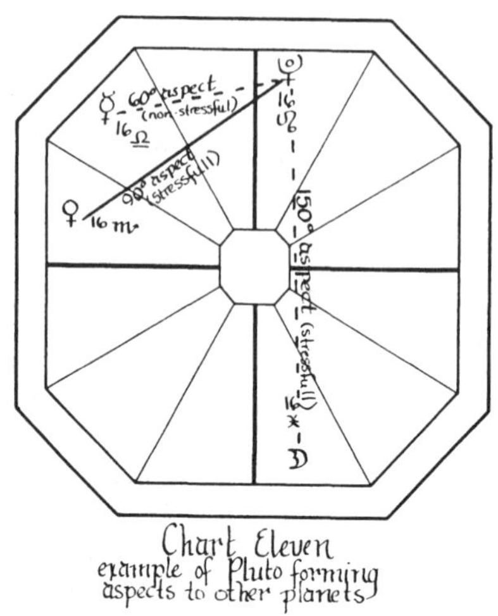

圖 11 冥王星與其他行星形成相位（60 aspect：60 度 – 柔和相位；90 apsect：90 度 – 緊張相位；150 aspect：150 度 – 緊張相位）

冥王星與其他行星形成相位

任何一個與冥王星形成相位的行星（參見圖11），都代表該行星一直在進行強烈且加速的蛻變，未來也將持續如此。蛻變意味著行星（行為）作用力的轉變。在蛻變的過程中必須經歷何種程度的演化，則取決於行星的相位。緊張相位意味著強烈的演化，將會導致週期性的災難和不安的狀態。柔和相位則代表非災難性的演化進程，與前者相較之下比較溫和些，但仍然會持續地進行。當一個人正在遭遇災難性的劇變時，可能無法了解發生的原因，而在劇變發生之後，卻多半可以了解「為什麼」會發生的理由。柔和相位代表一個人在劇變發生的當下，就能了解背後的原因。

冥王星與其他行星形成的相位的多寡，決定了演化或改變步調的節奏。換言之，冥王星相位的多寡與演化的強烈程度有關，也可以看出一個人在此生會投注多少的心力去完成演化。冥王星的相位越多，代表此人越渴望在這一世加速成長的腳步。這個法則顯然是一種相對性的比較。觀察一下那些冥王星相位很多的人，再拿他們與冥王星相位很少的人作個比較，就能明白這個道理了。比較之下，相位多的人會經歷較多的週期性災難。原因是這些人面臨人生的十字路口時，往往會渴望對抗和摧毀困難，希望所有的限制、停滯和生命的現狀都能產生改變。這種過程反映了回歸本源的渴望。當然，這些人可能並沒有意識到這個過程，其中只有少數的人能夠覺知到這點，而大多數的人都渾然不覺。簡單地說，冥王星相位多的人渴望現在就開始演化，冥王星相位少的人則正在小歇，暫時遠離必然會面臨的演化和業力。

以演化進程的角度來看，相位的性質並無差別。傳統上的緊張或柔和相位，只決定了一個人處理或認識演化進程的能力。

本命盤的太陽代表演化進程將會如何整合、被賦予何種意義。月亮則代表業力／演化條件的目的和意義，將會如何被應用或具體呈現在日常生活裡。我們都知道在符號學中，冥王星是太陽系中的外行星，而太陽居於正中心的位置。冥王星代表靈魂的輪迴，以及靈魂展現出的易變的人格本質。太陽會將靈魂展現出來的每一種新人格與生命整合，並且賦予新的意義。既然這場戲碼是發生在地球上，那麼我們就可以透過最接近地球的月亮，來觀察這些新的目的和功課，是如何規律地呈現在日常生活裡。月亮與自我有關，以此為基礎，月亮會賦予人格一種自我形象，讓靈魂深處的自我中心人格能認清自己，並且獲得安全感。

冥王星與四種靈魂演化的進程

我們還必須考慮另一個重要的減輕能量的因素，那就是四種演化的進程。我們必須先判斷一個人的自然演化條件，才能知道他是在哪個層次運作的。我們無法單從一個人的本命盤來判斷他的演化條件，因為同一個時間和地點可能有許多人誕生，這些人都有類似的本命盤。但每個人都會表現出自己的靈魂發展的進度，也會用不同的方式來運用本命盤中蘊含的可能性。舉個例子，並非每個冥王星在九宮的人都是形上學或哲學大師，他也可能是一個遵循傳統宗教戒律的超級汽車業務員。我們必須透過一些方式與這個人互動，才能判斷他／她所處的演化階段。演化的階段決定了一個人在面對冥王星和交點軸的必然演化時，會出現什麼樣的反應和行為特徵。在古印度時代，這四種自然的演化階段都各有出處，但接下來的分類和用語，已經根據現代文明和時下的社會學理論做出了修正。每個人都可以在現代社會裡實際觀察到這四個階段。這四個階段分別為：

1. 演化的初階：芸芸眾生之中大概只有百分之二至百分之三比例的人，是剛從其他的次元（例如動物階段）進化至人類的意識，或是因為前世的業力因果而處於初階的演化階段。這些人剛剛進入人類的意識狀態，因此自我意識通常非常模糊，對自己所處的時空也很陌生。他們往往會顯得呆滯。有些人會呈現智能不足、呆矮症或發育遲緩的症狀。其中有些人的智能不足是因為過去世的行為，導致他們在這一世或兩世中完全無法演化。我們如果能了解本命盤中的演化和業力因素，就能看清楚造成這種狀態的原因，而每個人都有不同的業力因果。

2.合群階段：百分之七十五的人都處於這種狀態。這類人的個人特徵是服從社會的規範、信仰、習俗和禁忌。這種狀態其實就是社會的主流，也就是社會本來的意義。這些人不會認真地質疑社會要自己相信或認同的事物。他們如果對這些事物產生了質疑，就會以社會認定的共識來解釋一切。換言之，如果天文學家說占星學是假的，他們也會認為占星學是假的，完全不會以獨立的基礎來思考這句話的真偽。長久停留在這個狀態的人，可以發展出意見領袖的能力。

3.個體化階段：約有百分之二十五的人處於這種狀態。他們會質疑社會的信仰、習俗、規範和禁忌。這些人想要找到有別於社會的個人特色。他們想要根據自己的自然法則、信仰、價值、需求、習慣和禁忌來思考，然後產生行動。他們想要從自己的內在發現這些東西。當他們學會珍惜自我發現和自由的權力時，就能由內而外地感受到獨立帶來的悸動。

4.靈性階段：百分之二或百分之三的人會試圖從宇宙整體的觀點，來認識自己和別人生命的意義。事實上，他們想要透過整體性的觀點來認識宇宙萬物的本質，同時把靈性的觀點或教誨視為人生的導引。他們想要發現亙古不變的價值、信仰和真理，並且讓自己與這些東西融為一體。這是一種最高階的進化狀態。處於這個狀態的人乃是所謂的神之化身、心靈大師或導師，像是耶穌基督、佛祖、老子、穆罕默德、摩西等等。這個狀態也代表一個人已經完全消除或正在消除所有渴望獨立或變得具體化的慾望。

這四種狀態的界線並非壁壘分明。這四種狀態中存在著連貫和穿越性的移動。舉個例子，一個人如果正處於從合群狀態轉至個體化狀態的銜接點上，就會表現出兩種狀態的特質。當我們與別人分享這些觀念或是為案主做諮商時，必須根據對方的真相來調整詮釋的角度和方式。

對於演化驅力的三種反應

一般人對於個人演化的必然性及業力帶來的功課，會產生三種反應。這三種可能的反應決定了我們這一世的演化進程，其中包括：

1. 完全抗拒演化／業力的功課。
2. 發自內心地想要了解自己這一世的功課，全然接受它，完全不抗拒。
3. 在某些方面想要改變，但是在別的方面又會因為對未知的恐懼而抗拒改變。

第一種反應是反映了自我與本源分離的慾望，第二種反應則是反映出認識本源的慾望，第三種反應是想要結合以上兩種慾望，同時也是最常見的一種反應。我們每一世都會有一點改變，因此對大部分的人而言，靈魂的演化或消除獨立的慾望之漸進過程，總是顯得如此地漫長。

冥王星影響演化的四種方式

冥王星會透過四種方式來影響或啟動演化的導向或進程，其中包括：

1. 製造一些情感性的震撼。這會迫使某些行為模式或狀況從生命中消失。這種過程往往與災難性的轉變有關，也會帶來演化的「大躍進」。我們會一再地抗拒演化的力量，但是當這些力量累積到了某種程度時，就會發生這種情形。唯有如此，我們才能獲得必要的成長。最經典的例子就是尼克森總統的水門案事件。

2. 與自己需要的東西建立關係。這裡所指的東西可以是一個新朋友、一段新戀情、一本書、一場研討會中提到的知識，或是發起一個新的目標等等。當我們透過關係來呈現自我的需求時，也就開始投入演化的進程了。我們需要的東西往往是目前所沒有的，一旦與這個東西建立關係之後，我們就變成了它。這裡包含了心理學所說的滲透作用（冥王星）。當我們與一個東西產生連結時，就會吸收這個東西，讓它成為自己的一部分。舉一個簡單的例子；你正在讀一本剛買回來的書，因為你覺得這本書與自己有關，或是看起來很有趣。也許是書名勾起了你的好奇心，也許是你覺得可以從書裡面學到一點東西，也有可能並不是這本書本身，而是因為書的主題是占星學，才讓你想要翻開這本書。當你與占星學或這本書建立關係時，就能經由滲透作用學到一些新的東西。透過這份關係，你可以看見自我的侷限和既存的現實（自我定義、自我概念）。這份關係可以幫助我們擺脫眼前的限制，來進行轉化、蛻變、成長或演化，進入全新的意識層次和自我定義。這種過程通常都是非災難性的轉變，也就是一種緩慢而持續的演化。

3.在生命中製造一些情境，讓我們意識到某些外在或內在的窒礙或限制，阻礙了進一步的自我成長。這種方式與上述的第二種方式截然不同。第二種方式中並沒有任何危機。這裡講的是一種非常簡單又持續的成長過程。換言之，在一些生命的階段或循環裡，我們會意識到一些內外的限制阻礙了進一步的成長，此時就得去找出限制的源頭。這個過程中可能會出現不同程度的危機。當我們覺察到限制時，並不代表有任何意識在背後作祟。相反地，正是因為我們缺乏覺知，才會導致危機。這個過程會讓我們全神貫注，把焦點放在限制上面。這種全神貫注的狀態會讓我們把生命中其他的事情都拋到腦後，直到我們找著了限制的源頭為止。這就像是一座休眠的火山突然開始蠢動。到了某一個時刻，火山就會爆發，讓火山本身和周遭的一切都產生改變。同樣地，這種持續累積的壓力，再加上單一的意識焦點，往往會讓潛意識中的某個東西突然爆發出來，呈現在主觀的意識層面。透過這場爆發所帶來的啟示，我們就能覺察到限制的本質。當這場災變發生時，我們也會獲得轉化，因為限制的根源已經被移除了。我們會因為這場災難性的轉變，改用一種已經蛻變的全新方式繼續人生之旅。

4.在生命中製造一些情境，讓我們意識到自己從未發揮過的潛能或本領。這些情境會發生在生命的不同時刻，讓我們產生新的衝動、理想、想法或慾望。當我們將這些新的潛能具體地發揮出來時，就可以帶來演化或成長。最簡單的例子就是美國前總統卡特，在冥王星通過他本命盤裡十二宮的太陽時，意識到了自己的慾望及治國能力。在他實現慾望或發揮能力的過程裡，勢必會為自己帶來成長及個人的演化。這種過程通常不會是災難性的變動，但卻需要一種堅持不懈的毅力，將自己覺察到的潛力具體地發揮出來。

另外一個重點是，這四種方式的過程並不是隔絕或獨立的生命經驗，其中任何一個過程都可能引發或導致另一種過程。舉個例子，一個人可能會在生命特定的銜接時刻，意識到自己的潛能。這種意識可能會讓他在相關領域中發現到阻礙，而這種阻礙可能會導致危機，因此迫使他將阻礙移除或轉化。

我們在前面提過，一個人在面對業力和演化功課時最常出現的三種反應，與冥王星引發演化的四種方式有密切關係。舉個例子，如果一個人本命盤上的冥王星與其他所有的行星都形成相位，那麼他就會抗拒成長、拒絕改變，也不願意面對這一世的演化功課。這種反應顯然會「安排」上面所提到的第一種演化進程：他會經歷情感性的震撼，被迫清除某種行為模式或關連性，最後才能透過這種強迫性的移除，來達成演化的「大躍進」。

我們每個人都有權力為自己的人生做抉擇。這些抉擇都反映在我們的慾望上面。慾望則反映了我們的演化階段或狀態，也可以解釋自己為何會處於這種狀態。我們必須為自己的狀態負責。這裡沒有所謂的「受害者」。尼克森總統絕不是受害者。他的生命狀態和經歷只是反映出他本身的演化階段、需求和功課。這種真理可以用在每個人的身上。

當我們在評斷一個人的整體演化階段，或是他在演化進程中的反應時，都必須將他的政治和社會背景納入考慮。社會背景的考量是十分重要的，因為環境因素會影響我們對於自己及生命的整體看法我們應該判斷一個人為何選擇這個環境，才能更加了解他的業力狀態。當我們在第二章尾討論希特勒的本命盤時，會再進一步地討論這個部分。你如果想要更深地了解社會占星學，我建議你閱讀由 TIA Publications 出版，泰爾（Noel Tyl）寫的《整體占星學》（*Wholistic Astrology*）。

冥王星逆行

我現在要談論最引人注目的冥王星逆行現象。我們必須從純演化的觀點來考慮冥王星的逆行。冥王星在每十二個月中，大約有六個月的時間處於逆行狀態。幾乎在全世界一半人口的本命盤上，冥王星都是逆行的。這代表了什麼意義呢？

冥王星逆行與四種自然的演化進程有關，代表全世界有一半的人無法接受現況。這些人會質疑現況，藉此來反映自己的演化階段。在四種演化的進程或階段中，這種質疑的過程可以帶來集體性的演化。

逆行的原則可以定義為：任何逆行的行星功能（行為），都應該被賦予個人性的定義。逆行代表一種反射性的退縮，意圖逃避現實，擺脫社會和群體的定義、期望和壓力，不願意用各種符合規範的方式去面對人生。無論哪一個行星處於逆行狀態，我們都可以用個人的角度來界定這種反射性的退縮傾向。此外，逆行也代表一種非靜止的過程，有如將洋蔥皮一層一層地剝掉，直到最核心的部位出現為止。所以逆行的行星會進行一種持續性的成長（演化）。冥王星的逆行則會帶來集體性的成長，因為無論在任何時刻，這個世界都有一半的人透過某種方式在質疑現況。從演化的觀點來看，這是十分重要的一件事，因為這可以促進全人類的成長，防止停滯不前的情形發生。

我們從上述的討論得知，逆行的冥王星試圖將焦點集中在回歸本源的慾望上面，同時又希望能加速演化的腳步。因為冥王星逆行的個人化影響，所以每個人都必須用自己的方式去達成這個目標。冥王星的逆行會鼓勵一個人在內心的最深處（靈魂）展開內化的活動，如果想要進行內化的活動，通常必須與外界的活動隔絕。因為冥王星與我們內心最深的無意識有關，所以這種與世隔絕的念頭，往往會因為其他外在的個人因素而作罷。這種與世隔絕的需求，最後就變成了沒有實現的慾望。然而即使這些人無法真的與世隔絕，基本上他／她仍然會覺得自己與他人是有距離的。

相較於本命盤上冥王星順行的人而言，冥王星逆行的人比較重視回歸本源的慾望，渴望自己能加快腳步，消除所有想獨立出來的慾望，同時將週期性或持續性的不滿深埋在心中。我們必須記住一點，無論本命盤上的冥王星是逆行或順行，或多或少都會有這樣的經驗。靈魂中兩種並存的慾望的交互作用，與不滿的感受有直接關聯。除非我們能完全消除想要獨立的慾望，否則這種不滿就會變成一種心理作用，也就是回歸本源的慾望會作祟。不滿會讓我們持續地發現「這也不對，那也不對」。透過這種活動，我們總有一天會知道什麼才是創造最圓滿的源頭。重點在於，冥王星逆行的人比順行的人更容易感受到一種深層和持續的不滿。冥王星會用自己的方式加速演化的過程，先是透過個人的方式去進行，然後就會促成集體性的演化。

冥王星——後語

我們前面曾經提到，每個人百分之七十五至百分之八十的行為，都會受無意識裡的力量所影響，這一切都源自於過去世的認同模式。這些模式與深藏在心中的累積的演化力量息息相關。這些過去世的模式與潛意識中的安全需求有關：因為過去世的模式代表我們熟悉的事物。我們往往傾向於依循老舊的模式，因為它代表我們已經擁有的一切。每個人都會依賴老舊的模式，但是對於老舊模式的依賴，卻會阻礙進一步的成長和演化，最後我們就會停滯不前。靈魂的演化力量會對我們施壓，將這些老舊的模式消滅，或是轉化成嶄新的模式。老舊的模式代表安全，嶄新的模式則意味著不安全。（新舊模式之間的過渡階段，顯然與冥王星諸多的負面行為特徵有關）。

我們每個人都有自己的想法、情緒、情感、與自他相處的方式、人生觀或觀點等等。但是有多少人能意識到這一切都和過去世有關？在「每個當下」我們都能體驗到這些東西。想法通常是一種當下的經驗，我們很難用深藏於潛意識的老舊模式去解釋它，也很難理解過去是如何實際地影響了我們現在的想法。但實際上就是如此。這種互動就是持續演化的基礎。這是一種緩慢而持續的成長，但每一步都是環環相扣的。

正如現在和未來一樣，過去也有其存在的理由。過去可以套用到現在和未來，也可能限制了現在和未來。過去與未來（安全與不安全）之間的過渡階段，可能會導致各種行為上的「問題」。因為現在和未來（必須的改變和演化）都可能威脅到我們既有的保障和現實（過去），所以我們會抵抗這些未來導向的演化力量。抗拒就像是在心中建造了一座水庫，它會阻擋大自然中所有可以促進持續演化的水流。當壓力越來越大時，最後會出現一場災難性的演化事件，將這座水庫徹底淹沒，讓大自然的水能夠繼續流動。

從心理學的角度來分析，這座水庫可能會導致複雜的情結、強迫或執迷傾向，也可能造成恐懼或憤怒。在一些極端的例子中，一個人如果經歷了情感上的打擊，或是被迫割捨掉生命中的某個東西（例如一段關係），則很可能導致情緒失控，變得極度憤怒。他／她可能會非常生氣，甚至出現暴力傾向，因為他／她覺得生命根本是「無法控制的」。他／她會感受到有一股超越小我的力量在控制著一切。很少有人可以體認到自己必須為所有的經驗負責，因為這一切都出自於業力和演化的必然性。所以他／她可能會懷恨在心，變得惡毒或殘忍，試圖讓所有造成痛苦的東西「恢復原狀」。當這些人深入於那些埋藏在無意識裡的情感或渴望時（冥王星最著名的地府），可能會覺得走進了自己的地獄，同時他們也可能讓別人陷入地獄。那些抵抗演化的壓力或慾望的人，往往會拒絕改變老舊的模式，所以當危機出現時，是無法理解背後的原因的，譬如他們不明白另一半為什麼會離開。無法理解的人就會出現上述的情緒反應。換言之，人若是無法意識到自己建造了那座水庫，無形中就會阻礙進一步的自我成長。

經過一段時間之後，當眼前的一切都事過境遷了，那時不僅能獲得演化的大躍進，還能大幅提升自己的洞悉能力。他會帶著新層次的意識或覺知上的重生，用一種全然不同的方式處理關係。跌入「地獄」的經驗，可以讓一個人體驗到某種形式的死亡，當事過境遷之後，就能帶著洞見進入自己的演化「天堂」。我們所有的人都會感受到不同程度的天堂和地獄的循環。冥王星代表的是死亡和重生、蛻變、轉化和再生。這些過程突顯了深埋於老舊情感和安全模式中的限制或停滯。這些模式源自於我們過去世的演化，而這一世的發展傾向都是從過去世沿襲下來的。當這些無意識的力量產生「水庫」效應時，就會出現上述的業力或演化結果。唯有如此，個人的演化之旅才能繼續下去。

冥王星的心理狀態還有另一種可能性，那就是愧疚或罪惡感。為什麼會如此？這又是如何呈現的？愧疚或罪惡感暗示著一種「正確」的行為標準。任何偏離標準的行為都會讓我們產生愧疚或罪惡感。這種正確的行為標準通常是相對性的，背後有各種不同的來源或根據。從心靈或宗教的觀點來看，我們都有原罪的概念。每種靈修系統都有自己的一套理想的行為標準，如果不符合標準，就會導致其所認定的原罪。然而一般人所說的原罪，通常指的是脫離本源的獨立慾望。有許多不同的靈修系統，都用不同的方式來詮釋這種獨立的慾望。聖經中的例子就是亞當和夏娃的故事。但獨立的意識會讓我們覺得有些事情不太對勁，然後就在無意識裡產生了一種罪惡感。獨立的意識也會讓我們覺得失去了一些東西，進而在心理上出現「失去神性的恐懼」。這種心態最後會導致我們無法信任別人，因為擔心會失去自己所擁有的東西，或是害怕別人會把我們的東西拿走。當一個人把自我與任何精神性或宗教性的正確行為標準綁在一起時，就會建立一種內外對立的結構，而這也是冥王星的一種活動。這種對立性會讓我們意識到自我的限制，而限制的感覺往往源自於沒有達到自己應有的標準。當我們面對自我的限制時，經常會產生罪惡感，有些人甚至會感到憤怒，這都是因為沒有達到自己的標準，或是沒有達成自己認同的靈修體系的標準。

其他的「正確行為的標準」可能是來自於我們自己，或是我們的父母、老師、朋友、社會和愛人。我們會與這些標準的來源建立關係，若是沒有達到這些標準的期望，就會產生罪惡感。

另外一種罪惡感的來源可能與冥王星的操縱力有關。我們之前曾經提過，冥王星可能會透過關係來啟動演化的進程，這裡指的是我們與高於自我的人事物建立關係，或是我們與自己需要的人事物建立關係。我們可以透過操縱情境和別人，來得到自己想要的東西，也可能受到別人或情境的擺佈，讓別人得到他們想要的東西。為了滿足需求（冥王星），這股力量可能會製造利用或被利用的情境。這裡會產生一個根本性的問題：一個人只能在某段時間內維持一段關係，當新的需求出現時，就會把既有的關係毀滅，然後再與新的人事物建立關係。如果我們自知這是為了自己的需求或理由，去利用一種情境或別人，很自然地就會產生罪惡感。在大部分的人身上，這種自知之明通常都存在於潛意識或無意識裡，所以從其中產生的罪惡感也是無意識的，全都會儲存在靈魂的記憶庫裡。這些記憶通常都是前世行為導致的結果，也可能是這一世的行為造成的。

我們必須知道在這種狀態下形成的關係，只是很自然地反映了成長和演化的慾望，同時也反映出我們渴望將自己或自己的資源，與別人的資源及存在（冥王星）融為一體。當我們建立了這種關係時，自我的限制就能獲得轉化或蛻變。既然這份關係只是反映了演化和成長的自然慾望，那麼因為利用和操縱而產生罪惡感，也是再自然也不過的結果了。這種自然的作用力，是為了讓我們更進一步地意識到自己的目的和動機（冥王星），並且從過去的關係裡學到一些東西。

這種驅力可能會產生許多心理學所說的「附加」效應，例如猜疑，也是冥王星的特質之一。一個曾經被別人利用、虐待或操縱的人，往往會變得疑心很重，他會懷疑別人「打哪來的」，還會質疑他們的動機及目的。最負面的情形是，這種猜疑心可能會讓一個人完全無法信賴任何人事物。他很自然地想要保留或隱藏自己，因為他害怕被別人利用或佔便宜。我們如果在無意識中將這種猜疑的能量投射出去，自然也會吸引來同樣的反應。換言之，別人也不會信任我們。此外，我們還會設計自己，讓別人來誤解我們。這種驅力模式往往會導致一種常見的抱怨：「沒有人了解我」。但是到底誰應該為這種情形負責呢？而這種情形又為什麼會發生？這種情形讓我們意識到內在的動機和目的。為了找尋「底線」而深入（冥王星）自我核心的需求，也就是一種演化的需求。

冥王星還有一種獨特的驅力：被禁忌吸引。每個社會和文化都有禁忌。本命盤上冥王星、八宮或天蠍座色彩強烈的人，對於所謂的禁忌都無法自拔。因為禁忌可能是一種極具力量的生命經驗或聯繫，他們可以透過禁忌來發掘自己的另一面。此外，他們也可以在體驗禁忌的過程中轉化既存的行為限制。所以對某些人而言，禁忌是極有威力的。禁忌有許多種形式，有可能是一種信仰，也可能是價值觀、規範和習俗，或是各式各樣的行為和經驗。我們可以透過體驗禁忌來獲得成長，即使這種經驗在本質上是負向的。

我們必須知道，對於禁忌的吸引或憎惡，都反映了一些非常基本又重要的議題。控制力就是其中之一。舉個例子，一個人如果努力地想把日子過好，作一些本質上正確的事，下一些正確的決定，但是在無意識裡仍然被文化的禁忌的吸引力所「操縱」。那麼，到底是誰在控制一切？到底是什麼東西在控制一切？而這又意味著什麼？

很顯然地，是靈魂在控制著這一切，而所有的衝動、需要和慾望都是源自於靈魂。從宇宙的觀點來看，本質上的善惡力量在控制著一切，另一種精神性的說法就是上帝和撒旦的對立。如果我們能從宇宙或精神性的背景，來看待並存於靈魂之中的兩種慾望（獨立的慾望與重返本源的慾望），就會發現被禁忌的吸引或是抗拒它，不過是反映了善惡或正負的兩面性。我們如果頑固又無法自拔地表現出獨立的慾望，就會被惡質的禁忌議題吸引或產生排斥，而這可能會帶來非常黑暗或墮落的行為及經驗。這些慾望的本源就是我們的靈魂，但如果是一再地堅持或表現出獨立的慾望，自然就會被宇宙中最負面的力量吸引，這裡指的就是撒旦。我們最後會被撒旦的力量操縱。撒旦依附在每個人的妄念之中，讓我們想要與造物者（上帝）分離。這些禁忌的誘惑，往往會出現在最容易受業力操縱的生命領域裡，也可能出現在一些負面或源自於幻想的經驗中。我們可以從冥王星的宮位和相位，看出自己對於禁忌的態度，同時知道禁忌會出現在哪個生命領域裡。

反過來說，我們也可以透過回歸本源的慾望，表現出本質為善的力量，例如回歸上帝。因此當我們朝著演化的方向持續邁進時，如果接觸的文化無法提供適當的生命經驗，很自然地就會被文化中的禁忌所吸引。唯有如此，才能讓演化的旅程繼續下去。

讓我們舉個例子來解釋這些原則（參見圖12）。我曾經遇過一位個案，他本命盤上的冥王星是在處女座、八宮，與北交點及天王星合相；北交點的主宰行星水星是在雙魚座、二宮，

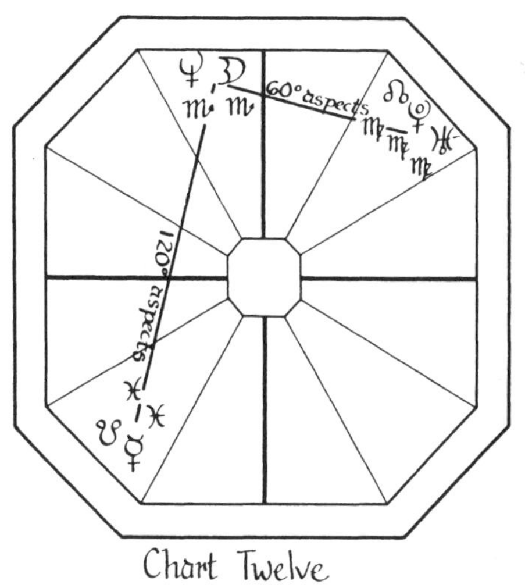

圖 12 120 aspect：120 度；60 aspect：60 度

與南交點合相；天王星和冥王星與十宮天蠍座的月亮形成六分相，而月亮又與海王星合相；水星則與月亮及海王星形成三分相。這個人當時是處於個體化的演化階段，正快速地朝靈性階段邁進。他誕生於加拿大的一個中產階級家庭裡。我們從本命盤可以看出，對他而言情色與東方的神祕主義，代表的就是轉化的生命經驗，然而在加拿大的主流文化中，這兩種事物都被視為禁忌。他的靈魂裡有兩種並存的慾望，將他帶往兩個完全相反的方向。其中一個是成長及演化的慾望，讓他不自覺地想要接觸東方的神祕主義。他透過其中的儀式和符號，讓自我的身分認同獲得了徹底的轉化。然而這種慾望的發展方向，卻與他脫離本源的慾望產生了衝突。所以有時他為了保有自我的獨立性，以及維持凡事操之在我的幻象，就會沉迷於情色之中。他時常光顧播放色情片的電影院，不停地搜集色情雜誌。在他臥室的牆壁上，同時掛著裸女的海報與精神導師的肖像。他跟我說，即使當他在冥想時，腦海中仍然會出現情色的畫面。這種現象讓他很有罪惡感，無法在精神的道路上維持全然的純淨，但另一方面他又覺得一切都很瘋狂，因為他真的無法自拔。顯然他受到了撒旦的誘惑，其實這些誘惑只是反映了他內心深處想要保持獨立的慾望。他對性和情感的需求及慾望，只是突顯了意志力的薄弱不堅。他為了淨化並剷除這些業力魔鬼，讓邪惡的念頭轉化成心智的理想或渴望，便開始踏上精神修持的道路。這是一條有上師護持的道路，其中隱含著他所追求的純淨。上帝用這種方式出現在他的生命裡。別忘了，生命中的每種經驗和傾向都是不可或缺的，而每個方向都會帶來轉化。他在接觸情色禁忌議題的過程中，才發現自己的慾望和動機裡都帶有想要獨立的本質。換言之，他是在親身嘗試了各種禁忌之後，才真正認清了自己。他把禁忌的體驗與精神修練的經驗相互對照，最後終於能自在地擺脫負面禁忌的誘惑。他不斷地培養辨識的能力，同時運用自我的意志力，來化解負面的誘惑。他最後成為一位心理諮商師，專門幫助一些有性偏差慾望或問題的人。透過這種方式，他總算將那些負面的慾望、誘惑和禁忌驅逐到靈魂之外。

那些代表權力或轉化能力的禁忌，本質上並不一定是負面的，雖然一般世俗的說法或主流的社會規範，往往會在禁忌議題上加個負面的標籤。舉個例子，耶穌基督與一些不應該往來的人一起用餐。他的行為讓世人開始質疑何謂「禁忌」，然後才擺脫了這些「禁忌」所暗示的限制。耶穌基督的冥王星與火星合相在處女座，逆行落入九宮，與三宮雙魚座裡的六個行星形成對分相，所以他會透過反社會習俗或牴觸「宗教」法則的方式來教導世人。他當然因為這些反社會或反宗教的行為而招致批評，但是行為本身的純淨性卻是無庸置疑的。

很顯然地，任何與冥王星有關的言行舉止，都是來自於掌控個人和集體的自然演化法則或進程。這些演化法則的本質正好與每個人靈魂之中的兩種慾望有關。這兩種原始慾望的交互作用，決定了我們自認為在成長的過程中需要的東西。這種認知會影響我們的決定（自由意志），促使我們採取行動，而我們的所做所為都會製造反應（業力），這些反應又會導致新的行為。這是一種永無止盡的循環。並存於靈魂之中的兩種慾望，往往與吸引／排斥、抗拒／不抗拒、安全／不安全、死亡／重生有關。簡單地說，也就是跟演化的進程有關。所有傳統上與冥王星相關的心理問題（憤怒、恐懼、強迫性、罪惡感、忌妒、防禦性、佔有慾、衝動、迷戀、報復、操縱、質疑）都可以在這種演化的法則中找出源頭。反過來說，所有冥王星的正面特質，像是再生、重生、正向的意志力、自他的正向動機、非防禦性、按照需要做出改變等等，也都可以在這種法則中找到本源。這種法則並不是一種理論，而是一個可以觀察到的事實。

第二章
冥王星通過每個宮位的情形

我們會在接下來的這一章裡，討論冥王星通過每個宮位的情形。這裡必須考慮所有在第一章中提過的起緩和作用的因素，包括靈魂的四種自然的演化階段。這種討論方式可以讓我們了解冥王星在每個宮位的基本意義。當你在面對一位個案時，必須調整這些意義的詮釋方式，才能反映出根據你所觀察的個案演化狀態。當我們評估冥王星在各個宮位的表現時，也必須考慮南北交點及其主宰行星的星座及宮位。正如我在第一章中解釋過的，當南北交點及其主宰行星與冥王星形成相位時，就會構成本命盤中最重要的業力／演化的驅力。此書的本意並不是要解釋所有的因素可能的結合或表現方式，況且這也超出了本書的範圍，不過我在討論冥王星通過各宮位的情形時，仍然會附上許多實例。最後我會詳細解釋兩個實例的本命盤，讓整個畫面更加清楚。

除了這些實例之外，我會建議你採取下列的步驟，來幫助你整合自己本命盤中最重要的業力／演化驅力。冥王星在每個宮位的詮釋都反映了該宮位的原型。所以你可以利用這些宮位的詮釋，來分析南北交點的位置。請記住，南北交點代表我們沿續而來或未來的運作模式，藉此達成靈魂在過去或現在的演化慾望。這些慾望都會表現在冥王星的宮位、星座及其對應點的相關生命領域裡。從南北交點的主宰行星落入的宮位，不僅可以看出一個人過去和現在的經驗，同時也是促進整體演化過程的重要管道。

我認為占星學最大的挑戰，就是如何將不同的原型綜合在一起，我想你應該也會同意這種說法。舉個例子，某人的冥王星是獅子座落在一宮。一宮是牡羊座的宮位，所以我們必須綜合冥王星、獅子座和牡羊座的特質。這裡的重點就在於，每個宮位都有各自的關聯性和意義，而宮位中的行星卻會限制該宮位能量的應用、表現及傾向。十二宮位組合成的自然黃道只是呈現出人類意識的現象，但行星卻代表個人的心理特質。我們可以從行星看出一個人會如何經驗或統合人類的整體意識。主要的業力／演化驅力代表的則是最後的底線，或是每個人在意識上最根本的心理基礎，而我們也可從演化或驅力的觀點來解釋其成因。

冥王星在每個星座都代表一種世代性的現象。從集體的觀點來看，整個世代的人都會展現共同的特質，進而影響演化所需的必要條件。每個世代都必須培養出冥王星對面星座的心理特質，才能進行必要的集體演化。唯有如此，冥王星所在的星座的心理特質，才能演進到新的表達層次，而新的表達層次往往與集體演化的必要條件有關。我再提醒一次，冥王星在獅子座的世代在接下來的數年內，會慢慢進入社會力量和影響的範疇內，而這絕非巧合。我們正快速地進入寶瓶時代，這意味著全體人類都會團結起來，共同影響這個世代的演化所需的必要條件，所以即使是冥王星落在其他星座的人，也跟整體的演化情況有關。冥王星的星座和宮位，代表一個人從過去世帶來的認同模式，從它可以看出一個人天生渴望尋求安全感的生命領域。冥王星對應點的宮位和星座，則與每個人必須培養的演化條件及需求有關，而這些都可以幫助一個人轉化先前的認同模式。唯有如此，每個人才能展開自我的演化，讓個人的靈魂之旅繼續向前邁進。

冥王星在一宮或牡羊座

冥王星落入任何一個基本宮位（又稱創始宮）或星座，都代表一個新的演化循環剛剛開始。另一方面，這也意味著一段演化之旅已經結束了。冥王星在一宮或牡羊座的人，會覺得今生必須完成一個獨特的使命。他們的這種感覺完全是出自本能，而這也並非全無根據，因為他們的確面臨了一個演化循環的開端。他們通常已經在前幾世中小試身手，嚐試著去發展或落實這個新的循環。

既然這些人已經在前幾世中展開了新的循環，這一世就必須或渴望保持獨立和自由。他們在人生的早期階段，時常會出現自我中心或自戀傾向，只認同或忠於自己。這些人通常都擁有（或是渴望擁有）自由和獨立，藉此來開啟或落實任何自認為必要的慾望和經驗，因為經驗可以幫助他們發現或變成自己現在的模樣。這些人會對自由與獨立產生強迫性的渴望，因為他們幾乎是出自本能地展開了一段新的演化循環。他們在生命的每一刻都會強烈地想要探索自我。換言之，他們可能在每個當下都會發現或認識一些新的事物。對於他們來說，個人的自我探索並非一種已經形成的概念，而是與即將發生的事情有關。因此他們必須保有基本的自由與獨立，才能意識到有一個獨特的使命正等著自己去探索。這些人必須自由地追求任何想要嘗試的經驗，才能發現之前不曾意識到的自我特質。他們出自本能地被即時性的經驗吸引，因為他們可以透過這類經驗來探索自我，進而發現自己的獨特使命。

無論是過去或現在，這些人的演化導向就是發現全新或獨特的自我特質。當他們投入一個持續在改變的過程時，就會感受到強烈的演化壓力。一宮和牡羊座的天性是不假思索地表達、行動和應用，冥王星的本質卻是在熟悉的事物裡尋求安全感，同時要求深入地洞悉事物，在採取行動或產生慾望之前知道背後的「原因」。這兩種過程的結合會產生本質上的衝突。一方面，他們天生渴望獨立與自由，而且宣稱自己必須擁有自由來達成必要的目標，但是另一方面又會抗拒這種出自本能的演化衝動，拒絕改變自己現有的模樣。

從循環的基礎來看，這種衝突往往會讓他們陷入不同程度的身分認同危機。這些人內在的自我隨時都可能經歷週期性的崩解，讓他們喪失洞悉的能力。不斷向前的演化慾望和壓力，會透過一次次的經驗帶來崩解，但冥王星又會出自本能地極力抵抗，意圖鞏固並維持現狀，亦即維持熟悉和已知的一切。如果他們覺得自己正處於僵化或受限的狀態，或是覺得必須採取一些新的行動來消除這些限制，就會出現身分認同的危機。

從此人的現況或是建構人生的方式來看，對新經驗的渴望往往會帶來不安全感。但是這些追求成長、演化或向前邁進的慾望，並不會出現在縝密的想法、概念或理想之中，而且會讓人摸不著頭緒。這類人有一股強烈的本能衝動，總是想要做點什麼，無論做什麼都好，只要這些事情能帶來必要的變動，讓他們可以繼續探索自我。當冥王星的抗拒天性碰上這種追求改變的本能衝動時，經常會讓一個人陷入強烈的挫折或憤怒之中。他們時常會將這股憤怒投射到別人身上，認為都是別人造成了僵化、限制和問題。在一些極端的例子中，還可能出現身體的暴力傾向。

冥王星的對應點是七宮的天秤座。這些人一旦因失去洞見而陷入自我折磨和憤怒的循環，或是陷入身分認同危機的惡性循環，而危機又日益加深時，就會啟動天秤座或七宮隱含的演化慾望或導向。這股慾望會逐漸引導他們進入與別人的關係裡。他們如果堅持只相信自己，就無法進行自我探索，也無法達成今生獨特的使命。這些人在前世裡帶有一種保持獨立和自由的本能衝動，所以到了這一世往往會變成「天生的獨行俠」。當他們想透過與世隔絕來延續前世的需求或衝動時，就會陷入身分認同的危機裡，因為他們已經瀕臨內在的演化極限點。

他們在經歷身分認同的危機時，時常會覺得自己失去了洞見，這時他們就會想要與別人建立關係，因為這些人可以幫助他們回答「我是誰」或「我是什麼」的問題。當他們體驗到自我的狹隘性，同時發現自己無法回答這些問題時，就必須學會對別人敞開心胸。「我是誰」、「我是什麼」這類的問題，就像是直接或隱藏的渴望一般，促使他們開始與別人產生互動。

這類人在潛意識中會吸引一些帶來震撼的人。這種震撼的效應往往來自於別人提供的資訊、建議或洞見。他們的靈魂會散發一種共振的能量，吸引來那些能夠為自己解惑的人。

按照自然演化的必然性，冥王星在一宮的人天生就會被許多人喜歡或排斥。他們對別人的吸引力通常都帶有性或肉體的魅力。這類的吸引力不一定會彰顯出來，實際情形還是要看本命盤的其他相關因素而定，例如火星落在摩羯座。無論是什麼情況，我都稱這種吸引力為「催眠式的魅力」，而這幾乎是一種本能。換言之，他們無法意識到自己有什麼魅力，魅力就是魅力，無法多加解釋。別人當然也可能無來由地被他們吸引。無論對哪一方而言，這種催眠效應就像是從靈魂散發出來的自然共鳴，讓他們覺得只要與對方建立關係，就能更加認識自己。冥王星在一宮的人自然能吸引一些幫助自己達成演化要求的人，而對方也會基於同樣的理由去接近他們。

這類關係具有強烈的本能色彩，但影響都非常短暫。關係維持的時間長短並不重要，重要的是因緣際會。有些人的關係會比較持久。有些只是性關係，也有些關係可能無關肉體。當這些人出自本能地被另一個人吸引時，很自然會想要找出原因。如果周遭環境不允許他們深入地探索這份吸引力，他們就會覺得沮喪。周遭環境可能包含許多因素，也可能是對方的原因。

當這些人直覺受到別人的排斥時，則會完全否認對方的存在。這種吸引／排斥的驅力有時會產生一種情形：他們會被吸引自己的人排斥，因為這種吸引力會直接威脅既有的現實。

我們之前提過，每個人對於今生的演化及業力的要求，可能會出現三種反應模式，而冥王星在一宮的人處理他人對自己的吸引力，或是面對他人提供的資訊時，也會出現以下的三種反應：

1.他們如果覺得受到對方的威脅或攻擊，或是質疑對方的動機可疑，就會完全抗拒這些資訊或吸引力。

2.他們如果覺得對方的目的或動機是誠懇、純潔或值得的，就會完全接受這些資訊，全然地被對方吸引。

3.他們有時會拒絕這些資訊或吸引力，有時則會接受。

隨著生命的開展，冥王星一宮的人會發現（慾望）自己既渴望也想維持長久的親密關係，不是只有強烈和短暫的邂逅。而且從演化的觀點來看，這些人會漸漸學會如何維持一段平等的關係。他們會學著付出多於接受、聆聽而非主導一段談話。他們會知道自己與別人是平等的，不是一方特別重要或無關緊要。

他們必須學會先對別人付出，自己的需求才會獲得回應。當他們學著聆聽的時候，就會知道該付出些什麼。他們可以透過聆聽和付出，來學會平等與相對性的演化功課。

他們大部分的人都會遇到人際關係的問題，生命的早期問題多半圍繞著情感、理智或肉體的衝突打轉。他們經常會覺得自己被別人攻擊或是在攻擊別人，也時常覺得自己被別人誤解或是誤解了別人。這些經驗可以讓他們了解自己和別人的出發點：彼此的動機和目的為何？

為什麼會產生吸引或抗拒？有些人的關係會充滿激烈的衝突，因為他們覺得對方沒有滿足自己的需求，或是對方覺得他們沒有滿足自己的需求。這些衝突的原因都是一樣的，那就是讓他們學會平等、付出和聆聽的功課，懂得先滿足他人再滿足自己，如此才能更加意識到自己的目的、動機和不斷改變的需求。

這些生命經驗都有其演化的目的，而冥王星在一宮或牡羊座的人通常會出現三種反應。他們可能會在生命的不同階段體驗到每一種反應。

1. 他們會追求一段由自己主導的關係，最後會造成不平等的情形。他們的潛意識會吸引這類的情況發生，因為這可以讓自己在關係中保持疏離。這種情形可以滿足他們對於自由的需求，但卻無法滿足個人的演化慾望。最後的發展往往變成：先出現對自由的渴望，再來就是疏離，然後會導致一段不平等的關係。正因為如此，這些人可能會完全抗拒或排斥一段關係，因為他們害怕自己會陷入別人的需求和慾望裡。他們認為過度投入別人的需求就像是「繞遠路」，會阻礙自己追求「獨特使命」的慾望。這些人時常會因為慾望和需求的出現，在一段關係中進進出出。當個人的限制和僵化的循環出現時，他們就會產生身分認同危機，質疑自己是否該停留在這段關係裡面。

2. 他們可能會追求一段由對方主導的關係，最後也會造成不平等的情形。這種極端的反應通常出自於回歸本源的慾望，同時也與他們過去世的業力模式有關，一種潛意識中的罪惡感。這些人的潛意識知道自己在其他世中曾經過度自我中心，喜歡操縱別人的人生，所以這一世就會有罪惡感，而渴望在這一世「贖罪」。基於「贖罪」的理由，他們會吸引來一些天生能完全操控他們的伴侶。這種類型的伴侶會不由自主地與他們作對，指出他們的弱點，讓他們完全屈首臣服。這些人還會根據自己的想法，重新塑造或改變冥王星在一宮的人。

3.他們可能會追求一段平等的關係。兩個人都用公平的方式付出和接受，同時會透過開放及不防衛的方式去幫助對方了解自己，並且允許對方保有獨立的空間。雙方都會尊重對彼此的承諾。雙方都希望用「新的方式」來定義這份關係，同時保持開放的態度，讓關係在必要的情形下改變形式，獲得改進。

這些人的演化功課就是在兩種需求或慾望之間找到平衡，一方面是對自由及獨立的渴望，另一種則是對關係的需求。他們如果想要進行演化，就不能獨獨偏重其中的一種需求。他們必須了解兩種需求或渴望，都是必要且息息相關的。這些人必須明瞭他們最佳的關係，應該是伴侶會鼓勵並容許他們保有獨立和自由。他們也必須知道獨處或是想要與伴侶在一起的需求，都是無法事先預測的。在這兩種需求本能地展現出來之前，他們自己是渾然不知的。對於他們而言，最大的挑戰就是讓這些需求自然地表現出來。他們如果不能自然地表現，就會失去洞悉力、扭曲情緒、誤解事情的原由，最後還會出現身分認同的危機。他們如果能順應這些需求，反應的強烈度就會減輕。

因為冥王星在一宮的人正處於新的演化階段，所以他們的慾望就像是本能反應一樣。他們不知道自己為什麼會有這些慾望，也無法用邏輯來解釋，所以時常覺得自己有些無能，因為無法像別人一樣解釋自己的行為或需求，也不明白自己到底是個什麼樣的人。在負面的情形下，這種難題可能會讓他們追隨別人的價值或信仰，但是又難免會在某些時刻對別人的價值或信仰產生抗拒。他們一旦心生抗拒就會與外界隔絕，讓自己恢復或發現自己的真相，然後脫離之前追隨的價值或信仰。演化的壓力點仍然是在於關係之中，所以他們最後還是會走出自己的角落，與他人建立關係。這種過程會一再地重覆，直到有一天終於了解拿自己與別人比較，是毫無幫助的事。然後他們就會開始尋找願意聆聽或鼓勵自我探索的伴侶，而不是那些會告訴他們應該怎麼做、令他們變成另一種模樣的伴侶。

從正面的角度來看，冥王星落在一宮的人應該勇敢地表現出與眾不同的自我，展現領導天賦，為他人樹立榜樣。藉由這樣的過程，他們也可以確立自我的力量或權力。他們可以激勵別人去作自己該作的事情，同時幫助別人了解自己的獨特使命。

讓我們用一個例子來解釋這種驅力模式和原則（參見圖13）。某位案主的冥王星及北交點是落在巨蟹座，合相於一宮；北交點的主宰行星月亮是落在獅子座，與海王星合相在三宮；南交點落在摩羯座和七宮，而南交點的主宰行星土星是在天蠍座落五宮；冥王星與十一宮的牡羊座金星形成了四分相；金星同時又分別與南北交點形成四分相。這位男士是美國人，正處於靈性演化的階段。冥王星與北交點合相在一宮，代表他在過去世已經開始進行這個領域的演化，而且在這一世必須繼續下去。換言之，他必須維持獨立和自由，才能完成今生獨特的使命。然而金星與冥王星及交點軸形成四分相，代表他在親密關係和情感議題上還有未完

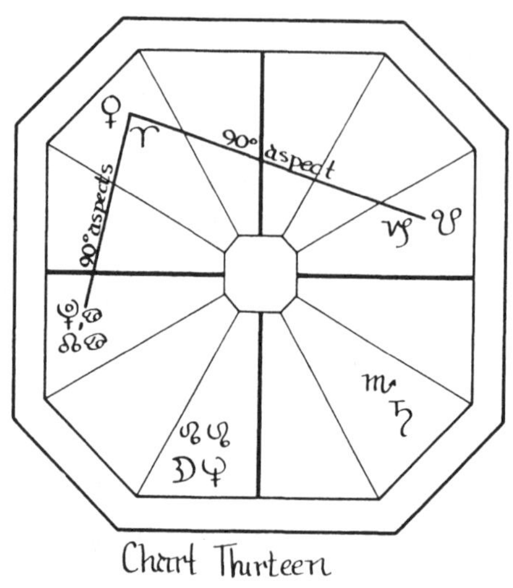

圖 13 90 aspect：90 度

的功課。南交點落在摩羯座和七宮裡，再加上土星落在天蠍座和五宮裡，代表他會用權威來處理關係議題。他必須成為關係之中主導的那一方，才能獲得情感上的安全感。我們也可以從這些行星的符號看出，此人在過去世曾經繼承父親的社會權責，很可能是名門望族或統治階級出身。他的婚姻伴侶也是出自門當戶對的家族。這種婚姻的安排並不能滿足情感的需求，他必須控制自己的情感，才能掌握住婚姻。他因為害怕被拒絕而隱藏了自己的情感，而且也不知道該如何表達自己的感覺。這種情感上的不滿足導致了叛逆，最後他終於擺脫家族的限制和繼承的義務。

他開始四處旅行，追尋帶有超驗和精神本質的理想或真理，與老師或是有同樣想法的人建立關係。他試著按照心智和靈性的理想來活出自己，而且樂在其中。他曾經用這種方式度過了好幾世，在心靈的層次上快速演化，但是到了這一世，卻必須面對親密關係中未完的功課，把那些略過的步驟重新走一次。這裡指的就是他壓抑了好幾世的情感表達。他的靈魂必須經歷這一步，否則根本無法獲得更多的心靈成長。他在這一世表現出了前面提到的所有老舊模式。他成了一位心靈導師，吸引來許多追隨者，還根據自己的心靈成長經驗寫了好幾本書，鼓勵別人在靈性層面上掌握自己的人生。他將一生投入於這個領域，同時用這種方式完成了大部分未竟的關係業力課題。但他仍然是用一種疏離非個人性的方式去做這些功課。在個人情感的層面上，他不允許任何人接近他。他把自己桎梏在心靈導師的「獨特使命」中，而別人也總是用特別的眼光去看待他。

這種窒息感最後造成了另一種叛逆。他極度渴望且威脅著要拋棄已有的地位和名氣。這種身分認同危機是源自於靈魂的慾望，他渴望用一種私人或平等的情感模式來與人互動。他終於在某個旅途中遇到了一位女士，能夠與他在個人的層次上產生靈魂的共鳴。他覺得自己找到了「靈魂伴侶」。她一開始也有同樣的感覺，之後他們就結婚了。他把她帶回家之後，兩人過著一種奠基於心靈關係的理想生活。她就像是一個工具，讓他重新感受到自己壓抑已久的情感力量或議題。但最後她還是離開了他，因為她還沒有準備好扮演他所渴望的那個角色。

這件事是一種業力的懲罰，原因是他在其他世裡曾經拋棄和背叛過別人，不過這也帶來了正向的結果。這種突如其來又毫無預警的拋棄，迫使他必須檢視自己的情感模式。他不禁問自己到底來自何處？為什麼會來到這裡？這件事也讓他產生了蛻變，促使他將情感釋放出來，可以自在地向信任的人表達感受、情緒或情感。他現在會跟別人擁抱握手，甚至可以揶揄自己了。他之前自我設限的形象和身分認同，讓自己陷入了窒息的困境裡，而他的追隨者只是讓一切更加惡化。不過他總算掙脫了這種困境，表現出較為人性化又圓融的身分和形象，並且學會接受別人的情感和付出。最後他寫了一本書，教導人如何將婚姻的驅力提升至心靈的層次。

冥王星在一宮的人一旦學會了這些演化的功課，就能具備一種超凡的能力，在自己合理的需求及旁人的需要之間取得平衡。他們已經發展出一種聆聽的能力，這讓他們可以給別人最需要的東西，而他們也會吸引來一些能夠滿足自己需求的人。無論在生命中的哪一個領域裡，這些人天生就具備一種開疆闢土的勇氣和能力，而他們也能鼓勵別人和自己一樣地勇敢。除此之外，他們還能意識到自己慾望的基礎和本質，並且知道這些慾望為何會影響現實的遭遇，以及這一切又是如何發生的。他們可以將這份覺知貢獻給別人，幫助別人意識到自己慾望的基礎和本質。這份覺知也可以協助自己或別人做出正確的取捨，決定該將哪些慾望付諸行動，哪些慾望應該被捨棄掉。

冥王星在一宮的人常見的特質包括：極端的個人主義、強烈的意志力、極為熱切、十分有魅力、固執、反抗獨裁和權威、勇氣十足、天生有領導才能、言之有物、目光如注、很難與人深交，而且通常都有強健的體魄。

冥王星在一宮或牡羊座的名人包括：

安妮・貝森特（Annie Besant）

拉姆・達斯（Ram Dass）

安德魯王子（Prince Andrew）

查爾斯王子（Prince Charles）

馬克思（Karl Marx）

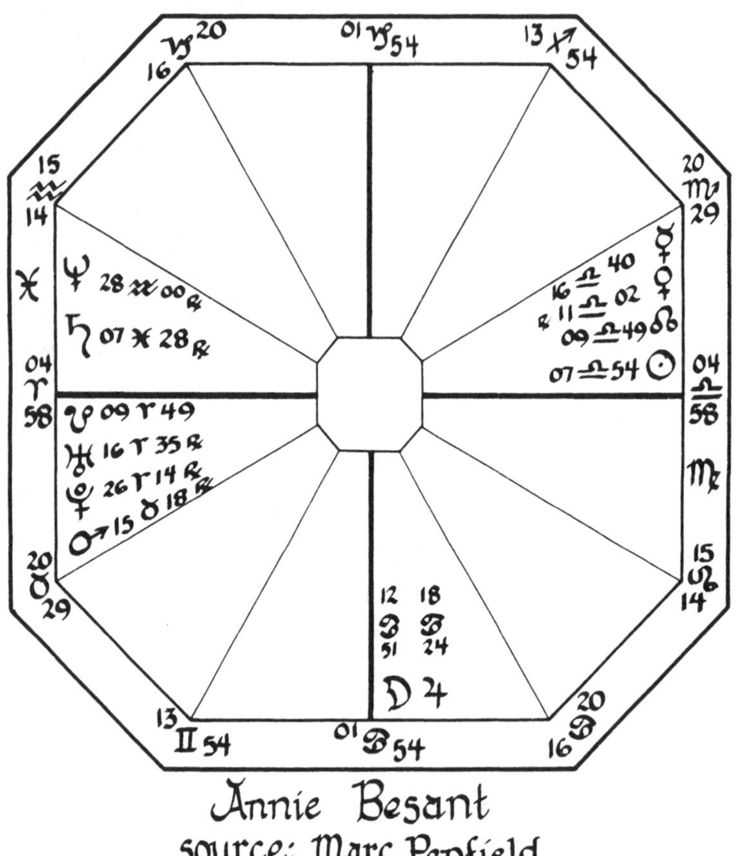

安妮・貝森特
來源：馬克・潘菲德（Marc Penfield）

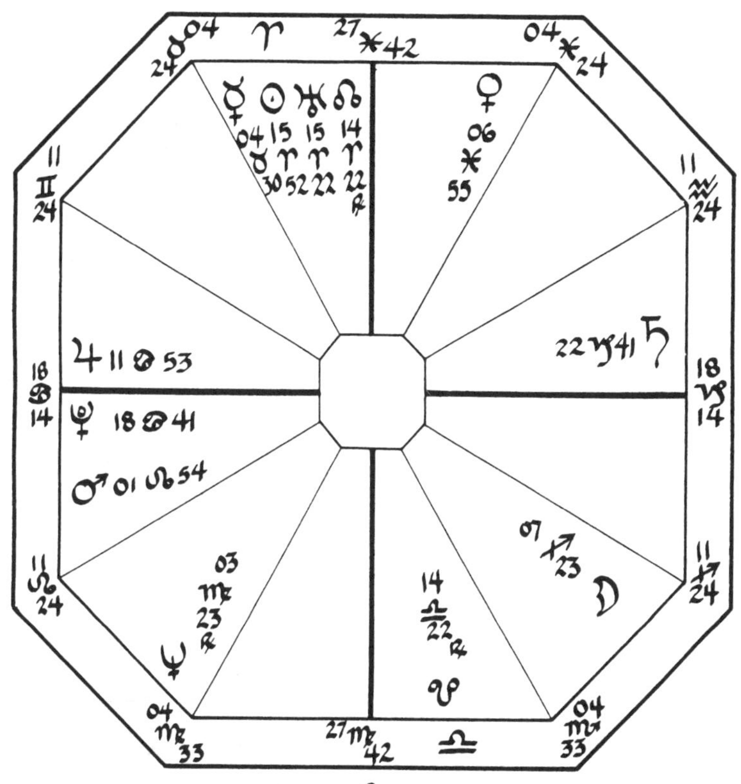

Ram Dass
Source: Lois Rodden

拉姆・達斯
來源：路易斯・羅登（Lois Rodden）

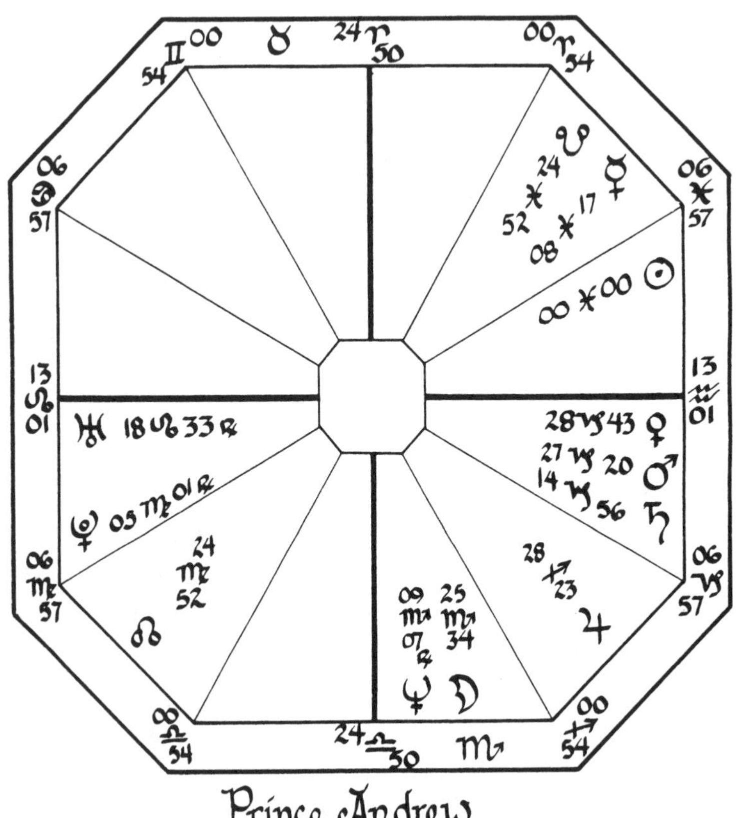

Prince Andrew
source: Lois Rodden

安德魯王子
來源：路易斯・羅登

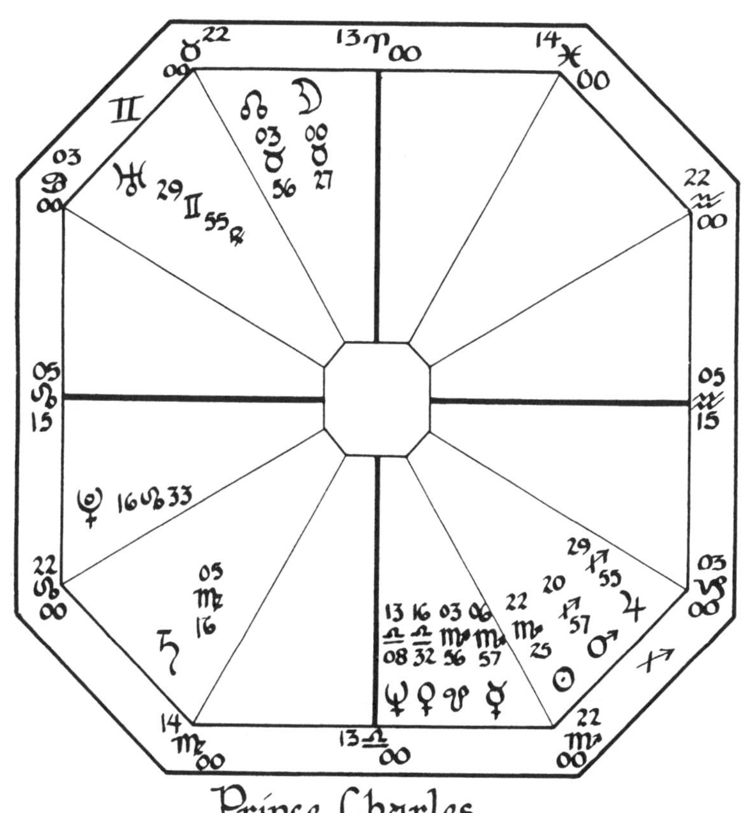

查爾斯王子
來源：馬克・潘菲德

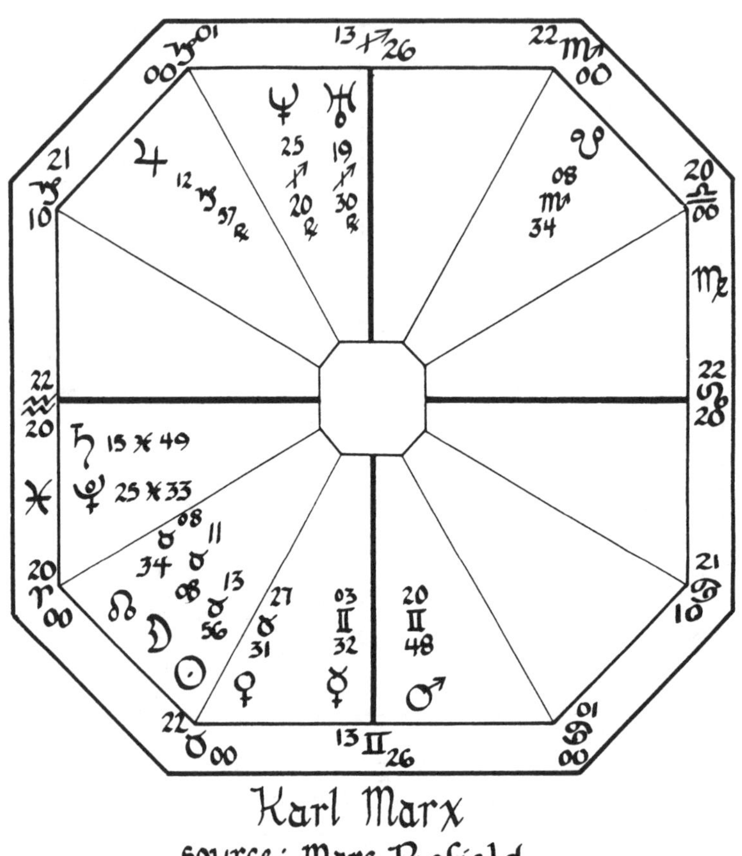
Karl Marx
source: Marc Penfield

馬克思
來源：馬克・潘菲德

冥王星在二宮或金牛座

冥王星落在二宮或金牛座，代表前世的演化慾望或需求，是極度地渴望自給自足。廣義而言，二宮或金牛座與人類的生理需求及生存本能有關。人類已經知道必須擁有哪些資源才能維持生理需求，所以會去學習生火。人類也已經學會辨認自己的個人資源，然後利用這些資源來供養自己。由此可知，冥王星落在二宮或金牛座的人，通常都有非常強烈的求生本能。從生物學的觀點來看，他們天生就具有旺盛的性能力，因為生存的職責之一就是繁衍後代。

這些人到了這一世，會特別強調生理和情緒上的自給自足。他們天生就能自給自足。他們為了培養這些特質，已經在前幾世中學會如何認清自我的價值和需求。冥王星二宮的人必須採取行動或嘗試各種經驗，然後在這個過程中發現自己；冥王星落二宮的人在前幾世中喜歡退回到自己的內心，所以到了這一世很自然地會有退縮的念頭。這些人可以在退縮的過程中內化自己的意識焦點，在內心裡發現自我的價值和需求。

當周遭環境時時刻刻都在改變時，這些人仍然會堅守自我，藉此來體驗、感受或發現自己的本質。基於這樣的演化進程，他們到了這一世往往會變成所謂的「業力的井底之蛙」。換言之，井裡的青蛙只能看見一小片的天空，而這就是牠從井底看到的全部景色。但這隻青蛙卻會把這一小片天空當成了整個宇宙。青蛙待在井底當然非常安全。同理而論，當這些人來到這一世時，對於自己或生命整體的認識都非常狹隘，這些受限的視野通常是已知、熟悉又安全的。他們會依賴這種受限的視野，因為「很管用」。依賴過去會讓他們變得保守又懶散，甚至會抗拒跳出井外。每個人抗拒的程度或視野受限的程度不一，必須觀察本命盤中業力／演化的驅力所決定的起緩和作用的因素，才能加以判斷。舉個例子，南交點在雙子座的人表現出來的抗拒或視野受限的程度，通常會比南交點在摩羯座的人來得輕微。

冥王星落二宮或金牛座的人如果處於合群的演化階段，比較不會那麼重視肉體的存活，反而會把物質的價值當成自給自足的工具，而我們可以從這裡看出他們的限制。處於個體化演化階段的人則知道自我就是資源，從而會藉此來創造自給自足的工具。處於靈性或宇宙階段的人則知道自己獲得滋養時，是本源或宇宙提供了生存所需。他們往往會離群索居，如此才能專注在自己和宇宙的關係上面。這些人無論處於哪一種狀態，都有受限的部分。他們如果把物質價值當成了自給自足的工具，受限之處就是價值本身。這些人的物質需求和慾望就像個無底洞，因為他們堅信唯有物質保障才能帶來安全感。冥王星帶有害怕失去的本質，所以這些人在潛意識中非常害怕失去（或是害怕不足夠）物質和財產。他們會認為金錢和財產就等同於權力，因為地位都是來自於物質財富。有些人會操縱別人的財產、資源或金錢，藉此來得到這些東西。有些人則會想盡辦法與一些有權有勢的人攀上關係。換言之，這些人已經認清自己有物質慾望和需求，但卻太過於懶惰，不願意付出應有的努力替自己創造資源。這種做法當然比較輕鬆，他們會想盡辦法與資源擁有者建立虛浮的關係，最後就變成這些人的身分和價值的附屬品。

少數人會用非常祕密又卑鄙的手段來操縱別人的資源，藉此來獲得這些資源。也有一小部分的人不曾為自己的物質慾望付出任何努力，或是只做了一點努力，但是卻過著超出自己所能負擔的生活，例如開一台負擔不起的名車、把信用卡刷爆或負債累累。但是那些能夠為自己的物質慾望實際地付出努力的人，往往都會累積巨額的金錢和財產，因為他們把全部的心力都專注（冥王星）於這些慾望和努力上面。

當冥王星的對應點是八宮或天蠍座時，其所代表的演化導向會讓這些人陷入強烈的內外衝突。這些衝突可以揭露他們價值系統上的限制，譬如他們究竟是如何看待自己的，或者他們是如何認定個人現實的本質。說穿了，這些人就是井底之蛙。

對於已經累積巨大財富的人而言，當他們發現物質的富足並不等於快樂和安全感時，就會感受到衝突帶來的震撼。八宮和冥王星都會挑起一個人更深層的現實意識，讓他明白生命之中還有其他勝於物質價值的事物。

那些透過卑鄙的手段獲得財富的人，直到死前最後一刻都會被罪惡感折磨。罪惡感也可能是一道曙光，讓他們有機會看清楚造成這種感覺的內在動機是什麼。這會讓他們深陷於自我認知的震撼中，因為他們以往沒有「意識」到自己深層的動機。他們有些人會被迫失去財富，讓他們必須重新評估自己的價值系統，然後才能用一種全新的角度來看待自給自足這件事。

基於某些演化及業力的條件，有些冥王星落二宮的人出身非常貧困，物質條件的欠缺迫使他們學會自給自足的功課。有些人則是出身於一個富裕的家庭，但卻拒絕接受父母提供的資源，因為他們無法認同父母的價值觀，也無法遵守父母的指令。少數人會用犯罪的手法獲得物質財富，因此而鋃鐺入獄。還有些人則終生都為了物質的保障打拼。無論他們如何努力，前一世的業力因果都會讓他們只能勉強餬口。我們如果想要了解一個人在此生為什麼會有這樣的遭遇，就必須全面地評估他在過去世的演化／業力議題。

對於那些生活方式超出自己負擔的人而言，八宮這個對應點也會因為他們強迫性的消費模式，在生命的某些時刻修理他們，製造一些收回財產的震撼事件。當這些人的財產被收回時，或是當他們開始感受到壓力，覺得必須把錢存下來支付日常所需的時候（這也是某種形式的束縛），就會感受到內在和外在的震撼。這會為他們帶來必要的覺知，讓他們看清楚自己為什麼會這樣過日子。此時，井底之蛙就被迫跳出井外了。

對於那些把自己視為資源（像是天賦、才華或能力）、藉此來自給自足的人，八宮這個對應點則會讓他們面對與別人融合的功課。這些人在面對別人或是一些生命狀況時必須敞開心胸，讓他們把自己的侷限或相關的現實暴露出來。他們很明白自己是誰，然後會用多少有點僵固的自我定義來對待自己或別人。這種態度不只會造成自我設限，還會導致自我隔離。這些人可能已經知道自己的本質、能力和價值，卻無法把這些「力量」應用在自身之外，像是社會或其他人的身上，那麼八宮就會讓他們經歷限制、否認或隔離造成的衝突。一個人天生就具備的能力陶藝的才華，是一件很棒的事，但如果他無法將這份才華整合或應用在社會的需求上面，或是用一些符合別人的價值系統的方式呈現出來，那麼他還是無法靠這份才華養活自己。基於必須面對的演化和業力功課，別人可能會否定他們的維生能力，這裡指的是與天生的才華有關

那些已經有心靈寄託的人，則必須敞開心胸接受新的儀式、技巧或方法，讓自己可以進入更深層的心靈境界。他們必須透過一些方式與人分享自己的心靈資源，而不是離群索居或是只滋養自己。基於過去世所帶來的限制，他們只要敞開心胸，與別人分享，就可以產生蛻變。他們如果拒絕開放與分享，靈魂的本源或宇宙就會停止供應他們生活所需的物質，而他們從井底望出去的那片天空，也會開始烏雲密布。最後他們會感受到心靈的深層核心慢慢枯死。這種內在的衝突和震撼可以為他們帶來必要的蛻變，而他們也可以透過這種過程敞開心胸，坦然面對業力和演化的功課。

無論是處於上述的哪一種業力狀態，八宮這個對應點都會帶來突變侷限的衝擊。換言之，青蛙一定得跳出井外，看到完整的天空。這些人可能會陷入一些情境，讓他們檢視一下導致這些情境的內在力量。他們會被迫離開井底，去檢視自己內心深處的一些更強烈的力量。他們必須了解自己的動機，以及造成這些模式的原因。他們必須看清楚自己的慾望，以及慾望背後的源頭。他們必須了解他們是如何看待自己的，以及為什麼會這樣看待自己？他們必須知道哪些資源可以維生，為什麼是這些而非其他的資源？他們必須了解自己認同的個人價值，為什麼是這種特定的價值而非其他的？藉由這個過程，他們才可以獲得全面的轉化，最

後就能以全新的視野來看待自己、別人以及整體現實。他們也可以藉此調整自己的價值系統，允許必要的成長出現。這些人的演化進程通常是這樣的：他們的潛意識會吸引來一些生命經驗，讓他們覺得價值系統、自我形象和需求，以及看待自己和別人的方式，都受到了限制。這種侷限感會導致內在的崩解，迫使他們檢視內心裡的所有力量，並且為自己堅持的特定人生態度找出原因。

這些人會漸漸學會把自己的資源和生命與別人的結合，藉此讓自己產生改變，同時讓侷限也有所鬆動。基於過去世的演化帶來的惰性，這種改變通常都會緩慢地發生。多數的人都先得有一個理由，才願意做出改變。這種固執的態度就像是在一個人的內外埋下了「原子彈」，一旦爆發就是風雲變色的大災難，讓周遭的一切完全變樣。由於冥王星落二宮的對應點是八宮，所以時常會在生命的關鍵時刻吸引來一些重要或強勢的人。這些人就像是即時的信差，會帶來或創造一些必要的生命經驗及挑戰，讓他們感受到自我的侷限。這種強烈的經驗會讓他們用正面或負面的角度去感受自己，覺得自己被「懸在半空中」或是被堵住了。他們如果願意改變自己，跳出自我侷限的井底世界，就能獲得成長。

這些重要人士可以了解或「發現」限制冥王星落二宮的人的原因，然後會突顯這個原因，幫助冥王星落二宮的人獲得成長和演化，讓他們用全新的角度看待自己和別人，或是認同一個全新的經過調整的價值系統。這些重要人士會鼓勵冥王星落二宮的人自給自足，而不是讓他們來依靠自己。冥王星落二宮的人如果在生命中遇到一些願意供養自己的重要人士，最好不要與這些人往來。他們如果投入過多的力氣與這些人往來，或是放棄了太多自我的權力，那麼對應點的八宮一定會讓這些人離開他們的生命，迫使他們在自給自足的人生道路上繼續前進。

冥王星落二宮的人通常都有堅強的體魄和強烈的性慾。他們必須學會在感情上與別人融合，而不是透過一些帶有自慰色彩的性活動，利用別人來換得自己的身體或性慾的滿足及釋放。我們應該了解冥王星在二宮的情感力量，會讓這些人天生就有強烈的生理和性需求，而二宮又代表人類繁衍下一代的本能衝動。當這種本能衝動與自給自足連結在一起時，就意味著他們獨自一人時會有強烈的自慰需求。冥王星在任何一宮所產生的情感能量，都需要透過其所在的宮位或對面的宮位，週期性地釋放出來，唯有如此才能讓情感維持穩定。這些能量如果沒有週期性地釋放出來，便可能導致此人的情感變得扭曲，或是在所有的生命領域都失去洞見。由此可知，冥王星落二宮的人必須透過生理或性的方式來釋放情感能量。他們之中有些人即使有了伴侶，仍然會不時地自慰，因為自慰代表一種自己把自己「掏空」的方式。這是一種繼續朝著自給自足邁進的演化方式。值得注意的是，對於他們而言自慰是很自然的一件事，我們不需要去批評它，他們也沒必要去糾正自己的行為。

有些冥王星在二宮的人會用生理或性的力量來佔有、利用或操縱別人。他們可能會拒絕與別人發生性行為，也會利用自己的性本能從對方身上獲得一些東西。最極端的表現就是變成「獵豔」高手，不停地更換性伴侶。這些人會用這種方式來向自己證明一件事：一切的力量和情感都操之在我。當他們出現對於生理／情感／性的強烈慾望或執迷時，很容易極度沉溺在有關性的圖片、禁忌活動或符號裡。這種情形當然也代表一種限制。他們在生命的某些時刻必然會經歷情感的震撼或挑戰，讓這種行為和生理／情感的傾向產生改變。

那些處於靈性或宇宙性的演化階段的人，必須學習各種儀式或技巧，透過性的結合讓肉體超越先前經驗的狀態。換言之，他們必須透過正確的技巧、方法或儀式，學會在性行為的過程中，利用性／情感的能量來擴張自己的意識。他們可以從源自西藏、古老的譚崔瑜伽裡，學到這些技巧和儀式。印度愛經和中國道家的瑜伽裡，也有類似的性技巧。

當冥王星落二宮的人開始做八宮的演化或業力功課時，不僅能了解自己的限制，同時也可以有覺知地從事一些適當的活動，讓這些限制獲得轉化。每個人可能從事的活動都不一樣，但所有人的演化需求和主題都是相同的。在這個過程中，他們會變得越來越有能力指出別人的侷限，同時可以解釋為什麼會受到限制，並針對這些侷限的改變提出適當的建議。他們也可能學會如何將自己與別人融合，如何把自己的資源與別人的資源結合，同時還能教導別人做同樣的事。這些融合的活動帶來的轉變只會讓他們擁有更多，遠遠勝過前幾世帶來的所有資源。他們還可以在這個過程中學會與別人融合，卻不依賴對方。當這些人願意改變從前幾世帶來的既有限制時，就可以繼續自給自足的演化功課，最後就能獲得真正的改進。

讓我們舉一個歷史上的例子來說明這些原則（參見圖14）。某位個案的冥王星落在雙子座和二宮裡；南交點落在處女座、五宮，其主宰行星水星則落在巨蟹座、三宮；北交點落在雙

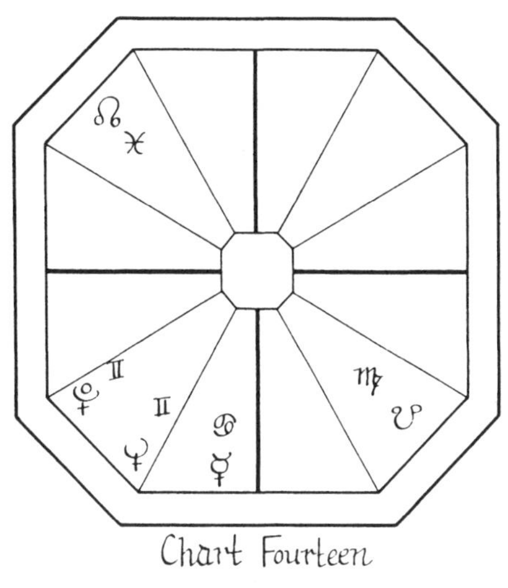

圖 14

魚座、十一宮，而其主宰行星海王星也落在雙子座、二宮；海王星與冥王星並沒有合相。這位男士正處於合群與個體化之間的轉換階段。他是出身於美國上層階級的安格魯薩克遜人，受過大學教育，最後成為一位精神學家。他運用父親的資源來治療別人，接受了與父親有關的價值系統和信念。他意識到自己背負著獨特的使命，非常渴望能實現它，而且對人類的心理及其造成的結果都相當好奇。這種好奇心加上服務人類的渴望，驅使他從精神醫學的角度來解讀人類的心理，最後變成了一位優秀的精神學家，診斷能力備受讚譽。他寫了一些書，四處旅行和授課，將自己在精神典範和藥物治療上的看法傳授給別人。他在生理和金錢層面當然是自給自足的。但這個人最大的問題就是固執己見，而這也是他在學術上受到同僚挑戰的主要原因。他堅信自己的看法才是正確的，不同於自己的其他觀點都是錯誤的。他還認為心理學的法則與精神醫學毫無關聯，甚至會造成誤導。他強烈地渴望權力和肯定。這種強烈的慾望使他蒙蔽了自己的雙眼，無法看見其他觀點的可行性，因為那些觀點可能會讓他覺得自己無能、低下又缺乏安全感。占星學和超心理學當然也被他拒之門外。他對任何事情都有意見，無論他自己是否真的研究過。他窩在自己的精神典範的井底，還要整個宇宙都只反映他的觀點。

他的理論最後變得乏人問津，因為別人不只超越了他的準則，還超越了其他人的準則。當別人出現進步和突破時，他的一些曾經倍受尊崇的準則就顯得失當了。他因為無法改變和進步而被踢出主流，還失去了教職，而他的書也絕版了。當這些個人的震撼和挑戰逐漸加壓時，他開始在心智和情感的層面上飽受痛苦。在情感上，他每隔一陣子就會陷入沮喪。所有的財產和金錢都無法讓他好受一點，反而使他變得更孤單和空虛。當他開始抽離出來，不再那麼認同自己的看法和意見時，新的想法和概念很自然地出現在腦海裡。他不知道這些新的想法是從哪兒來的，因為這些都不是出自他的邏輯思考或分析。這些新的想法和概念直接挑戰他之前最重視的理論。最後他終於放棄，開始用自己的方式冥想。他在冥想的過程中開始接觸許多以前從未列入考慮的主題。許多年之後，他終於獲得徹底的轉化，開始帶著同理心笑看一些堅持己見的人，因為這些人就和從前的自己一樣。他在晚年主張相對性的觀點和哲學，還將自己最昂貴的豪宅賣掉，搬到一間面海的小公寓裡。他離開人世前的最後一刻是坐在椅子上凝視海洋，嘴角帶著平靜的微笑。他最後終於躍進了個體化的演化階段。

冥王星落二宮的人常見的特質包括：固執、自我防衛、穩定的內在力量、生存力強、有耐心和毅力、懶惰、遲緩的改變、沉穩的力量、專注、渴望與權威連結、渴望擁有「自己的」東西。反過來說，他們也可以幫助別人自給自足，了解自己其實身無一物。

冥王星在二宮或金牛座的名人包括：

亨利・米勒（Henry Miller）

亞道夫・艾希曼（Adolf Eichmann）

賴瑞・佛林特（Larry Flynt）

雪兒（Cher Bono）

漢斯・克里斯汀・安德森（Hans Christian Andersen）

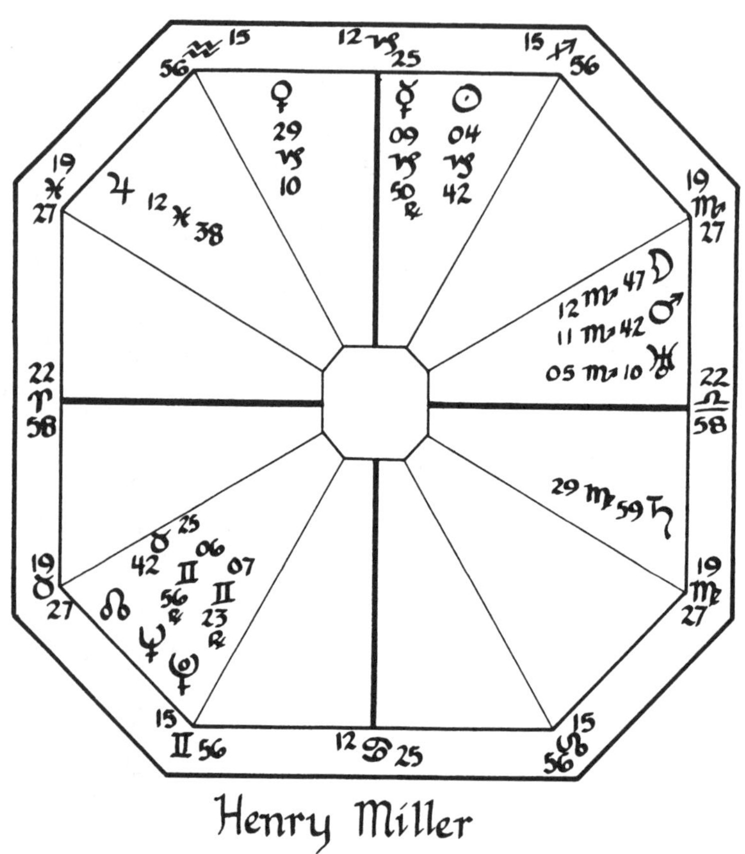

亨利・米勒
來源：路易斯・羅登

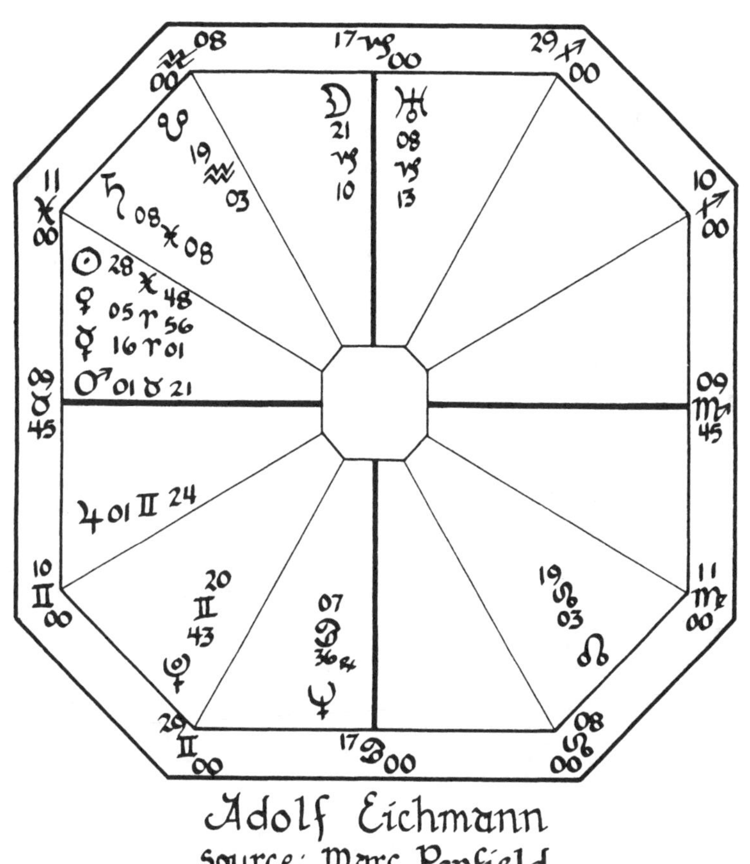

亞道夫・艾希曼
來源：馬克・潘菲德

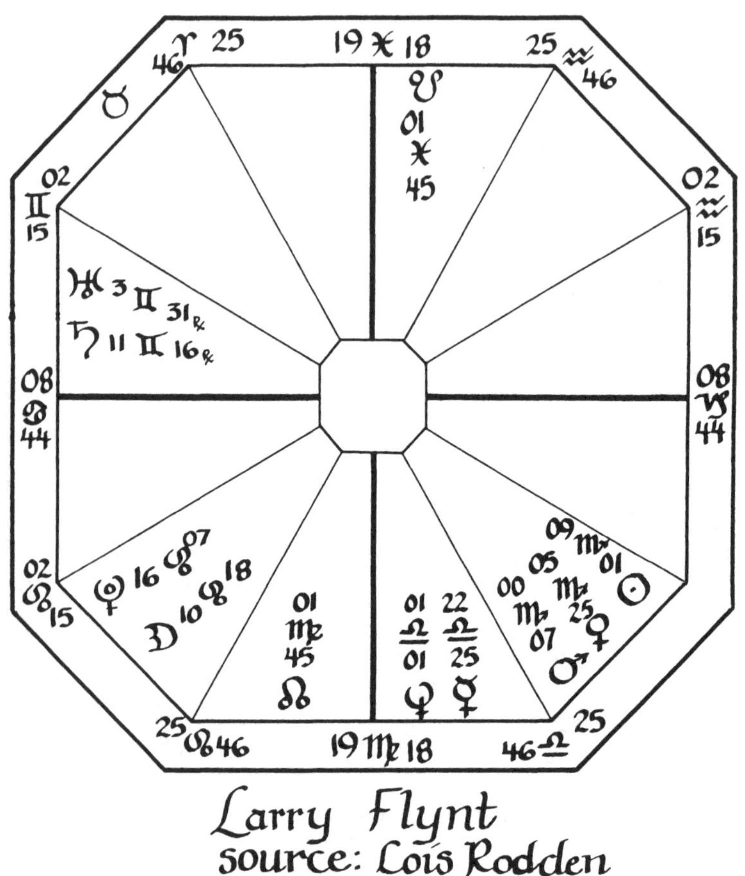

賴瑞・佛林特
來源：路易斯・羅登

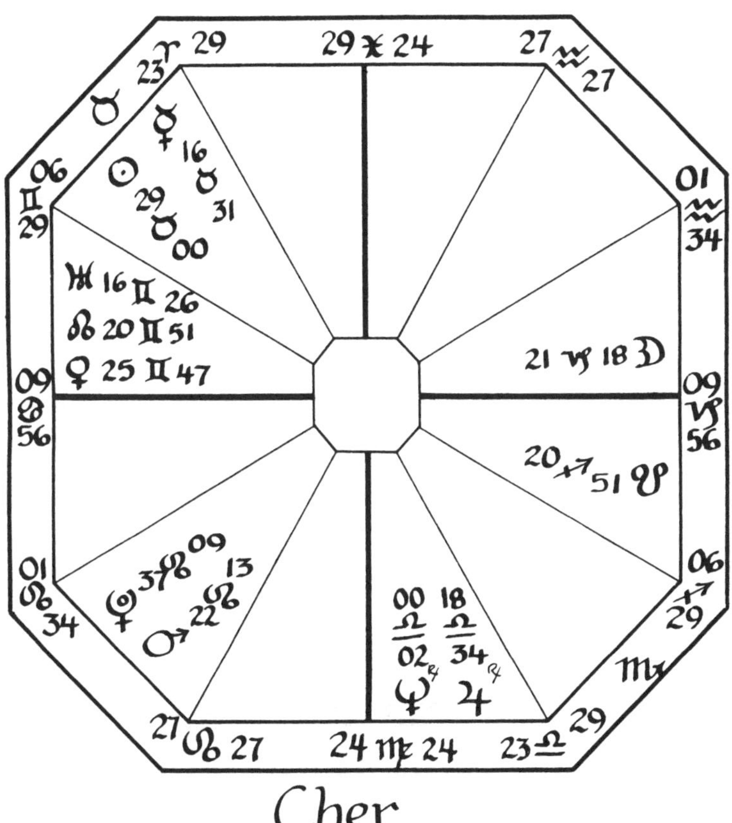

Cher
Source: Marc Penfield

雪兒
來源：馬克・潘菲德

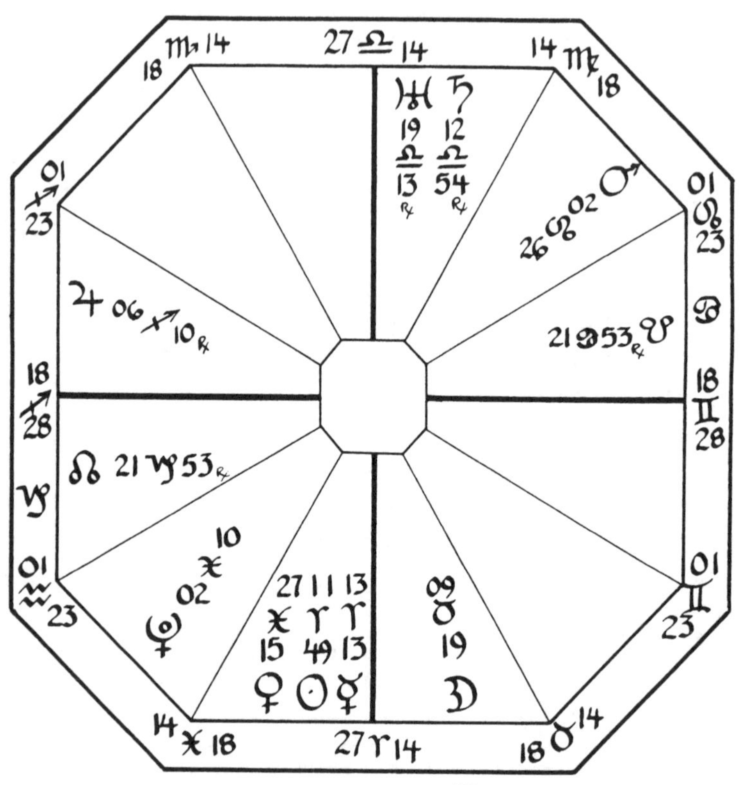

Hans Christian Anderson
Source: Lois Rodden

漢斯・克里斯汀・安德森
來源：路易斯・羅登

冥王星在三宮或雙子座

冥王星在三宮或雙子座的人必須面對的演化課題是：將自己投射到現實環境中，然後去蒐集資訊、事實和資料。這個過程可以為他們帶來成長，將焦點放在心智和知識上面。

如果冥王星是落在二宮裡，那麼此人的演化就必須經過退縮及內化，然後從內在發現自我的特質。冥王星落二宮的人必須為自我的特質賦予意義和價值，同時還得辨認自己具備了哪些獨特的資源，因為這些資源會影響他們的自給能力。如果他們能做到這一點，就可以獲得情緒上的穩定性和安全感。

如果冥王星是落在三宮裡，此人的演化就必須跳出主觀和封閉的自我。換言之，青蛙必須離開井底。冥王星落三宮的人必須將自己投射到周遭的現實環境中，如此才能與現實和自己建立更寬廣的關係。當這些人拓展自己對周遭人事物的想法和概念時，就能獲得新的經驗。他們一直以來都在發展自己的心智和智力，並且按照邏輯來安排自己的基本生活。換言之，他們會替周遭環境裡的一切命名和分類，藉此來理解不同的事物和形式。在這個過程中，他們也會透過理解來定義自己，或是嘗試去認識自己與整個環境的關係。這一切就像道家所說的：萬法歸宗（within the ten thousand things）。

廣義而言，三宮代表人類為現象界命名及分類的慾望。我們可以在命名和分類的過程中，讓自己顯得很聰慧，同時獲得情緒上的安全感。就最深層的意義而言，三宮代表我們必須知道的物理法則，然後才能理解世界的運作方式。

因此，冥王星在三宮的人渴望去體驗自己造成的各種狀況和情境。這些人在智能上具備了一種天生的好奇心，讓他們可以根據自己的觀點，對現在和過去的狀態產生概念。

這些人渴望透過一種更廣泛的架構來認識自己的「世界」。無論是現在或未來，他們都會非常渴望針對自己的世界，累積一些事實與資訊，藉此建立一種邏輯或理想的超然架構，然後根據邏輯和經驗來解釋自己與環境的關係。他們在過去世並不了解事實的深層意義，也無法拿形上學或宇宙法則來對照物理法則。無論是過去或未來，他們最注重的都是可以透過感官來驗證的事實。

對於冥王星落三宮的人而言，情感的安全感是來自於邏輯能力、對環境的「熟悉」度，還有對自己與環境之關係的「了解」。了解環境就等於認識自己。他們情緒上的安全感通常都跟現實層面的知識有關，而這往往會導致一個很特別的問題。他們一方面渴望擴展知識架構，來滿足演化的慾望和需求；但另一方面，安全感的需求又會讓他們想要為這個架構打造一個基礎，建立一種明確的觀點。問題就在於，這種不停地想要擴展的演化慾望，會讓他們不斷地蒐集更多的資訊或事實，最後導致了一種惡性循環：新的資訊直接破壞了他們現有的基礎。這些人時常被新的資訊或經驗吸引，同時又十分排斥它們。他們必須決定該接受哪些資訊，哪些資訊應該拋棄掉。

從演化的觀點來看，這些人為了得到知識／情緒上的安全感，往往會導致智識上的限制。

根據吸引／抗拒的驅力法則，這些人會週期性地經歷知識上的大爆炸或災難，讓既有的知識系統的邏輯架構徹底瓦解。情緒上的安全感可能會因此而受到影響，但是他們必須學會適應，因為三宮在本質上就是易變的。變動的符號是一個向上移動的螺旋。知識／情緒上的爆炸可以帶來重組和轉變，讓他們建立一個全新的基礎，產生更具包容性的觀點。

爆炸和災難的強烈程度，直接取決於他們接收新資訊的態度。他們如果完全認同這些資訊和想法，就會遭遇全面性的大災難，讓既有的基礎完全毀滅。但是他們如果只認同其中的一小部分，爆炸的強烈程度就會減輕很多。如果這些人的知識架構已經受到限制或停滯不前，讓他們無法獲得更進一步的成長或擴張，演化的壓力就會產生週期性的大爆炸。他們對於擴張慾望的抵抗程度，也決定了災難或爆炸的激烈程度。

我們如果想要判斷冥王星落三宮的人的自我認同程度，就必須考慮與冥王星有關的加強或起緩和作用的因素。舉個例子，如果冥王星落獅子座在三宮裡，與六宮天蠍座的火星形成四分相，那麼這個人就會有強烈的自我意識，拒絕改變自己的知識系統和想法。冥王星如果是落在獅子座和三宮裡，與七宮射手座的水星形成三分相，這個人的自我意識就不會那麼強烈，也比較容易接受新的想法。

三宮落冥王星的演化壓力，會讓這些人不停地接受新的資訊、產生新的經驗，同時讓他們的靈魂處於一種持續的焦躁不安中，而這通常都與枯燥和停滯有關。他們會因為這種焦躁不安，不斷地將一些經驗或資訊蒐集起來，或是增長自己的知識，然後與別人交流這些知識。

換言之，這種焦躁不安會讓這些人強迫性地渴望新的資訊或經驗。

冥王星落三宮的人必須透過關係來面對自己，也就是經由與別人的關係，來釋放知識和情緒在心中累積的能量。有些比較極端的人會滔滔不絕地說話。他們不只需要透過關係來釋放能量，也能從別人身上獲得新的資訊。當他們與別人持續地互動時，就必須調整自己的想法，這意味著他們需要更多的事實，來詳細地解釋自己和所處世界的「全貌」。這裡的問題就在於，他們永遠覺得自己懂得不夠多。所以他們的「資料庫」會越來越龐大，隨時都可能崩塌瓦解，因為資料庫中的資訊都可以透過不同的方式產生邏輯，完全欠缺一種對立或全面性的角度或觀點。這些人最後可能會不停地追尋新的興趣、想法或慾望，就像在同一時間被迫或無意識地走在不同的道路上，一心只想找到「一個」事實或資訊，幫他們將所有的資料整合在一起。

依此看來，他們最後可能會到達一個不停變換景色的地方，那裡既沒有焦點也沒有基礎，完全無法創造出一種一致性的整體景觀。他們感受到的自我「中心」只是其中的一幕景色，一種週期性的情緒變化。所謂的中心或基礎都在不停地變動。他們會覺得很失落、沒有安全感，然後就會絕望地認同一個具體的事實，還把這個事實稱為自己的想法。但是從演化的角度來看，這些人的內在中心似乎必須變動。這種中心或基礎本身就是一種運動。當他們週期性地經歷收縮和擴張時，這種螺旋狀的效應可能是永無止境的。這種不斷改變中心的演化基礎，是為了消滅這些人在知識上的限制，而他們每隔一段日子就會因為穩定和安全感而自我設限。他們藉由收縮和擴張的循環漸漸發現透過經驗所了解的事物，在本質上都是受限的。

冥王星落三宮的對應點是九宮或射手座的人，今生的演化導向就是培養一種直觀力，這與注重事實的知識剛好相反。這些人可以在培養直觀力的過程中，漸漸發現事實的深層意義或重要性，一些抽象或宇宙性的法則，而這些法則都是物理法則的基礎。他們也可以學著用整合或全面性的方式來綜合所有資訊，明瞭每個部分與整體的關係。我們每個人都擁有直觀的能力，它讓我們意識到真正的知識並不是邏輯思考的產物。直觀力是我們每個人的一部分，它讓我們不需要知道原因便能了解一件事情。冥王星在三宮的人必須培養這份能力，學著讓自己忙碌的心安靜下來。唯有如此，他們才能敞開心胸，很自然地擷取宇宙的「真理」。

這些人為了控制自己的心智，讓它安靜下來，往往會採信一些本能上覺得最合理的整體性哲學或形上學。透過這種方式，他們可以靠著直觀力採信一種全面性的法則，讓所有漂浮在腦袋裡的資訊都找到底線。當這條底線出現時，所有的事實才能綜合起來，反映出這種哲學或形上學的「真理」。他們如果能相信一種出自本能就認同的整體性哲學，就可以用協調的方式來解釋事實或身處的世界，最後就能培養出平靜自制的心。

基於過去的演化及業力條件，有些人會根據「自以為是」的意見或事實，為自己的哲學或抽象法則畫出一條底線，而且通常只相信自己的哲學系統。另外一種人則會在自己的哲學系統之外，採信兩三種或更多種的「系統」。這些人會在每個系統中挑選出一些法則，而這些法則通常都符合他們不願意放棄的準則，最後再把這些系統整合融入自己的哲學和真理之中。還有一種人會完全認同最吸引自己的外來系統，因為它可以為自己畫出必要的底線，而他們的權威和意見也都來自於它。無論是上述哪一種類型的人，這些人的演化需求和壓力都是一樣的，就是尋找帶有宇宙性或形上法則的底線，讓所有的事實都有所依據。在演化的壓力之下，他們會漸漸知道如何在具體和抽象、心智和直觀力之間建立連結，同時也會發現經驗性事實的侷限。

這些人必須透過冥王星對應點的九宮領域，憑著直觀力去理解真理，並且以這種真理作為觀察事物的基礎。換言之，九宮的原型與法則有關，這些法則不僅僅是創造宇宙萬物的依據，更是人類發展宗教、信仰和哲學的基礎。任何一種信念系統在本質上都是受限或隔絕的，換言之，某種觀點可能比另一種觀點「更正確」。同理而論，冥王星落三宮的人如果用上述的方式面對演化，就可能使自己受限於某一種形上學的真理觀點。他們一方面必須憑著直觀發現形上法則的底線，因為這條底線是所有事實的依據；另一方面又必須考慮這些看似相關且「正確」的法則，可能會導致狹隘的態度。狹隘的觀點可以讓這些人在知識領域中獲得安全感，而且他們很渴望說服別人相信自己的觀點。從演化的角度來看，這種狹隘的限制會讓他們一再地經歷內外的衝擊，直到他們了解自己對真理的看法不過就是一種看法罷了。他們可能會根據個人的演化和業力背景及條件，採信一種必要且相關的看法。看法的本身並沒有問題，問題在於對他們而言這是「唯一」的看法。當他們被迫了解或憑著直觀力發現了這個問題時，就可能出現兩種情形。第一種情形是：他們既不需要為自己的意見和哲學辯解，也不需要否認別人的意見或哲學，而且經過轉化之後就能放下防衛心，懂得與別人進行各種交流。他們將學會如何向別人學習，而別人也可以從他們身上學到東西。第二種情形是：繼續演化的旅程，努力追尋整體性的真理。這類人到了旅程的終點，就能意識到或憑直覺知道所謂的真理就是事實本身。這是亙古不變的道理。當他們意識到這一點之後，就會明白所有的想法和知識，都是為了解釋這個道理。換言之，直觀力可以應用在知識上面，而知識並不能分辨自身的真假和本質。

對應點的九宮也會讓這些人學會反應和回應之間的差異。在他們經歷必要的轉化之前，多半是「反應」型的人。舉個例子，和別人對話時他們可能沒有真正在聽對方的話，只是在等待對方說出一種想法或意見時，讓他們有機會提出反擊。他們並沒有認真地聆聽對方，只想用自己的知識和想法去打動別人，留下深刻的印象。他們把別人的想法和意見當成了表現的舞台，找到機會就高談闊論地表明自己的立場。當然，這種對話往往是沒有交集的，或是雙方不停地產生意見上的衝突。最後可能變成一種爭論或心智上的對抗，兩個人都想要說服對方，要對方認同自己的觀點，沒有一個人真的在思考或聽對方說話。有些時候他們可能也會暗自脫離一場交談，想著自己是不是應該聊些別的東西，或是用更好的方式來表達自己的意見。無論上述的哪一種情形，背後的演化目的和效應都是一樣的：透過對話來刺激他們的覺知，讓他們發現自己心智上的陷阱、詭計、侷限、動機和需求，以及導致這些東西的驅力。

當演化的戲碼登場之後，他們才總算學會了反應和回應之間的差別。回應是一種經過考慮的行為，知道在現實中什麼時候該說話，什麼時候該保持沉默；他們會知道自己該說些什麼，既不隨口漫談，也不企圖證明自己的觀點；他們會聆聽別人的觀點，知道哪些觀點可以採納，哪些觀點是不值得採信的。與其買了一大堆書沒讀，或是只讀了其中一小部分，不如在一段時間內鑽研某個有趣的主題。從演化的觀點來看，他們可能會了解不同意見之間的差異性，同時能分辨真假。

他們對哲學和各種觀點的喜好傾向，取決於四種自然的演化階段。合群階段的人會採信任何主題的一般性意見和看法，然後把這些當成自己的觀點。他們喜歡一些形式化的宗教或哲學見解。

處於個體化階段的人則會渴望自主性的思考。他們會拒絕一般的意見，只鑽研一些自己有興趣的主題。這些人不願意毫無質疑地依附任何一個既存的或正統的哲學、宗教或宇宙系統。他們想要創造自己的系統，或是將不同系統的概念整合起來。有些處於個體化演化階段的人，會憑著直覺的喜好選擇一個既存的正規信仰。這代表他們正快速地往靈性階段邁進，因為他們已經開始體悟到一點：自己一手創造並依附的形上系統，都有演化或業力上的限制。換言之，他們已經知道真理應該是被了解的，而不是從自我中心的觀點所創造出來的。這些人一旦採信一種外來的系統，並藉此來反映自己直觀地感受到的真理，就代表他們承認有一些力量和勢力是超越自己的。

處於靈性演化階段的人會試著了解物理法則的永恆基礎，並且用事實來證明這些觀點或法則。他們會相信一些直覺上最吸引自己的宇宙學、形上學、宗教或哲學系統。這些系統可能根據的是一些基本而抽象的真理或法則，也就是宇宙造物的基礎。他們會經常談論這些基本的真理或法則，也會透過隱喻、類比、寓言或推論來詮釋各種經驗性的事實，進一步地印證這些原則、真理或法則。但限制是無所不在的，即使是處於靈性的演化階段，因為只要有一個系統或某個人否定了另一個系統，並且說它是「錯誤」的，限制就出現了。這個階段的演化讓一個人逐漸認清了整體性的「真理」是什麼，然後將各種方法彙集起來，朝著發現終極真理的目標邁進。

冥王星在三宮的人一旦學會了必要的演化功課，那麼只消與別人稍加接觸，就能展現出一種自然的溝通技巧，而且足以鼓舞、激發、吸引、催眠或改變別人的心智模式和意見。他們也具備一種無與倫比的能力，能夠認清宏觀與微觀之間的連結，以及真理與事實之間的關聯性。他們可以用一種核心的法則來解釋各種不同的事實，而所有的事實都是源自於這個法則。他們還具備一種洞察力，可以辨識身旁任何的疑惑、問題或議題的本質。他們一旦將這些疑惑、問題或議題的核心揭露出來，很快就能找到解決之道。

冥王星落三宮的人常見的特質包括：深入洞悉的心智、聰明，在能夠控制的情況下去發揮好奇心，能夠認清每種論證的缺失，有揭露事實的能力；看似非常理性，但是當別人挑戰他們的觀點時，在知識／情緒上又極具防衛性；雙手具有天生的能量。他們如果從事治療工作，將可以成為優秀的按摩治療師，因為他們雙手的神經系統充滿著能量和磁力。他們可以和別人的磁場產生共鳴，這種共鳴能夠刺激他們的神經脈動，讓他們「知道」接受治療的人的需求。

冥王星在三宮或雙子座的名人包括：

班傑明・迪斯瑞利（Benjamin Disraeli）

威廉・波特・葉慈（William Butler Yeats）

英國瑪莉王后（Queen Mary of England）

拿破崙（Napolean Bonaparte）

羅伯特・甘迺迪（Robert F. Kennedy）

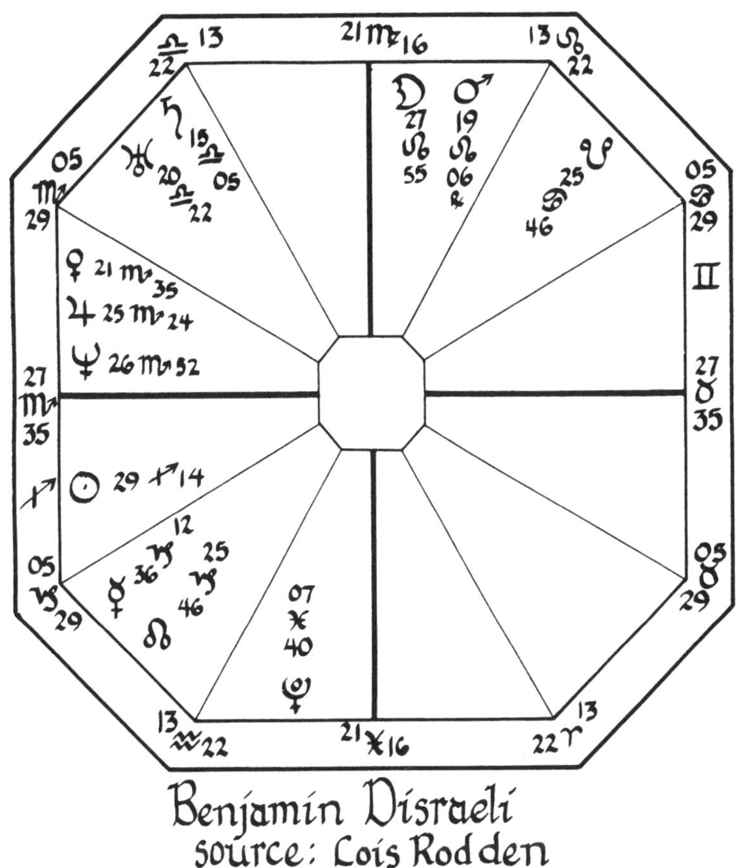

班傑明・迪斯瑞利
來源：路易斯・羅登

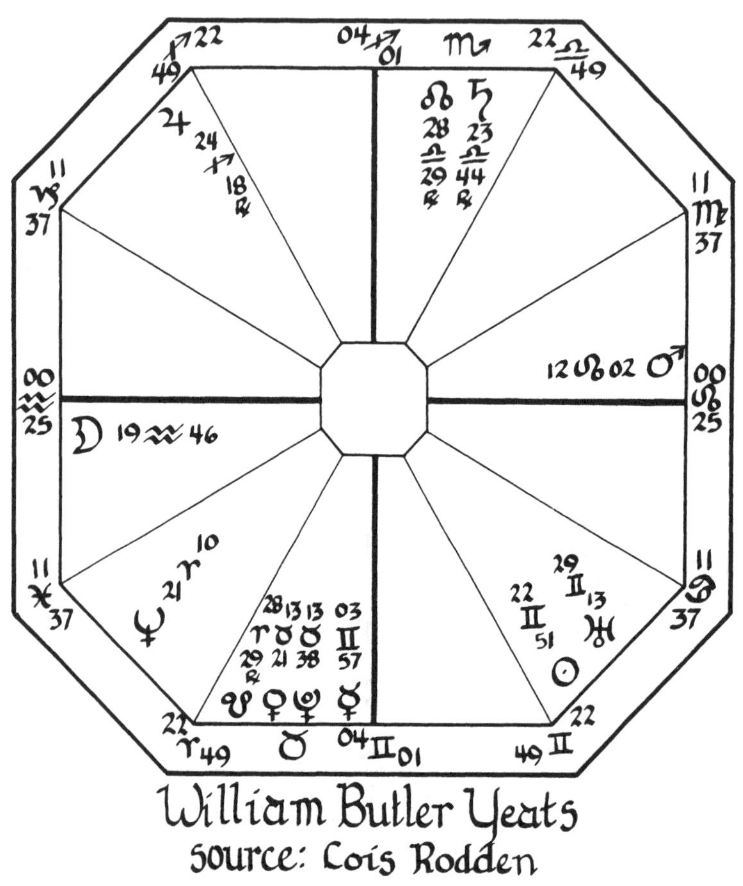

威廉・波特・葉慈
來源：路易斯・羅登

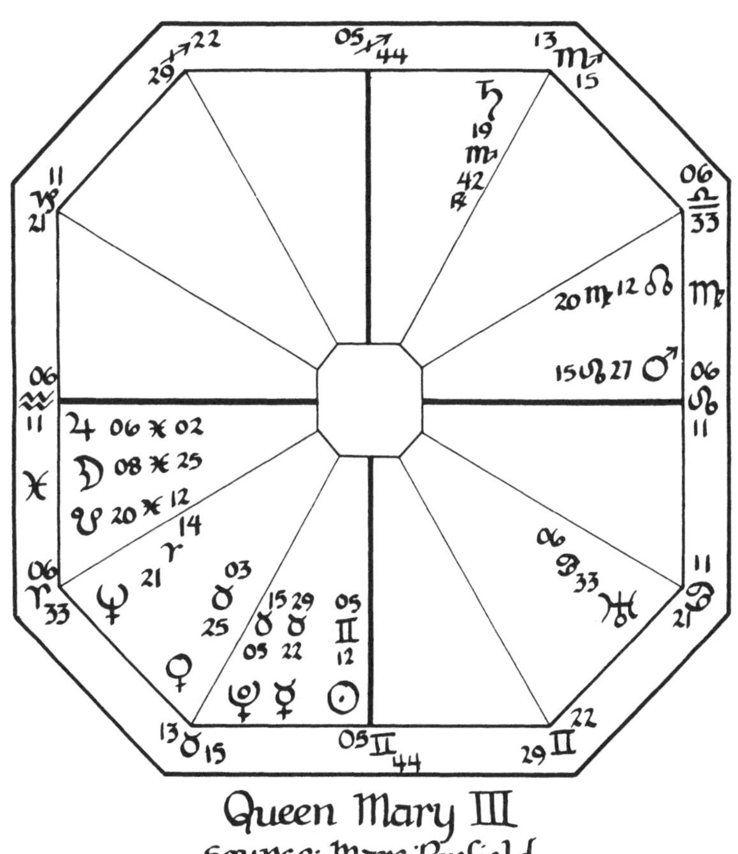

英國瑪莉王后
來源：馬克・潘菲德

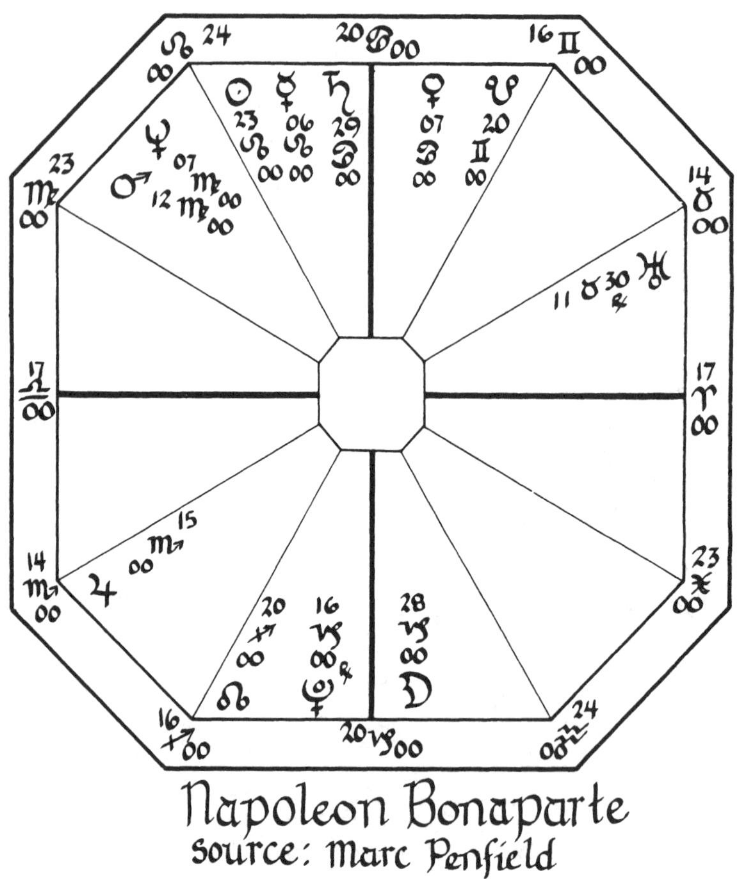
Napoleon Bonaparte
source: Marc Penfield

拿破崙

來源：馬克・潘菲德

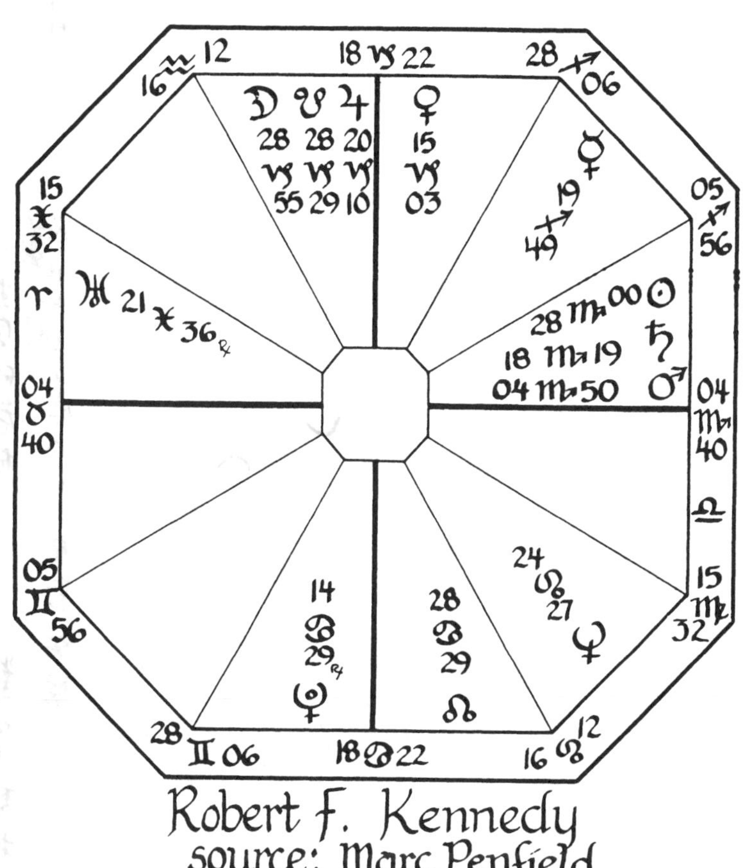

羅伯特・甘迺迪
來源：馬克・潘菲德

冥王星在四宮或巨蟹座

冥王星在四宮或巨蟹座代表一整個演化循環正在結束，而新的循環即將開始。冥王星落四宮或巨蟹座的人一直嘗試或渴望學會安全感的演化功課。外在的事物，像是父母、工作或愛人都不能帶來安全感，他們必須學著從自己的內在創造或找到安全感。

對他們而言，這是一種新的演化慾望。許多冥王星落四宮的人在過去世都沒有完全學會這門功課，因此他們這一世會投生到一個家庭，父母或其中一方不時地製造各種情感震撼，迫使他們反求諸己，靠自己找到安全感。這些人的父母或其中一方不了解他們與生俱來的個人特質，所以無法滿足他們的情感需求。他們被推回到自己的內心一角，開始學習有關安全感的演化功課，讓自己對外在的依賴程度減到最輕。這些功課會完全展現在他們的情感領域中。這些人的業力和演化功課基本上都帶有情感、情緒或感受的本質，同時也與造成特定的情感、情緒或感受的根源有關。

對於一個小孩而言，這種成長經驗是非常困難的。當我們還是小孩的時候，通常都是非常敏感的，很容易覺得受傷，因為個人的特質或自我的形象仍然模糊不清。我們的自我形象和獨特感，絕大部分是來自於父母和早期的環境，因此很容易全盤接受來自父母或周遭文化的訊息。

將近八成的冥王星落四宮的人，都有一連串的前世經驗，因此無法從父母或其中一方那裡獲得情感上的滿足。這類人帶著這些無意識的經驗來到此生，結果是父母或原生家庭無法認清他們的個人特質，也無法滿足他們的情感需求。這些人通常與父母或其中一方有前世的因緣或困難的業力課題。前世因緣的記憶會停留在無意識的層次裡，所以這些人的親子互動多半帶有強迫性的行為模式，而這些模式都是來自於困難的前世因緣。

我們必須將這些人的星盤與他們父母的星盤做個比對，才可以看出他們之間有什麼樣的前世業力。他們或多或少都覺得自己沒有獲得足夠的滋養、珍惜或理解，而這種感覺往往會造成情感問題。當他們在這一世遇到同樣的父母和家庭時，就會勾起過去世的記憶。這種業力／演化的限制會導致強烈的情緒、感受和心情。這些人會無意識地期望父母能滿足自己的需求，當父母雙方或其中一方沒有做到時，他們就會產生強烈的情緒和感受。我們必須了解一個重點：他們的個人經驗或是對父母的行為的詮釋，可能與父母自認為對他們做出的行為完全不同。舉個例子，這些人會覺得父母對他們很嚴厲，但父母卻覺得對他們十分包容。這樣的人在此生會有一種內建的不安全感，而這就像是無底洞一樣，再多的情感滋養也無法滿足他們。他們的父母雙方或一方，往往無法給予他們想要的感情滋養，而且理由都十分充足。例如父母因為工作無法待在他們的身旁。冥王星落四宮的人小時候不了解為何父母不在身旁，長大之後則會認為父母沒有給予他們必要的情感滋養。這種想法會勾起前世的記憶和聯想，最後會導致前面提過的強烈情緒反應。但是從演化的觀點來看，這種狀態是必要的，因為他們必須不斷地面對內在安全感的議題，並且減少對外界的依賴。

還有些人到了這一世，會吸引來在情感上控制他們的父母。這類型的父母不允許他們長大，而且渴望在他們的人生中佔有最重要的地位，甚至會暗自或公然操縱他們的人生。在這種情形下，父母只知道自己的情感需求，卻沒有認清小孩的需求，所以這類人最後會被扔回到自己的內心。還有些人的父母或其中一方會對他們表現出殘酷、報復或公然凌虐的行為。這類行為有許多表現的方式，程度也不盡相同。我們必須先判斷他們與父母之間的前世因緣的本質，才能知道導致這些情形的原因和解決方法。

我在許多的例子中發現，這些人早期的強烈情感需求如果沒有獲得滿足，就會把情感轉移到別人的身上。換言之，他們可能會與別人建立一份關係，無意識地期待或試圖讓對方來滿足自己的情感需求。在這種情形下，他們的情感需求就跟小孩子一樣。所以到頭來，對方也會將他們視為小孩，不允許他們長大。他們會不由自主地把自己的情感問題和痛苦都投射在對方身上，展現出不同程度的期望和緊張。他們越是接近一個人，這種投射和期望就會變得越強烈。

在親密關係中，這些人會無意識地吸引來一位心理結構與父母很相似的伴侶，特別是在人生的早期。他們會透過這種情感轉移，在親密關係中不斷地要求對方，希望能重新體驗早期無法從父母身上獲得的個人滋養。但因為他們的伴侶跟父母很相似，所以這種轉移的慾望往往無法獲得滿足。結果又是一樣地被迫回到自己的內心。

這種循環會一再重覆，直到冥王星落四宮的人逐漸明白這些情境不斷出現的原因，而開始學著從內在找到自我的安全感，努力地培養或發展自己的獨特性，讓自己的情感更趨於成熟。此外他們也必須學習減少或完全消除對外界的依賴，譬如依賴別人來滿足自己，或是將自己的安全感建構在某個外在條件上面。如果這門功課沒學會，他們就會在情感上操控別人，藉此來滿足自己孩子氣或自私的需求。冥王星落四宮的人時常會情緒失控（暴怒或生氣），也可能會壓抑情感，或是像大喊狼來了的孩子一樣，假裝自己既無助又絕望。此外，他們因為自己的情緒波動很大，也經常會有罪惡感（我做了什麼？為什麼會有這樣的結果？我為什麼要這麼做？）這些都是他們常見的特徵。不過，他們一旦知道自己正在學習什麼功課，或是明白了這些功課的原因，就可以自發性地產生改變。他們一旦開始學習減少對別人的依賴，降低對於結果的期待，就可以繼續完成這一世的演化功課。

有些時候，這些強烈的情感和慾望會讓他們非常害怕受傷。所有冥王星落四宮的人都有極敏感又帶點神經質的情緒。其中有些人已經學會消除或否認內心深處的脆弱易感。在此生一再地經歷情感上的震撼、否認或操弄，使他們必須這麼做。這種制約性反應多半是來自於腳下的地毯被抽走的生命經驗。只要他們在情感上過於依賴別人或外在的事物，而導致無法成長時，這塊情感的地毯就會被抽走。這種制約性的反應會導致這些人感受到窒息和挫敗，因為他們沒有把情感上的需求或期待表現出來。他們之中有很多人會否認自己有強烈的情感和需求；有些人甚至會否認自己有任何情感上的問題。無論如何，冥王星落四宮的人本質上仍然是敏感脆弱的，而且會渴望至少有一個人能在情感上打動自己，所以這種制約性的反應最後一定會造成終生（或是階段性地）的情感上的窒礙、卻步不前、困難或負面的自我形象，因為他們一直在壓抑自己。

（這類型的人往往會吸引來一些在情感上容易被掌控的伴侶。出現在他們身邊的伴侶通常情感都比較脆弱，或是需要某些形式的情緒治療。）伴侶本身也可能與父母或其中一方，有著未解決或未完成的情感問題。冥王星落四宮的人往往會看到對方情感上的弱點，然後緊咬住這個弱點不放，藉此來壓制或掌控對方。透過這種相處的模式，他們永遠不允許對方「離開」自己的影響範圍。他們會不自覺地想要擊敗對方、讓對方崩潰，或者使對方覺得他們是生命中不可或缺的部分。我們可以說他們是透過擊敗別人來提升自己。但是從另一個角度來看，對方也是不自覺地讓他們握有壓制和掌控的大權，而這些都與他們的業力及情感需求有關。

冥王星落四宮的人會用這種控制另一半的方法，來保護自己的脆弱和天生的不安全感。如果這種作法與他們沒有對父母（雙方或其中一方）表達出來的憤怒有關，他們就會把情緒轉移，將恨意及怒氣發洩在另一半的身上。這種制約性的反應會讓他們想要去壓制或掌控對方，而這就像是一記反手拍，因為他們其實是在試圖滿足自己對於安全感和依賴的需求。當他們高居壓制或掌控的地位時，就可以維持這段關係，同時滿足自己對安全感的需求。但他們最深層的需求仍然沒有辦法獲得滿足，因為他們吸引來的伴侶都沒有能力在情緒上幫助他們。我們必須想清楚一點：否認情緒不等同於安全感，也無法解決演化和業力的需要。

這種制約性的反應也會讓他們渴望主導或控制周遭的一切。這些人的主導方式可能是壓制別人的話語或情緒，或是暗自將負面情緒注入到環境裡。他們也可能出現幼稚的反應，而這也都是同樣的自我投射。這些把戲通常只會帶來負面的共鳴，最後仍然會迫使他們依靠自己。從正面的角度來看，這種結果可以喚醒他們心中的覺知，找到導致這些情形的內在驅力。他們可以帶著這份覺知做出必要的改變，同時明瞭其中包含的演化功課。

冥王星四宮的人會週期性地轉換兩種情感反應。他們有時候會尋找一種伴侶或情境，不自覺地期待對方或外界能用一種對待小孩的方式，來滿足他們轉移的情感需求；有時則會渴望一些自己能夠掌控的人事物，讓對方依賴他們，藉此來完成自己未解決的情感問題。這種週期性的轉換可能會發生在一段關係之中，也可能呈現他們在不同時期對關係和環境的選擇上面。

所有冥王星落四宮的人都可能透過一種最強烈的方式，全面地體驗情感、情緒和感受。他們會深入地感受每一種情緒。因為冥王星的本質就是了解每件事或每種情緒／感受／情感的起因。這種專注力是非常徹底的，讓他們看起來十分麻痺，無法有其他的反應。在有些極端的例子中，這種驅力可能讓他們處於極度緊張的狀態。這種緊張狀態的最佳例子就是尼采（Friedrich Nietzsche）的晚年，他就是冥王星落在四宮裡。

這些源自於無意識底層的情緒／感受／情感，就像是火山內部沸騰的岩漿。通常都會有一些外在事件，讓無意識底層的東西爆發出來（有時這些人也可能變成情緒風暴的「受害者」），一切彷彿晴天霹靂般地讓他們措手不及，因此他們可能會在當下出現一種感受，但下一刻又有了完全不同的感受。這導致他們的情感表達和需求往往是截然不同的。

當然，這種驅力模式不僅讓冥王星落四宮的人感到困惑，也讓身旁的人摸不著頭緒。但是這類人必須經歷這些強烈的情緒起伏，因為這不僅是自我認識的根源，更是通往內在安全感的道路。他們的挑戰就在於必須覺察觸發這些情緒／感受／情感的原因，而不是不知其然地一味沉溺於其中。他們如果試著去了解觸發這些情緒的原因，就可以培養出一種洞悉力，一眼就看穿各種情緒驅力的本質。他們不僅能將這種洞悉力運用在自己身上，也可以應用在其他人的身上。

這些人可能會經歷兩種極度明顯的情緒週期。其中的一個週期是極度退縮和沉默，非常渴望獨處，不想被外界打擾，直到自己發現了導致這種情緒的原因為止。此時他們必須離群索居，因為這種情緒都是源自於潛意識。當他們能覺察到起因的時候，另一個週期循環就展開了。他們在另一個週期裡會變得很有活力，積極地面對任何源自於潛意識的東西。對於冥王星落四宮的人而言，這兩種情感的週期循環都是與生俱來的，兩種週期之間的轉換可能會造成激烈的變動，顯得十分不協調，非常難以預測，也可能會在任何時候產生改變。最重要的是，他們自己以及身旁的人都必須知道這種本能運作的過程。他們身旁的人如果無法瞭解這是一種自然的過程，就可能會導致嚴重的問題和情感衝突，還可能造成一些情緒化的場面或對峙。旁人可能會在他們經歷必要的退縮時，不停地攻擊他們。還有些人會把冥王星落四宮的人的退縮視為一種情感上的防衛性。當這類人退縮或沉默時，旁人會覺得受到威脅或是沒有安全感。這種態度只會加深他們的情緒反應，因為對方干擾了他們本能的週期循環。

許多冥王星落四宮的人在情感上的狀態和問題，都會影響內在的安全感和自我形象。我發現這些狀態和問題往往都有一個共同的原因：他們大部分的人都是在上一世或前面的一世才轉換性別。他們正在經歷一個新的演化循環，而且是在這麼長的一段時間以來，第一次以另外一種性別來到人世。在過去的許多世中，冥王星落四宮的男人一直是女人，女人則是男人。

四宮、巨蟹座和月亮都和榮格所謂的陰性／陽性法則有關。這種法則點出了一個基本事實：每個人在本質上既是男人，也是女人。從演化的觀點來看，所有的人都必須體驗陰陽兩性的對立。陰陽兩性在原則和經驗上面，各有完全不同的自然法則。正因為兩性各有不同的法則，所以不同性別的人自然會在生命中展現不同的經驗和心理傾向。這種自然的演化歷程會持續非常多世，而所有人都必須學會把陰陽兩面統合在一起，不是極端地展現出其中的一面，或是完全破壞另外一面。冥王星在四宮或十宮的人與「性別轉換」有關。其他與性別轉換有關的還包括：南北交點在四宮或十宮，落入巨蟹座或摩羯座。

冥王星落四宮的人很難建立一種與性別有關的安全感。他們之中有許多人無法適應這一世的性別，尤其是很多文化會用特定的角度看待性別。因為他們之中有許多人在前幾世是另外一種性別，所以荷爾蒙和性別的轉換變成了情緒衝突的來源。這種衝突是源自於男和女的情感、心智、精神和肉體，本質上都是不相同的。一個人若不是第一次或第二次進入這個性別，衝突就會降低很多。這就像買一雙新鞋。鞋子穿得越久越舒服，最後就變成了合腳的鞋子。有些人的衝突情形，可能會因為父母雙方或其中一方而變得更嚴重。舉個例子，有一位個案是男生，卻被父母當成女生來撫養，因為他的母親想要一個女孩。她很怨恨自己生的是兒子，於是就把不滿發洩到他的身上。這種早期的成長經驗，顯然破壞了他的自我形象和情感結構。

以上各種因素都會持續影響內在安全感的演化功課。有些人已經開始學著瞭解並信任自己，如此才能認識或相信別人。他們除非能瞭解並信任自己，否則無法真的認識或相信別人。事實上，他們有許多人這一世的天性就是很難相信別人，總是在懷疑別人的動機。他們欠缺信心的原因是，自己曾經因為過度依賴而被拋棄了。這種欠缺信任的傾向也可能源自於無意識裡的記憶。他們當中有許多人在過去幾世裡，曾經在情感上被父母拋棄或是沒有得到回應，所以在這一世還會有類似的經驗。這些人如果想要在此生解決這個問題，唯一的方法就是瞭解並信任自己，這裡指的是情感和自我形象的本質及基礎，而且不能再向外界或別人尋求安全感。

不過，也有些冥王星落四宮的人是例外。這些人在前幾世中已經努力學習在自己的內心尋找到安全感，減少對外界的依賴，並且接受了自我特有的形象。一般而言，有兩成的人已經在過去世付出努力學習這門功課。這些人到了此世往往會誕生在一個能夠支持他們的家庭裡，父母雙方或其中一方會正面地支持他們繼續這門演化的功課。這些人的父母會促進他們建立正面的自我形象，鼓勵他們獨立自主，而且不允許他們過度依賴。

我曾經見過有些個案，儘管沒有誕生在一個支持自我演化的家庭中，卻也沒有受到負面的影響。他們反而會利用原生家庭的條件和環境，來滿足自己的演化需求。即使如此，我們之前提到的情緒、感受和情感模式，仍然會以不同的頻率或程度呈現出來。他們之所以會出現這些情緒、感受和情感，基本上有兩個原因：首先是當他們現實的本質和結構變得窒礙時；其次就是當內外的事件勾起了他們過去世的潛意識記憶時。在此用一位個案的歷史來解釋這種過程及情形（參見142頁）。

某位女士的冥王星是落在獅子座、四宮，南交點落在處女座、五宮裡，而南交點的主宰行星水星則是落在摩羯座、九宮裡。她正介於個體化和靈性的演化階段。她原生家庭的背景是父母無法認同她的個人特質和情感需求。父母本身都處於合群的演化階段。她就是利用這種家庭條件繼續做自己的演化功課。她的南交點是落在處女座、五宮，加上水星在摩羯座、九宮裡，代表她天生就具有反省、批判及自我分析的能力，而且會從形上學或宇宙的觀點來看待自己以及生命本身。她的身分認同和自我形象都與形上學／宇宙性的觀點或直覺性的感受有關。整體而言，她是一個樂觀又幸運的人，因為她可以在大多數的事物中找到幽默感，這與她南交點的主宰行星在九宮有關。基於她的演化條件，多少她都知道自己在此生為什麼會選擇或擁有這樣的父母。

但是她小時候的情感需求並沒有被滿足。她的父親是個酒鬼，這件事讓她在人生的早期就

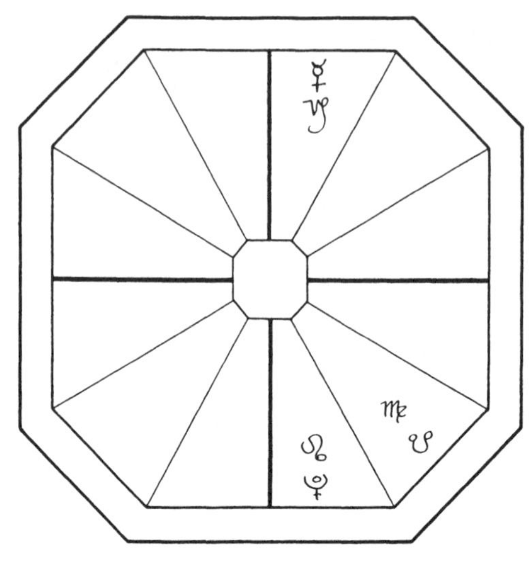

陷入了很深的自我探索。她潛意識中覺得自己受到了懲罰，因為南交點落在處女座。她總覺得這種家庭狀況都是自己應得的報應，而且必須為此負起責任。她並沒有因為早期的情感需求遭到拒絕而去怨恨父母。但是她沒有意識到這種早期被拒絕的經驗，已經在自己的情感上造成了影響，因為南交點的主宰行星落在摩羯座，又與四宮的冥王星產生關聯；這代表她天生就有壓抑情緒的傾向。一直到父親去世之後，她才讓這些壓抑的情感、感受和情緒爆發出來。她很驚訝這些情感是如此地深切又激烈。父親的去世不僅讓這些埋藏的情緒釋放出來，也讓她看清楚了自己在潛意識中一直尋找特定類型的伴侶。她的伴侶通常無法滿足她情感上的需求，也無法從情感的層面去認識她。當她認清這一點之後，便開始重新定義自己的親密關係。

但即使是如此，她仍然否認自己有強烈的感受、情緒和感情。她後來經歷了一些情感上的震撼，才徹底意識到所有的問題，這就是冥王星激發一個人產生必要演化的方式。最後她終於對自己有了更深的認識。

（冥王星的對應點在十宮或摩羯座，裡面隱含的演化導向包括：學習為自己作主；為自己的行為負責，讓情感更趨成熟；學習獨立自強；在社會或文化的架構中整合或建立自己的權威性和獨特性，而且必須在個人的工作或事業領域中學習這些功課）。

當冥王星在四宮的人開始面對這些演化的功課時，就可以從「小孩」變成大人。他們會明瞭自己必須為生命所有的情境負責。他們一旦開始培養內在的安全感，減少對外界的依賴，就會知道該如何去相信和認識自己，最後就會明白該如何瞭解和信任別人。他們也會學著當一個健康的大小孩（我們每個人心中都有一個小孩），然後用正向的方式表現自己的敏感和脆弱。當他們開始學會為自己的行為負責時，就不會再去責怪別人造成自己一手導致的人生「問題」。他們甚至還可以理解父母在自己必要的演化中，到底扮演了什麼樣的角色。他們終於知道父母其實與別人並無不同，每對父母都有不同的力量和弱點，而他們畢竟是自己的父母。處於個體化和靈性的演化階段的人，通常會瞭解其中隱含的業力條件和議題，而且會針對各種情形作出必要的糾正或改變。

他們如果能夠為自己作主，為適合的工作或職業付出努力，就會創造一種反向的管道，讓他們可以自然地透過工作環境，反映出自己情緒的本源和起因。他們可以透過這個過程認識自己，然後慢慢培養出一種控制自己的情感、情緒和感受的能力。他們如果可以透過這種反映作用認清原因，就比較不容易在情感狀態轉變時失控，也比較不會讓自己被情緒淹沒。

冥王星落四宮的人如果能對別人展現情感上的同理心，就能幫助別人瞭解自我的本質。他們可以鼓勵別人當自己的主人，為自己的所作所為負責。換言之，他們可以幫助別人瞭解情緒的障礙是什麼，鼓勵或幫助別人減少對外界的依賴。處在比較進階的演化階段的人，則可以完整平衡地展現自己的陰陽特質。這種演化上的蛻變可以讓他們認清自己的人生目標，並且透過自己的力量努力地達成這個目標。

冥王星四宮的人常見的特質包括：強烈的情感需求（無論有沒有表現出來），沮喪和樂觀交錯的週期循環，情緒的操控能力，欠缺安全感，防衛性重，很容易覺得受到威脅，受傷時可能會變得很殘忍、刻薄或意圖報復，但是也可能很有同理心、同情心或懂得滋養他人，對於親近的人十分忠實，渴望控制自己的環境和空間。

冥王星在四宮或巨蟹座的名人包括：

米亞・法蘿（Mia Farrow）
R. D. 賴因（R. D. Laing）
諾曼・梅勒（Norman Mailer）
尼采（Friedrich Nietzsche）
莫札特（Wolfgang Mozart）

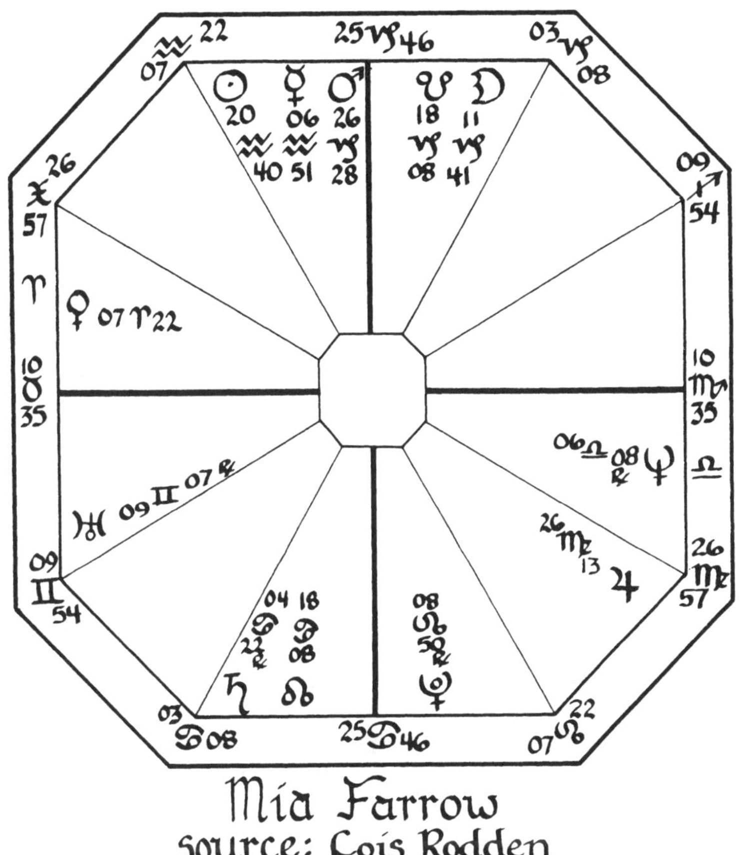

米亞・法蘿
來源：路易斯・羅登

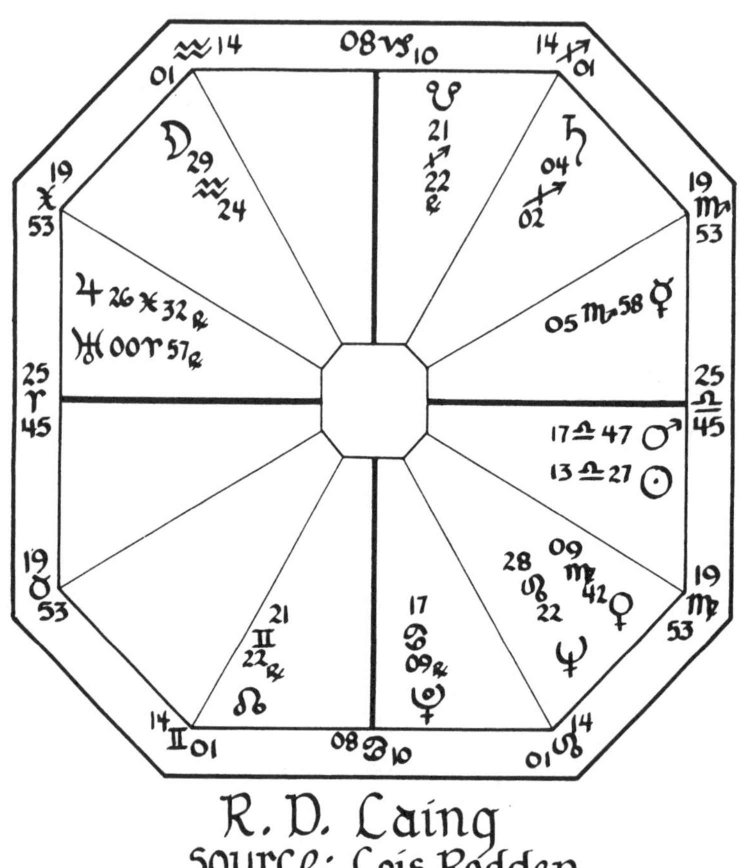

R. D. 賴因
來源：路易斯・羅登

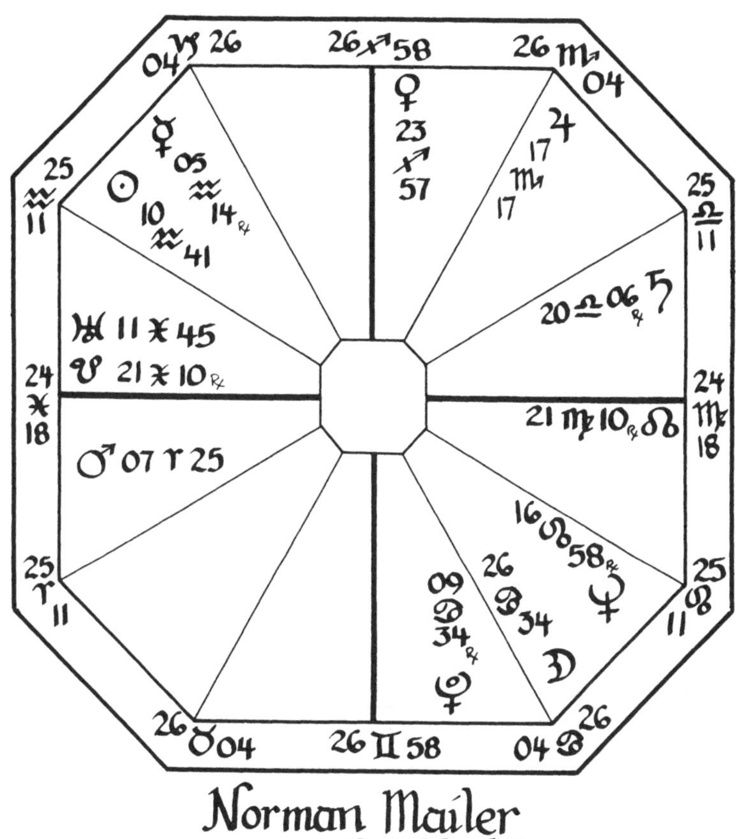

諾曼・梅勒
來源：路易斯・羅登

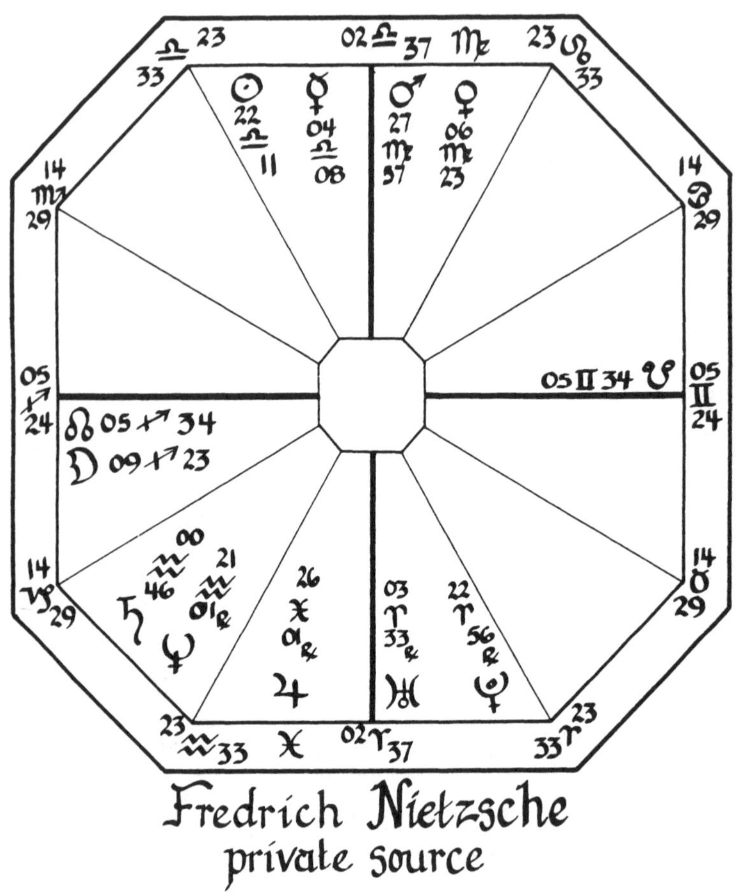

尼采
來源：私人提供

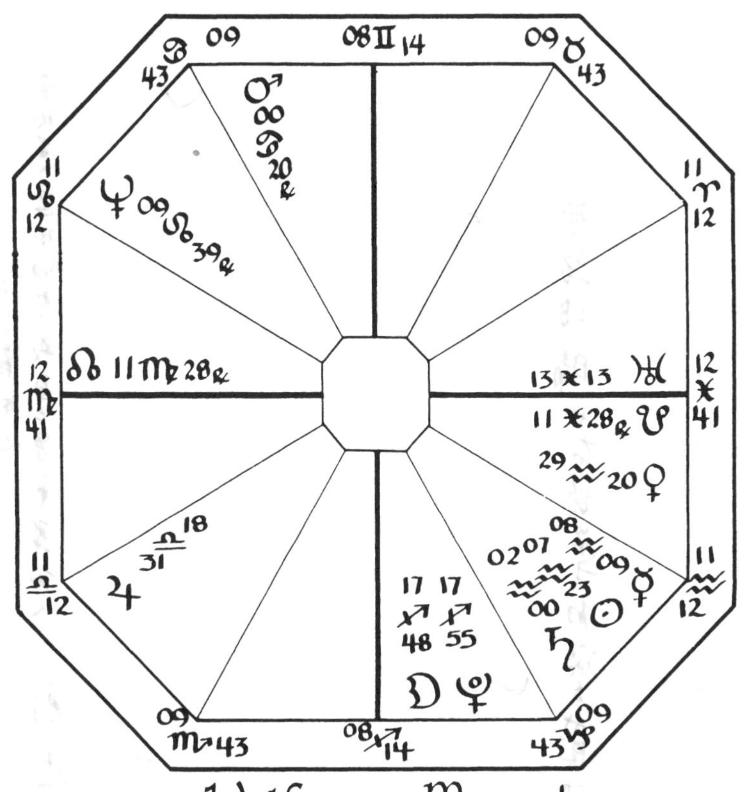

Wolfgang Mozart
Source: Lois Rodden

莫札特
來源：路易斯・羅登

冥王星在五宮或獅子座

冥王星在五宮或獅子座的人，過去世一直在學習運用創造力來實現自我。五宮和獅子座都具有火象的本質，因此這些人和冥王星在五宮或牡羊座的人一樣，自覺必須在此生完成一個特殊的使命。

冥王星落在一宮或牡羊座的人必須保有自由和獨立，並且得透過一些吸引自己的生命經驗，來發現自我的獨特性，此即這一世的特殊使命。他們總是在不停地探索和發現。冥王星落在五宮或獅子座的人，則必須實踐這個特殊使命。他們需要建立一個創造性的目標，將其投射在環境裡。如果冥王星是落入五宮裡，這種創造性的目標是不需要探索的，因為它已經形成了，是與生俱來而又完整的，因此這類人會在靈魂深處強烈地意識到這個獨特的目標。無論是在過去或未來，他們演化的慾望和需求就是去實踐這個目標。以此為基礎，這些人必須學會掌控自己的人生，把握生命，並且用意志力塑造命運。換言之，這些人必須主導自己的人生戲碼。

冥王星落五宮的人打從在母親的子宮裡就自命不凡，而且渴望被別人視為特別又獨一無二的人。這種感覺是非常強烈的，而這就像個無底洞一般，讓他們不停地渴望愛、欣賞和奉承。他們無論得到多少愛都覺得不夠。這種需求也許能暫時被滿足，但是他們對關心、愛和奉承的強迫性渴望，總會讓他們要求更多。冥王星落在五宮的小孩可能會給父母製造一些難題，因為他們會用盡所有的方法來獲得認同、愛和注意，即使是負面的關心也好。這些小孩可能會無意識地操縱情況、父母和別人，藉此來獲得自己需要的關心。當他們看到其他小孩或別人被關愛時，或是當父母對其他的小孩表現愛和關心時，就會覺得自己備受威脅，這種情緒性的行為模式往往會延續到成人之後。

冥王星在五宮的人是非常自我中心的，而且只關心自己。他們會覺得宇宙繞著自己在打轉。就像太陽是太陽系的中心（太陽天生主宰五宮和獅子座）一樣，這類人也會期待所有事情都是以自己為主。他們必須瞭解的是，這種心態是源自於過去世的演化目的、慾望和需求：渴望透過創造性的方式實現自我，完成自己的獨特使命。我們必須從這個角度去看冥王星落五宮的人，我們應該多一些耐心，不要在他們的人生早期就急著批判這種情緒性的行為模式。

即使所有冥王星落五宮的人都有這種特質，星盤裡的起緩和作用的因素仍然會影響行為，表現的方式也會因而不同。舉個例子，某人的冥王星是落獅子座在五宮裡，南交點落雙子座在二宮裡，而南交點的主宰行星水星落金牛座在二宮裏，代表此人可能自給自足、退縮、安靜又很隨和。他通常會藉由自我退縮的方式，來認清自己獨特的使命或目的，並且會靠自己的努力來實現這個使命或目標。他們知道自己是特別的，不需要從別人身上獲得強烈的情感回饋或關心，也不需要靠外界來肯定自己的獨一無二。事實上，這些人可能是非常低調又內向的，可以從內滿足自己大部分的需求。南交點落雙子座在二宮裡，則代表會考慮各種不同的方式，斟酌哪一種方式才能捕捉或具體呈現自己創造天分中最好的一面。這種過程可能是一種內化的思考方式，因為南交點的主宰行星水星是在金牛座、二宮。當他們找到一種最能具體呈現自我創造天分的方式時，就會透過自己的努力來落實。他們會用一種比較低調的方式來進行，不需要太多的炫耀。

再舉個例子來對照一下。某個人的冥王星是落獅子座在五宮裡，南交點落牡羊座在一宮裡，而南交點的主宰行星火星是在天蠍座和八宮裡，這些人天生自命不凡，可能會強迫性地操縱別人或環境，藉此來肯定自己的權力和獨特性。他們可能非常自我中心，不僅需要別人的認同，還渴望證明自己的權力和獨特性是超越別人的。在這種制約之下，這些人可能會因為別人的權力或創造力而備感威脅。他們會在別人因成就或需求而獲得注意和肯定時，變得很有戒心。他們如果沒有獲得需要的關懷、回饋或認同，就會變得十分憤怒。當他們還是小孩時，就很容易鬧脾氣或是情感需求很強烈。長大成人之後因為情感需求沒有獲得滿足，而週期性地陷入憤怒的反應，而且會操縱別人和環境，藉此來獲得自己需要的關懷。第一個例子的人會先思考再採取行動。第二個例子的人則是出自本能地採取行動。這些人可以從別人的反應來深思一件事：為什麼自己會有這樣的反應。透過這種行動／反應的驅力模式，他們就能學會調整自己的行為，同時透過試誤找到一種最能實現自己獨特目的和使命的方式。

上述兩個例子的演化主題及需求都是一樣的，但星盤上不同的起緩和作用的因素，還是會影響演化進行的方式。無論是過去或未來，冥王星落五宮或獅子座的人的重點都是創造。他們可以在各種不同的生命領域中表現創造力，或是透過各種獨特的才華展現創造力。因為他們從過去帶來的演化慾望和導向，就是要落實並建立這個特別的創造目的，所以他們必須具備強烈的決心和專注力，利用自我的意志力來塑造命運。我們可以從南交點看出這個過程的運作模式，也可以根據南交點的主宰行星，看出這種運作模式會在哪個生命領域中出現，而這些都顯示了他們過去的演化情況。所有冥王星落五宮的人，無論處於哪一種演化階段，都會有這種需求和慾望。但是演化的階段仍然決定了滿足演化需求的方式及可能性，也決定了演化的生命領域或外在環境的條件。

基於這股與生俱來的創造需求，這些人往往會面臨一種業力和演化的問題：他們會認為自己就是創造力的來源。因為冥王星落五宮或獅子座代表個人化（主觀）的力量，正處於極致的發展和表現的階段，所以他們之中有許多人會覺得自己是人生唯一的導演。從演化的觀點來看，這種心態顯然構成了限制。我們必須考慮他們本命盤中所有起緩和作用的因素和演化階段，才能判斷他們會以何種眼光看待自己的創造力。最糟糕的情形是自以為神的化身，可以隨意地創造或毀滅整個世界。譬如我們上面提到的兩個例子，冥王星落獅子座在五宮、南交點落牡羊座在一宮、火星落天蠍座在八宮，就比較容易出現這種傾向。

相反地，冥王星如果落獅子座在五宮、南交點落雙魚座在十二宮、海王星落天秤座在七宮，表現就截然不同了。這類人如果是處於個體化或靈性的演化階段，往往會覺得自己是命運的共同創造者，而且可以從自己的創造性表達中，感受到宇宙的能量。然而從消極面來看，即使他們可以深切地感覺到這股能量，仍然會有一種無力感，而無法實踐自己的特殊使命或創造力。他們的這種感受通常是源自於別人，因為他們發現身旁的人似乎比自己更有創造力，也更能控制自己的人生，而這也是因為南交點落雙魚座在十二宮，南交點的主宰行星海王星落天秤座在七宮。無論起緩和作用的因素或業力條件是什麼，所有冥王星落五宮的人都必須學著掌控自己的人生，如此才能創造性地實現自己獨特的使命及目的。這些人無論處於哪一種演化階段，都必須將情感和創造的法則融合，如此才能展現演化的需求。他們的反應、作法和進程都是業力注定的，而每個人的情形也各有不同。

不管怎樣，這些人的底線都是冥王星落五宮，所以內心都會有一種獨特的使命感，渴望能在某一方面被視為是獨一無二的。他們覺得自己必須表現或實現創造力，由自己來主宰人生，才能達成獨特的使命。這些人如果沒有因為自我的特質而獲得足夠的肯定，就會產生各種情緒問題。他們可能會變成過度堅持自己的創造原則，或是誤以為自己無法展現創造力，最後就會吸引或製造一些情境，來凸顯這些問題或自識不清。當然，這兩種極端的例子也會有不同的表現方式。這些人對於自我創造力的認同、應用或反應，將會決定他們會吸引或創造哪一種生命際遇，這些際遇都會為他們帶來更多必要的演化發展。舉個例子，南交點在牡羊座、火星在天蠍座的人，很需要靠環境來打擊他們的自尊，用力戳破他們自我膨脹的大氣球。

許多冥王星落五宮或獅子座的人在過去世都是與眾不同的人，所以無意識裡會有一種被別人另眼相待的印象。到了這一世此種無意識裡的記憶，就會讓他們期待別人用同樣的方式對待自己。這些人會期待別人來滿足自己的需求、為自己敞開大門，事先鋪好紅地毯等待他們出場。這些記憶可能會影響或決定了他們這輩子自認為需要的東西。有些人則可能會操縱別人或環境，藉此來獲得自己渴望的認同或注意。他們會用各種不同的方式達到這個目的，這跟他們的演化慾望的反應有關。舉個例子，南交點落雙魚座、海王星落天秤座在七宮的人，最負面的反應就是覺得自己無能，所以時常會以受害者的姿態去操縱別人或環境，藉此搏得自己所渴望的關懷。這些人會吸引一些人進入他們的生命裡，替他們實現人生的目的。

基於前世的演化導向和相關的記憶，許多冥王星落五宮的人都有一個金字塔型的現實結構。他們以為現實層面的所有因素都是繞著自己在打轉的，也都是自我實現的附屬品。當然，這也會有許多的表現方式。某些冥王星落五宮的人對於認同、肯定和關懷，都有強迫性的需求，甚至不惜在感情上冒險以獲得別人的關懷。他們的心中有一座現實的金字塔，如果沒有獲得自認為應有的注意或認同，就會威脅著要將這個既存的金字塔毀滅，藉此來獲得別人的注意。舉個例子，一個冥王星落五宮的人如果結婚了，卻沒有從伴侶身上獲得自認為應得的愛和關懷，就有可能和別人發生外遇，來獲得這類的感情回饋。他們情感冒險的方式可能各有不同，但強調的重點都是一樣的：對權力和認同的需求。在外遇的例子中，這種人會甘冒離婚的危險。他的婚外情如果被揭發了，既存的現實（婚姻）很可能因此而毀滅。這種情感上的震撼，或是各種可能出現的震撼方式，會讓他們經歷到必要的打擊。這種打擊可以讓他們知道自己來自何處，以及身在此處的原因。

根據現實金字塔的概念，他們可能會無意識地操縱別人，來滿足自己的情感需求。當他們尋求外遇時，一開始可能會迎合對方的慾望，來滿足自己的需求。一旦獲得了滿足，就可能會結束這場情感的冒險遊戲。舉個例子，一位向我尋求占星諮商的女士，就變成了冥王星落五宮的人的受害者。她遇到一位冥王星在五宮的已婚男士，是一位非常有權勢的人，已經有了小孩。他顯然對自己的婚姻不太滿意，因此「需要」一段婚外情。我的案主是一名攝影師。當時這位男士正準備出一本書，所以他的期待與她的事業剛好可以結合。他讓她以為可以幫他的書製作封面，藉此來操控她、討好她，以滿足自己的慾望。當這段婚外情結束之後，他找了別人來製作封面。她當然覺得自己被利用了。冥王星落五宮的人經常會控制或改變身旁人的人生，包括他們的小孩在內。這是因為他們已經認清自己獨特的人生目的，所以會透過強烈的意志力將它實現出來。因為他們的靈魂深處已經有這份認知，所以很自然地認為其他人也具備同樣的內在能量。請謹記在心，所有冥王星落五宮的人多少都帶有這種傾向。即使是上面提到的最負面的例子，亦即南交點落雙魚座在十二宮，其主宰行星海王星落天秤座在七宮，也會用自己的方式影響或控制別人的人生。他們可能會建議別人像自己一樣假裝成受害者，藉此來滿足自我的需求和慾望。他們可能會公然或隱密地控制和改變別人的人生，表現出來的強迫性和激烈程度則不盡相同。最負面的例子是把自己當成了神，試圖用自己的想法指揮別人的人生。正面的例子則是鼓勵別人發展自我，因為他們很重視自我發展的需求。但即使是在最正面的例子，也很難不用自以為是的態度去鼓勵別人。

冥王星在五宮的人可能非常願意付出、相當慷慨，但這些表面上的付出和慷慨，只是為了滿足自我的慾望。他們的付出多半帶有強烈的自我中心色彩，所以通常不能給予別人實際的幫助，比較是他們自認為對方需要的幫助。這種心理情結的表現方式，當然與本命盤裡的起緩和作用的因素（像是交點軸等等）有關，而這的確會影響他們的彈性或多面性。許多冥王星五宮的人很難看清自己的這種傾向，因為他們是根據自己的現實結構對別人付出的，這往往就是問題的癥結所在。換言之，他們是根據自己的而非別人的現實來付出。如果他們付出之後換來的是對方的負面回應，就可能產生一些情緒化的場面或衝突。這些衝突是必要的，因為這可以破壞冥王星落五宮的人的金字塔結構。在破壞的過程中，他們才能感受到冥王星對應點十一宮的影響力。

對應點十一宮的寶瓶座的演化導向就是捨棄主觀、培養客觀意識和焦點。他們必須將自己特殊的使命或創造性的目的，與有利於社會的功能產生連結。許多冥王星在五宮的人為了實現十一宮的演化功課，會完全拒絕實現或抑制自己的獨特使命。這種抑制的力量可能出自社會結構本身，而抑制本身也可能會讓他們承受極大的挫折感或憤怒。這些人的挫折感是源自於社會不認同或不肯定自己的特質。他們深深地感受到自己獨特的使命，卻因為各種限制而無法將其實現出來。冥王星落五宮的人即使能透過某些方式實現創造性的目的，也仍然無法獲得自認為應該得到的肯定，因此他們很難接受自己的命運。他們會覺得紅地毯仍然沒有為自己攤開，而記憶中的掌聲就像遙遠的記憶一樣。當這些人退居二線時，就會被迫學習客觀，脫離內在的金字塔。他們最終還是會知道該如何將自己的目標與社會的需求結合。如此一來，他們不僅可以滿足全人類的需求，實現自己獨特的才華，更會發現別人和自己一樣都是獨一無二的個體。經過演化之後，他們就可以針對社會或別人的需求付出。最後他們會明白一個道理：自己只是這場演出裡的一個角色，而非主導一切的導演。

我一開始提到的個案是冥王星落獅子座在五宮，南交點落雙子座在二宮，南交點的主宰行星水星落金牛座也在二宮；北交點落射手座在八宮，而北交點的主宰行星木星落雙魚座在十二宮。這個人很早就發現音樂是自己表現創意、實現人生使命的最佳的方式或出口。他在早期便全心投入音樂，但是心智較為成熟之後，卻發現脫離現實去玩音樂，只會讓情感和創意更為閉塞。想當然爾，他後來在情感上遭遇了必要的震撼，讓他脫離了自我設限的封閉狀態。他終於發現最能有效實現使命和創造力的方式，就是將音樂與教學結合。對他而言，最好的教學形式就是教導小孩（北交點落射手座在八宮，北交點的主宰行星木星落雙魚座在十二宮，這兩者都與冥王星對應點的十一宮有關）。他越是朝著這個方向走，就越能展現自己的創造力，也越能滿足想要被肯定的慾望。

隨著這種演化的蛻變，他現在也可以認同自己小孩的獨特性和需求。這種蛻變讓他可以客觀地引導小孩，而非根據自我中心的形象來塑造小孩的身分。冥王星落五宮的人的孩子通常都很頑固又自我，拒絕聽從父母的指令。他們與小孩之間必然會產生感情上的衝突，而這就是要逼著他們學會客觀和抽離的功課。小孩就像一面鏡子，可以反映父母或其中一方最深的內在驅力。對於父母或其中一方而言，這面鏡子可能太過赤裸又毫無保留，尤其是他們如果拒絕接受、承認或發現自己內在的類似驅力。冥王星落五宮的人必須將演化的功課傳給小孩，並且要教導他們。

這類人在學習客觀和抽離的功課時，就可以明瞭自己並非創造的本源，而是宇宙之中表現創意法則的一個管道。這門基本的功課是十分重要的。這些人除非能夠真正體驗到這一點，否則他們的創意會週期性地枯竭或受阻，藉此來讓他們逐漸領悟創意的真正來源。在這個過程中，他們也可以學會承認別人的特質和創造力，而又不會覺得自己受到威脅。

當這類人有意識地展開這些演化的功課時，就能在命中注定必須實踐的生命領域中，展現全新又獨特的創意。他們的創作蘊含非凡的深度和力量，同時具有轉化的本質。某些作品可能領先時代，而造成了所謂的「死後成名的藝術家症候群」。不過他們的創作最後仍然會被世人接受，也會因為自己的表現獲得一定程度的名聲和肯定。他們很自然地會成為領袖和先驅，客觀地引導身旁的人去發展或實現自我的目標。他們有些人的天生領導氣質真是令人讚嘆不已。我記得有一次看到一群四、五歲左右的小孩在玩耍，然後有個一歲半的小女孩走到他們旁邊。這個小女孩天生就散發出一股巨大的能量。這群四、五歲的小孩竟然停止遊戲，開始跟在小女孩的身後。這群小孩就像是被催眠似的，排成一列毫不遲疑地跟著她走。當我看到這一幕時，忍不住詢問女孩的母親是否願意給我她的出生資料。女孩的母親覺得很有趣，就把資料給我了。結果我發現這個女孩的冥王星與土星合相在五宮，冥王星落在天秤座的最後幾度，而土星則是在天蠍座的前面幾度。南交點落摩羯座在八宮，而南交點的主宰行星又是土星。她與生俱來的領袖氣質就像是魔笛手一樣，在這群四、五歲的小孩身上展現了魔力，雖然她只有一歲半！

冥王星在五宮或獅子座的人常見的特質包括：超強的意志力、威嚴、有創造力、渴望關心和肯定、愛與付出、給與別人關懷和愛、魅力十足、通常都很自戀、有點國王或皇后情結、強烈又極端的本性、公開地或暗地裡苛求、渴望被諂媚但是又會懷疑、非常保護身旁的人。

冥王星在五宮或獅子座的名人包括：

李察・柏德（Richard E. Byrd）

威廉・克魯克斯爵士（Sir William Crookes）

理查・波頓爵士（Sir Richard Burton）

毛澤東（Mao Tse-Tung）

赫曼・赫塞（Herman Hesse）

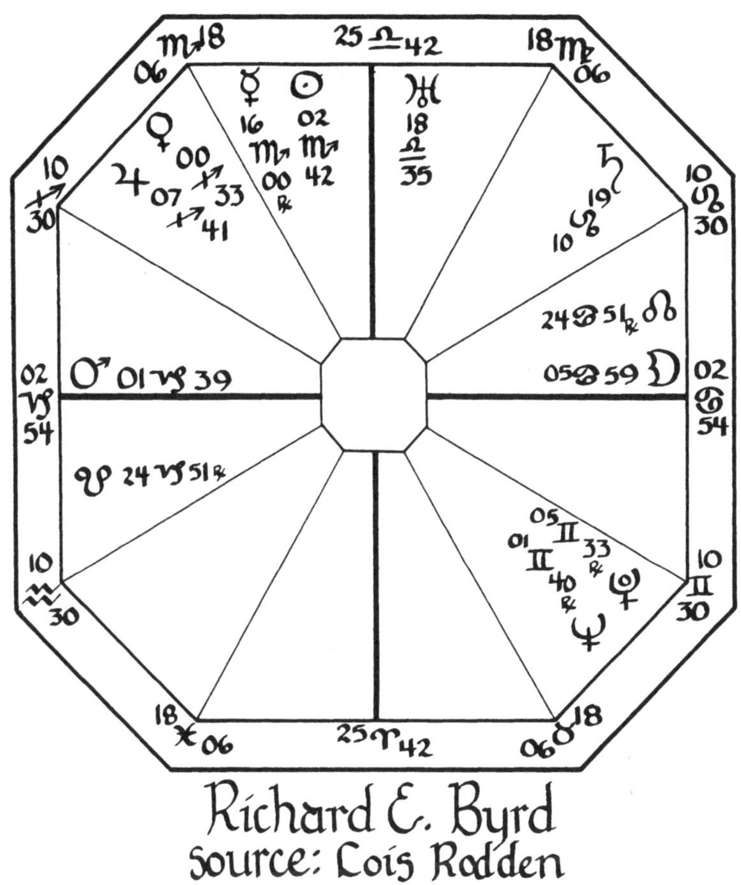

李察・柏德

來源：路易斯・羅登

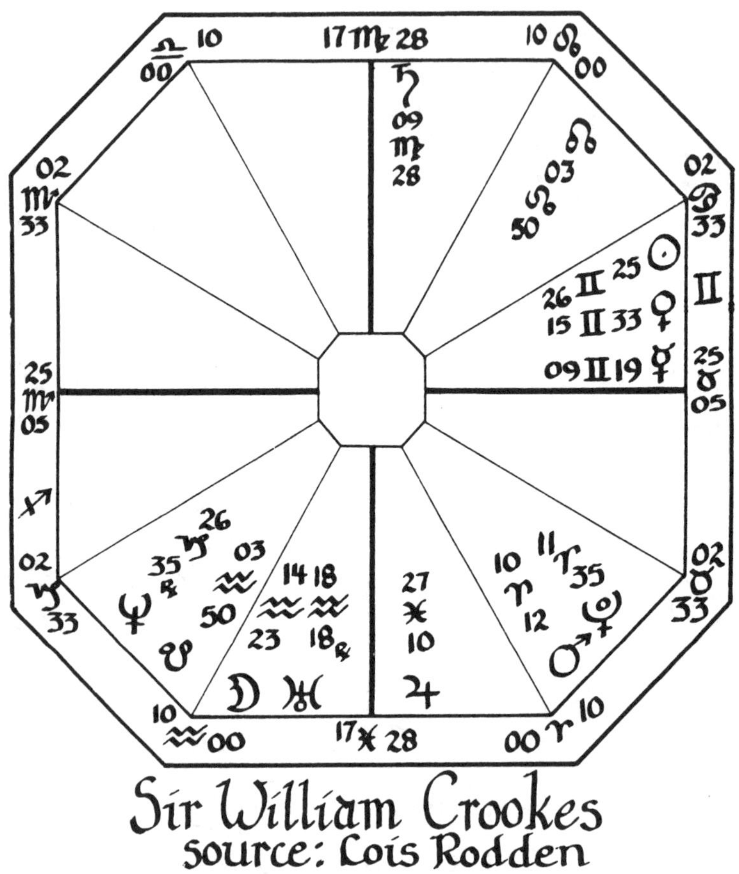

威廉・克魯克斯爵士
來源：路易斯・羅登

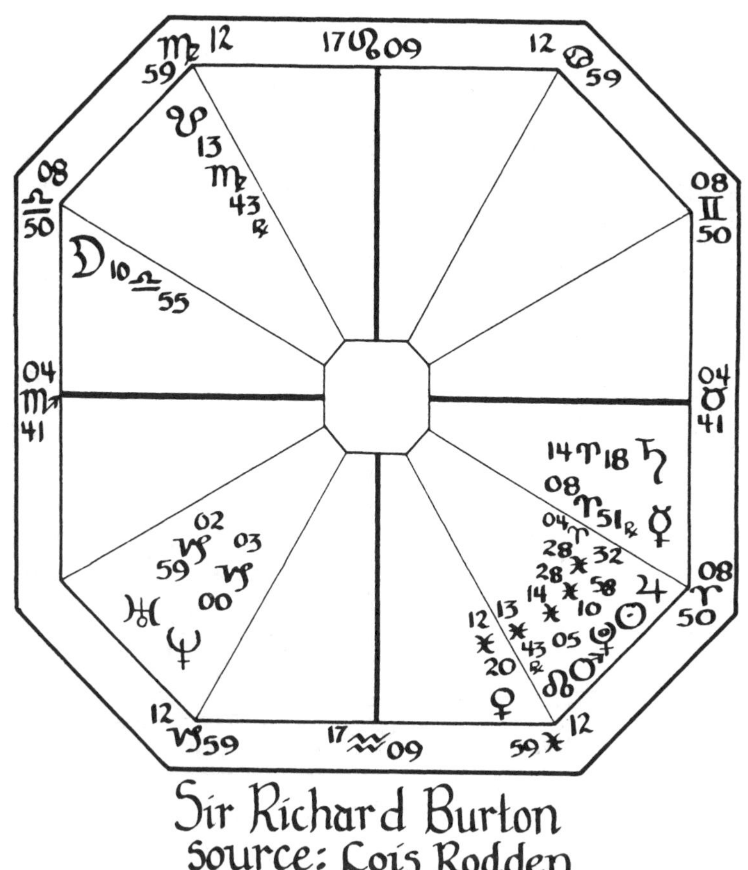

理查・波頓爵士
來源：路易斯・羅登

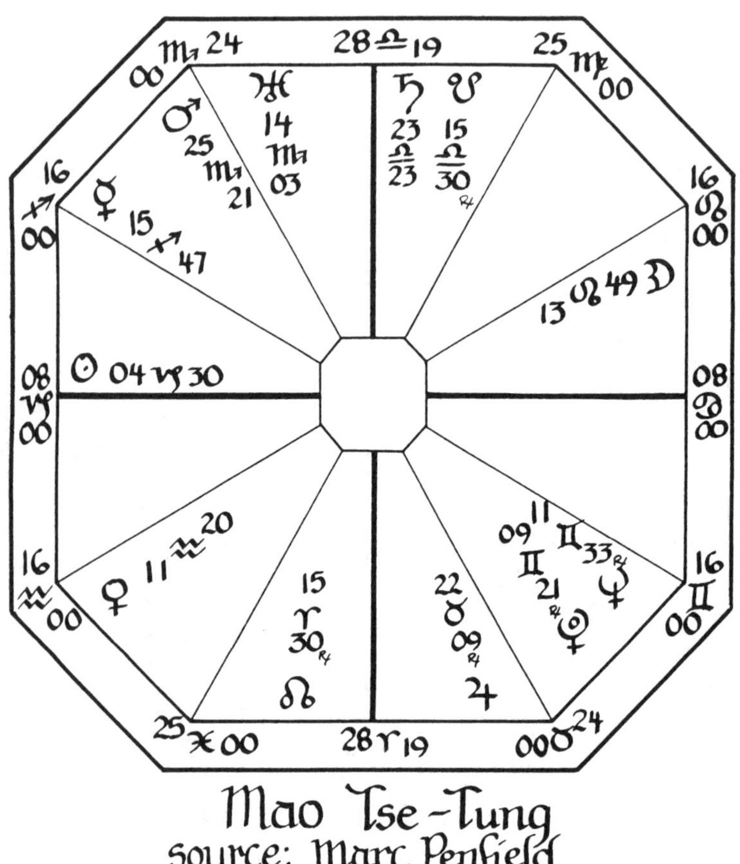
Mao Tse-Tung
source: Marc Penfield

毛澤東
來源：馬克・潘菲德

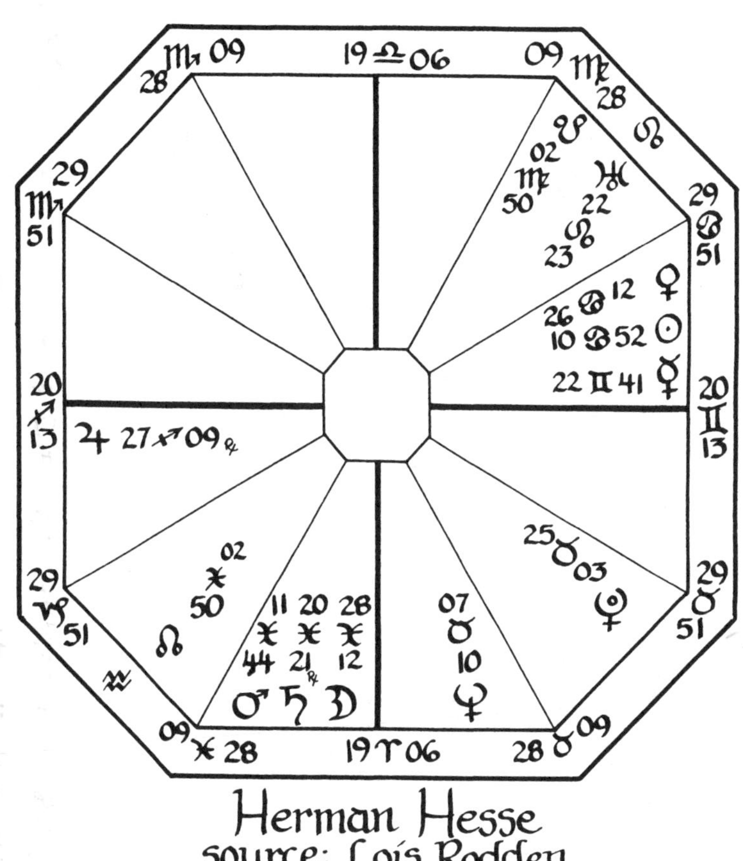

赫曼・赫塞
來源：路易斯・羅登

冥王星在六宮或處女座

冥王星落六宮或處女座的人過去世一直在學習服務社會和文化，或是小規模地學習自己的演化功課。此外，這些人也一直在學習必要的謙虛、自我懷疑、辨識、淨化及自我改善。他們會透過強烈的自我分析，來學習或發展這些特定的課題。

廣義而言，六宮或處女座的原型就是學習如何在團體（例如社會或文化）中發揮特別的功能。無論這個團體的工作是粗略的或精密分工的，其中的每個人都會透過工作來發揮功能，讓整個團體能維持運作。基本上，每個人都必須「犧牲」自己的慾望、需求和時間，來達成族群、文化或社會的慾望、需求和條件。這種原型模式教導人們如何在情感、心智、靈性和肉體上去服務群體。在某些特定的文化、族群或社會結構中，一個人的工作或角色與階級地位有關。在另一些文化中，人們則可以自由地選擇工作。無論是哪一種情形，人們都會學到犧牲和服務的功課。

冥王星在五宮或獅子座的人，要學著如何從內在認同自己的創造原則和目的，所以必須把情感融入創造的原則裡，藉此來實現自我的目的，而這往往會產生「金字塔式」的現實效應。他們會把自己放在金字塔的最頂端，期待生命中所有的因素都圍繞著自己打轉，滿足自己的需求。

冥王星到了六宮或處女座，整個金字塔會反轉過來。這些人會處於金字塔的最底層，透過自己選擇或被指派的工作及服務功能，來滿足集體的需求。無論是自己的選擇或是被指派的，冥王星在六宮的人都必須培養實際的方法、技術或技巧，在自己所處的文化族群或社會中，發揮或應用自己具備的工作能力。

我把六宮或處女座稱為「過渡期的原型」，處於這個階段的人正脫離獅子座或五宮的傾向，邁向七宮或天秤座的傾向，而七宮或天秤座代表的就是平等或相對性的課題。從牡羊座到獅子座、一宮到五宮，都帶有必要的主觀或自我中心傾向。從天秤座到雙魚座、七宮到十二宮，則代表必要的客觀或反自我中心傾向（個人將自我的身分認同與更大的整體或宇宙連結起來）。

這種反金字塔效應，教導了人們戳破自我膨脹的大氣球，讓自以為的特殊性及重要性恢復原型。這個戳破氣球的過程，也可以讓人們學會謙虛和自我淨化的演化功課。人們已經知道宇宙不是圍繞著自己在打轉，有許多事情都和整體性的存在有關，而非侷限於從金字塔頂端望出去的世界。冥王星在五宮或獅子座的人要學習如何表現自我，在六宮或處女座的人則要學習了解「非我」的面向。當他們覺察到自己缺乏的特質之後，不僅能學會發自內在的謙虛，同時還可以展開必要的自我淨化，剷除所有自誇或貢高的幻相。

他們學習這些功課的其中一種方法就是工作。冥王星在六宮或處女座的人，可能會透過不同形式的工作來學習演化，但這一切還是要看他們各自的業力條件或演化的階段而定。舉個例子，某人的冥王星是在雙子座六宮裡，南交點是在處女座九宮裡，而南交點的主宰行星水星在牡羊座三宮裡。為了配合我們的解說，我們就假設這個人正處於個體化的演化階段；他決定當老師來實現工作的需要，為整體社會服務。

這個人的演化條件，讓他憑著直覺去分析自己所受到的教學訓練、形式及技巧。但是他會思考一些創新或不同的教學方式，讓教學的功能獲得全面性的改善或進步。他可能針對教學的內容和過程，設計一些新的技巧或方式。由於他的水星是在牡羊座，所以這些新的概念可能非常前衛，還會為一般教職開闢完全不同的新領域。當他說服別人採信自己的觀點時，就可能造成一些問題。他說服的對象往往是某些從事教學的同事，或是目前擔任教職的整個組織架構。

他會認為這些新的概念、想法和技巧是非常重要又十分必要的。他自己會堅信這些概念，因為這代表了他的權力和情緒上的安全感。因此他需要說服別人改變觀點來認同自己，如此才能在工作場合中建立自己的權威和身分認同。

這個人可能會用一種挑剔的角度看待舊有的教學方法，所以他的新概念自然也會惹來外界的批評，質疑這些概念無法改善或調整目前的教學原則。從別人的角度來看，這些新的概念、技巧和方法都太過「創新」，因為它們會威脅到他們從舊有的教學方法上獲得的安全感、權力和認同。當他帶著新的概念出現時，卻從別人身上得到了必要的批評和回饋，而這就能讓他不斷地學習謙虛和自我淨化的功課。他的新概念不會獲得正面的讚美，而他也不會成為自己渴望的「救星」或「英雄」。這些必要的負面回饋會引導他分析自己，進一步地調整或修正這些新的概念、技巧和方法。他必須在教職的階級內進行這個活動，而非跳脫到體制外，目中無人地反擊批評。當他在階級內運作時，不僅可以學會必要的謙虛，還能學會讓自己的語言表達更加精準明確，藉此來發揮他天生的能力，為既有的體制帶來正面的改變。透過這個過程，他可以適度調整自己的謙虛態度，從反金字塔的效應中學會為集體貢獻，同時剷除以我為尊的行為模式。

除了工作和服務之外，冥王星在六宮或處女座的人，也可以透過心智上的自我分析來學習這些功課。這類人有著如X光或雷達般的透悉力。這種強烈的心智之光，會讓自己任何的「不完美」或「不正確」的心理驅力和構成要素暴露出來。這些東西可能是頭腦層面的，也可能是情緒、智識或心靈層面的。冥王星在六宮或處女座的人本質上是陰性或女性化的，所以很自然地會出現自我反省或自我分析的週期循環。這可以讓他們在心智及情感上進行週期性的自我檢視。這種檢視是必經的過程，唯有如此，他們才能週期性地消除或調整任何不適合自己的部分，一些不合乎自我持續演化或業力需求的部分。我再提醒一次，六宮和處女座代表過渡期的原型。這個階段需要調整的部分通常與下列事物有關：以自我為中心的內在認同模式、金字塔式的現實結構，以及任何會阻礙成長的知識及情感模式。

這種強烈的自我檢視針對的是內在的模式，這往往會讓他們覺得自己必須做些改變。這種內心的經驗會很清楚地呈現出一種行為標準，明白地規定什麼是「正確的」，什麼是「完美的」。因為六宮和處女座的過渡期演化方向，就是要向反自我中心的生命態度邁進，也就是放下自我去認同一個更大的整體。他們認為的「不正確」和「不完美」，在潛意識上都跟牡羊座至獅子座（從一宮到五宮）的生命態度有關；而所謂的「正確」和「完美」則與天秤座至雙魚座（從七宮到十二宮）的生命態度有關。這種形態之間的轉換，就發生在處女座和六宮。所以強烈的自我檢視和分析是必經的過程，如此才能帶來必要的改變。唯有如此，轉化才會發生。

許多冥王星在六宮或處女座的人會無意識地保留一些記憶，而這多半與過去的錯誤、魯莽的作風或任何「不正確」的事情有關。這是因為他們心中有一個正確的行為標準，才會產生以上的感受。他們有些人會有意識地、明確地訂出正確的行為標準；有些人則是隱約地覺得自己好像應該做些什麼，或是不該做些什麼。無論是哪一種情形，大部分冥王星落六宮或處女座的人，在無意識或潛意識裡都會有一種罪惡感。這種罪惡感是來自於過去世的錯誤或魯莽的作風，而這些都違背了所謂的正確行為標準。每個人罪惡感的來源可能都不同，必須視本命盤中最主要的業力／演化驅力而定。但是他們每個人都會把彌補罪惡感的慾望和需求，與正確的行為標準結合在一起。彌補可以對自我改善產生影響，帶來淨化。其中一種方式就是在某些方面為別人服務，這也就是工作的驅力。

這些人為了彌補罪惡感，往往會無情地分析自己的短處、缺點或不足，最後變成了自己最大的敵人。他們強迫性地只看到自己的不完美，而這會讓他們感到焦慮或停滯不前，無法在這一世發揮自己最深的潛能。事實上，他們不可能永遠不合乎標準（完美），或是永遠都不夠好。從另外一個層面來看，他們會因為罪惡感而覺得不該得到超乎自己應得的東西。所以這些人明明知道自己應該這麼做、可以這麼做，或是想要做某一件事情，卻會猶豫不決、躊躇不前，或是將自己不去做的原因（藉口）合理化。每當他們躊躇不前、不去發揮自己全部的能力時，又會造成另一種罪惡感。他們有許多人在過去世中已經帶著這種罪惡感，而且某種程度上都知道自己在自我逃避。這類演化和業力的模式，可能會變成一種惡性循環，讓他們自食其果。最糟糕的情形就是因為這種演化和業力的狀態，不斷地陷入危機。當他們想要減輕這種罪惡感時，就會不自覺地分析自己的不足、缺點或短處，並且會自問：「我到底做錯了什麼？」有些人則會將內心的想法向外投射到環境上面，責怪別人「做錯了事情」。他們會覺得自己是環境、別人或現實狀況的受害者。這種內在和外在的態度是有關聯性的，而每個冥王星在六宮或處女座的人的感受，也會有所不同。其中的差異性必須視本命盤中特定的業力／演化本質而定。

我們繼續前面舉的例子。這些人可能會拒絕做出必要的調整，但是他們如果有所調整，就可以促使別人接受新的教學概念、技巧和方式。他們可能會因為別人的負面回饋或批評而分析自己，自問到底做錯了什麼。他們也可能將這些東西投射到別人身上，認為別人對自己的所做所為才是錯的。這些人會覺得自己是教學體制或其他老師錯誤作法下的受害者。另一方面，他們如果沒有落實或發展新的教學概念、技巧和方法，也會在心中產生罪惡感，因為按照正確的行為標準，他們知道自己有能力去做，也必須做這件事情。最後這事又會使他們陷入自我分析的循環中，看看自己到底有什麼缺失、不足、短處或不完美，才會造成這些情形。

事實上，無論罪惡感的原因或起源為何，這種不停地想要減輕罪惡感的慾望，也可能會讓他們的現實生活陷入全面的危機中。對於他們而言，這種危機是必要的經驗。在某一種層面上，他們可能會無意識地綁住自我，不去發揮自己的天賦，或是只發揮極少的一部分。在他們出現這種反應的同時，也反映了自我否認、自我悔恨或是自我懷疑的傾向。這種反應會帶來必要的危機，迫使他們認清自己的行為模式，體認到沒有完全實現自我的挫敗感。這種持續性的情感／心智危機，會引導他們週期性地分析自己，藉此來找出造成這些行為反應的內在原因或驅力。

危機可以將這些問題搬上檯面。這些人如果能正向地面對問題，就能在自我分析的過程中調整或改善自己，或是更加地認識自己。因為危機可以喚醒一個人的覺知，讓行為產生改變。當行為的內在驅力被揭露出來之後，才能產生行為上的改變。一個人的自我調整和改善，往往與他自認為正確的行為標準有關，而且必須透過不斷地練習符合這個標準的方法、技巧和概念，來落實上述的目的。由此可知，正確的行為標準可能是某種可以促進自我改善或自我了解的思想體系。這些人如果負向地面對問題，因危機而產生的自我分析，就可能變成一種強迫性的慾望，讓他們不停地批評自己，無法做出建設性的改變。他們只會陷入永無止境的分析，最後造成心智或情感上的麻痺。中國道家用一個很簡單卻極具啟發性的例子來說明、並消弭這種負面效應：蜈蚣有一千隻腳，只要前面有腳不停地動，就可以到達任何地方。但這隻蜈蚣如果分析第四十六隻腳如何在一千隻腳中發揮作用，立即就會停下來，變得停滯不動，而唯一的解決方法，就是前面的腳要不停地往前走。

同理而論，冥王星在六宮的人必須不停地走、談話和行動，這樣才能帶來完美或贖罪。他們如果只是坐在一個地方不動，就無法讓一切變得完美或精準，也不可能擺脫罪惡感。他們不能只靠想來改善一切，必須採取實際行動，才能讓自己更加精進。六宮和處女座的本質雖然是陰性或女性化的，但也具有變動性。活動或行為可以讓他們清楚地了解專注和分析的過程。他們可以透過改變行為的本質去面對自我分析，最後就能產生清晰的洞見。他們如果沒有在行為上做出必要的改變，往往會扭曲所分析的事物，無法產生洞見。

冥王星在六宮或處女座的人還可能產生另外一種危機：他們會製造一堆外在的責任義務，卻沒有把時間留給自己。我們又可以從這一點，看出工作或服務與反向金字塔效應有關。無意識的罪惡／贖罪模式，變成了自我淨化和謙虛的內在需求。這種行為模式也和個人的逃避傾向有關。這些人在內心深處經常覺得自己是非常孤獨的。這是因為他們在心智／情感分析的過程中，必須將自己層層地剝開。再加上六宮和處女座是過渡期的原型，所以這些人會漸漸無法認同從牡羊座至獅子座的生命態度。他們正朝著天秤座至雙魚座的生命態度邁進。這種轉移的過渡狀態使他們覺得自己很孤獨，因為他們既無法依附於已知的過去，又無法接上陌生的未來。這種狀態帶來的感受，再加上一再重複的轉變，會讓他們的內心陷入完全的孤獨之中。

這些人會把自己層層地剝開，分析所有需要被調整或改善的部分，藉此來達成更完美的狀況。除了針對自己，他們也會把分析的過程投射到外在環境上面。當他們這麼做時，就會感受到生命整體的不完美、不足或缺失。當他們批評內在和外在的環境時，時常會覺得有東西「遺失」了，或者覺得生命是毫無意義的。他們如果將這種強烈的情緒反應，用負面的方式表現出來，就會出現幾種其他的行為特徵。他們可能除了批評自己，還會批評外在環境所有的人事物，而所有的批判多半是根據自己的行為標準。這種批判傾向最後可能會變成一種自我逃避，因為孤獨的感覺實在太令人難以承受了。到最後他們會讓自己變得非常忙碌，讓生命中充滿了責任義務，而從來不去做一些應該為自己做的事情。太多的責任或計畫讓他們的時間過度被壓縮，最後會產生一些危機，讓他們意識到自己這麼忙碌的內在驅力是什麼。這些人如果願意的話，可以讓危機帶來改變。他們可能因此而改變自己的日常生活，留些時間去面對內在的自己。當他們的自我獲得改善時，才可能從事一些必要的活動。他們很多人因為逃避自己而感到非常空虛，最後就變成了工作狂。

他們還有一些常見的自我逃避習慣，像是不停地閱讀（通常都是一些「垃圾」讀物或無意義的書）、不停地吃，或是不停地往外跑。他們會無止盡地抱怨或批評，最後招致外界的攻擊或批評。這當然只會加深他們的孤獨感受，也會讓他們覺得更痛苦和毫無意義。有些人會無情地抨擊問題的源頭，同時又覺得自己很可憐。他們可能覺得被處決了，或是暗地裡有些

「力量」藉機攻擊自己。事實上，他們是因為在這一世或過去世的行為而遭受「攻擊」。從業力的角度來看，少數冥王星在六宮或處女座的人，可能是因為過去世的行為而被迫垮台，或者因為自己在其他世的行為而崩解。這通常與濫用權力有關。但是他們可以從被迫垮台的經驗中學會謙虛和聆聽，懂得該如何面對權力，而非為了擁有去追求權力。

解決危機的關鍵就在於意識到造成這種生命經驗的原因或驅力。這些原因、驅力或功課都與冥王星落六宮的必然演化有關。還記得我們在前面提過的，這些人因為反金字塔效應，往往會無意識地「設計」或吸引來一些情境，讓他們必須為整體人類或別人服務，或者必須犧牲或否定自己。還有一點必須謹記在心的是，我們至今討論的所有經驗的驅力，都與演化慾望的強烈程度有關。每個人的情況可能都不相同，但演化的主題都是一樣的。

舉個例子來說明這些驅力的影響程度。假設某人的冥王星是落在巨蟹座六宮，南交點落在雙魚座二宮，南交點的主宰行星海王星是落在獅子座七宮。他如果是處於靈性或宇宙性的演化階段，就會認同一種能夠促進自立的心靈價值和觀念，並且將這種價值當成自我改善的準則，依此來改進自己的不完美之處。他會知道問題都是自己造成的。此外，他也學會了如何透過命中注定該從事的工作，來為別人付出，並且將心靈的價值和觀念當成行為的準則。這些人擁有一種天生的謙沖胸懷，而且具有能將危機轉為成長的契機，將外在現實視為內在現實的表徵。當他進入靈魂高度演化的階段時，還可以透過為別人犧牲服務，來承擔對方的業力，甚至可以幫對方承受身體的病痛。

這個人如果是處於個體化的演化階段，則可能會覺得自己是孑然一身來到這個世上。他會覺得自己離「正常人」非常遙遠，很難與別人建立關係。他的危機就在於沒有自己的價值觀和想法。他可能會利用許多人或不同來源的意見、想法及價值觀，或是嘗試不同的生活方式和角色，藉此來發現自己尋找的生命意義。這類人經常會認同一些想法或價值觀，但當這些東西的形式或限制顯得毫無意義或不具成效時，就會陷入一連串的個人危機之中。此外，他也會嘗試各種不同的角色或情境，試圖為自己找到一個最合適或者最信任的位置。但當這些角色或情境顯得空泛不實時，他仍然會感到危機四伏。這類人可能會批評所有社會認定的「正常標準」，試圖脫離主流，最後會因為自己的特立獨行而招致社會的批評。

這個人如果是處於合群的演化階段，往往會活在以主流文化為基礎的價值和信念中：也就是一般人的價值觀和信念。他就像代理人一樣，透過一般的世俗工作，來表現或實現這些價值觀和信念。這裡的重點就在於，他會從社會的觀點來認定何謂「務實」。任何不同於一般人的意見、信仰、價值觀或生活方式，都會招致不同程度的批評；到頭來他可能會被處於個體化演化階段的人批評，指責他對其他的觀點或價值觀視而不見，也無法用不同的方式與別人產生互動。外在的批評其實只突顯了一個事實，那就是他內心裡多少都覺得缺乏價值、信念和自己的生活方式。這種欠缺感會反映出一種內在危機，讓他意識到生命中少了一些東西。他如果改變了生活的方式，則可能會產生一些未知或陌生的危機，因此會把自己鎖在自滿的牢籠裡，與社會大眾的價值觀和信念漸行漸遠。不過他還是會對未知感到恐懼，無法作出任何改變，最後只會一味地批評那些不遵守「正常」或「務實」原則的人。

他可能遭遇的另一種危機則是身體的疾病，原因多半是自我否定、沮喪、情感上的壓抑、行動受阻或過度濫用精力。身體的疾病可以帶來必要的自我質疑，讓他意識到自己的行為模式，以及背後的驅力或起因。

這類人的冥王星的對應點是十二宮或雙魚座，演化的導向就是簡單化，消除所有心智和情感上的障礙，因為這些障礙讓他們無法全面而清楚地了解自己。對應點可以使他們與別人的關係更加清楚，讓他們學會適當地取捨。他們也可以藉由對應點培養出一種信念和觀念，知道自己與超越小我的整體有一種連結。對應點也可以讓這些人理解自己天生的孤獨感，最後則可以從推論性的邏輯，轉為歸納性的思考模式。

天生的孤獨感讓他們體會到一件事：除非與神性建立關係，否則沒有任何事能填滿心中的空虛。不過很多人仍然會因為這種想法「不切實際」，或是被一般人視為「非理性」，而矢口否認任何的「一體性」。無論如何，他們每個人都必須在演化的過程中面對孤獨的功課。他們有許多人在過去世曾經接觸過靈修，但通常是因為遇到了一些只能用靈性觀點來化解的危機。當危機過去了，他們對靈性觀點的信念就消失了。他們在此生學習靈性功課時，也必須分辨演繹性的邏輯和歸納性的邏輯之間的差異。歸納是專注於整體，讓其中的每個部分自然地呈現出來。演繹則是將所有的部分整合起來，建立一個完整的東西。這些人如果能培養對整體的覺知，就能用更完整的角度來認識或體驗自我，而非只著重於某一種特質，只透過該種特質來理解自己。

當他們以更全面性的角度來看待自己和生命整體時，就能讓心智和情感趨於單純，也可以讓他們認清自己與別人的關係，知道什麼時候應該為別人服務，什麼時候該停止付出。換言之，他們會學到辨識的基本功課。

當他們與神性產生連結的時候，不僅能體會到自我寬恕的意義，也能學會尊重或包容別人的錯誤及缺陷。他們可以在發展整體意識的過程中，驅散一些強迫性的焦慮和擔憂，換得內在的平靜。整體意識可以讓他們覺知或認清一件事：自己在整體中究竟能發揮哪一種正確又適合的工作功能，不只是為了工作而工作就算了。適當的工作可以讓這些人發掘天生的才能及傾向，而這都與前世的努力有關。

他們可以透過適當的工作來延伸自我意識的範疇。在心靈學的用語中，我們稱其為業力瑜伽。他們可以在培養神性或整體意識的過程中，根除或淨化自我，讓宇宙的靈性或勢力反過來操控自己。唯有在此時，他們才會表現出真實的謙卑，而非那種根本稱不上謙卑的虛假臣服。他們可以透過這些功課學會順應生命的自然潮流，而非不停地分析潮流的方向或原因。此時蜈蚣就可以繼續往前爬了。

有些人會因為強迫性地渴望危機，或是出自一種受害者意識，而完全抗拒演化的目標，只一直維持著老舊的心智和情感模式。這會讓他們的人生陷入痛苦、悲慘和疾病之中，覺得自己被困在混亂的牢籠裡。有些人則會隨著演化的導向朝前進展，讓自己臣服於宇宙的靈性之下。當他們允許這種靈性利用或引導自己時，就能擁有一種超越「理性」的內在光輝，為一些真正需要幫助的人服務，展現謙卑的本色。

還有些人正處於從抗拒到接受演化目標的過渡階段。他們在某個階段可能會覺得心智十分清晰，某個階段又充滿著困惑、沮喪和危機。每個演化階段的激烈程度必須看他們到底是抗拒還是接受。在這些極端激烈的轉換過程中，他們會發現原來所謂的生命意義，不過是反映了自己人生的獨特「責任」或功能罷了。

冥王星在六宮或處女座的人常見的特質包括：有敏銳的分析能力、謙虛而不出鋒頭、願意幫助別人、天生害羞或膽怯、有高度的自覺性、會根據情況去批評或原諒別人、總是有事纏身、有強烈的危機意識、有良好的組織力、能幫助別人發揮天分或潛力。

冥王星在六宮或處女座的名人包括：

瑪麗・安托瓦內特（Marie Antoinette）
尼古拉・列寧（Nikolai Lenin）
約翰・狄恩（John Dean）
佛洛伊德（Sigmund Freud）
伊麗莎白・布朗寧（Elizabeth B. Browning）

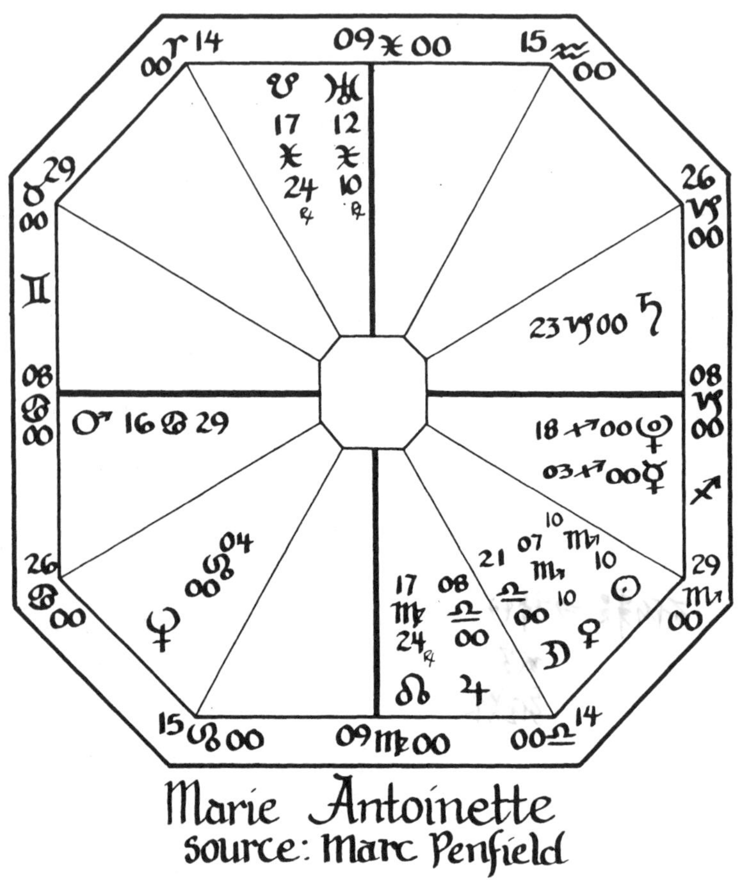

瑪麗・安托瓦內特
來源：馬克・潘菲德

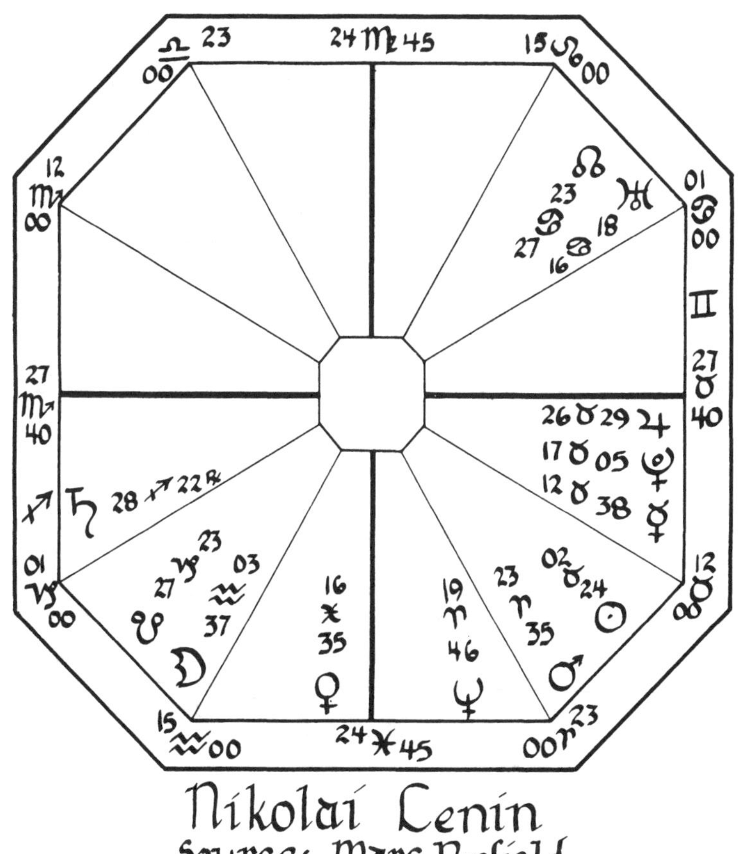

尼古拉・列寧
來源：馬克・潘菲德

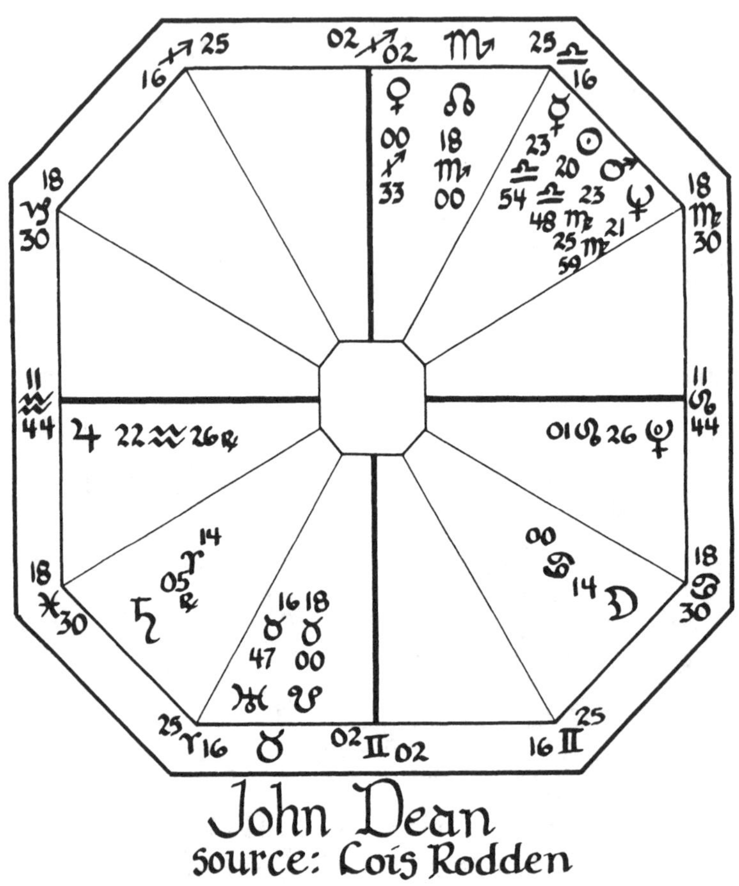

約翰・狄恩
來源：路易斯・羅登

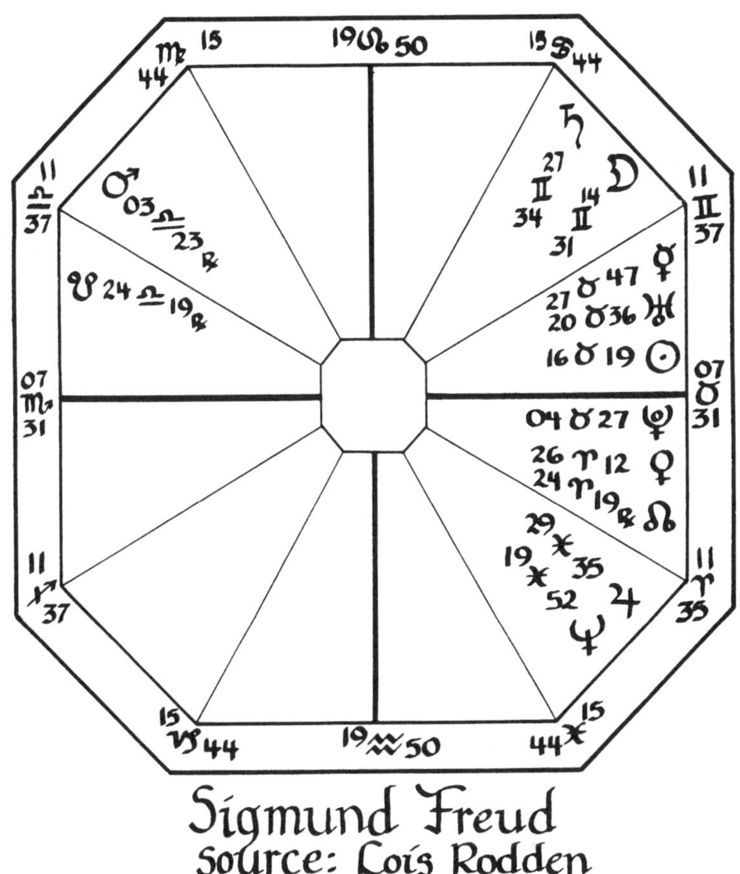

佛洛伊德

來源：路易斯・羅登

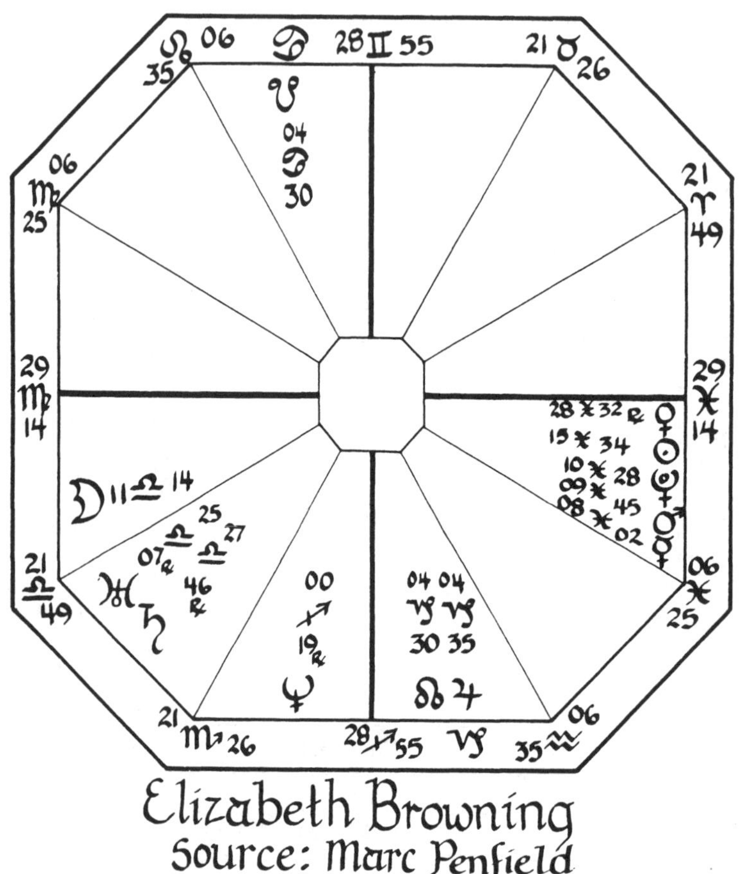

伊麗莎白・布朗寧
來源：馬克・潘菲德

冥王星在七宮或天秤座

冥王星落七宮或天秤座就像落在所有的基本星座或宮位一樣，代表一個新的演化循環已經展開，而且正在進行中。這些人一直在學習如何培養客觀意識，並且從社會的背景來了解自己的獨特性。此外，他們也在學習平等、相對性和聆聽的功課。他們學著傾聽他人的現實遭遇，彷彿身歷其境一樣；同時也在學習根據別人的現實狀況，給與對方真正需要的幫助。透過這些功課，他們就能學會平等地參與一份關係。

冥王星在七宮的人為了體驗演化的導向，必須參與各種不同的關係。當他們與形形色色的人接觸時，就能見識到各種不同的價值系統、知識系統、情感模式和心靈的信仰。在這些過程中，他們可以學著透過比較或評估自己的關係，來了解自我的獨特性。換言之，這些人可以透過與別人比較，意識到自己是一個獨特的個體。他們也可以透過這種方式，預習主觀和客觀的演化功課。

這些人由於先前的演化導向，往往會面臨一門最基本的功課：如何參與關係。從一宮至六宮、牡羊座至處女座，重點都放在個人的主觀性的發展，而這必然會產生一種自我中心的生命態度。個人自我中心的種子一開始是種在牡羊座上面。從牡羊座至獅子座、從一宮至五宮，這顆種子會在不停擴大的生命循環中，慢慢地成長茁壯。在獅子座和五宮的階段，這顆自我中心的種子已經盛開成花朵，用創造性的自我實現方式，來展現天生的獨特性。到了六宮和處女座的階段，其原型需求就是體驗本質上的孤獨，消滅或淨化自恃尊貴的自我膨脹傾向。此外，他們還必須學習一些實際的才能或技術，才能適當地加強、集中或表現與生俱來的工作能力，用一種務實的方式來滿足文化、族群或社會的需求。這種原型會為他們的自我發展帶來反向金字塔的效應，幫助他們毀滅自恃尊貴的幻覺，培養必要的謙卑。

冥王星落在七宮和天秤座意味著一個可能已經完成淨化的人，正準備在平等而非屈從或壓制的基礎上，與別人互動。冥王星落七宮的人在過去世覺得自己必須參與關係，到了這一世仍然是如此。這種強迫性的需求是源自於渴望透過與別人的關係，來讓自己變得完整，並且將自己與他人的生命融合為一。基於過去的演化導向，這些人會在無意識中透過關係來獲得情緒上的安全感，和一種充實完整的感覺。

冥王星落在七宮或天秤座代表開始了一個新的演化循環，這些人一直在學習如何在平等的基礎上與別人建立關係。然而大部分的人並沒有學會如何落實。他們需要從各種類型的人身上接收不同的資訊和觀點，學著客觀地聆聽，然後決定如何與對方相處。當他們接觸各種不同的人時，就可以客觀地了解人性的相對性。

這種前世的生活型態可能會導致一個問題——投入太多的關係，不停地接受各種想法和價值觀。這會導致他們看不見自己的獨特性，或是過度融入於別人的現實。當這種情形發生時，冥王星在七宮或天秤座的人，就可能強迫性地依賴別人的意見、建議或知識，把這些當成了判斷自我或人生抉擇的標準。他們如果無視於自己的獨特性，就會不斷地依賴別人。

在這種情形下，他們只能透過與別人的關係來面對自己，非得身旁有人才覺得自在。當他們看不見自己的獨特性時，往往會無意識地吸引來一些非常有影響力的人，這些人既強勢又穩定，不僅能掌控自己，還能（也可能是需要）引導或控制冥王星落七宮的人的發展和構成。

在這種情形下，冥王星落七宮的人如果完全依賴別人或是另一半，就會讓這段關係極度地失衡。最糟的情形就是改變自我。冥王星在七宮的人會將自己的需求排除於外，先去滿足或達成對方的需要。對方會操縱這段關係，讓冥王星落七宮的人覺得必須先變成另外一個我，自己的需求才能獲得滿足。這種改變自我的效應，會讓他們被對方的需求控制，讓他們以為這些需求、慾望、意見、價值觀和信念都是自己的。如此一來，他們必須透過對方來確認、定義或實現自己的需求、慾望、想法、價值觀和信念。到最後，冥王星落七宮的人只是變成了對方的現實和身分的延伸，亦即變成了另外一個人。

這裡有一個經典的例子就是尼克森總統。尼克森的南交點是落在天秤座，與十宮有關，而南交點的主宰行星金星是落在雙魚座六宮。尼克森網羅了一些順從他的同僚，這些人都是因為延伸他的價值觀、想法和信念而改變了自我。因為這些人只是延伸品，所以最後也隨著水門事件和尼克森一起垮台。

冥王星落七宮的共同業力就是去聆聽、觀察和辨識別人的現實狀況，然後根據對方的狀況給予真正需要的幫助。這些人除了以上提到的關係模式，還可能在關係中以另一種截然不同的方式與對方相處。在另一種關係的模式中，冥王星落七宮的人會變成主導者。他們會很認真地聆聽，讓伴侶覺得對方很了解也很關心自己，因為他們具備一種將別人的現實在自己身上「重現」的天份。在這種情形下，冥王星落七宮的人時常會不自覺地吸引一些非常需要諮詢、建議、陪伴或愛的人。

冥王星落七宮的人如果強迫性地操縱一段關係，讓對方覺得生命中必須有他們才會完整、穩定、被愛，就會在關係中佔有掌控的地位。冥王星落七宮的人會將自己的價值觀、信念、想法和天性強加在對方身上，讓對方覺得這些價值、想法、信念和天性是自己的。想當然爾，這樣的關係是極度失衡的。

在上述的兩種關係模式中，冥王星落七宮的人都在學習客觀、聆聽、給與的功課，同時要學著辨識每個人的需求的相對性以及人類不同的天性。在這兩種模式中，他們都在學習如何社會化，這意味著他們在過去還沒有學會公平和平衡的功課。冥王星落七宮的人的演化導向，就是在關係裡學會公平和平衡的功課，所以他們往往會跟許多人產生業力的問題。無論是上述哪一種關係模式，這些人都會透過必要的演化來反抗或抵抗這種不平衡。在這兩種極端的關係模式中，可能會出現下列三種結果：

1. 冥王星落七宮的人會因為建立關係的需求已經獲得滿足，而離開這段關係。他們可能會有新的需求，然後又去建立一份新的關係。離開的過程並不一定是正面或輕鬆的。對方通常會覺得關係不應該結束，尤其是冥王星落七宮的人所提出的理由往往令人難以接受。這段關係的結束會讓對方覺得事情沒有解決，不知道這段關係為什麼會結束。這種沒有解決的感覺又會造成業力，讓冥王星落七宮的人來世還是得和對方共同處理這個問題。

2.伴侶覺得不再需要這段關係，或是認為自己在關係上的付出沒有獲得回報，而離開了這段關係。伴侶會覺得自己的需求已經獲得滿足，但冥王星落七宮的人卻沒有同感。他們不知道關係為什麼會結束，覺得事情並沒有解決。最後這種沒有解決的感覺也會造成業力，兩人在未來世後還是得面對這個問題。

3.冥王星七宮的人和伴侶都非常依賴彼此，形成了上述任何一種極端的相處模式。過度的依賴讓雙方都無法進一步地成長。上述兩種極端的相處模式可能都會出現，兩人會週期性地扮演對方的角色，或是其中的一方一直扮演固定的角色：一方扮演主導者，另一方扮演順從者的角色。在這種情形下，其中一方會被迫離開這段關係，有時可能是死亡。這種強迫性的分離，會讓雙方陷入極度的痛苦和悔恨，而有機會看清各自的生命原貌，以及這段關係的本質，繼而為他們帶來了成長。他們在意識上都沒有準備好要結束這段關係。這種沒有準備好的感覺會造成業力，讓他們在未來世再度相遇。

這些因為關係不平衡所產生的反應，都是為了讓他們學會公平、平衡和相對性的功課。這裡有一個占星學上的迷思，許多人都認為七宮和天秤座的天性就是平衡的，其實七宮或天秤座代表的是要「學習」平衡。許多冥王星落七宮的人在過去世是用極端的方式處理關係的。他們在某段關係中可能是主導者，但是在下一段關係裡卻變成了需要對方或改變自我的一方。當然還有些人是在同一份關係中，時而處於主導的地位，時而處於被控制的地位。

關係之中任何一種失衡都會帶來必然的衝突，無論是兩人之間的衝突，或是個人內在的衝突。內在的衝突可以讓一個人看清楚對方的問題以及這段關係的本質。問題的本質往往與需求沒有被滿足有關。兩個人之間的外在衝突，通常也是源自同樣的理由。演化功課的本意是要讓人學會如何根據對方的需要來付出，同時又能滿足自己的需求。但是對冥王星落七宮的人而言，這種演化的慾望是比較陌生的，所以多數的人都不知道如何用這種方式與別人互動。這不只造成了失衡的問題，也產生了所謂有條件的付出，或是有條件的愛。有需求，就會有期待。他們可能會把期待投射到伴侶身上，或是伴侶會將期待投射到他們身上。當對方沒有滿足他們投射的需求時，就可能對愛或付出有所保留。

其實這種演化的衝動，也是要這些人學會如何接受別人的付出和愛。但他們可能因為對方沒有滿足自己的慾望或期待，而導致情感上的扭曲或誤解，讓他們無法認清或接受對方給與的一切。同樣地，當他們想要付出時，對方也可能不明白或不願意接受，這也是因為之前投射的期待或慾望沒有獲得滿足，導致了情感上的扭曲或誤解。

這種演化的難題是必要的功課，因為這樣才可以讓他們學會用一種公平和平衡的方式，去對待自己和別人。之前所提到的衝突、有條件的愛、離開對方或被人拋棄、因伴侶死亡而歷經的震撼、在關係中轉換主導和順從的角色、或是在關係中固定扮演主導或順從的角色，這種種的一切都是要讓他們學會公平、平衡以及客觀，同時了解自己在社會上扮演的角色。

這些情形有助於他們認清自己在關係裡的基本需求，以及關係帶來的身分認同。他們也可以透過這些經歷來培養人際關係的社會價值，讓自己減低對別人的依賴。他們可以學會避免讓別人變成自己生命中的神，或是避免自己變成伴侶的神。

這些人最後會發現自己很渴望被別人需要，同時也會明瞭這種需求如何影響到關係的形成或驅力。當他們能認清這種驅力時，就能了解自己為什麼會如此迫切地需要對別人付出，或是渴望別人的付出。這種持續的演化功課，讓他們學會了何時應該付出，何時不要付出；如果付出，該付出什麼？如果不付出，又是為了什麼原因？他們同時也可以明瞭一件事：某些時候的不付出，其實是一種最高形式的付出。換言之，他們也必須學會不對別人付出。他們時常會遇到別人一再回頭對他們需索無度，卻沒有利用或發揮他們之前付出的東西。當他們遇到這種情形時，如果能學會「不」付出，就能同時學會減少自己對於別人的依賴。就演化的觀點來看，這種過程是十分必要的。因為在這種過程中，他們也可以學會如何接受、卻不依賴別人的付出。

我們可以根據冥王星落七宮人的本命盤，看出他們特定的業力／演化特徵，藉此來判斷他們在過去世是如何處理關係的，會被什麼樣的人吸引，以及其背後的原因為何。這些人的演化狀態也可以提供一些額外的資訊，幫助我們判斷他們關係的類型和處理方式。

舉個例子（參見192頁），某人的冥王星落處女座在七宮，南交點落雙子座在四宮與逆行的金星合相，而南交點的主宰行星水星落天蠍座在九宮。這個人正處於合群的演化階段，但是

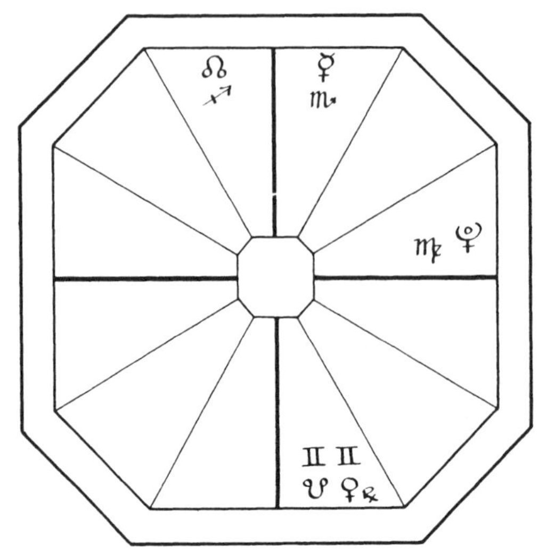

已經出現一些個體化的徵兆。由此看來，這個人在此生極可能有一些錯置的情感需求，因為在過去幾世中，他／她在情感上曾經遭受父母雙方或其中一方的排斥。南交點的主宰行星落天蠍座在九宮，代表他／她的父母雙方或其中一方，在現實生活和情感上都與個案非常疏離。這種距離是必要的，這樣他／她才能學會四宮的內在安全感的功課。然而，他／她可能會把這種距離當成一種情感上的排斥，因此產生了負面的自我形象，覺得自己沒有獲得父母的情感。當他／她長大成人之後，就會帶著這種錯置的情感需求去面對關係。他／她可能會在別人身上尋找訊息、知識、安慰或看法，同時期待別人能滿足自己的慾望和需求。他／她會在潛意識中吸引一些反映父母一方或雙方的特質的人，用一種依賴和需求的方式進入關係，並且期

待對方的付出。

但逆行的金星與冥王星和南交點形成了四分相，因此他／她會不斷地被別人拒絕，而這會逼著他／她反過頭來，重走一次略過的情感自足和安全感的議題。他／她必須與自己建立關係（金星逆行與四宮的南交點成四分相，同時也跟七宮處女座的冥王星成四分相）。透過這種過程他／她可以體驗孤獨的本質，再加上早期和成年之後欠缺親密關係所導致的危機，讓他／她有機會分析這種人生經驗的內在動機和原因。南交點的主宰行星水星落天蠍座在九宮，代表他／她會想要知道自己為何有這樣的人生經歷。而冥王星落處女座在七宮，代表他／她可能會向專業諮商師求救，希望能找到答案。但由於此人正朝著個體化的演化階段邁進，因此這些專業答案也許會顯得不夠深入。他／她會覺得有些答案不正確或不完整，然後又被拋回到自己的內心。

如果這樣的過程一再地重複，他／她總有一天會明白所有的答案都在自己心中，但不是那些流行的、已經被接受的、一般知識性或心理學的陳腔濫調。答案都得從業力和演化的角度來分析，而且得視個人獨特的情況和動機而定。他／她最後就可以學會客觀地觀察，將他人的拒絕視為一種「象徵」（水星在九宮），不斷地提醒他／她必須與自己建立關係，培養內在的安全感。透過這種過程，他／她就能學會如何滿足自己的需求。這個人如果轉化成功，就會用完全不同的方式進入關係的領域，意即一種自足的方式，同時帶著正面的自我形象。他／她會因為想要而非需要去展開一段關係。在此生中，這種轉化過程將會透過冥王星的對應點，亦即雙魚座（處女座對面的星座）和一宮的生命領域展現出來。北交點落射手座在十宮則代表一種運作模式，也有助於實現這種轉化和演化的需求。

冥王星的對應點是一宮或牡羊座，代表今生的演化導向就是開創自己的人生，為自己做決定，不仰賴其他人的意見、建議或共識，學會不要控制、干涉、定義或阻撓伴侶的需求，讓對方自行決定人生的方向和抉擇。事實上，此生的演化導向就是要教導他們獨立自主，減少對別人的依賴，如此才能實現今生的獨特使命。

這個對應點不代表他／她必須孤獨一生，沒有任何親密關係。它只是要讓他／她學會滿足自己的需求、降低對另一半的期待，學習獨處、為自己做決定，以及自發性地採取行動，更完整地培養自我的獨特性。

基於這種演化的導向，他／她必須培養獨處的能力，在獨處以及和別人相處之間取得平衡。這種演化導向也要求他／她以新的方式引領一份關係，也就是不要表現出「應該如何」的態度。他／她必須學習鼓勵和支持另一半的獨立需求，挑選有勇氣靠自己的方法來實現人生的伴侶。

這個演化的導向也要教導他／她更完整地為別人付出，讓自己獲得十倍的滿足。他們必須知道自己是有能力付出的，如此就能了解關係的平衡性在哪裡。

冥王星在七宮的人如果能學會這些演化功課，將會成為最懂得對所有人付出的人。他們可以認清每個人的現實情況，即使對方與自己毫無關聯，也能給予對方真正需要的幫助。此外，他們還會知道什麼時候該付出，什麼時候該有所保留。他們會用不依賴的方式投入關係，同時鼓勵另一半獨立自主。他們會因為這些演化功課的訓練，學會了面對外境時如何保持內在的平衡。他們不再因為冒險嘗試別人的價值觀、想法和信念，而失去了自我。他們會懂得欣賞人性的多面性，從而認識了自己的獨特性。這份認識可以轉化成給別人的一份禮物：鼓勵別人去發現自己，勇敢地做自己。

冥王星在七宮或天秤座的人常見的特質是：渴望與別人互動或處於關係之中，如此才能感覺完整、需要掌控或被掌控、需要被別人需要及喜愛、有催眠的能力、需要別人的建議或需要給別人建議。

冥王星在七宮或天秤座的名人：

艾倫・瓦茲（Alan Watts）

吉米・瓊斯（Jim Jones）

達斯汀・霍夫曼（Dustin Hoffman）

格特魯德・席拉（Gertrude Zelle）〔暱稱：瑪塔・哈利（Mata Hari）〕

伊曼紐・康德（Immanuel Kant）

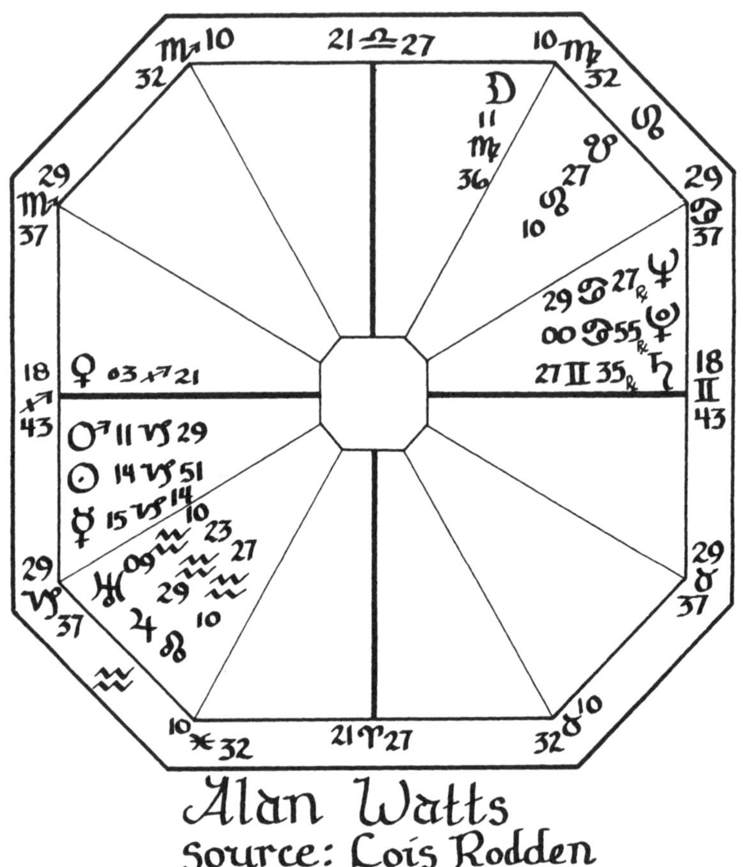

亞蘭・瓦茲
來源：路易斯・羅登

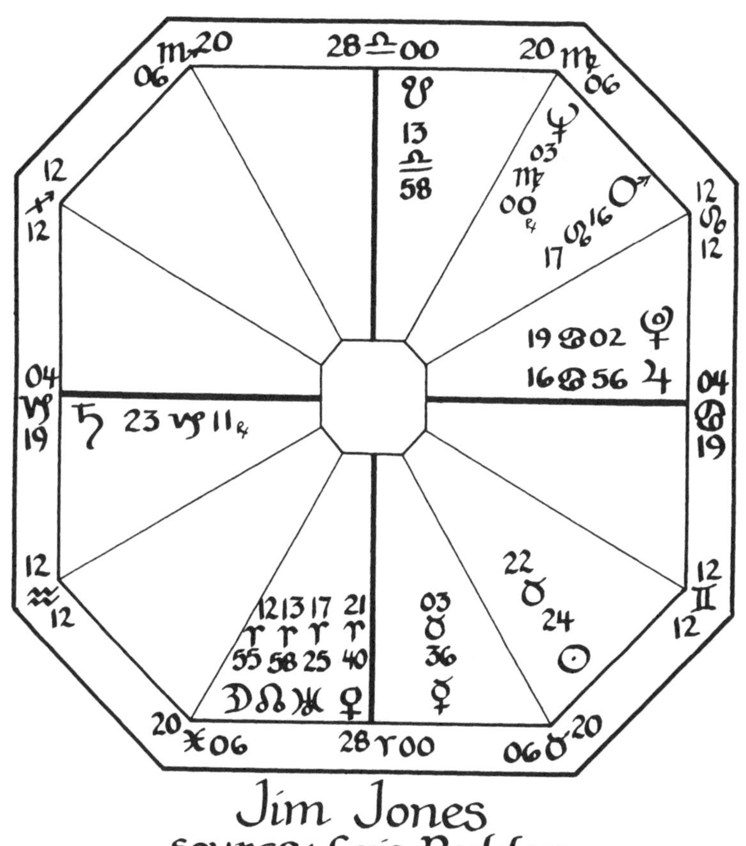

吉米・瓊斯
來源：路易斯・羅登

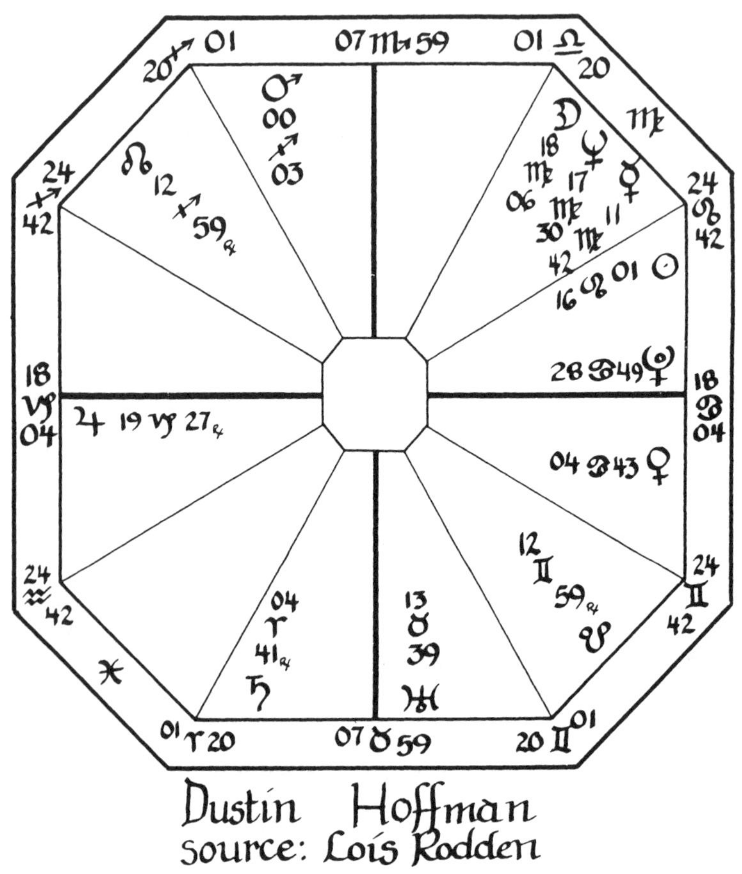

達斯汀・霍夫曼
來源：路易斯・羅登

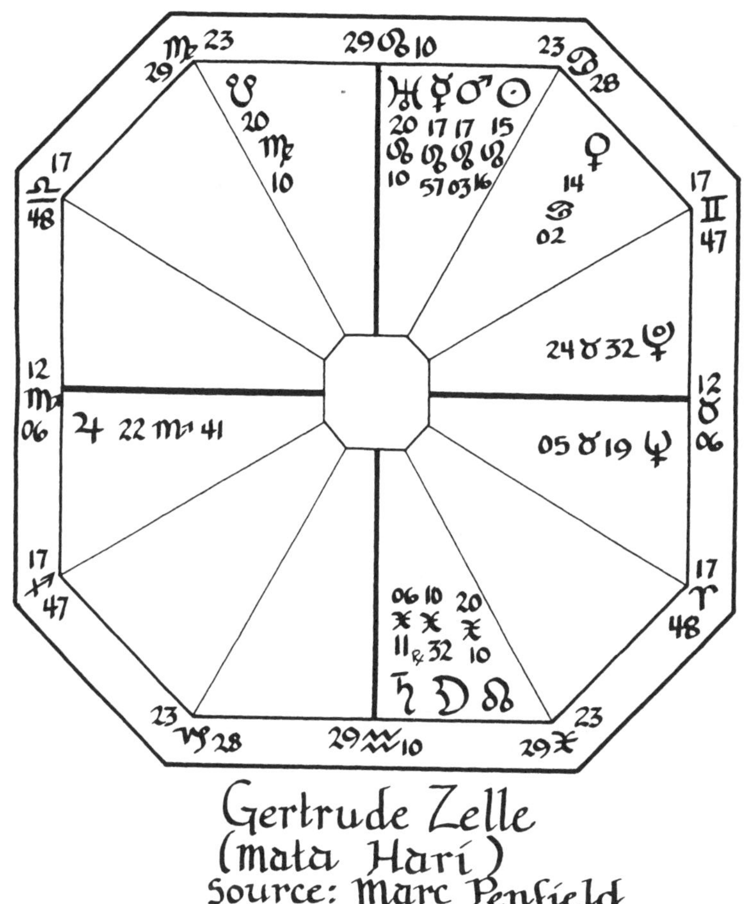

格特魯德・席拉（暱稱：瑪塔・哈利）
來源：馬克・潘菲德

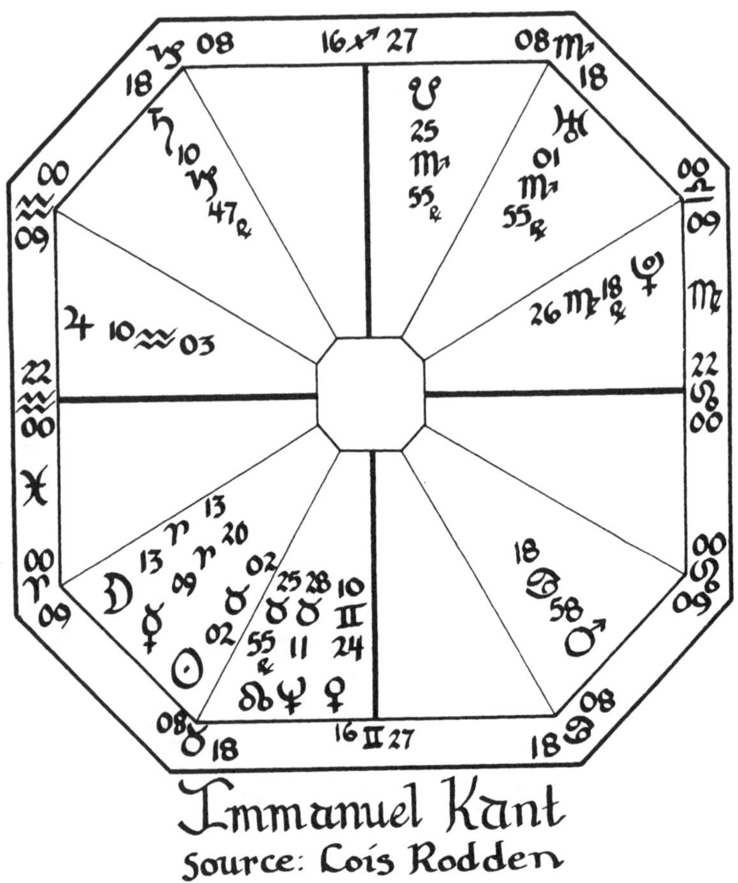

伊曼紐・康德
來源：路易斯・羅登

冥王星在八宮或天蠍座

廣義而言，冥王星在八宮及天蠍座的原型意涵是：每個人都會發現一些不屬於自己或自己無法擁有的特質，而我們必須透過八宮和冥王星來面對自己的條件和限制。每個人都有獨特的本質和性格。性格是許多驅力的綜合體，包括心智、情感、肉體和靈性的驅力。這些驅力的交互作用決定了我們的本質。每個人都會依照自己性格的特定傾向，用一種獨特的方式去體驗生命和現實。因此，經由突顯非我的特質，所有人都可以透過冥王星和八宮，來體驗自己的條件和限制。

演化的本能慾望就是成長或進步，因此冥王星在八宮或天蠍座的人，必然想要與自己渴望或需要的東西建立關係，藉此來轉化自我的限制。藉由這個過程，他們可以超越自我的限制，獲得進一步的演化和成長。這個過程也暗示了不屬於他們、或是他們還未擁有的東西，所以他們必然會在過程中感受到力量和無力感。

這些人可以從已經形成的自我感受到力量，也就是他們已經理解或是已經體驗過的部分。他們的無力感則是來自於那些還不屬於自己的部分，也就是他們不明白或未曾體驗過的部分。

基於先前的演化衝動，冥王星在八宮的人必須體驗自我的極限，並且在體驗的當下將極限轉化，獲得進一步的成長。換言之，他們不能只承認自己的極限，然後撒手不管地說：「好吧！就是這樣了。沒辦法再進一步了。」

這種演化衝動會讓他們覺察到宇宙之中有一股更大的力量，這股能量或力量是來自於個體之外的次元。基於演化的必然性，他們必須與其他來源的力量融合，藉此來超越自我的限制，獲得真正的轉化。換言之，這些人在過去世已經學過如何吸收具有能量的勢力，並且與這股勢力建立關係。這種吸收的過程可以讓他們獲得必要的轉化，最後他們就會成為與自己形成關係的那股力量。

對於冥王星落八宮的人而言，具有某些特質的事物就象徵著力量，讓他們自覺必須擁有這些力量，才能獲得自我轉化。至於是哪些特質的事物會吸引他們，還是得根據他們個人的演化和業力狀態來判斷。冥王星落八宮最常見的象徵事物，包括死亡、性、各種儀式（例如魔法、冥想或瑜伽）、禁忌經驗、親密關係、金錢、權力、知識系統、咒語唱誦、象徵性的圖形、上帝、撒旦等等。當他們與這些象徵的事物結合時，就可以產生一種煉金式的融合，而轉化了現存的限制。

冥王星落八宮的人與象徵事物的結合，會導致一種根本性的問題——強迫性。舉個例子，貓王（Elvis Presley）逆行的冥王星是在巨蟹座八宮，與獅子座的南交點合相，並且與十一宮落天蠍座的木星形成三分相，還與二宮摩羯座的水星及金星形成對分相。根據文獻記載，他對象徵死亡的事物有種強迫性又病態的迷戀。許多冥王星在八宮的人潛意識中都期待死亡。從神祕學的觀點來看，死亡顯然是一種遠遠超越個人能力所及的「權力」，或是無法避免的力量。我們可以從貓王的例子推論，他潛意識中的罪惡感模式加深了對死亡的期待，讓他不由自主地透過藥物和整個生活方式來體驗死亡。

還有一個例子是我的一位個案。這位女士的冥王星落獅子座在八宮，與七宮的南交點合相，同時與二宮雙魚座的火星形成對分相。她透過象徵事物來轉化自我限制的方式，就是強迫性的性經驗。她從小就開始不由自主地手淫。她可以在手淫時獲得出體經驗，彷彿脫離了時空和肉體的限制。她長大成人之後，開始強迫性地追逐一個又一個性伴侶。根據她自己的說法，她追求的是「將伴侶的力量吸入自己體內，讓自己具備更多的力量。」從另外一個層面來看，她是透過性來體驗自我的轉化或死亡。直到在諮商期間把這種想法說出口之前，她都沒有意識到自己的性動機。一旦說出口了，她就停止了這種強迫性的性經驗，不再讓這些經驗主導她的人生和意識。當她體悟到自己必須學習的功課就是倚賴自己時，便開始與自己內在的「宇宙情人」建立關係，同時透過冥想、瑜伽和心靈儀式，來整理和淨化自己。她不再渴望或需要與任何人發生性關係。讓她驚訝的是，她在自己體內找到了過去追尋的力量。由於她正處於靈性演化階段，所以能夠與各種層次的靈性符號連結。這個過程讓她學習到如何透過靈修的方式運用性能量。她藉由手淫及性交學會了將性能量提升至頂輪，在意識上與本源合為一體。藉由這個過程，她得以在每個層面上超越自我中心的界線。當她學習倚賴自己時，很自然地吸引了一些具有同樣驅力的伴侶。在這樣的關係中，利用、操縱和需要的元素已不復存在。最後她終於學會透過冥想和性行為，與本源或自己的靈魂連結。

冥王星在八宮的人會不時地感受到力量或無力感，並且能透過與象徵力量的東西結合來超越自我界線，這些經驗都會帶來週期性的內外衝突。這些週期性的衝突，象徵他們正試圖消滅所有自我限制的演化慾望。因此，這種循環會導致他們在既有的現實架構中，不停地在實際層面或意識上感受到死亡和重生。死亡與重生的原型與輪迴轉世有關：我們必須逐一地消滅所有的障礙（慾望），因為這些東西妨礙了自我與終極本源直接連結。然而，每個人的靈魂之中都同時存在著兩種慾望，我們當然也想要穩固或確保最近才形成的內外疆界。重返終極本源的慾望會讓我們想要逐一地消滅所有的自我限制，因為這些限制妨礙了自我與本源完全融合。獨立的慾望則意味著想要穩固或確保最近才在生命中形成的事件。

這兩股同時存在於靈魂之中的慾望會不時地彼此牴觸，而且會在八宮或天蠍座的領域中產生最激烈的衝突。這種衝突會帶來內在和外在的衝擊，因為疆界內的制約是穩固如山的。這些疆界阻擋了進一步的成長。衝擊的激烈程度必須視一個人的抵抗程度而定，而這都會透過獨立的慾望表現出來。當一個人意識到現存的安全感模式受到威脅時，就會產生抵抗，因為這些模式是奠基於他／她此刻與自己、別人及現實的關係。換言之，他／她會認為，「這就是我，這就是我所知道的一切，這就是我建立、組織和理解自己以及整個人生的方式。」當然，現存的安全模式也是一種先前演化的結果。

以生命循環的觀點來看，冥王星在八宮的人必須經歷情感、心智、肉體和心靈的衝擊，才能繼續個人的演化之旅。無論是透過哪一種方式、無論他們喜歡與否，是奮力抵抗還是乖乖合作，他們都會感受到衝擊所帶來的轉化，而這也代表了消除所有限制的慾望佔了上風，因為這些限制妨礙了他們與終極本源連結。

衝擊就是要讓我們產生內在的心理分析，讓我們理解為何自己會變成現在這個模樣。我們可以將這份理解應用在生命中的某個特定時刻，也可以將它整體性地應用在分析一個人的基本行為模式和傾向上。人的一生往往都受到固定的模式和傾向所控制。當然我們也可以像心理學家榮格一樣，將這份理解應用在全體人類身上，用它來解釋人類意識的原型。因此就廣義而言，八宮和天蠍座代表一種原型意識，人們會透過這個原型來檢視或分析自己的心理結構，而不停地自問：「為什麼我會變成這個模樣？為何我會這麼做？為什麼？為什麼？為什麼？」就個人的層面而言，我們每個人都必須問自己這些問題。因此對冥王星在八宮的人而言，這種內心的衝突不僅可以帶來自我認識，更能促進他們對超個人境界的認識。基於前世的經驗和傾向，冥王星在八宮的人打從一出娘胎，就開始問為什麼：為什麼誕生？為什麼死亡？為什麼是這種感覺？為什麼是這種情緒？為什麼有這種慾望？為什麼這件事會發生？為什麼他們會這麼做？諸如此類的問題。他們在經歷任何情境時，都會想要找到「底線」，同時會把焦點放在內心的本質上。他們會質疑自己為什麼要這麼做？這有什麼作用？別人為什麼那樣做？別人的做法又有什麼作用？

冥王星在八宮的人前世已經努力探究自己與別人的內在心理結構，所以到了這一世，通常都很了解人性。這些人其實是天生的心理學家，這是因為他們在過去的許多世曾經歷過各種內外的衝突，也曾體驗過許多根本性的改變，所以多少都能了解自己的動機、目的、慾望、情感的模式，以及行為背後的原因，但了解的程度得視他們的發展階段而定。

自然的演化階段將會決定他們對人性的洞悉程度。就一個處在合群演化階段的人而言，對人性的洞悉力僅限於自己或身旁親近的人，就像一些「自學」的心理學，其洞悉力還不能延伸地應用於環境之外。此外，這個狀態的洞悉力只反映了「傳統的」心理學智慧，不過是「自家烘焙」的心理學的精華或副產品，這種心理學多半經歷過長時間的發展，但是只針對一種被集體所定義的文化。對於從合群進入個體化階段的人而言，這種傳統心理學是可以應用在每個人身上。但已經順利演化到個體化階段的人，則會擁有自己獨特的人本心理學。他們知道每個人都是不一樣的，而能欣賞每個人根據各自的理由來建構人生。他們不僅會用這種角度來認識自己，同時會依此去理解別人。他們會質疑、反抗及挑戰被傳統所接受的心理學知識。那些仍然處於個體化階段，但已朝著靈性階段邁進的人，則具備了象徵和激發人類集體意識的原型知識，並且會用這種知識去認識自己和別人。已經進入靈性演化階段的人，則具備了靈性心理學的知識，可以將所有的靈性原型統合起來。

冥王星落八宮的人與別人互動時，很自然就能看穿對方的情感、心智、靈魂或肉體的核心本質，藉此來了解對方是怎樣的人、工作方式是什麼，阻礙他進一步發展的原因又是什麼。他們對別人的洞悉力可以反映出他自己的演化能力和階段。這種能力會讓冥王星落八宮的人散發出一種吸引別人的磁力，讓對方覺得可以從他們身上獲得幫助（他們天生具備一種控制別人的力量，這是因為對方願意受他們控制。

就負面的表現而言，他們可能會利用權威的位置來操縱別人。他們會強迫性地針對別人最弱的一面下手，藉此來操縱或控制對方。透過這種方式，他們可以讓別人依附自己。此外，面對一些不是自己創造的知識或形式時，他們也會鎖定其中最弱的關鍵點，窮追猛打地讓它一敗塗地。他們這麼做的原因是出自於潛意識裡的恐懼，害怕不同於自己觀點的人，會破壞自己的力量。

就正面的表現而言，這些人可以運用天生的心理知識來認識並激發別人。他們可以幫助別人看清自己，讓對方了解自己為什麼會變成現在這個模樣，以及自己的動機及慾望的本質是什麼。他們也可以幫助別人革除一些阻礙自我成長的負面情緒、心智、精神或肉體模式。透過這種過程，他們可以幫助別人脫離內在和外在的限制，更自由地朝著自然的演化方向邁進。冥王星在八宮的人可以賦予別人力量，而非用力量控制對方。他們可以讓對方擁有更多的想法和能力，去了解自我限制的源頭和本質。結果是對方有了更多的自我覺知，也更有能力和意願去了解自己必須轉化的限制。他們很自然地會被特定的力量吸引，藉此來產生必要的轉化。

在這個轉捩點上最重要的一點，就是冥王星在八宮的人如果用負面的態度來轉化自我中心的意識和力量，那麼他的動機、方法和象徵力量的來源，一定與採取正面態度的人截然不同。無論這些人採取正向或負向的反應，轉化力量的實際表徵都能反映出他們的演化階段。

這些與過去世的演化狀態有關的實際表徵，通常會表現在南交點的星座和宮位，或是南交點主宰行星的宮位和星座上面。我在下面舉幾個例子來解釋這個情形。

個案一：這位男士是處於個體化的演化階段。他的冥王星落獅子座在八宮，南交點落牡羊座在三宮，南交點的主宰行星火星落天蠍座在十宮。對他而言轉化力量的實際表徵，就是解釋個人和社會現實的概念。根據本命盤來看，他很自然地會受到與黑魔法有關的概念吸引。他會受到這些特定概念吸引，代表內心深處極度渴望突破社會認定的禁忌。此外，他對黑魔法儀式的著迷，也顯示了想要掌控超越自我的宇宙力量。這個人透過學習並融合黑魔法的特定方法、技巧和儀式，讓自我中心的身分認同獲得一種轉化。在這個潛移默化的過程中，他變成了自己所學習的東西。他試圖控制超越自我的宇宙力量，以免被這股力量消耗殆盡，這也反映出他在潛意識中非常害怕結束生命。因此，他會試圖用「自己的」知識和力量來控制別人，證明自己具有操控別人的能力。他想要用這種方式在社會上建立權威，所以非常排斥任何挑戰自己的力量和知識。由此看來，此人自我中心意識的轉化帶有負面色彩，而且更加深了他對權力的幻覺。他會利用黑魔法的知識和神祕儀式來「捉住」別人，以滿足自己的性衝動，而這一切的出發點都是為了他自己。

個案二：這位女士是處於合群的演化階段。她的冥王星落巨蟹座在八宮；南交點落寶瓶座在二宮，而南交點的主宰行星天王星落金牛座在五宮。對她而言，轉化力量的實際表徵就是金錢、地位、財產和社會權力帶來的事物。她非常渴望透過這些東西來實現自我，於是將注意力放在從商賺錢上面。她曾經客觀地觀察過社會盛行的商業途徑、手段和規矩，也認真學習過歷史或其他文化所主張的途徑、手段和規矩。她最後想出了「新」的商業模式，一種符合社會需求但沒有受到重視的商業活動。這些新的概念都是她自己想出來的。當她與這些轉化—力量—像是金錢、財富、地位和財產的事物結合時，就可以透過這些新概念的運作與提倡，來實現自己的慾望。她開創了自己的事業，賺進大把的鈔票，因為她的事業發揮了他人沒有顧及的社會功能，而她在處理、運用或投資金錢上大膽採用的革命性方式，也是讓她在商場致勝的原因之一。她在這個過程中漸漸打出名號，成為這個領域的中心人物。因為她具

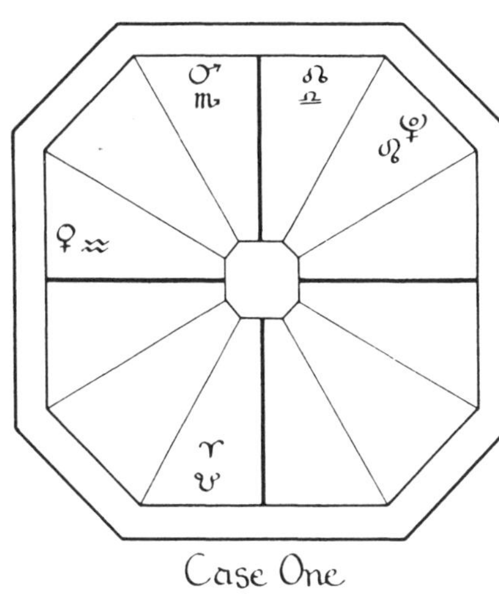

個案一

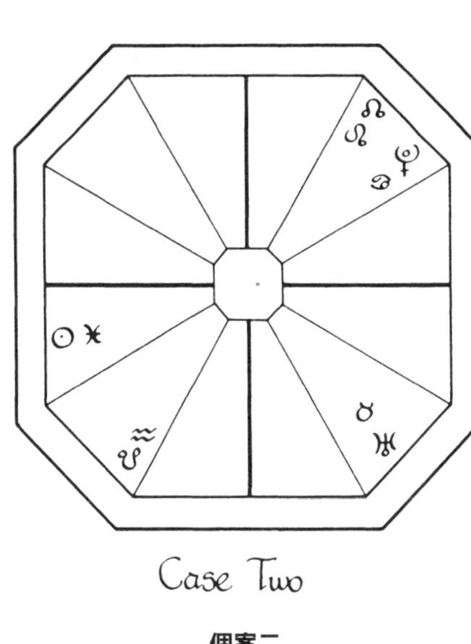

個案二

備了社會和財務實力，所以身旁的一切都圍繞著她打轉。別人會因為自己的需求，而願意迎合或滿足她的反覆無常。她完全認同這些象徵著力量的事物，因為它們在情緒上帶來了安全感。就正面的表現而言，她把錢捐給慈善機構，同時開始創辦商業學校，幫助別人踏上她最重視的人生旅途。

冥王星在八宮或天蠍座的人，必須直接體驗任何轉化力量的形式、來源或表徵事物，這是一種「證明給我看」的情結。他們需要去體驗或感受，而非只是相信或信仰。當這些人與一些轉化力量的表徵事物建立關係後，必須能直接地看、感受、品嚐、觸碰、嗅聞或聽到這些事物。他們需要與這些代表力量的來源或是能達成目標的事物合為一體。因為他們可以透過這種直接的感受，與轉化力量的事物融為一體，最後自己就變成了這些事物。就負面的表現來看，他們可能會試圖控制、操縱或利用這些東西，藉此來滿足自我的需求，就像個案一的表現那樣。就正面的表現來看，他們會敞開心胸接受這些轉化力量的東西，隨著這些東西的本質產生一種煉金式的融合（蛻變），如同個案二的表現。這裡當然還有一些允許融合發生的例子，像是太極、各種派別的瑜伽、冥想、性、將自我的資源與別人結合，或是凝視蠟燭火焰等等。任何東西都可能成為促成融合作用的表徵事物。我們必須根據這個人的方法、態度、動機、慾望，以及業力或演化的階段，才能判斷他會選擇何種表徵事物，以及他對這些事物的反應（正面或負面）。他的反應與接下來的轉化經驗有關。

冥王星在七宮或天秤座的人，必須與別人建立各種不同的關係，藉此來學習相對性及客觀性的課題。他們也必須學習個人及社會的相對性和客觀性，透過不同的方式與人互動，藉此來達成自我的平衡，展現自我真正的本質。他們可以透過這個過程看清楚自己是什麼樣的人，以及自己不具備哪些特質。他們會在關係中發現自己最根本的需求，同時也會學習聆聽別人的話語，給予對方最需要的東西。冥王星在八宮或天蠍座所面對的演化功課，則是必須學會選擇和建立關係，或是對關係付出承諾。這類人會不停地從芸芸眾生之中找尋另一半。他們必須和對方的需求、慾望、業力、情感及靈魂產生共鳴。

當冥王星在七宮或天秤座時，會一直學著發掘自己在關係中的需求。當冥王星進入八宮或天蠍座時，則已經知道自己要什麼，但還要學習做出正確的抉擇。他們必須將一些無法反映自己的需求，或是無法與自己產生共鳴的人排除在外。從核心的層面來分析，暫且除去其他的需求和業力議題不論，他們會尋找的伴侶通常可以分為兩種類型，其中一種類型象徵了他們所渴望卻沒有被滿足的需求；另外一種類型的伴侶則會把他們視為生命中的轉化象徵。無論是哪一種情形，他們的關係之中都參雜著不同程度的利用和操縱，藉此來獲得自己需要的滿足。此外，這兩種類型的關係也代表情感上的依賴。

基於演化的需求，這些人必須與轉化力量的表徵結合，而在他們與另一個人的關係中，性的結合就扮演了這種功能。性的結合可以讓兩個人穿透彼此的靈魂，產生深刻的連結。因為在性結合的過程中，彼此都會覺得在肉體和象徵意義上穿透了對方，所以也會產生一種轉化自我限制的感受。當我們與另一個人發生性行為之後，難道不會覺得對方以某種形式留在自己的體內嗎？當我們允許另一個人透過性的結合來分享自己時，就象徵著自己已經接收或接受了對方。從靈魂或轉化的觀點來看，我們也會透過性的結合來接收對方的業力。當兩個人的性腺交融時，肉體、情緒體或乙太體全都融合了，因此業力的交換就發生了。二宮或金牛座的生物性本能是繁殖。八宮或天蠍座則是透過交配來滿足這種本能。二宮代表自淫的本能，八宮則是藉由性行為與另一個人結合。依此看來，八宮（天蠍座）才是真正的「婚姻宮」。因為幾乎在所有的文化中，婚姻都必須經歷行房才算成立。

八宮冥王星最根深蒂固的演化和業力問題，就是利用或操縱別人來滿足自己的慾望和需求。成長和轉化的業力需求是從不間斷的，而冥王星落八宮的人的需求和慾望也一直在改變。因此，這類人的關係都是基於需求才存在的。每段關係維繫的時間長短都不一樣，因人而異。通常都是需求被滿足了，關係就沒有利用的價值了。對於這類人而言，一旦需求被滿足了，就代表關係已經到了一個無法再繼續成長的停滯點。

許多人在這個關鍵點上會面臨一種演化的難題。一方面，他們對於承諾的渴望和需求仍然存在，但在另一方面，他們又有成長的需求和慾望。問題在於到底該怎麼做？當這種內外矛盾的煎熬加劇時，他們的心中就會出現「魔鬼的誘惑」，也就是出現許多祕密渴望、神祕的吸引力、幻覺和衝動。他們如果任由這些魔鬼橫行，關係就會受到威脅或結束。這種內心的歷程很自然地會透過外在形式表現出來，像是突然被別人吸引，或是突然渴望追求某些經驗或情境。

這些誘惑的影響甚鉅，因為它們象徵著改變。大多數的人都不知道發生了什麼，也不知道背後的原因為何。他們一開始會基於穩定和承諾的需求而抗拒誘惑。他們的抗拒可能是全面性的，因為這些誘惑會進入黑暗和嚴密控制的潛意識深處。不過他們仍舊得轉化自己在生命中體驗到的停滯，只要現存的關係反映出停滯的狀態，惡魔的誘惑就會繼續存在，彷彿有它們自己的生命似的。如果他們抗拒或不願意改變，或者他們的伴侶不願意改變，或是這段關係本身無法改變，這些惡魔就會恰如其分地適時出現，發揮威力。

這些人到底該怎麼辦？無論男女，許多冥王星在八宮的人都會出現一種反應模式，我稱之為「黑寡婦」（Black Widow）原型。黑寡婦蜘蛛會如同磁鐵般地吸引公蜘蛛，讓自己受孕，然後再把這個可憐的惡魔吃了（當然這隻公蜘蛛也是在展現自己的業力和慾望）。同理而論，這些人也可能基於某段時間的需要去利用或操控別人，當需要被滿足了，就會朝著下一段關係邁進。

他們通常會透過性來獲得自己想要的東西，甚至是因為性才與另一個人建立關係。當然，這些人可能不願意對自己及對方承認這一點。從業力的角度來看，他們吸引來的伴侶多半都在前世建立過關係。由於兩人前世的因緣未了，所以這一世的關係通常也很難解決。兩人之間會出現一種強迫性的吸引力，在某些極端的例子中，甚至會參雜暴力的成分。此外，他們對彼此表達情感的方式，有極大部分是「非理性」的，這是因為前世的因緣沒有善了。雙方或其中一方在無意識的記憶中覺得被對方傷害、虐待、玩弄和利用，然後又被拋棄了。冥王星在八宮最典型的負面表現就是想要從對方身上討回公道，而做出一些帶有報復色彩的非理性行為。對他們而言，這一世的行為是很合理的，彷彿天經地義就該這麼做，這都是因為前世的情結在作祟。

無論男女，冥王星在八宮的人還有另外一種反應模式，我稱之為「死硬派」原型：痛苦地維繫一段關係直到最後，抵抗所有改變的衝動或誘惑，最後弄得雙方同歸於盡。這種情形最後會讓他們在情感上完全退縮，用一種非常緊張的方式處理自己的人生及親密關係。這些人的反應模式，代表他們在演化上渴望且必須學會承諾，但伴侶卻都在前世與自己有困難的因緣或分手的議題，所以他們必須用這種方式來展現前世的業力。

除了以上兩種反應模式，這裡還有另一種可能性，而這也是我最建議的方式：選擇一個願意隨著生命需要而改變或演化的伴侶。冥王星在八宮的人應該對生命抱持開放態度，願意挑戰那些構成安全感的事物。他們如果選擇一位願意改變和演化的伴侶，就能學會如何溝通交流，同時釋放一些導致問題、停滯、阻礙或慾望的能量。他們可以學會用這種方式面對自己，也可以用這種方式處理親密關係。這種釋放不僅能促進自己的成長，也能為關係帶來成長。這樣就再也沒有祕密了。他們會發現有些惡魔原來是天使，有些惡魔不過是自己內心的恐懼罷了。他們也會明白無論是哪種慾望，無論慾望會導致什麼結果，擁有一些慾望和衝動其實是十分合理的事，而且與自我成長有關。

他們可以在這種關係之中，去理解靈魂伴侶的概念或相處模式。但嚴格地說，靈魂伴侶的雙方必須具備同樣的靈性基礎，而彼此的關係是建立在這個基礎之上的，如此才能讓所有內外的體驗都有所依歸。靈魂伴侶的關係是要讓彼此都因為這段關係，而獲得了心靈的成長。關係之中仍然會有衝突以及成長帶來的痛苦，這些都可以讓雙方變得更成熟，而非退化為指責、報復、殘忍或嚴厲的對待。

冥王星在八宮的人除非採取第三種反應模式，否則另外兩種模式只會導致負面的結果。因為關係中的兩方或其中一方都覺得為對方付出了一切，換來的卻是預料之外的衝突、問題或其中一方的離開，這些想法和感覺都可能導致負面行為。我們在前面曾經提過，這些人在無意識中都依稀記得另一半與自己在前世相處的模式，而這都會影響他們在此生的行為。所有冥王星在八宮的人都有報復的慾望覺得必須以牙還牙、以眼還眼。他們的報復心態強烈的程度可能不同，但是這種動機和慾望往往會成為他們與別人形成業力的基礎。冥王星在八宮的人無論處於哪一種演化階段，無論出現哪一種業力模式或需求，他們的每一段親密關係都與前世的因緣有關。

許多冥王星在八宮的人在過去許多世中，都曾經有過頓失所依的經驗，這種經驗勢必會帶來此生情感上的震撼。這可能是因為業力的懲罰，也可能因為他們對自己過度投資，或是過度依賴生命中的某一個人或某種狀態。過度投資或過度依賴的程度，將會決定他們情感遭到震撼的程度。業力如果顯示他在過去世曾利用性來獲得自己想要的東西，或是利用性來操控別人，那麼在這一世他就可能得到類似的報應。最糟糕的情形之一就是被人強暴過。許多冥王星在八宮的人因為頓失所依的前世記憶，到了這一世，當他們面對一些想要與自己建立關係的人時，就會產生制約性的防衛心和懷疑。這種心態會讓他們在情感上保留或退縮，因為他們害怕又會失去擁有的一切。這導致他們必須花很長的一段時間，才能信任別人或自己身處的情境。

冥王星在八宮的對應點是二宮或金牛座。演化的導向就是要完全自給自足，同時要學會認清內在的價值和資源，藉此來維持自己的生存。基本上，他們正在學習如何減少對外界的強迫性依賴。他們正在學著如何向內觀看自己、善用自己，把自己視為轉化力量的表徵。這種演化的導向會要求他們逐漸地讓生活簡單化，也就是讓一切變得更基本。因此對於冥王星落八宮的人而言，外在環境造成的隔絕狀態是十分重要的，他們可以藉此向內檢視自己存在的處境和理由。透過這個過程，他們可以認清哪些部分的自己是與生俱來的本質，哪些部分又是來自於過去世與自己有業力關係的人。這種業力關係不僅與性的交融有關，同時也會讓他們在情感、心智和精神上與對方合為一體。他們會在這種結合的過程中發現自己的核心部分，同時學會依靠自己的資源來維持生存，這樣就能在情感、心智、肉體和性方面獲得滿足。他們會用不依賴、不強迫的方式建立一段尊重承諾、邁向成長的關係。在這種情形下，這些人很自然地會吸引來一些天生自給自足的伴侶。他們可以轉化業力，因為自己不再需要依賴別人或外界來獲得成長。他們也會前後如一地做出抉擇，正確地選擇自己將投入或參與的事物。這些人不會再濫用自己的性或權力，而當他們踏上自給自足的人生旅途時，就會隨著自己的節奏而非別人的音樂起舞。

基於演化的導向，冥王星在八宮的人必須面對自己本性中所有的限制，做出必要的調整，才能獲得更多的成長。他們可能會渴望或是有覺知地培養這種意識，也可能透過必要的打擊或震撼來實現這個目的。我們前面所提到的個案一，他把祕教和魔法視為轉化力量的表徵事物，將其當做控制超越小我的力量和別人的手段。這位男士的北交點是落天秤座在九宮，北交點的主宰行星金星落寶瓶座在十二宮。他這一世的確很耽溺在過去世的老舊模式裡，但是別人會完全抗拒、甚至是孤立他，讓他感受到了業力的反擊。他所有曾經試圖應用在別人身上的魔法，全都回到了自己的身上。惡魔暗地裡緊跟著他的意識和夢想不放，並且操控和左右他的思想。他不停地聽到一個聲音叫他做這個、做那個，最後變成有偏執傾向的精神分裂症患者，被隔離在精神病院中。他沒有一丁點兒的力量，只能任由精神科醫生擺佈自己的人生。就長遠的角度來看，這種情感上的震撼，可以讓他的業力獲得必要的平衡。相反地，那位冥王星落巨蟹座在八宮，南交點落寶瓶座在二宮，而南交點的主宰行星天王星落金牛座在五宮的女士，最後卻把自己的事業和商業學校交棒給別人。她讓他們自行經營，因為她知道這些人的侷限與自己的成長和需求有關。她的北交點是落獅子座在八宮，北交點的主宰行星太陽則是落雙魚座在一宮，她最後完全放手改當義工，照顧瀕死的病患。她幫助這些病患和他們的家人，同時透過聯合國捐了很多錢給安養機構。她從自己的事業支領薪水，金額只夠她維持生活而已。

當冥王星落八宮的人演化進入對應點的二宮時，會讓一個人變得極有自發性。他們會用一種非操縱性的方式，鼓勵或激發身旁的人去追求進一步的成長，同時又不讓對方依賴自己。他們也會鼓勵別人擺脫行為或傾向上的所有限制，讓對方認識自我的個人特質，然後根據這些特質來發揮或維持自己。這些人對於自己專注的領域或事物，具有一種與生俱來的辨識力。經過演化之後，他們可以運用這種能力去看透、發現或解決生命中的「神祕」事物，讓自己和全人類都能朝著更好的方向邁進。

冥王星在八宮或天蠍座的人常見的特質是：在每個層面的表現都非常強烈、從內在散發出核心力量、非常頑固和執著、不喜歡輕浮的關係、報復別人的利用、好惡強烈、很有魅力、能夠改變與自己有關的人（可能是變好或變壞）、黑白分明沒有灰色地帶，直到必要的轉化出現為止、可以激發別人的能力、喜歡追根究柢、善於操縱情感、週期性的情感退縮、自我隱藏。

冥王星在八宮或天蠍座的名人：

賈桂琳・甘迺迪・歐納西斯（Jacqueline Kennedy Onassis）

馬龍・白蘭度（Marlon Brando）

溫斯頓・邱吉爾（Winston Churchill）

巴布・狄倫（Bob Dylan）

李奧納多・達文西（Leonardo Da Vinci）

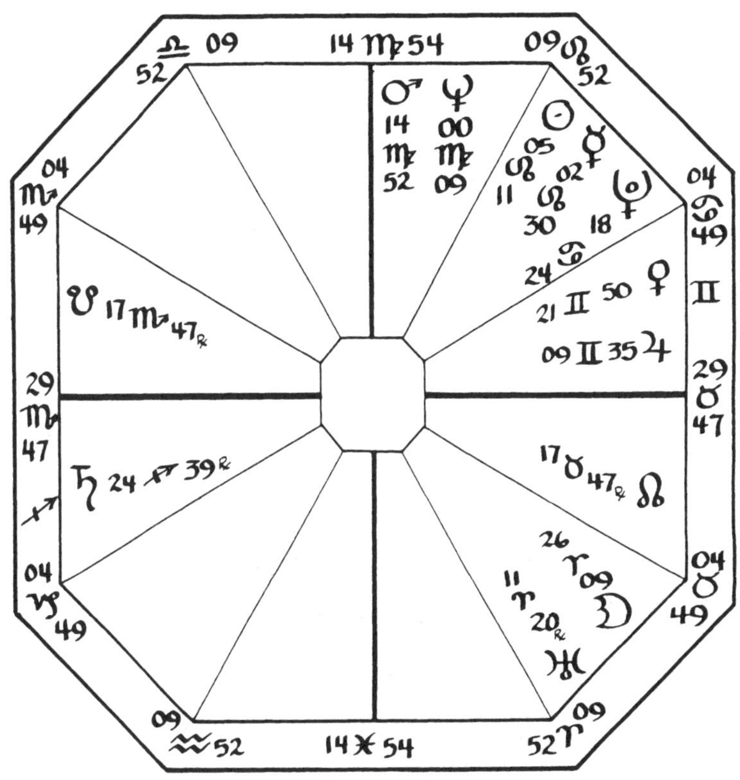

Jacqueline Kennedy Onassis
Source: Marc Penfield

賈桂琳・甘迺迪・歐納西斯
來源：馬克・潘菲德

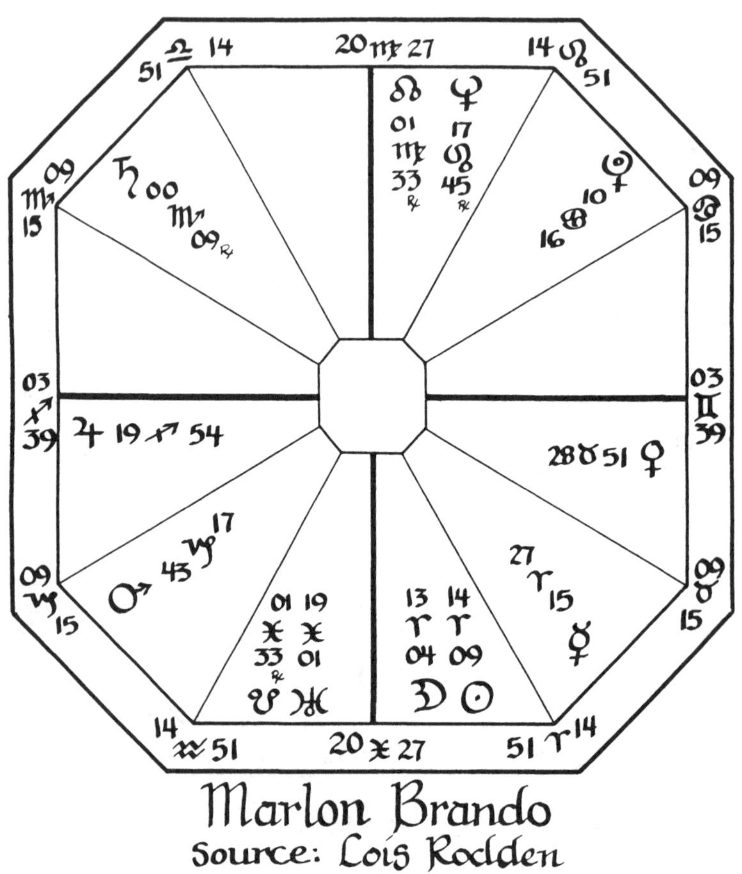

馬龍・白蘭度
來源：路易斯・羅登

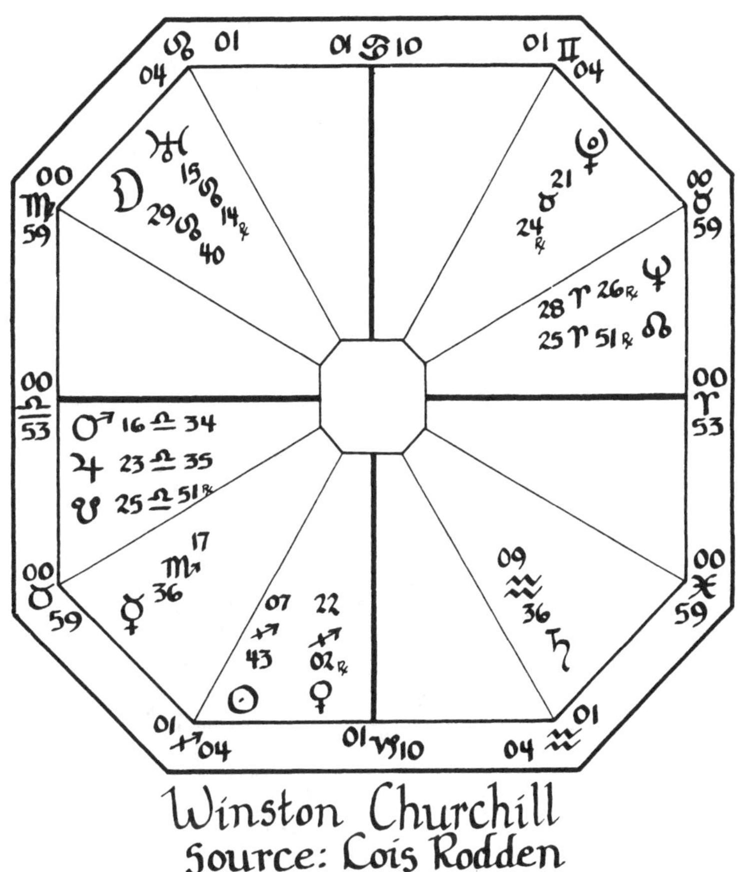

溫斯頓・邱吉爾
來源：路易斯・羅登

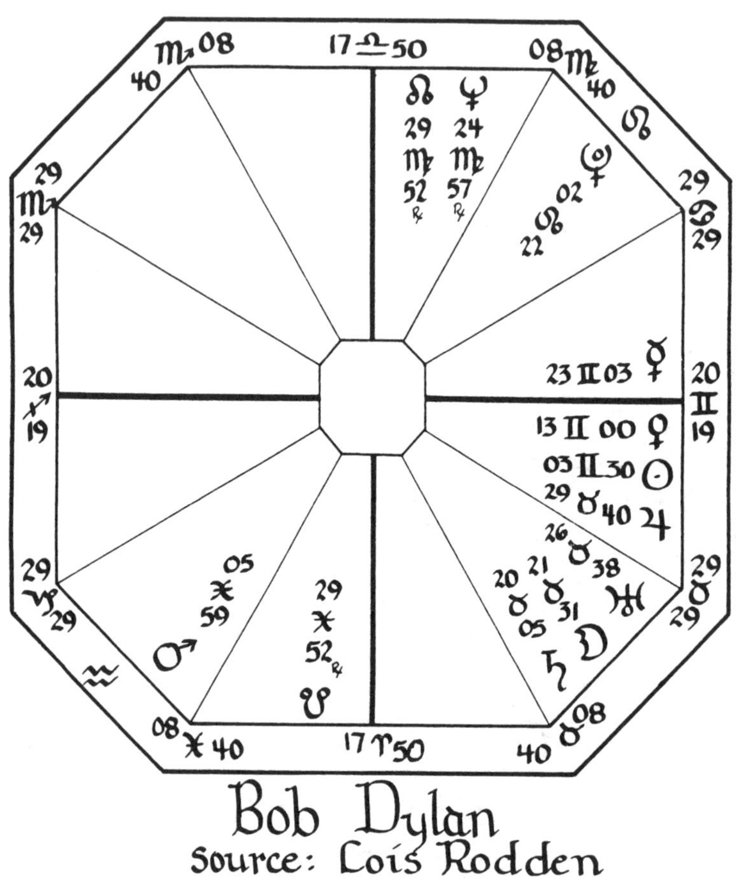

巴布・狄倫
來源：路易斯・羅登

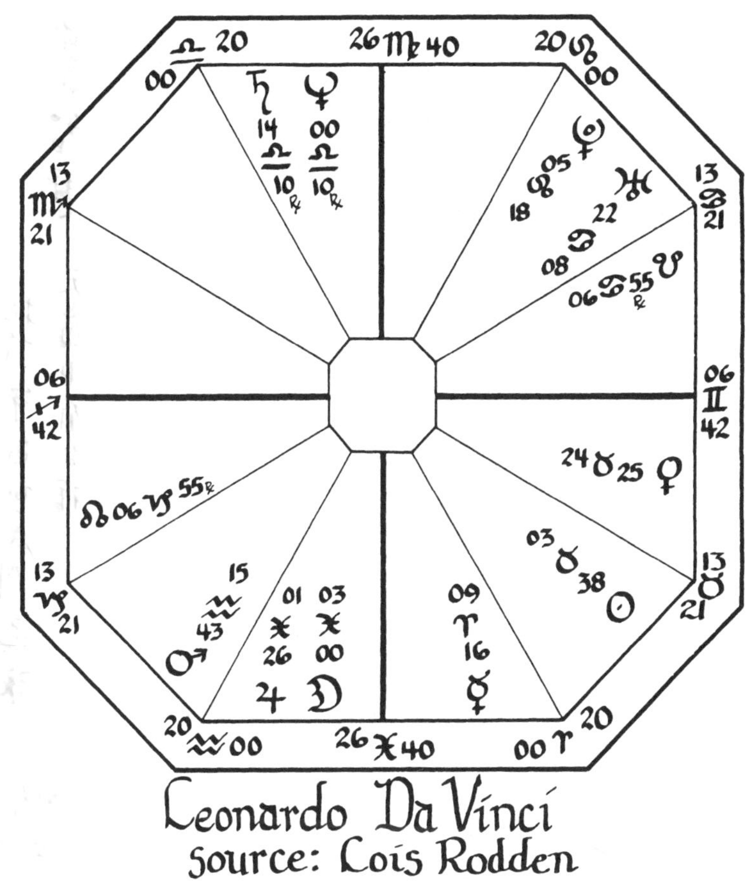

李奧納多・達文西
來源：路易斯・羅登

冥王星在九宮或射手座

冥王星在九宮或射手座的人會有一種慾望和演化的需求，希望能透過宇宙觀、形上學、哲學或抽象觀點來了解自己和生命。就最廣義而言，人性會渴望透過九宮和射手座代表的原型模式，來解釋個人和宇宙現象之間的關聯性，或是自我與周遭世界的關係。

八宮和天蠍座讓我們覺察到存在於宇宙或世界的「高層力量」，這些力量是源自於小我之外。接下來我們就需要和這些力量形成關係，才能融入它們，與它們合為一體。事實上，這種關係不僅能讓我們直接體驗到這些力量，還能轉化自我的侷限。當一個人透過交融的作用力與這些力量形成關係時，就能擺脫自我的侷限。人們都渴望直接體驗到這些高層力量。基於這種需求，許多族群和文化發明了各種儀式、方法和技巧，藉此來穩固、擁有、控制和認識這些力量。這種慾望和需求最後就變成了對神祕事物或隱晦知識的了解與詮釋，也將人們引向內在的心理分析，或是探索內心的驅力或法則的心理研究，藉此來解釋我們是誰？我們代表了什麼？我們是如何發揮自己的？

九宮和射手座的慾望和需求，就是解釋自我與高層力量的關係及連結。冥王星在八宮或天蠍座的人意識到了這種連結的存在，冥王星在九宮或射手座的人則是確認了它的存在。因此，冥王星在九宮或射手座的人必須自由地體會各種經驗，如此才能發現更多的知識來解釋這些高層力量。

正如冥王星落入任何火象星座的天生宮位一樣，冥王星在九宮也會讓一個人認為自己背負著獨特的使命和身分。當冥王星落在九宮或射手座時，這些人獨特的身分認同往往源自於他們和宇宙、哲學、形上學或宗教法則的關係，而他們可以用這些法則來解釋自己與世界或宇宙的連結。他們可以用整體性的角度來認識宇宙現象的本質，這和冥王星落在三宮或雙子座的人形成強烈的對比，因為後者只關心周遭的現實環境。這類人可以從表象知道世界或宇宙不需要任何標籤或分類，它只是存在著。就因為一切只是存在著，所以冥王星在九宮的人會渴望找到一些基本的真理，來解釋世界和宇宙存在的理由，而真理也暗示著掌控個人和全人類的自然法則或規律。

基於這個出發點，這些人非常需要自由，如此才能體會各種的人生經驗，發掘自我存在的真理。他們需要透過宇宙觀、形上學、哲學或宗教的語言，來解釋自己和宇宙的關係。所以他們很多人在這一世都是天生的獨行俠。其中有許多人在過去的多生多世，都是為了追求真理和知識而不停地四處旅行。他們過去都曾轉世到各種不同的文化或國度裡，也可能因為在追求真理和知識的過程中感到受限或窒息，而脫離了某種文化、社會或國家。因此，許多冥王星在九宮的人到了這一世，都會對自己的文化和社會有種天生的疏離感。這是因為大多數的文化、社會和國家，都是根據特定的宗教或哲學系統來形成共識，將此作為一種解釋自身與世界或宇宙的關係的標準架構。但冥王星在九宮的人渴望用一種不受限制的方式去挖掘或發現真相，所以會因為社會的限制而產生疏離感。這些限制經常為他們帶來內在或外在的衝擊。

這些衝擊只會加深他們與原生文化或信念系統之間的疏離感。由於他們在前世曾經轉世到各種不同的文化裡，所以很容易產生疏離感，因為每一種新的文化或社會，都與他們之前體驗到的完全不同。最近一世的無意識「記憶」，也可能讓他們對這一世的「新」文化產生疏離感。這種疏離感可能會帶來文化、情感和哲學上的震撼，而這也威脅到他們所渴望的安全感。這些限制、疏離、衝擊或震撼，都反映出一種演化的衝動，渴望去發現一種綜合性的真理、準則或法律，來解釋任何時空或文化所定義的各種表象性的真理。

對於冥王星在九宮的人而言，疏離感是一種必要的經驗，因為這可以幫助他們消除任何限制。這些限制讓他們無法直接了解掌管真理的基本律法或法則。基於這種演化的衝動，許多冥王星在九宮的人都會有深沉的無歸屬感，他們不會對特定的國家產生認同，反而認為自己是世界公民。

此外，有些冥王星在九宮的人，天生就被某種特定的哲學或文化吸引，因為這些東西反映出了他們的內在直覺以及對生命的理解。但是在他們原生的社會或文化裡，這種對特定的哲學或文化的偏好，會讓他們顯得格格不入。由於過去世的記憶的作祟，他們很渴望或需要與一種不屬於眼前環境裡的哲學或文化，重新產生連結。另外有些人則可能覺得，原來的文化已經可以完美地呈現演化所需的哲學或宗教傳統。這些人的疏離感會比較少，甚至是完全消除了。

〈因為冥王星落九宮的人渴望透過這種方式來認識自己，所以很注重內在直觀能力的發展。他們很清楚自己與一種高層力量有連結，也很渴望找到解釋這種連結的自然法則，所以必須發展出一種直觀力，也就是所謂的「第六感」〉。

直觀是我們每個人都具備的本能，不需要邏輯推論就能「知道」一件事情。換言之，我們不需要任何中心意識或主觀思考，就能獲得認知或了解。冥王星在九宮的人知道自己和宇宙的更高力量是有連結的，代表他們已經「嚐過」這些力量的滋味。當他們把注意力集中在這些力量時，很自然地就能了解自己的本質，以及這些力量背後的律法和原則。律法和原則又會變成代表這些力量的觀念和概念，觀念和概念則會轉變成信仰。各種不同的概念、律法、原則和信仰，最後會轉變成綜合性的哲學、形上學、宇宙或宗教系統。

人類信念系統的特質取決於個人和集體的發展及地緣性。換言之，對於所有的人和文化而言，宇宙律法和原則都是一樣的，只是每個人或每種文化會用不同的方式去理解它們，將它們概念化，然後表現出來。當我們發現世上有這麼多形形色色的宗教和哲學系統時，就可以了解這個道理了。對所有的人和文化而言，基本的法律和原則都是一樣的，然而這些法則不只反映了個人和文化的多元性，也展現了每一種文化或個人的需要。冥王星在九宮的人會根據自己的自然演化條件和業力的需要，來解釋這些基本法則。

基於演化的需求，他們渴望發掘現實裡的真理，同時會將注意力放在直觀力的發展上，而這往往會為他們個人或社會製造許多問題。這些問題都來自同時存在於靈魂之中的兩種慾望。獨立的慾望會讓他們過度認同特定的文化或宗教系統，因為這些系統可以反映社會或自己的需求。這種過度認同是因為他們渴望在情感、肉體、精神或心智上獲得穩定性和安全感。這種對於穩定性和安全感的渴望，往往會引起另一種個人和社會的需求，當其他的文化或個人用不同的方式來解釋同樣的自然法則時，他們就會企圖捍衛自我，全面抵抗。當一個人或一種文化處於自欺和獨自存在的狀態時，往往會將自己的系統強加在別人身上，或是在面對其他人或文化的威脅時退縮不前。人類歷史上有許多的例子都可以印證這種說法。最新的例子就是近期在愛爾蘭、中東、南非出現的混亂，以及中國在西藏造成的動盪不安，這些都是令人悲哀的演化發展。

我將這種演化階段的負面表現稱為「比利・葛理翰」（Billy Graham）原型，也就是意圖改變別人來認同自己的信仰。這種自欺的意圖表面上被稱為教化，實則是一種教條式的灌輸。他們會用一種「我們是對的，他們是錯的；我是對的，你是錯的」的態度來教化別人。基督教明示的目標就是讓其他宗教信仰的人「皈依」基督教，所以會有傳教士的存在。當然，世界上還有許多宗教想要讓異教徒改變信仰。有時在一種宗教體系中會出現不同的教派，這是因為其中的一個人或一群人採用異於傳統的方式來解釋教義。

冥王星在九宮或射手座的人，通常會為了自己在情感上的安全感和穩定性，試圖去改變別人來相信自己的觀點。這種安全感和穩定性通常來自於他們對法則的特定詮釋方式，而這種詮釋是可以應用在所有事情上面的。當一個人或一種文化處於獨自存在的自欺狀態時，就會發生普遍化的現象。他們會基於地緣性，加上演化和業力的必然性，用一種特定的方法來詮釋宇宙法則。這種特定的詮釋方式會變成普遍化的真理，投射在所有的事物上面。每一種哲學或宗教系統都會用獨特的方式來詮釋道德、倫理和善行的準則，而這些準則也會被當成一種普遍化的真理，投射到所有事物上面。處在這種情形下的文化或個人，往往會因為別人不認同自己所認定的「真理」，就認為別人是「錯誤的」。這種態度無法產生真正的教化，除非他們知道所有的教導都只是一種表象，或是宇宙法則的表現方式，而所謂的真相和法則，必須視個人的狀況和經驗而定。

發展直觀力還會導致另一個問題，那就是他們不知道如何透過一般性、有順序或邏輯的語言，來表達自己憑藉直觀所了解的事情。直觀力是一種抽象的心智功能，一種用宇宙學或現象學的觀點來思考、琢磨或臆測存在本質的能力，亦即將自己從周遭環境抽離出來，思考自己和宇宙的關係。這種抽象功能與直觀力的發展有關。所以這些人只是意識到了這些準則和資訊，而不是透過教育、推論式的分析或心智的訓練得知的。這是一種直接出現在腦海中的知識。許多人都不知道自己是如何知道的，他們就是明白這些東西的意義。

但是他們如果想要與外界溝通，讓別人「領悟」或了解自己「就是知道」的真理，或是試圖用言語來解釋自己直觀到的知識，一些早在前世就已經明白的東西，就可能會產生一些問題。這些溝通的問題會令他們十分沮喪。舉個例子，冥王星在九宮的人過去有許多世都住在東方世界。東方世界的語言系統與西方世界的截然不同。在西方的語言中，一個字就代表一個事實、一個細節或特定的事物。東方的語言則是透過許多字來描述一種整體性的概念。改變了其中一個字，就可能會稍微扭曲這個概念，甚至會完全改變概念的原意。基於前世演化的導向，冥王星在九宮的人天生就傾向於整體性的思考方式。對他們而言，用一些特定的字眼來解釋直觀的概念，並不是件容易的事，尤其是在童年時期。這可能會加深我們之前提到的天生的疏離感，也可能使他們遠離新的人生和文化，投注畢生的時間來追尋一種令自己覺得自然而舒服的哲學。這種追尋可能是實際到不同的國家旅行，或是透過閱讀文學或哲學作品，來進行心智上的旅行，當然他們也可能根本就居無定所、四處流浪。這些「流浪者」從來不會在一個地方待太久，也很少與任何人、環境或哲學產生深刻的連結。

發展直觀力還會導致一個根本性的問題，那就是會有預言未來的能力。這些預言可能有強烈的個人色彩，也可能帶有集體或行星的特質。這個問題會出現兩種情況：

1. 預言反映了他們無意識裡的深層慾望，卻認為是自己或是與自己有密切關係的人「命中注定」會經歷的經驗。這種預言可能是正向的，也可能是負向的，必須看他們過去幾世累積了什麼樣的業力。問題就在於，這種「預言」可能只是他們潛意識裡的慾望。這種慾望如果十分強烈，就可能變成心想事成的預言，無論如何最後一定會發生。如此一來，他們就會拒絕為自己的行為負責，也不承認這種預見的景象會對別人造成影響，因為在他們眼中這一切都是「命中注定」。

還有些人的預言與無意識裡的慾望無關，只是反映了他們對事物和未來有高度的直覺力。

他們可能不知道自己為何知道或「看到」了這些東西，他們就是具備這種能力。問題在於，別人可能不想知道他們預見了什麼，也不想知道他們預見的事物與自己有何關係。拿撒勒的耶穌的冥王星在九宮，他知道自己預見了真理，但別人卻對此感到困惑，或是不想知道這些真理，因為這些真理可能會改變自己的人生。

2.他們預見的是集體和地球的未來，可以在每個人身上得到印證。諾斯特拉達姆士就是一個經典的例子，他的冥王星是射手座在九宮。這些預言有時會準確地預見未來的事件，有時則不靈。人們有時會聽，有時則不予理會；某些人能夠明白，某些人則無法理解。冥王星在九宮和射手座的人要學的功課，即未來是可以透過個人或集體的選擇和行為而產生改變的。因此他們必須學會接受預言可能無法實現，也必須學著不要讓自我過度依附或認同這些預言。他們該覺察到自己並不是在「創造」預言。他們之所以預見未來，是因為自己具備了和宇宙力量連結的直覺。當他們的直覺與這些力量結合時，冥王星的滲入作用就會產生預言的知識。這類的預言都是自然發生的。

就整體而言，冥王星在九宮或射手座的人的演化慾望，就是擴展個人意識的範圍。他們需要認同一些抽象的準則，培養一種宇宙性的信念系統，來解釋自己與世界及宇宙的關係。他們情感上的安全感與這些信念系統息息相關。我們可以從這類人自然的演化階段，以及南交點和南交點主宰行星的位置，來判斷這種慾望和需求在過去世是否獲得了滿足。我們可以用一些個案的例子來解釋這點：

個案一：這位男士的冥王星是落獅子座在九宮逆行，南交點落摩羯座在三宮，而南交點的主宰行星土星是落在巨蟹座和八宮。他正處於靈性的演化階段。他誕生在猶他州，當地盛行的是摩門教。他的父母是虔誠的摩門教徒，父親是摩門教會中的長老。他從小就浸淫在摩門教的觀點中。他的父親堅信摩門教的戒律是所有人的唯一道路。他的父親對於自己的信念非常自以為是，而且非常獨裁，任何相反的觀點都會被完全駁斥。他小時候跟隨父親的腳步，沒有任何懷疑。他的個人身分認同透過父親以及宗教的教條產生了連結。這種情形都反映在他個人的演化和業力需求上面。他並沒有產生疏離感，反而覺得父母和整個文化環境讓他很有歸屬感。長大成人之後，他就像父親一樣熱衷於摩門教的事物，也像父親一樣反對其他的觀點或提出不同觀點的人。這種防衛和排他性都是源自於自我的身分認同，以及對穩定性和安全感的需求。他最後變成了一位神職人員，被分發到摩門教不盛行的地區。在他試圖說服別人改信摩門教的過程中，開始與無法認同他的觀點的人產生了哲學和心智上的衝突。這個時候他就體驗到了疏離感。此外，當他試圖改變別人的時候，會接觸到截然不同的觀點，這也讓他開始在內心對自己的信念產生了質疑。他逐漸對摩門教的戒律和排他性感到不滿，隨之而來的就是沒有安全感和不穩固感，因為他察覺或考慮的其他觀點，完全挑戰了自我的身分認同。其他觀點的力量慢慢讓他產生了無力感。當他去對抗和質疑自己的父親以及教會的長老時，也加深了自己的不滿和疏離感，因為他們的反應和答案並不總是一致的。

個案二：這位女士的冥王星是落處女座在九宮，與南交點合相，而南交點的主宰行星水星落天秤座在十一宮。她正處於初期的個體化演化階段。她誕生在挪威，當地盛行挪威教會的傳統基督教。她在人生早期接觸的都是該教會的戒律和教義。

她覺得某種程度上，教會滿足了她想從宇宙觀點來認識自己和現實的慾望；但是等她年歲漸長之後，便開始覺得這些有限的戒律並不足夠，因此而逐漸產生疏離感。她與大部分的教友開始批評神職人員制定的戒律及詮釋方式。她憑著發展中的直觀力，得知道人們可以在宇宙和宗教的背景下，透過許多不同的方式來觀察或了解生命。當她在思考這些問題時，無形中也加深了疏離感。教會並不能給她或她的同伴一個答案。最後她公然脫離教會，與那些跟

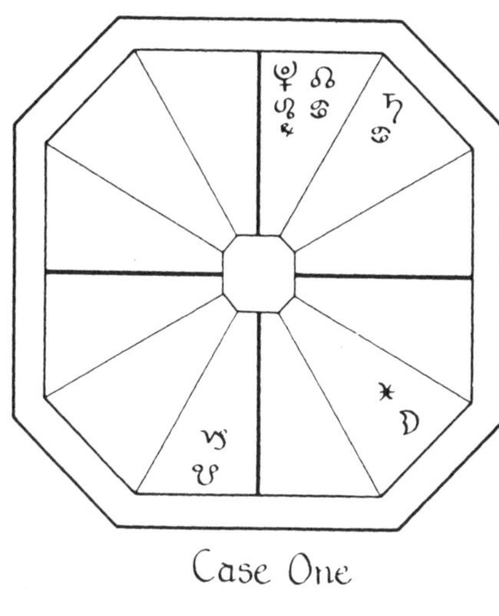

個案一

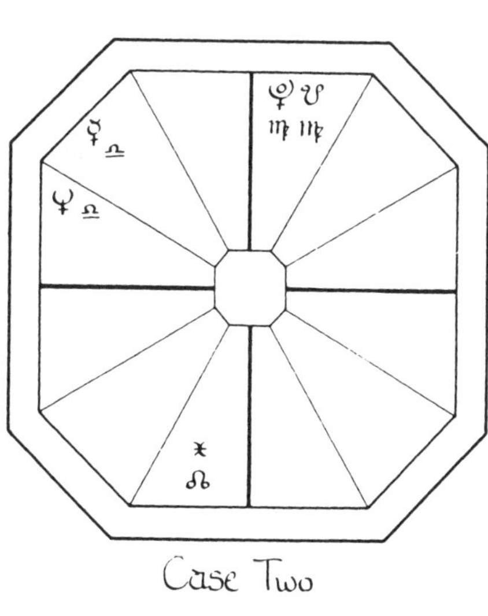

個案二

自己一樣有疏離感的人結為同盟。她和這群人展開了另一種生活方式，其中所有的哲學、道德和倫理標準，都建立在未知論的世界觀上。根據這種觀點，她既不承認、也不否認上帝的存在。對於其他觀點所提出的戒律，她也不去評斷對錯。在這種情形下，她並沒有嘗試去改變別人來認同自己的觀點，反而去挑戰一些不曾質疑過自我信念或信仰的人。她會反問一句：「你怎麼知道？」當她採信這種未知論的哲學觀或宇宙觀時，的確獲得了極大自由，讓自己去探索所有必要的經驗，藉此來回答心中的疑惑。雖然她在內心裡是一個獨行俠，但仍舊渴望隸屬於一個有同樣哲學傾向的團體，才不會覺得太孤單。透過這種方式她不再是孑然一身，也不再覺得孤單，至少表面上看起來不孤獨。當她用這種方式去接觸同儕團體時，就能接受各種不同的意見和價值觀。當她體驗到自己內在的困惑和不足時，或者需要一種歸屬感時，就會去探索不同的觀點、信仰、價值觀和生活方式。但每一種都只能暫時發揮作用，到最後仍然找不到她所追求的宇宙意義。當她越來越老時，這種疏離感就變得更深，她覺得自己更孤獨了，甚至開始責怪自己沒有隨波逐流。她不知道在這個浩瀚的宇宙中，自己到底該做些什麼？哪裡才是自己的安身之處？然而，她仍舊是一位堅定的未知論者，繼續挑戰非未知論者。

冥王星落九宮的對應點是三宮或雙子座，其所代表的演化導向，就是必須知道自己的信仰、準則、律法、倫理和道德，都只是相對性的。他們必須知道通往真理的道路不只一條，而每個人都有發掘真理的道路和方式。

當他們對文化產生疏離感，或是與別人產生哲學或心智上的衝突時，演化的功課就出現了。他們會在疏離感和衝突中體驗到差異，而這些都會挑戰自己內心深處最基本的安全感。這種安全感與他們認同的概念性架構或信仰有關，也許是無神論、存在主義、任何宗教或是未知論等等。當他們的安全感受到挑戰或震撼時，可能會非常抗拒其他的觀點。他們會變得非常好辯，不停地揭露別人觀點或信念的弱點，藉著讓對方改變來認同自己。但他們注定會吸引一些跟自己一樣強勢或是比自己更強勢的人。對方會有完全不同的觀點，讓他們的信念系統或概念結構的弱點及限制，完全暴露出來。

旁人有時根本不了解冥王星在九宮的人想要表達什麼，衝突就因此而產生了。這類的衝突是要讓冥王星在九宮的人學會用一種別人能懂的語言與外界溝通。

他們如果想要學習適當的溝通語言，就必須透過人生的各種「層面」去探究生命的多樣性。當他們用這種角度研究人生時，便可以了解經驗、方法或真理的相對性。這樣他們才能學會如何用邏輯或簡潔的方式溝通，在自己的現實範疇內與別人分享或連結。這也可以讓他們學會接受別人的教化，而別人也可以向他們學習。在這個過程中，冥王星在九宮的人就可以用一種更寬廣的方式，拓展自己的意識界線。

冥王星九宮的人透過疏離感、衝突和溝通的功課，漸漸能學會將所有方法和真理的本質融會貫通。這些人可以利用天生的直觀力，將各種不同的事實或片段的資訊綜合起來，讓自己對個人、集體和宇宙真理的本質，產生更深一層的認識。他們也能逐漸放下防衛心，學著透過其他的人或文化的表現，欣賞並了解真理的相對性。他們不再需要改變別人，也終於學會如何與別人分享或建議對方，而非一味地改變對方；教化而非教訓對方。

很多冥王星在九宮的人具有天生的智慧，這是他們前世努力累積的成果。所以他們有許多人是天生的老師。然而，除非他們學會了三宮或雙子座的演化功課，否則仍舊難以擺脫業力的束縛，不僅無法表達自己的知識，也無法與別人或社會產生有意義的關聯。某些人會把這種束縛解釋成「諭示」，要自己脫離主流文化的生活方式。他們也會把這種「諭示」合理化成豐富的哲學評斷標準，藉此來解釋自己對於原生社會的疏離感。也有些人拒絕了解這種「諭示」的真正意義，最後也會用一堆哲學的評斷標準替自己的行為辯解。這些人最後往往變成抽離的流浪者，永遠在人生的道路上漫遊，追尋一些遍尋不獲的東西。也有人會躲在自己重視的信念系統中，與不認同自己信念的人保持距離。他們只跟有同樣信仰準則的人為伍，以一種哲學或宇宙性的高姿態，藐視那些不認同自己看法的人。另外有些冥王星在九宮的人則能了解「諭示」的真正意義及重要性，將此視為眼前必須學習的演化功課。他們會根據自己的演化能力，透過各種不同的方式來轉化人類對現實本質的看法。

我們前面提到那位擔任摩門教神職人員的男士，他的北交點是落在巨蟹座九宮裡，北交點的主宰行星月亮落雙魚座在五宮。他最後終於意識到：所有通往上帝的道路都是正途。他與摩門教及父親完全斷絕關係，因為他們不能接受自己的嶄新態度。他最後成為聯合教會的神職人員，不僅對別人宣揚這種教誨，同時也擴展了自我實現的界線。他的傳道十分激勵人心，因為他自己就是傳道的活例子。個案二的那位女士，她的北交點是落雙魚座在三宮，而北交點的主宰行星海王星落天秤座在十二宮裡。她最後搬到美國印地安人的蘇族保護區，變成一位幫助美國原住民的護理人員，而且接受了他們的價值觀、信仰和生活方式。她在那裡發現了自己一直在追尋的宇宙意義，也找到了自己在浩瀚宇宙中的棲身之地。她同時也為蘇族人和政府之間的文化鴻溝搭起交流的橋梁。她將自己獻身於蘇族的宇宙觀，同時透過以前學過的技巧和方法，體驗神性的生活。她到最後終於不再是未知論者了。

冥王星在九宮或射手座的人常見的特質是：內心深處有疏離感、直覺很強、概念性思考者、非常堅守自己的信念、想要改變他人來相信自己的觀點、很重視誠實、天生的獨行俠、哲學色彩濃厚、能夠自嘲、允許別人調侃自己、風格誇大的天生說故事高手、關心真理而非意見、喜歡當個「自然」人、不喜歡世故做作。

冥王星在九宮或射手座的名人：

紀伯倫（Kahlil Gibran）

麥可・諾斯特拉達姆士（Michel De Nostradamus）

米開朗基羅（Michaelangelo）

約翰・甘迺迪（John F. Kennedy）

拿撒勒的耶穌（Jesus of Nazareth）

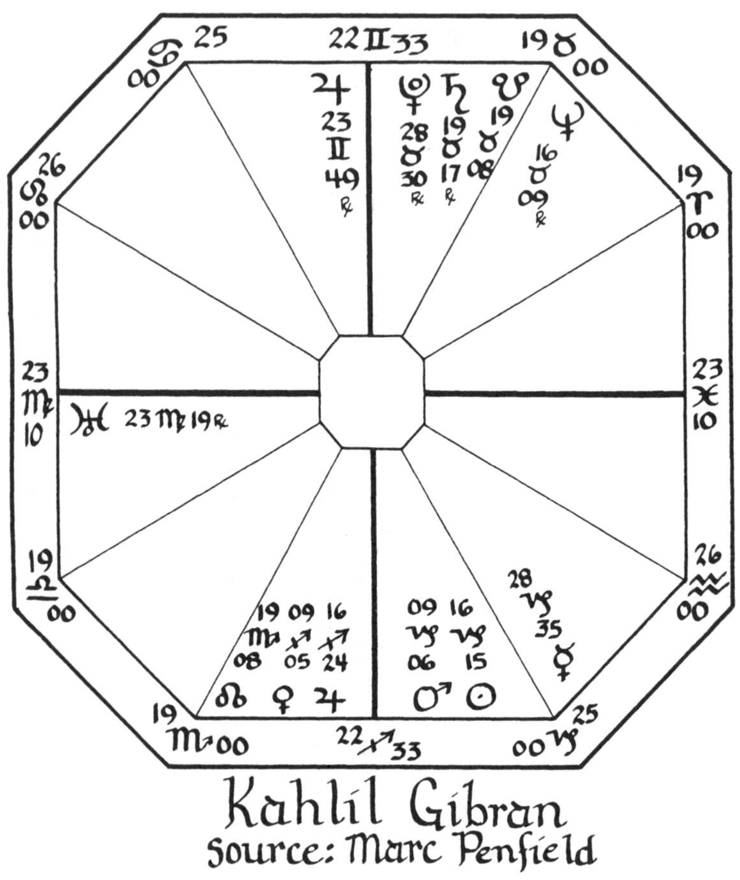
Kahlil Gibran
Source: Marc Penfield

紀伯倫
來源：馬克・潘菲德

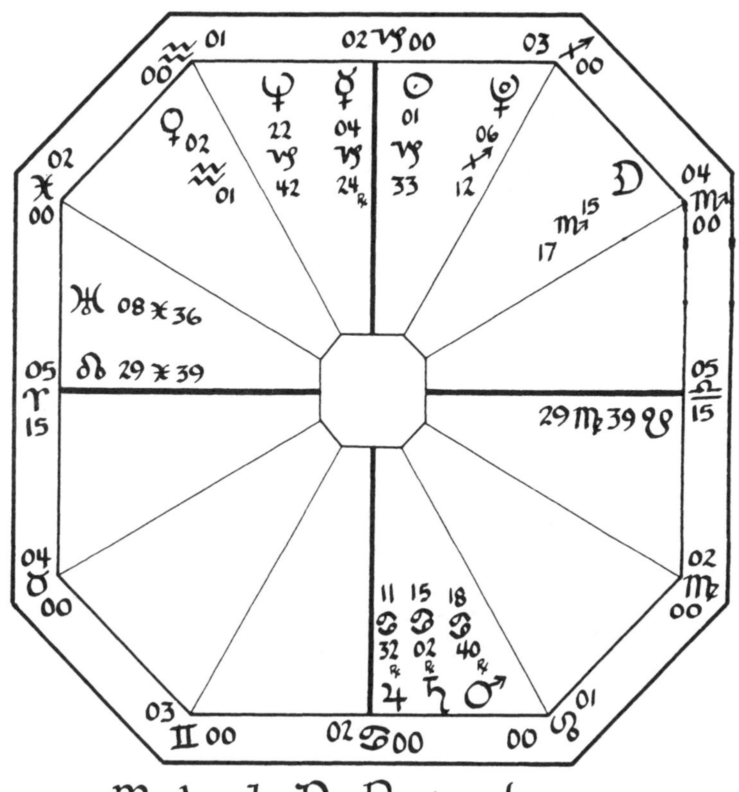

麥可・諾斯特拉達姆士
來源：馬克・潘菲德

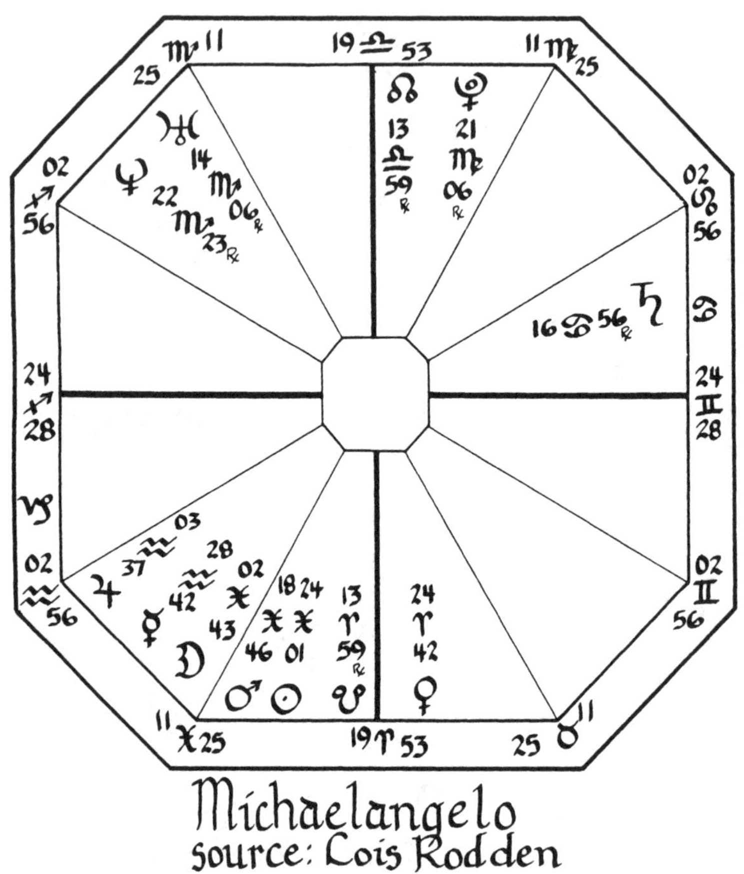

米開朗基羅
來源：路易斯·羅登

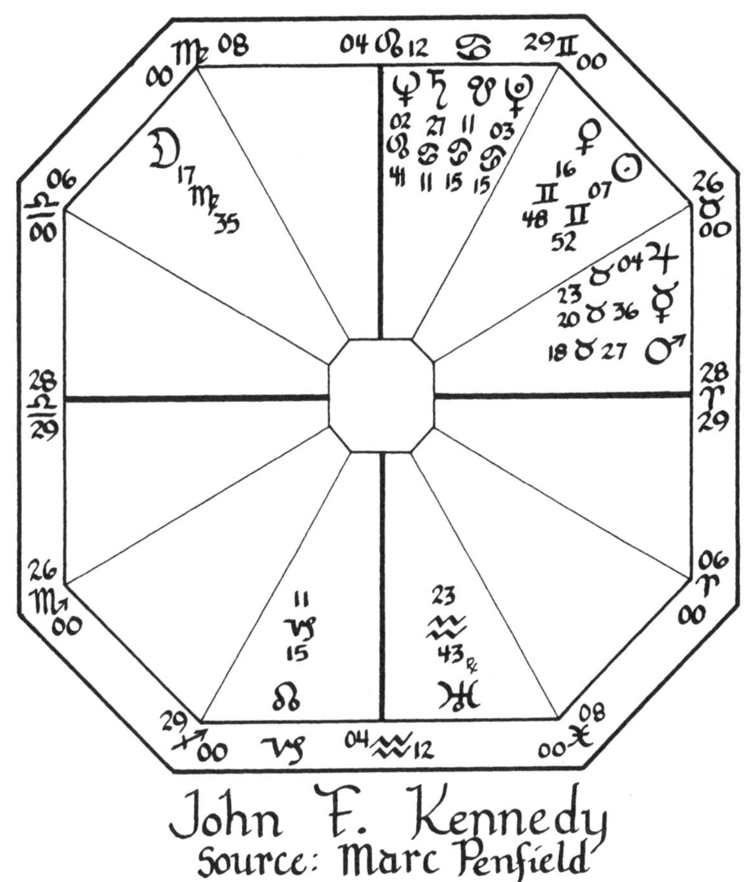

約翰・甘迺迪
來源：馬克・潘菲德

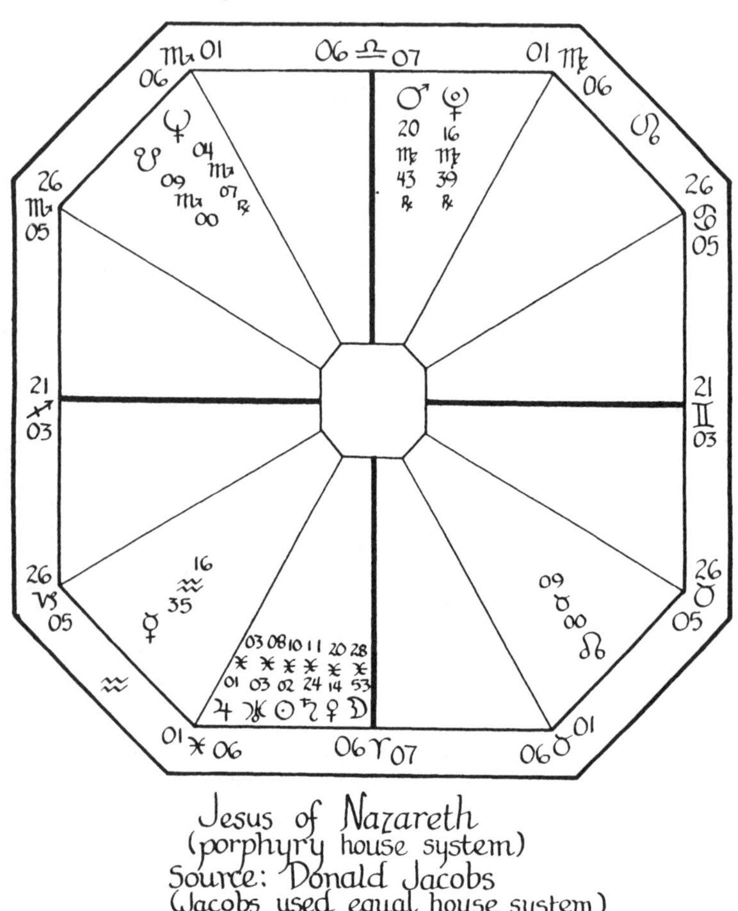

Jesus of Nazareth
(porphyry house system)
Source: Donald Jacobs
(Jacobs used equal house system)

拿撒勒的耶穌

（波氏分宮制，Porphyry House System）

來源：唐納・賈可伯斯（Donald Jocabs）：等宮制（Equal House System）

冥王星在十宮或摩羯座

冥王星在十宮或摩羯座，就像冥王星落入其他的基本宮位，代表一個完整的章節或演化循環已經接近尾聲，而新的循環在最近幾世才剛剛展開。這種演化的發展可以應用在國家和個人身上。

舉個例子，美國的本命盤上有冥王星在摩羯座，南交點在寶瓶座，而北交點在獅子座。美國必須抵抗英國的統治（南交點在寶瓶座），才能掌控自己的命運（北交點在獅子座）。在這個過程中，新的演化循環就展開了（冥王星在摩羯座）。北交點在獅子座的現實金字塔結構，反映出美國的家務事總會影響許多世界大事的發展。美國注定要扮演國際性的角色（南交點在寶瓶座），成為自由世界的領導者（北交點在獅子座，而冥王星在摩羯座）。

冥王星在十宮或摩羯座的人一直在學習，該如何在一個社會或文化中建立自我的獨特性和權威。任何社會都必須建立法律、規則、習俗和禁忌，社會中的每個人也都必須遵守這些東西，才能維持整體的運作和穩定。

社會的法律和習俗可能會隨著時間自然改變，也可能透過其成員的共識而形成，或是經由當權者來制定。無論是哪一種情形，社會或文化代表一種集體性的權威，教導個人的行為舉止該如何表現。每個國家或文化都有源自於九宮或射手座的哲學傳統，而這也是其法律、規則和習俗依據的基礎。到了十宮或摩羯座的階段，這些哲學會被制度化或政治化。這類的例子包括從民主哲學和宗教自由（九宮）演變成資本主義（十宮），或是從馬克斯思想（九宮）演變成共產主義和無神論（十宮）。一個國家或社會將透過這種方式來創造傳統，形成國家認同感。

同理而論，冥王星在十宮或摩羯座的人，必須學習如何將自我的哲學或身分認同，與社會、文化或國家的架構融合及連結。這種演化的需求和發展代表一個人從七宮或天秤座展開的社會化過程。每一個國家都有國界，藉此來定義國與國之間的相對關係或地位；每個人在自己的國家中也有自己的位置、地盤和功能。每個人都得根據自己在社會中的地位或功能，定下各自的界線、標準或限制。因此，冥王星落十宮的人無論是在過去、現在或未來，都必須學習如何透過自己的社會地位或功能，來定義自我的獨特性。他們為了學會這一點，必須先了解社會是如何運作的。他們必須知道，如果想要做一件事或達成某個目標，社會的允許範圍為何？

當這些人在學習社會的運作過程時，同時也在學習戒律、自決力，以及臣服於更高權威的功課。因為他們在過去已經學過如何建立代表個人獨特性的事物，例如：價值觀、信仰、慾望和需求，並且將個人的目的與社會的目標結合。他們也曾經學習過在社交和情緒上如何臻於成熟的功課。

每個國家都會因為自己的法律、習俗和禁忌，產生獨特的頻率；當我們誕生到這個國家時，也反映出自己的業力和演化的需求。四宮和巨蟹座代表我們與原生父母或早期環境的關係，十宮和摩羯座則代表「大家庭」的環境，也就是我們所處的國家或文化。父母會強烈地影響我們的自我形象，而我們社會性的身分認同則受到原生國家的影響。無論是在過去、現在或未來，冥王星在十宮的人都有一股強烈的演化需求，要求自己發揮業力注定的社會功能，變成一個有社會責任感的人。這些功能與個人的演化階段或業力的發展有關。每個人都會誕生在最能反映這些功能的國家，讓他們學會這些功課。冥王星在十宮或摩羯座的人多半很渴望社會地位或權勢。許多人在過去世曾握有過權勢。由此看來，權力與演化的能力或業力的驅力模式有關。他們為了達到自己的目的，必須運用冥王星天生的洞悉力，看穿任何事物的基本架構和本質，藉此來完全理解一種制度的運作方式。落在十宮的範疇中，意味著對社會或社會制度的洞察。

許多冥王星在十宮或摩羯座的人都知道如何操縱制度，讓自己佔有優勢。他們這麼做是為了實現自己的野心，也就是登上巔峰的慾望。這些人往往為達目的不擇手段。在某些極端的例子中，這種驅力可能會導致盲目的野心。最極端的例子就是美國前總統尼克森，他的冥王星就是落在十宮裡。

這些人對於社會權力或地位的渴望，反映了他們需要掌控自己在社會中的地位，而非被社會控制。這類人往往會在社會中感受到自己的力量或無力感，也會意識到其中的權力分配。社會的本質決定了達成社會地位的方法及手段。因此，社會制度如果是腐敗、不公平或任人擺布的，他們就可能用同樣的方式來獲得自己的社會地位。當他們這麼做時，會宣稱：「這就是遊戲規則」，藉此來擺脫任何的個人責任。

這些人可能會出現兩種業力和演化問題：1.他們會過度認同自己的職業、位置或地位。2.他們會操縱或利用別人來達到自己的目的。這兩種問題都可能導致權力的濫用，尤其當他們把情緒或身體上的安全需求，都依附在自己的權力、職業或地位上面。

當這些問題出現時，這些人甚至整個國家都會利用手邊的資源，來對抗企圖奪取自己的權力、位置或地位的人事物。他們會不惜一切維護自己的地位或權力，而且手段可能非常骯髒。尼克森對水門案的反應就是一個例子。還有些國家會以「國家利益」的名義為所欲為，最近一個例子就是美國入侵格瑞納達。另外一個更令人作嘔的例子則是蘇聯入侵捷克。他們用來合理化自己行為的標準，通常都是自私又偽善的。

人類的歷史中充滿這些令人悲哀的例證。回顧人類的歷史，戰爭、侵略和抵抗侵略，似乎已經成為定律而非例外。早在有文獻記載之前，國與國之間的爭權奪利就已經存在了。

冥王星在十宮的人還必須面對另一門演化功課，就是學習為自己的行為負責。這些人在前世如果曾經操縱別人來達成自己的目的，這一世就可能會因為前世的錯誤，帶有一種無意識的罪惡感。同樣的道理也可以應用在國家上面。即使時至今日，德國人的民族靈魂中仍然帶有一種罪惡感，因為希特勒和納粹曾經發動種族大屠殺。希特勒的冥王星是落在雙子座八宮，與海王星合相；他的南交點則是落摩羯座在三宮，與木星及月亮合相，南交點的主宰行星土星落獅子座在十宮；北交點落巨蟹座在九宮，主宰行星月亮落摩羯座，與木星及南交點合相。我在後面會用希特勒的本命盤來解釋前面兩章的觀點。

這類人產生罪惡感的原因是，冥王星天生的行為標準到了摩羯座和十宮會變得更加明顯。他們深深體會到無論怎麼合理化自己的行為，濫用權力終究是不對的。我們每個人的內心深處都有終極的是非標準。我們可能不知道是非背後的理由，因為這種判斷是源自於內在的潛意識或直覺。

一般而言，冥王星落十宮的人多少帶有一種與生俱來的罪惡感，而這是無法用今世的生命經驗合理地解釋其原因的。當這些人用負面或誤導的行為反應來面對演化的衝動時，往往會產生罪惡感。這種根深蒂固的罪惡感會嚴重地限制他們在人生中的自我體現。他們甚至會認為自己不配擁有任何超出範圍的事物。他們會臣服於命運之下。依此看來，他們是為了前世的「錯誤」而懲罰自己，想要為之前的惡行贖罪。但這些人最大的挫折感是來自不知為何會處於這種狀態。從業力的角度來看，這類人之中有許多會被社會排斥，無法實現自己的目標。對於他們而言，門似乎總是關上的。還有些人會自我設限，或是把自己的門關上。這些遭遇可以迫使他們進行自我反省，找出導致這種狀態的內在動機或驅力。反省可能會帶來深沉的沮喪和空虛感，覺得缺乏力量，完全無法控制自己的人生。這些人可能會誕生在一個父母雙方或其中一方非常嚴厲的家庭，他們從小就必須遵守嚴格的行為標準。也可能是父母之中的一方離開了他們，或是拒絕承擔為人父母的責任。這些情形會讓冥王星落十宮的人，從小就反映出父母雙方或其中一方的行為表現，而且會根據行為的標準來批判自己，這反映出演化和業力的需求。這些人在過去世非常喜歡批評，習慣用自己當時認同的行為標準來評斷別人。

這類人最主要的功課就是學習自決和自律。自決代表認清自己的目標、能力、潛能和慾望，並透過自己的努力來實現它們。他們必須先認清自己在社會中的功能，然後透過社會認可的方法和手段來發揮它。這個過程需要紀律和持之以恆的努力。

許多冥王星在十宮的人還沒有學會這些功課，因為對他們而言，演化的衝動是非常陌生的。但是他們仍然會根據前世的身分認同模式，將這股演化的衝動轉成對事業的認同，並將事業視為自我實現、意義和安全感的焦點。他們很多人在最近幾世裡都沒有穩定的生活，這也許是因為他們沒有學會用正確的方法來實現自己的野心，或者他們拒絕付出努力，也有可能是兩者皆是。所以來到這一世這些功課仍然存在。

某些有這類前世經驗的人在此生可能會經歷悲觀、沮喪、痛苦和憎恨的循環，而且會忌妒權威人士。他們無法定義或接受自己有限的社會潛力，也無法透過社會認可的方法和手段來表現自己的潛力。當他們意識到沒有發揮自我的潛能時，就會產生罪惡感；或是將這種罪惡感向外投射，將自己窒礙不前的狀態歸咎於社會或別人。

事實上，他們自己應該為這種狀態負責。這些人的父母時常用自己的標準來評斷孩子的缺點，而這又更加深了他們的罪惡感。

較為正向的例子是，有些冥王星在十宮的人已經學會了自決和自律的功課，也很擅長透過社會認可的方式和手段來實現自己的野心、能力和社會功能，通常這些人在其他世裡都有重要的社會地位。因為他們在前世已經學過這些功課，所以無需太過費力，便能發揮自己演化的階段所注定的社會功能。他們目前所扮演的或是有能力扮演的社會角色，無論地位高低尊卑，多半能為自己的工作領域或整個社會，帶來正向又具有轉化性的影響。有些冥王星在十宮的人已經認同一種超越文化和時間界線的行為標準，或者至少曾經嘗試著讓自己的行為合乎這種標準。這些人往往能激勵別人去改善自己的生活。這種影響可能很廣泛，也可能是小範圍，我們要根據這些人的業力和演化的背景，才能判斷他們能對別人發揮多大的影響力。

在有些例子中，這種影響力可以遠播至原生國家之外，感動其他國家的人民。最經典的例子就是尤伽南達。他的冥王星是落在雙子座十宮，與海王星合相；南交點落天蠍座在三宮，與天王星合相；北交點落在金牛座和九宮，而北交點的主宰行星金星則是在射手座四宮裡，與水星合相。他命中注定要扮演世界級的精神導師角色，奔走世界各地，透過自己傳達的教誨，為不同文化的隔閡搭起溝通的橋梁。有趣的是，他的冥王星與金星有對分相，他最深沉的個人慾望就是隱居在喜馬拉雅山，無所事事地度過一生。他曾宣示，幾百年後他將投胎轉世，完成這個未竟的慾望。還有一個例子是推理小說作家艾格莎・克莉斯汀（Agatha Christie），她的人生和工作的影響力也超越了國界，雖然是在另外一個不同的層次上。她的冥王星與海王星合相在十宮，南交點落射手座在九宮與火星合相，南交點的主宰行星木星是在寶瓶座，逆行入五宮；北交點落雙子座在十宮，北交點的主宰行星水星落天秤座和二宮。

她許多的推理小說都有國際的背景，而她的作品也被翻譯成數十種語言，在全世界發行。推理小說的特質就是到書末一定會出現是非對錯的結論，或是推出公平及正義的主題，克莉斯汀的作品全都傳達了是非的標準。

冥王星在十宮或摩羯座的人，如果過去世就曾經努力學習過演化和業力的功課，那麼到了這一世，無論是處於哪一階段的演化，都能很自然地展現領導者的特質。這些人是自決力的代表，可以激勵一些與他們有相同目標的人。他們知道必須為自己的行為負責，不會用不正當的手段達成自己的目標。他們通常非常鄙視或厭惡使用不正當手段達成目標的人，也不害怕與這些耍手段的人對立。冥王星在十宮的人會把別人行為背後的動機暴露出來。他們可以透過這種方式，幫助別人往更高層的行為標準邁進。

這些人的父母雙方或其中一方，通常都會支持、鼓勵或了解他們今生應該完成的使命，也可能只有其中一方支持他們，另一方則不然。在一些情形中，不贊成他們的那一方，最終還是會了解他們所走的路是正確的，即使這條道路並不符合自己的期望。

此外，我們所有人都會透過十宮和摩羯座代表的原型，去面對生命、時間和空間的侷限。這些原型讓我們意識到，我們只擁有特定的一段時間來實現自己的使命。因此冥王星在十宮的人，往往比其他人更能意識到時空和生命的迫切性。

這種意識會帶來社交和情緒上的成熟度，使他們容易獲得成長，能妥善地處理這些議題。這也讓他們能夠掌握生命中的時機點、現實層面的結構組織，以及隨時間而改變的應用方式。國家的興衰、季節的變化以及個人演化的本質和結構的改變，都反映了這個事實。這種意識加上必然的反應，可以促進結構性的改變，而改變通常會發生在已經落伍或已經成形的事物上，如此才能帶來現實層面的成長。他們如果用負向的態度去面對時空及生命的限制，就會對人生感到悲觀，覺得一切都毫無意義，然後會問一句：「這有何意義？」但如果能採取正向態度，則能激勵自己達成這一世的使命。

• 正如冥王星在四宮的人一樣，幾乎所有冥王星在十宮的人都在最近幾世轉換了性別；有的人甚至是今生第一次轉換性別。這意味著他們在前幾世的性別發展已經失去平衡，無法再透過那個性別獲得進一步的成長。因此基於演化的目的，他們會在這一世轉換性別，來促進平衡和更多的成長。性別的轉換會導致荷爾蒙的改變，還會產生各種不同的情緒和感覺，使他們難以面對，也無法靠自己來控制。這些情緒彷彿有自己的生命。基於演化的需求，他們必須意識到這些情緒和情感的來源或誘因，而不是成為情緒或情感的受害者。他們如果可以在這個過程中捫心自問：「這些感覺是要讓我認清自己的哪一面？」就能進一步地認識自己。

歷史上有一個拒絕接受性別轉換的例子，就是變性人克莉斯汀•約根森（Christine Jorgensen）。約根森生為男兒身，後來接受變性手術成為女人。約根森的冥王星是落在巨蟹座和十宮，與十一宮的北交點合相；南交點是落在摩羯座、五宮，與四宮摩羯座的月亮合相；海王星落獅子座，與月亮及南交點形成十二分之五相；火星落在雙魚座，與南交點形成六分相，又與北交點形成三分相。此外，金星是落在牡羊座、八宮，與交點軸、冥王星和月

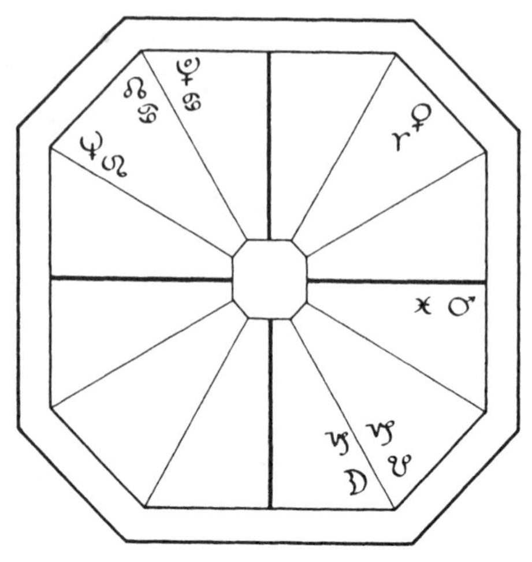

Christine Jorgenson

克莉斯汀・約根森

亮形成四分相。她想要改變性別的決心，最後成為其他想要變性的人的典範，激勵這些人像她一樣追求自我。從她的本命盤可以看出，她的靈魂對於此生的性別表現感到困惑。金星與交點軸、冥王星及月亮形成四分相，這意味著她在前世略過了原本應該面對的問題。冥王星與北交點合相，代表她必須繼續過去的演化方向，而月亮和南交點合相，則代表她必須化解之前未解決的狀況，而這與冥王星的對分相、金星的四分相有關。因此她才會生為男兒身，前半輩子都是男人。她的靈魂必須先透過男性的表現方式，與自己和別人（金星）產生連結。約根森甚至還曾經入伍從軍。這代表她必須解決一些前世當男人時沒有解決的狀況，重新走一次被省略的過程。等那些被省略的過程走完了之後，她就接受變性手術，以女性的身分繼續之前已經展開的演化方向。她這一世的靈魂必須用女性的方式，讓自己和別人（金星）產生連結。冥王星在十宮的對應點是四宮或巨蟹座。這些人的演化導向就是學習培養內在的安全感、完整的身分認同，以及與社會地位或成功的慾望無關的個人成就。這些人正在學習如何擺脫社會功能或事業帶來的陷阱和安全感，進一步地認識自己。

除此之外，他們也在學習情緒的功課，其中一個學習的管道就是家庭。這可能與父母雙方或其中一方、婚姻伴侶以及小孩有關。冥王星在十宮的人往往會從父母雙方或其中一方、配偶以及小孩的身上，體驗到情感上的震撼。這種震撼能逼著他們自我檢討，例如失去父母就可能會產生這種效應。這些人的父母可能非常武斷，並不了解他們的個人特質，這迫使他們必須學著依靠自己。這些家庭條件背後所隱含的業力，是要他們學著檢視內在的情感基礎。這些條件是必要的，唯有如此他們才能認識情緒的本質和基礎，創造一種與外在狀況無關的內在安全感。此外，這也可以幫助他們發現導致這種業力的內在驅力。他們如果能接受這種生命條件裡的責任，就會產生自知之明。

他們也可能透過自己的小孩體驗到家庭問題，而這也逼著他們用前所未有的方式檢視自己。他們可能會生下「問題兒童」，或是具有高度覺知的小孩。小孩會製造一些內在的衝突，迫使他們去注意孩子的行為，以及行為背後的原因。

根據其他的演化和業力條件，冥王星在十宮的人一旦當了父母，可能會因為事業而忽略孩子，或者永遠無法真正了解自己的孩子。因此，孩子也無法真正認識父母。這種代溝會促成罪惡感，迫使他們再一次地自我檢視。這一類的情感震撼或衝突，都可以讓冥王星在十宮的人檢視自己是什麼樣的人，認清影響自己的情感、心智、精神或行為的驅力及原因。他們必須看清楚自己對自我的定義，同時得知道哪些事物可以為情感層面上帶來安全感。

冥王星十宮的人的社會地位或「正確」的事業，往往會被否定或是遭受阻礙，而這也是他們要學習的功課。有些人因為在前世濫用權力，導致這一世被人否定。當他們不受外界肯定時，也可以學會同樣的功課。他們也可能誕生在一個特殊的階級，或是接受一種世襲的社會地位。還有些人會因為前世的努力，在很年輕的時候便獲得顯赫的地位。但也有許多人會以某些形式失去地位或失寵。最經典的「失寵」例子就是尼克森總統。他從權力的巔峰墜落下來，隨之而來的侮辱迫使他有生以來第一次檢討自己。

就國家的層級來看，值得一提的是，美國的冥王星就是在摩羯座，這意味著美國總有一天會「失寵」。有一天它會失去世界強權的地位，與大多數的國家無異。這可以重組國家的靈魂，演變出新的集體意識。基於演化的必然性，由世界強權地位產生的安全感，也會隨之改變。

另一個厭倦並且擺脫社會地位的個案，就是約翰・藍儂（John Lennon）。藍儂創造了表象的事業成就，不僅改變了流行音樂的文化，也觸動了無數人的心。但是他到了生命後期卻遠離自己創造的舞台，變成一個「家庭主夫」。他的父親在他小的時候毀了家庭，而他的母親也離開了，由他的阿姨負責照顧他。他在第一任妻子與兒子的身上體驗到家庭問題，隨後就是小野洋子（Yoko Ono）對他的情感操縱和控制。這些經驗讓他深入地從本質上檢視自己。他照顧兒子五年，讓自己學到許多必要的情感功課。之後他繼續追求音樂事業，卻被一個充滿忌妒、精神失常的狂熱男歌迷槍殺身亡。藍儂的冥王星是落在獅子座十宮裡；北交點則是在天秤座十二宮裡，與火星合相，而火星是南交點的主宰行星，南交點則是落在牡羊座和六宮；北交點的主宰行星金星則是在處女座十一宮裡，與南交點形成十二分之五相。他的社會和個人業力，從過去一直延續到這一世，都必須被實現出來。然而，到底是什麼原因導致他在這一世被暗殺身亡呢？

這種演化導向加強了自我檢視的驅力，讓這類人發現自己情緒上的安全感，其實是建構在事業或社會地位的認同之上。他們必須透過這種方式反映出內在的驅力，如此才能清醒地確定自己的現實、自我形象及安全感。這種反映讓他們有機會改變身分認同中的過時或固有模式。他們可以學會如何重新整理自己，創造一個不是依附在事業或社會功能之上的自我形象；同時可以學會為自己的行為、生活條件及現實遭遇負責。在學習的過程中，他們逐漸會內化自己的安全感需求，最後就能培養出一種獨立的態度：無論自己失去了什麼，都可以安然無恙。他們越是能早點學會這些功課，就越能快速地清除一些限制事業發展的障礙。他們也可以透過演化和業力所需的社會功能，毫不費力地滿足自己在社會認同和權力上的慾望。

當他們開始學習這些功課時，就能讓自己「沒落」或擁有私人的時間，與外在的職責達成一種平衡。他們將會了解影響自己生命的價值觀和信念，同時體驗到這些東西都是非常主觀的；他們對於行為標準的評斷，也應該只適用於自己身上。因此他們最後學會的是，不要從負面的角度來批評別人的價值觀和信念。他們可以學會接受自己的人生職責，以及伴隨而來的責任和義務。如此一來，也就可以用同樣的態度鼓勵或啟發別人透過自決的學習，以一種誠實、非操縱性的方式實現自己的目標和野心，並且用同樣的方式去鼓勵別人。這些人如果有小孩，往往能學會做一個負責的父母，會非常樂意付出，而且教育極富建設性，即使自己的孩子是「問題兒童」。

冥王星在十宮或摩羯座的人常見的特質是：週期性的情感退縮、需要社會的認同和權力、組織能力佳（除非有其他因素的影響）、天生的領導者、對於「系統」的運作有深入的洞悉力、野心十足、嚴肅、武斷、容易焦躁、時常陷入沮喪的循環中、獨裁且偽善。

冥王星在十宮或摩羯座的名人：

尤伽南達（Paramahansa Yogananda）
厄尼斯特・海明威（Ernest Hemingway）
賈瓦哈拉・尼赫魯（Jawaharlal Nehru）
艾伯特・卡謬（Albert Camus）
英國安妮公主（Princess Anne of England）

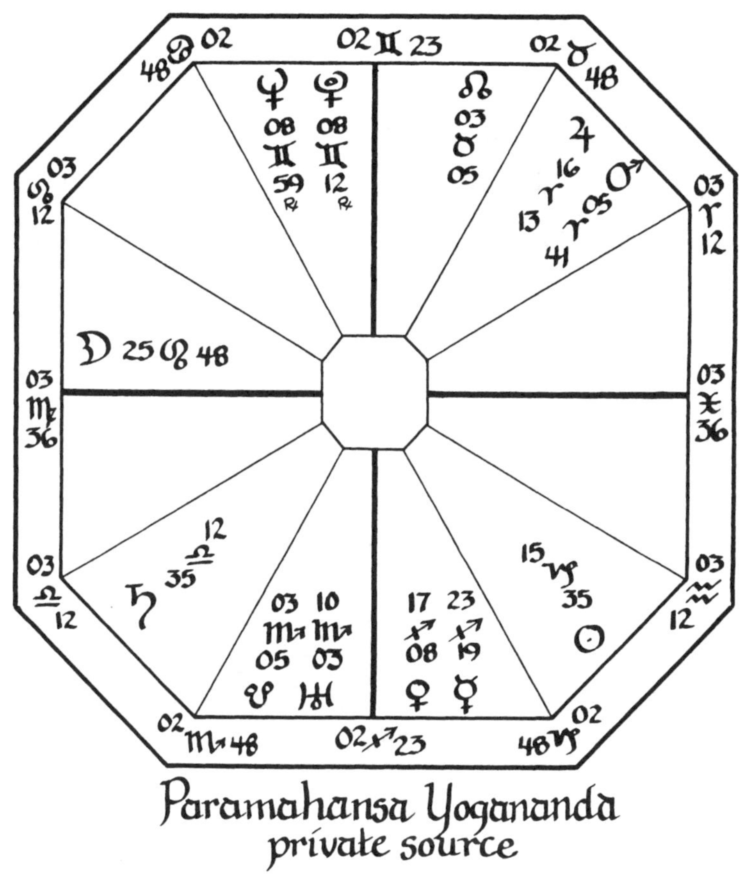
Paramahansa Yogananda
private source

尤伽南達
來源：私人提供

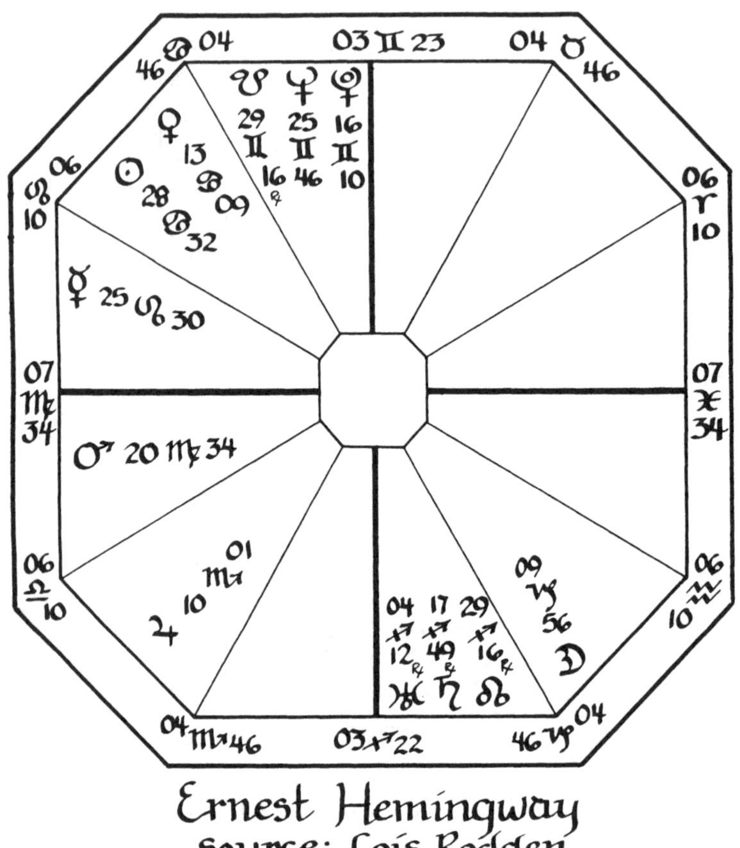

厄尼斯特・海明威
來源：路易斯・羅登

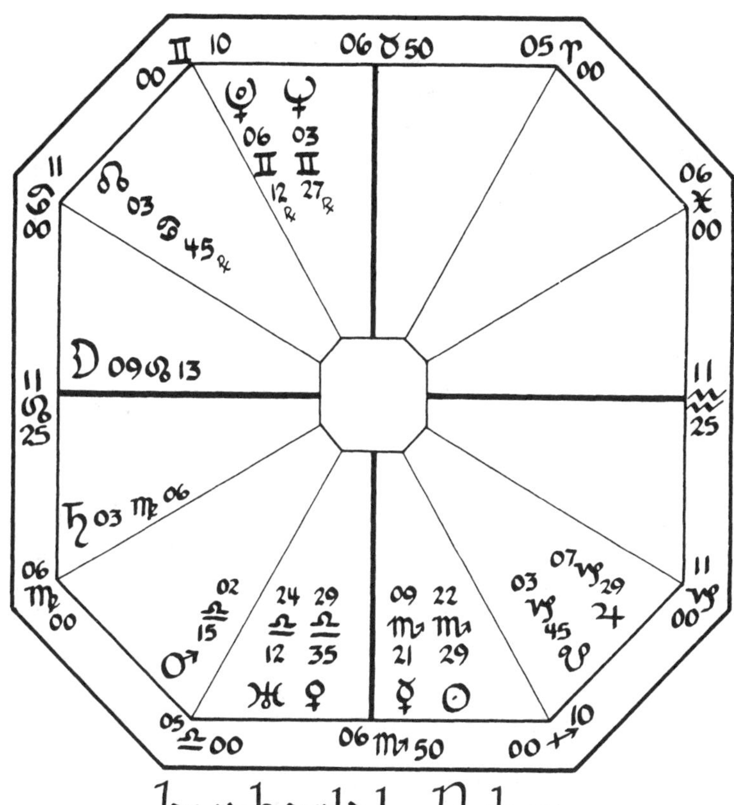

賈瓦哈拉・尼赫魯
來源：馬克・潘菲德

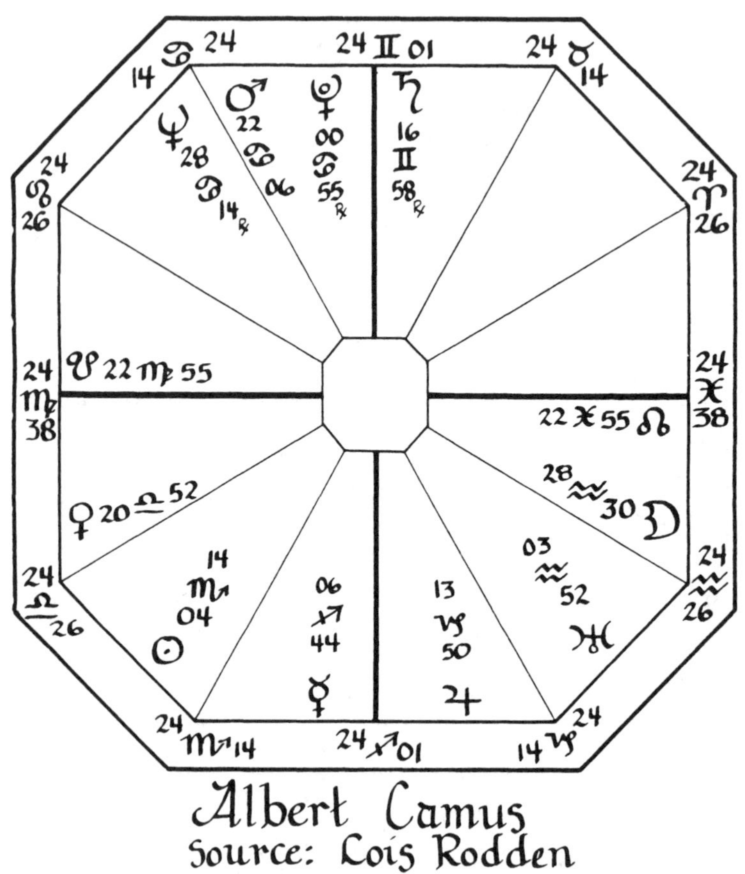

艾伯特・卡謬
來源：路易斯・羅登

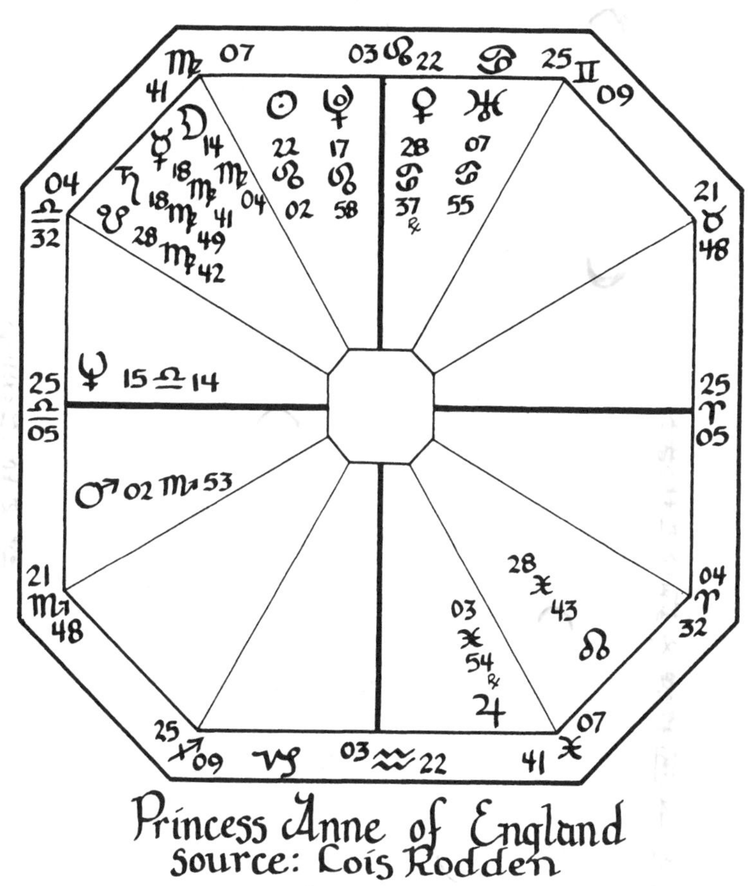

英國安妮公主
來源：路易斯・羅登

冥王星在十一宮或寶瓶座

冥王星在十一宮或寶瓶座的人已經學習過，如何將自己從固有或過時的自我定義模式中解放出來，而這會透過社會、父母、朋友以及早期影響自我的事物反映出來。事實上，他們一路走來的演化導向就是要褪除過去的表相。

整體而言，冥王星在十一宮的人會用三種方式面對這種演化導向。有些人已經學會如何拋下這一世和其他世所建構成的東西。他們會試圖脫離過去的束縛，知道自己基本上是自由的，不受父母或任何文化的影響，也不受限於自己曾經被教導要相信的事物。這些人必須抵抗武斷定義自我的情境，拒絕讓外界來告訴他們自己是誰、該做些什麼，以及該如何去做。透過這種反抗，他們可以學會轉移那些想要限制或定義他們的外在媒介，這些媒介通常無法與他們自認為的自我或試圖活出的自我，產生自然的共鳴。在反抗的過程中他們一直在學習讓自己脫離主流社會，不要讓社會習俗束縛、限制或定義自己。此外，他們也在學習如何從超越時空的層次來看待自己，所以也培養出一種客觀和抽離的態度，彷彿他們是站在人類活動的邊緣，從遠方來看待自己和別人。因為這種距離的存在，所以他們可以切斷任何形式的國家或文化認同。

這些人會透過這種面對演化的態度，切斷所有阻礙成長和自由的執著，以更多的方式來發現自己。他們也能指出無法再發揮作用的自我特質。這些特質可能是情感的模式、慾望、詮釋內外現實的方式，或是面對自己及社會的態度。如果他們把注意力放在這些無用的特質上，就會明白每一種面向的自我身分認同，都會影響和限制其他面向，甚至是整個生命架構。

我們舉一個簡單的比喻，這個過程就像是烘焙一個派，只要改變或刪除了其中一些原料，味道就可能完全不同。同樣地，這些人也在學著客觀地觀察自己，知道自己為什麼是現在這個模樣，如何變成了現在這個模樣，然後就可以改變或消除阻礙自己進一步發展的「成分」和元素。他們會密切觀察自己參與的每一個生活層面，藉此暴露需要被改變或檢查的部分。這些人觀察的實際生活層面，必須視他們的演化和業力需求而定。

這些人具有一種天生的創新能力，因為他們的內在需要發掘更多的新方法，來持續地探索自己。別人時常會抗拒這些人的新方法，因為它們威脅到了自己做事的傳統。當傳統受到威脅時，安全感也就岌岌可危了。在很多情形中，冥王星十一宮人的新方法都是領先自己所處的時代，無法融入現有的架構中。新方法帶來的改變往往非常激烈、過於背離傳統。這類人的生活方式甚至會威脅到主流社會的集體意識、法律和習俗。他們有許多人必須先對抗或排斥過去的種種，才能突破舊有的信仰、習俗、禁忌和規範。無論是過去、現在或未來，這些人都時常被社會視為怪異、激進、有革命傾向或是「與眾不同」的人。

他們有些人會認同或借用某種文化傳統，然後綜合另一種文化傳統。透過這個過程，他們可以用一種新的方式，面對目前社會的政治背景或環境。這些人或多或少都活在社會邊緣，尋找著志同道合的夥伴。有些人甚至會在目前的社會或文化中，創造或建立新的社團，或是參與一個已經成立、同樣處於社會邊緣的團體。

在某些極端的例子中，有些團體成員會完全「脫離」主流社會的制度。這些人可能變得有反社會傾向，因為他們覺得自己已經無法在社會中扮演有意義的角色，或是已經沒有辦法在目前的制度中，整合或建立自己和社會的願景。他們被稱為激進人士、嬉皮、亡命之徒或顛覆份子。少數極端的例子會變得有報復性，企圖透過某些方式來破壞或中止社會制度。

他們的演化需求是必須透過情感、心智、精神或肉體的強烈震撼，學習客觀和抽離的功課，同時切斷所有阻礙成長的執著。這些震撼可能發生在與自己親近的朋友或一般交情的人身上，也可能是與別人偶爾相遇的場合，或是透過主流社會本身表現出來。冥王星在十一宮的人對於自己和別人、任何事情或社會整體，都有一種非常刻板又嚴格的概念，當別人認為他們的想法過於激進、侷限或不切實際時，就會為他們帶來必要的挑戰和衝突。這可以讓他們對自己執著的意見產生客觀意識。執著會阻礙更進一步的成長。這些必要的衝突可以幫助他們調整或消除這些想法，並創造新的模式。

但這些人基於冥王星的強迫天性，加上需要這些想法帶來的安全感，也可能會激烈地抗拒必要的改變。他們如果一直抗拒改變，就會被別人孤立。當這種孤立情況越來越嚴重時，他們就會被迫檢討自己，找出別人不再理會自己的原因。孤立最後可以讓他們對自己的執著及其原因，產生客觀意識。

十一宮和寶瓶座的原型對人們而言是非常重要的，因為這可以讓他們有機會改革和轉變自己，把過去拋在腦後，且培養新的概念，用全新的眼光來看待自己。這也讓人們有機會嘗試一些新的想法或慾望，藉此來完全改變長久以來或現有的模樣。他們還可以透過這個原型，與其他具有同樣想法的人建立關係，並藉由這些人來反映自己的生命觀或社會觀。如此一來，他們就不會覺得自己很古怪，因為至少有一些人和自己一樣朝著某個方向邁進。

十一宮和寶瓶座的原型，還可以讓人們認識或體驗自己與眾不同或獨一無二的面向。人們必須透過對比或比較，或是透過與其他人建立社會連繫，在社會中建立次團體，才能感受到自己與別人的「差異」。當他們觀察到自己所屬團體與其他次團體的差異時，就能產生對自他差異性的覺知。這是一種很自然的過程，不僅可以促進自他差異性的覺知，也可以讓所有人用一種客觀的方式與別人建立關係。在這個過程中，人們可以客觀地意識到自己在團體、社會或整個文明中所扮演的獨特角色。他們將會知道一個角色是如何影響或改變了整體的驅力模式。這種驅力不僅可以應用在個人身上，也可以應用在團體上面。如果有一大群具有相同想法的人團結起來，試著去改變過時的社會結構，社會的變革就應運而生了。

即使十一宮和寶瓶座的原型讓個人和集體獲得了成長的機會，還是有很多人懼怕改變，也害怕與眾不同。許多冥王星在十一宮和寶瓶座的人，會抗拒背叛與眾不同的慾望。他們會壓抑想要擺脫過去的內在衝動，而這股衝動帶來的背離感受，則會讓他們更害怕抗拒。別忘了，除了天王星，土星也是寶瓶座的主宰行星。

所有冥王星在十一宮的人到了這一世，都深深覺得自己與大多數的人是不相同的。這是因為之前的演化導向要他們拋下過去，與過去切斷關係。這種背離會投射到外在環境上面，或是與外在環境有關。他們如果抗拒或背叛自己的內在需求和感覺，就會無時無刻都非常渴望或需要屬於一個團體。事實上，這種渴望就像是一種情感和心理上的補償作用，彌補自己壓抑了想要與眾不同及背離的內在感受。這些人會認同主流的社會規範和法律。只要別人這麼做，無論做了什麼，他們都會如法炮製，藉此獲得團體的歸屬感。任何一個社會團體都會建立行為的「規範」，並且會有公開和潛藏的壓力，要求團體內的每一份子都遵守這個規範。這些人往往會不自覺地完全依賴同儕團體，來獲得個人的成就感和意義。他們的個人性、目的、價值和信仰，完全是同儕團體的「規範」的延伸。但即使他們透過這種方式來彌補，仍然會覺得自己是不一樣的。這種感覺在某種程度上可以帶來必要的客觀性和抽離性。無論他們做了什麼，想盡辦法希望自己是「正常的」或是有歸屬的，仍然會覺得自己與別人不同。這種差異的感受會衍生出典型的冥王星問題：「為什麼？」我們每個人都有自由意志，但冥王星在十一宮或寶瓶座的人一直在學習如何抉擇，到底是不顧後果地追求自我的獨特性？還是不顧一切地否認或壓抑這種差異性？有些人可能暫時解放自己，最後還是得退回原點，一次又一次地嘗試。有些人可能不停地嘗試，最後終於透過某些方式找到或培養出社會化的個人特質。還有些人則是完全受同儕團體的控制。

最後一類的人面對過去演化衝動的方式，就是瘋狂地捍衛以往的傳統。他們很害怕與眾不同，不願意嘗試新的看法、新的典型，或是新的做事方法。他們不會切斷或脫離過去，反而會緊緊抓住過去的一切，這完全是一種土星的反應模式。第一類的人對於過去的演化導向，表現出了天王星式的反應模式。第二類的人則表現出兼具土星和天王星的反應模式。第三類的人則是土星的反應模式。第三類的人儘管會緊抓著過去不放，仍然覺得自己與眾不同，因為他們感覺到「時光」的流逝，而自己就像社會中的恐龍一樣過時了。個人和集體的生命會不斷地成長，永遠處於改變和演化的狀態。這正是他們所懼怕的事情，因為任何的改變或是背離，都會威脅或破壞老舊的秩序和穩定性，令既有的模樣改變了。

這些人會把老舊的秩序當成萬靈丹，不僅會用它來糾正目前的問題，還會將其投射到未來，創造一個「應該如此」的未來。他們不會培養新的視野，順應這個不斷改變的世界，反而會用一種老舊疲乏的眼光看待未來，藉此來解決時下的問題。這種傾向反映出他們在絕望地壓抑自己內在的衝動，這股衝動不停地催迫他們「脫胎換骨」，放下之前所依據的生活或是身分認同的模式。他們也可能與志同道合的人交朋友或建立社會連繫。這些人無論是出自個人或團體的身分認同，都可以透過背離自己所屬的社會文化，培養客觀和抽離的態度。這些人或是所屬的次團體，通常會異於其他不認同社會理想及身分認同的人。

無論我們將這三種冥王星在十一宮或寶瓶座的原型區隔開來，或是混雜在一起，他們都可能在社會中產生各種不同的次文化。就負面的反應來看，某個團體或是某幾個團體會聯合起來，為了安全感和權力去影響、控制或消滅其他團體。這種方式只是反映出自我中心的獨立渴望不僅無法產生客觀和抽離性，反而會導致心胸狹窄和執著。同樣地，個人也會基於安全感和權力的渴求，用同樣的方式對待別人。就正面的反應來看，這些人可以容忍、接受或鼓勵個人和團體的差異性。有些最邊緣的團體，無論是過度解放或過度保守，一旦威脅到整個團體的穩定性和安全感時，就可能同時出現正向和負向的反應。

我們可以從冥王星在十一宮或寶瓶座的人的本命盤，看出他們可能會傾向於認同哪一種團體。如果本命盤顯示從眾或強調傳統的元素，這些人就可能認同社會的主流。如果本命盤顯示非傳統的元素，則可能認同邊緣團體。如果本命盤有強烈的內向色彩，他們可能就沒什麼朋友，也不屬於任何一個特定的團體，自己獨樹一格。

此外，我們也必須考慮這些人的自然演化階段。處於合群階段的人會加入主流團體。處於個體化階段的人會認同一些比較獨立新穎的團體。處於靈性階段的人則會參加心靈團體。將個人的演化階段與本命盤的能量（例如內向或傳統）一併而論，就可以了解這些人對社會中的哪一種次團體最有歸屬感。舉些例子，內向／靈性階段的人可能不會參與任何團體的互動；具有內向／從眾特質的人，可能會成為主流同儕團體的沉默跟隨者；外向／個體化階段的人，則可能成為小團體的領導者，不同的組合可以依此類推。

冥王星的星座也可以提供額外的線索。例如，冥王星在處女座的人可能會非常害羞，畏懼社會團體。他／她可能會批評自己所屬的團體，或是該團體會批評他們。這些人最後會找到另外一個可以反映自己想法的團體，然後藉由這個團體的掩護，對其他不同的團體扔出批判

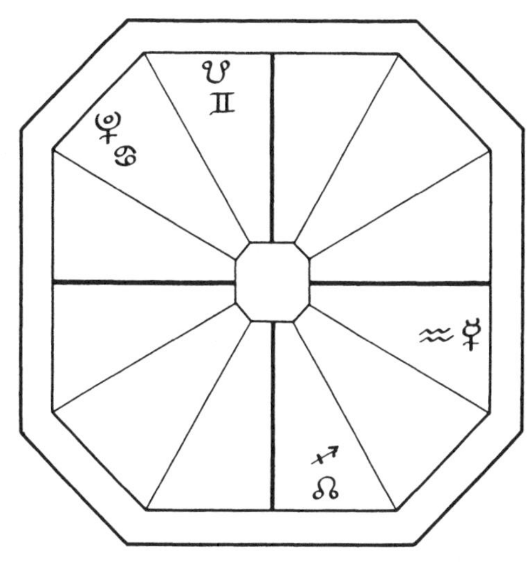

的手榴彈。舉個例子，目前社會中有很多參加龐克搖滾團體的人，他們的冥王星都是在處女座。無論是個人或團體，都會出現上述的行為模式。

讓我們舉一個例子來詳細解釋這種驅力模式（參見上圖）。有一位女士的冥王星是在巨蟹座十一宮裡，南交點是落在雙子座和十宮，而南交點的主宰行星水星則是在寶瓶座六宮。她正處於個體化的階段。她誕生於加州洛杉磯的一個低階層的黑人家庭。她的父母盡可能地提供她最好的條件，父親更為了她的教育努力工作存錢。他不想讓她因為種族或次文化環境而受限，或是成為受害者。他早期對她灌輸的觀念就是：只要她堅定地努力不懈，一定可以達到自己的目標。她在周遭環境裡目睹鄰居的貧困和痛苦，同時感受到社會對於黑人的「看法」。她在十五歲時決定當一名社工，幫忙改善黑人的生活狀況。她拒絕受種族歧視的限制，也不願意對此投降。她拒絕自艾自憐，決心要完成學校教育。她在內心深處知道自己是與眾不同的，但她也完全了解黑人同胞的感受。她認同且了解這種社會狀況，這促進了她的自我意識，決心透過自己追求的工作來改善社會現況。

她靠著父親的存款和半工半讀完成學業。她拿到社會心理學的博士學位，然後回到自己居住的社區推動工作訓練計畫。她透過政府的專款計畫幫忙社區修建，創造了許多就業機會。她還為社區舉辦各種不同主題的工作坊和講座。她協助社區進行改革，而她的行動和計畫最後變成了其他地區的模範。

她在過程中遇到了許多問題，最大的問題就是她基於自我的需求，將自己的願景套用在別人身上。她對批評極具防備心，也不願意改變自己的做事方式，即使她心裡明白還有更好的方法。在她的潛意識中，改變或承認錯誤就等於威脅到自己的地位、社會認同及情感上的安全感。因此儘管她做了許多好事，但仍然招致別人的批評和對立。另一個問題就是，她將自己的整個身分認同、情緒上的安全感以及對現實的態度，都建立在社會地位上面。隨著時代的改變，她不但無法順應社區的需求，還硬將自己的老方法用在新的狀況上面。到最後她陷入了精神崩潰，完全喪失行事能力。雖然她還年輕，卻已經無法繼續工作。她被迫用新的方式面對自己。隨著時光的流逝，她在接受了足夠的治療之後，開始執筆寫一些社會心理學和社會公平性的書，還有一些關於這類主題的小說。

冥王星在十一宮的人無論處於何種演化階段，都必須培養客觀性和抽離性，切斷任何阻礙進一步成長的執著，與志同道合的人組成團體。整體而言，他們都必須轉移其他團體或個人對自己的影響，藉此來加深對個人獨特性的覺知。所有人都必須將自己的目標與社會或團體的目標，以及人類社會化的理由連結在一起。有些冥王星在十一宮的人在過去或未來，都足以領導一個團體，甚至是整個國家，但是要看他們的演化發展和業力而定。基於冥王星天生的魅力，別人會深受他們吸引，認為他們在過去或現在具備了某種力量，可以和別人分享。

許多冥王星在十一宮的人基於之前的發展，天生就能洞悉團體的需求，揭露團體運作的驅力模式，進一步了解團體中所有人的角色和功能。他們具備一種「放眼未來」的領導能力，能夠培養出一種全面性的社會願景，來指引團體或社會產生改變，藉此獲得更多的進步和成長。他們會實驗或嘗試新的理想，然後視需要而調整。有些人會實驗新的理想，但即使面臨激烈的挑戰，仍然不願意改變自己的藍圖，最後導致自己以及自己的概念全盤崩解。也有些人會根據新的狀況，為自己的舊願景添加新元素。冥王星在十一宮的領導者，會在一段時間內吸引眾多的追隨者，但是當他們的想法不再新穎時，往往就會垮台失敗。從另外一個層面來看，有些冥王星在十一宮的人會被整個團體或次團體徹底孤立。我們必須觀察他們的業力特徵和背景的整個本質，才能決定這個階段的演化和業力的需求是什麼。

冥王星在十一宮的對應點是五宮或獅子座，這些人的演化導向就是學會掌握自己的命運。他們必須學會如何實現理想，盡可能地專注在自己的人生、想要達成的目標，或是可以延續至未來的理想上面。冥王星十一宮的人最常見的特徵，就是不停地思考有關自己未來的可能性，卻沒有付諸行動。這種特徵其實是過去演化導向的本能反應。這些人在過去世一直渴望擺脫自己的歷史，到了這一世，他們如果沒有為自己的理想採取行動，就會對現狀產生不滿。因此，今世的演化導向就是要掌握自己的命運，按照命運暗示的想法來勾勒自己的人生，將自我的理想轉化為實際行動。為了達到這個目標，他們必須學著降低對安全感的需求，盡量不去依賴別人告訴他們的方式，學著只要自己想做，就放手去做，無需顧慮太多。他們不能等著別人先採取行動，也不能等別人來支持自己和他人的理想。

至於那些被別人或社會唾棄、被迫站在邊緣的人，則必須學會培養個人的生命目標，並且將這個目標與社會的需求結合。他們不能繼續站在社會邊緣，不停地丟石頭，攻擊咒罵社會制度，只因為社會的那一套不是照著自己的慾望走。

整體而言，這些人必須知道自我的力量來自於自己的與眾不同，而且與眾不同是理所當然的事。他們可以藉由學習採取行動和落實下來，在自己的演化和業力注定的領域裡，成為頗具才幹的領導者。所有冥王星在十一宮的人都有一種與生俱來的力量，可以在自己選擇的生命領域中扮演革新和創新的工具。當改變過於快速或是明顯脫軌時，這些人即使是捍衛過去的偏激份子，也可以充當穩定的力量，帶來正面的影響。所有冥王星在十一宮的人都必須學會保持抽離和客觀，而且當自己最重視的理想和願景已經不合時宜時，就要果斷地放下。他們可以透過環境的挑戰或對抗，客觀且不帶個人色彩地做出必要的改變。他們最有可能掉入的陷阱，就是以一種堅決違抗的態度來保持距離，反對所有與自己意見相左的人，拒絕做出任何改變。

他們都會透過友誼，感受到情感上的震撼、失望、分離和拒絕。這種釜底抽薪的經驗是要讓他們學會掌控自己的命運，切斷對於別人的依賴。此外，這種經驗也能讓他們認清構成友誼的真正要素。整體而言，這些人在生命的每個階段都只有少數親近的朋友，而在某些特定的階段裡，甚至會覺得完全沒有朋友。

冥王星在十一宮的人透過這些演化功課，就可以在社會中扮演各種重要的角色。他們天生的發明和創造能力，可以在社會中大放異彩。這也會讓他們產生蛻變，充滿著自信，不僅能客觀地認識自己、自己的角色以及背後的理由，同時也知道該如何在社會需求的前提下，充分落實自己的創造性目的。他們可以帶著這份覺知，扮演一些與社會有關的重要角色。這些角色往往具備權力或潛能去改善現有的障礙，讓他們在自己投入的生命領域中獲得進一步的成長和演化。按照同樣的模式，他們也可以促進別人甚至整個國家產生同樣的覺知。

冥王星在十一宮或寶瓶座的人常見的特質是：態度兩極化、極端地反社會，但也可能從眾地激烈捍衛傳統、本質上覺得自己與眾不同、執迷且帶有強迫性的思考模式、有發明能力、獨特、具有創造力、好朋友、階段性地完全與外界脫離、只注重自己、可能出現突發和脫軌的行為、反傳統傾向、很難正確地認識或定義事情、無動於衷。

冥王星在十一宮或寶瓶座的名人：

艾伯特・愛因斯坦（Albert Einstein）

傑西・詹姆斯（Jesse James）
大衛・鮑伊（David Bowie）
班傑明・富蘭克林（Benjamin Franklin）
林登・B・強森（Lyndon B. Johnson）

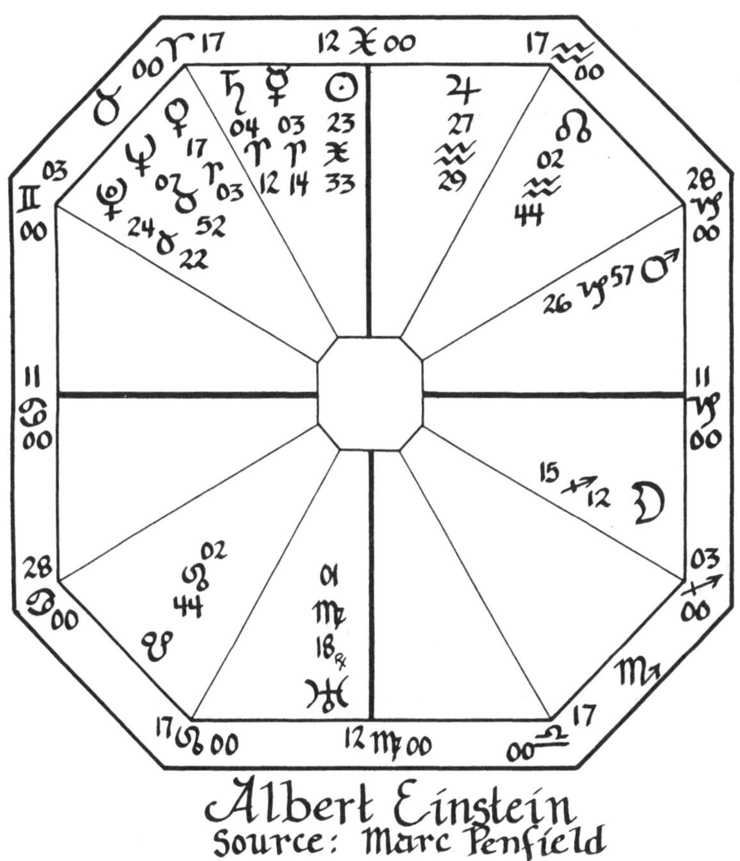

艾伯特・愛因斯坦
來源：馬克・潘菲德

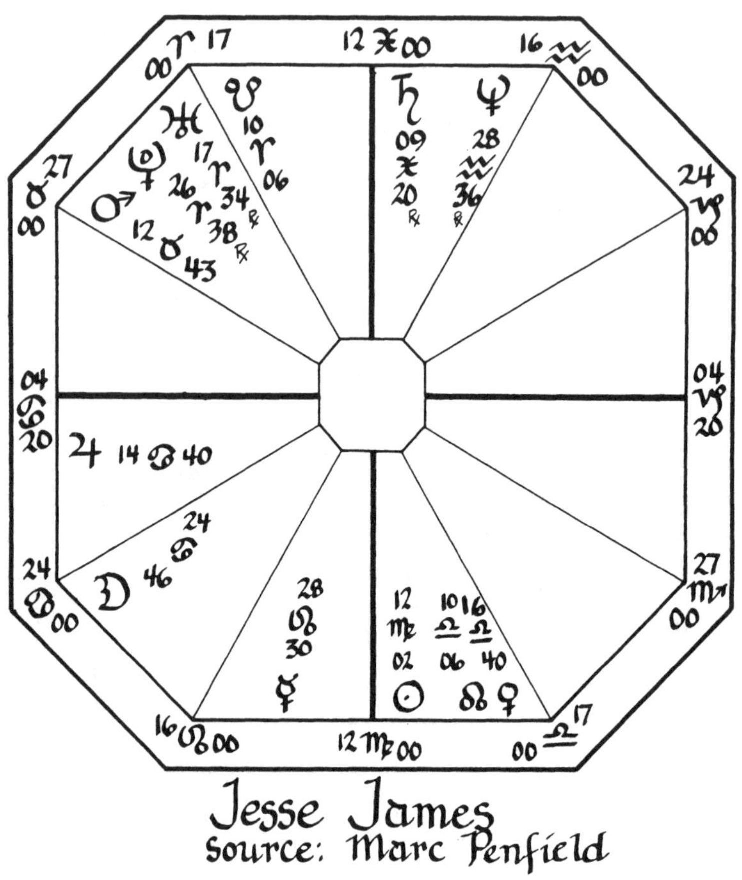

傑西・詹姆斯
來源：馬克・潘菲德

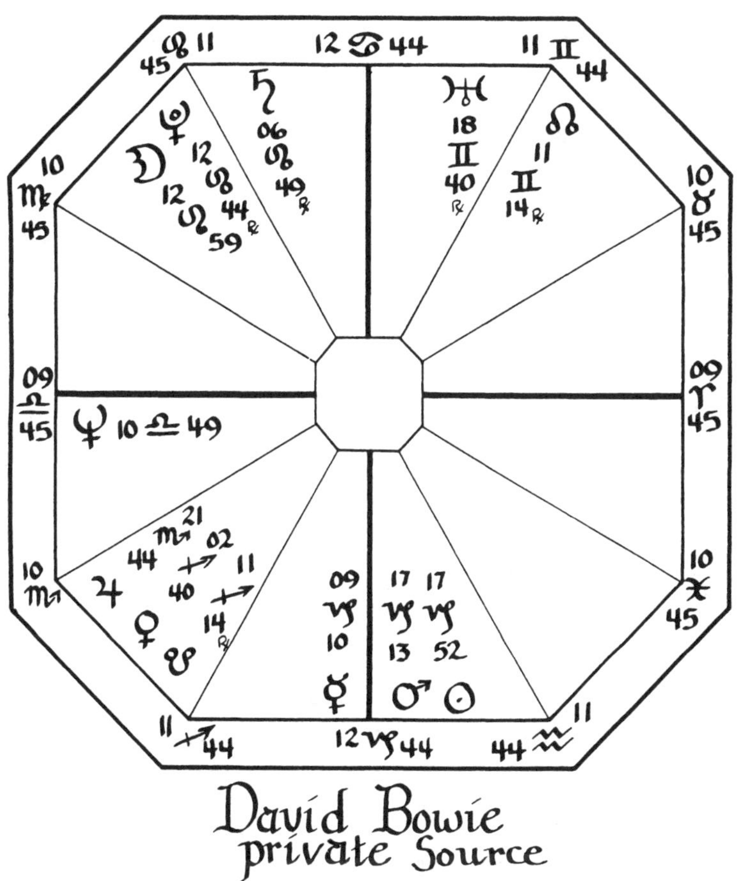
David Bowie
private Source

大衛・鮑伊
來源：私人提供

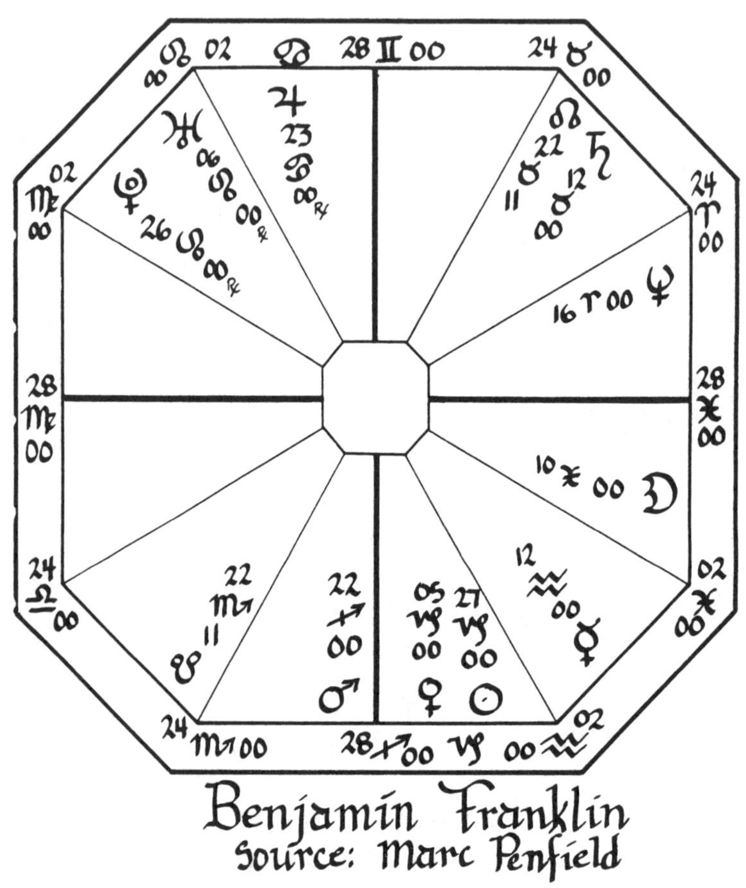

班傑明・富蘭克林
來源：馬克・潘菲德

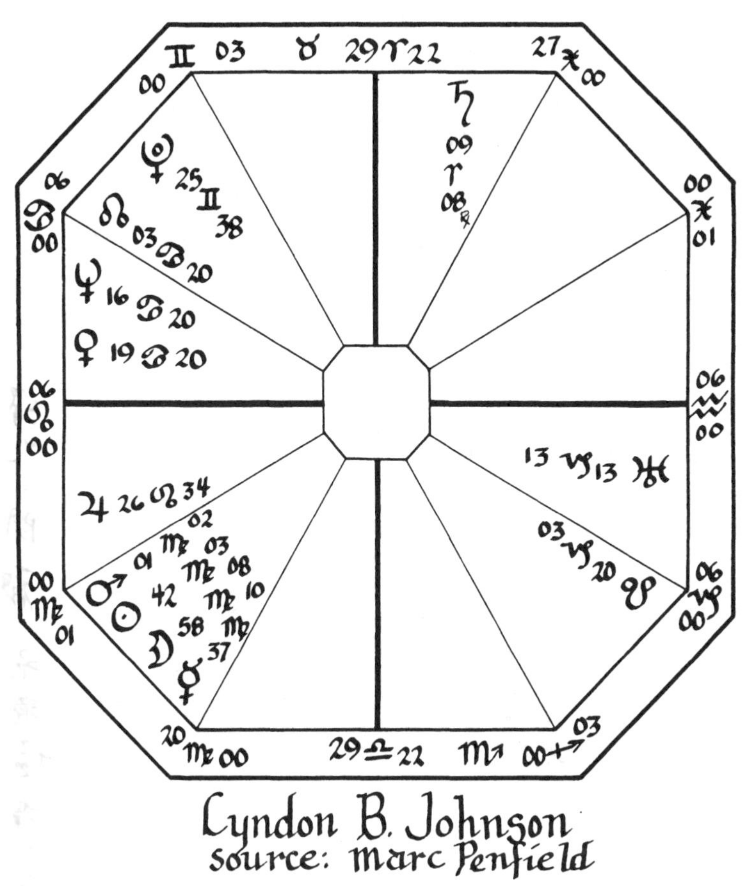
Lyndon B. Johnson
source: marc Penfield

強森
來源：馬克・潘菲德

冥王星在十二宮或雙魚座

冥王星在十二宮或雙魚座的人，在過去世的演化導向或慾望，就是認同某種類型的超驗性信念系統，藉此來了解造物的一體性，然後將自我的獨特性視為「造物的本源」(Source of Creation）的延伸。藉由這個過程，賦予生命的所有面向一種精神意義。

整體而言，十二宮和雙魚座是其他的宮位、星座和行星的綜合體。我們可以透過十二宮和雙魚座的原型，來理解構成所有生命和現實的本源，而這件事必須透過清醒的發展及認知來達成。

這類人在過去世就非常重視或渴望瓦解掉阻礙合一境界的障礙，他們想要體驗或了悟宇宙的終極本源。這些障礙可能出現在情感、心智、心靈或肉體任何一個層面。他們演化的需求就是消除老舊的障礙，因為這些障礙使他們無法與本源產生直接的連結。為了滿足這個需求，他們必須認同某種超驗性的信念系統，才能提高自我的心靈層次。

他們一直渴望找到和理解一些超越時空或文化基礎的信仰、知識或價值觀。十宮或摩羯座的原型就是透過自我中心的觀點，體會到個人生命的有限性；十二宮或雙魚座的原型則是透過靈魂的觀點，去理解或發現個人生命的有限性。十宮或摩羯座與時間和空間有關。雙魚座和十二宮則與永恆及無限有關。個人的擴張本質上是從六宮和處女座開始的，到了十二宮和雙魚座，就會透過某種轉化讓個人化的自我與本源融合為一。

因此，冥王星在十二宮的人一來到此生，就會深刻地感受到自己正站在懸崖邊緣。他們的身後是一個已知的光明世界（文化、時間和空間的結構），而前方則是無垠的黑暗深淵（永恆及宇宙性的特質）。這些人正站在懸崖邊緣，必須選擇往哪個方向前進：縱身一跳？轉身回頭？還是留在原地不動，哪兒也不去。

這些人在過去世所做的決定，將會影響他們在這一世的演化慾望、導向和需求。而這些決定也會影響他們這一世的演化階段或條件。

我們必須知道這些人將如何面對前世的演化導向。正如冥王星落入其他宮位和星座的情形一樣，在十二宮裡也會有兩種並存的慾望，一種是回歸本源的慾望，另一種是與本源分離的獨立慾望。這兩股慾望會交互作用，決定一個人的反應和動機。但是對冥王星在十二宮的人而言，前世的演化需求就是要發現造物的本源、與這個本源融合，換言之，就是宇宙化或心靈化。

因此，他們必須去除或消融源自於自我中心的身分認同。任何與本源切割的形式，都得臣服於過去世的演化引力之下，消融掉所有的分離慾望。十二宮的演化進程基本上會出現三種類型的反應模式，這些模式會導致不同的行為，也會影響這一世經歷的演化和業力狀況。

我們在詳細討論這三種模式及其導致的結果之前，先討論一下這些人在面對先前的演化導向時，最容易感受到的內在及外在經驗。整體而言，大部分的人在某種程度上都會抗拒這股演化的引力，拒絕與本源融合或臣服於本源之下，也不願意對本源產生認同。在他們的一生中，這種抗拒會週期性地引發不同程度的困惑、迷惘、疏離及崩解。

在融合與臣服的過程中，任何一種形式的分離都會彰顯或滋養心中的抗拒和反感。分離類型的慾望，暗示著大部分的人都很恐懼自己無法掌握人生。因此，冥王星在十二宮的人會絕望地依附於任何帶有個人本質的事物，藉此來感覺自己有能力掌控人生。但基於演化的引力，他們也會產生一種內在的覺知，知道即使自己將某個東西個人化，或是賦予它個人的身分認同，仍然不是真正的自己，也無法真的和它產生連結。他們知道除此之外還有一個自己碰觸不到的已經喪失的連結。在週期循環的基礎上，這種內在的覺知會越來越強烈，最後會整個主宰他們的意識。當這種情形發生時，困惑、疏離與斷絕關係也會隨之而生。在這個週期循環中，冥王星落十二宮的人出自於天性，在內心深處會覺得自我意識逐漸地擴散，無法再整合。因此他們有許多人會過度認同自己的某一個面向或特質，而且會透過所有的事物彰顯出來，藉此來產生自我意識，對抗一切的失焦。他們有些人會認同社會中的一個次團體，透過這個次團體的信仰、目標或身分，產生自我中心的個體意識。這種認同的面向或領域會產生極大的力量，因為它就像一種工具或管道，讓他們可以用自我中心的個體意識來面對自己。

有些冥王星落十二宮的人在過去世曾經是極具能量的偶像人物，或是具備這樣的潛能，因為他們懂得將這種能量透過自己的某一種特質表現或投射出來。有些人會創造一種脫俗的氛圍，同時能影響別人。他們的力量是來自於對自我及自身行為的信念，這讓他們有能力引起

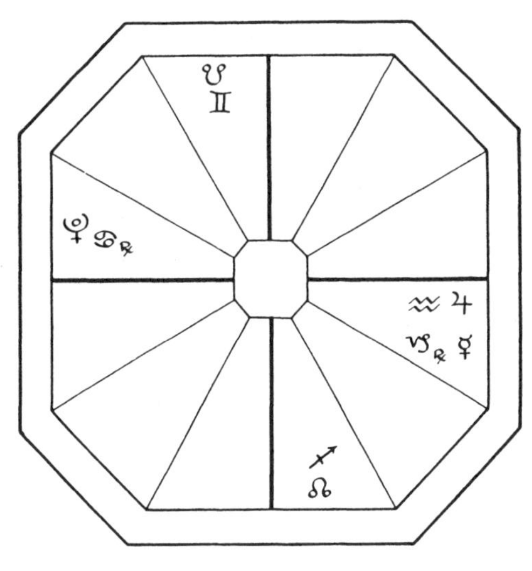

集體意識的興趣、想像力、支持或迫害。珍芳達（Jane Fonda）的人生就展現了這種力量。她的冥王星是落在巨蟹座，逆行入十二宮；南交點落雙子座在十宮，而南交點的主宰行星水星落摩羯座，逆行入六宮；北交點是落在射手座四宮，而北交點的主宰行星木星落寶瓶座在六宮，與冥王星形成對分相。珍芳達在她的人生早期曾加入反戰活動，積極地反對越戰。她全力投入於這種社會認同的運動之中，最後成為反戰的代言人。她在戰況最激烈時訪問北越，招來不少社會的譴責或讚賞，端看當時個人的立場是什麼。

過度認同自我的某個面向會導致強迫性傾向，因為對他們而言至少有一個面向是熟悉和已知的。他們如果改變了這種自我認同的方式，就可能對未知感到懼畏。這種威脅可能會讓他們失去自我的掌控力，而導致一種不安全

感。不過他們仍然會有一股想要消除個人侷限的演化衝動，這又會讓他們感到困惑和懷疑，而與自己最認同的個人面向產生分裂或疏離感。冥王星在十二宮的人在某些重要的循環階段，會覺得自己內在經歷了一場根本性的大爆炸，摧毀或瓦解了自己的某些特質或信仰。當這種爆炸的過程加劇時，他們就會對自我的本質產生困惑和迷惘。這會讓他們在腦海中不禁出現一些念頭：「這是真正的我嗎？」、「這不是真正的我」或是「除此之外一定還有更多」。在這個揭露自我的過程中，他們會漸漸覺得失去了對人生的掌控力，或是整個人生完全失控。此外，沒有任何東西能立即彌補瓦解消散的事物。這種失控、失落和困惑的感受，會讓他們週期性地體驗到虛空代表了一切，而自己根本無法賦予人生任何意義。有些人會震驚不已，猛烈地反擊，用一種帶有強迫性和驚恐的方式恢復那些有意義的、老舊的自我模式或生命態度。他們想要回到已知的世界，也就是過去。

這種反射性的強迫行為不僅會讓這些人更沮喪，還會將他們引到失敗之路上面。這也可能發揮一時的作用，但是到了最後，一切仍然會瓦解成無意義的碎片。很多冥王星落十二宮的人在迷惑中晃蕩時，都會神奇地體驗到自我蛻變；有一種新的想法、認知、自我的面向，或是一種面對自我及人生的新方式，會從靈魂中浮現。這種過程是自然發生的，並不是源自於個人的自我意識。

這些從靈魂浮現的新模式和想法，其實是被神性的源頭「激發」的，儘管許多人在意識上並不願意承認或認同這種說法。這種新的狀態是自然發生的，它讓困惑裡出現了清明，瓦解中產生了整合，懷疑中浮出了信念，疏離中有了連結。

這個過程是要他們學會相信，還要覺察到自己與更大的整體之間存有一種連結，而這裡指的就是宇宙本身。他們已經體驗過自己就像汪洋大海中的波浪。無論是過去或現在，這個過程都是要教導他們，讓他們知道有一些領域或次元，會阻止或限制個人去認同宇宙整體；同時也是要讓他們學會將焦點從波浪轉移到海洋。這些人還可以在這個過程中學到無論自己願意與否，都必須躍入無垠的深淵，而非麻痺地站在懸崖邊緣，或是轉身回望著過去的光明世界。

冥王星在十二宮的人可以在躍入深淵的過程中，學會信賴的功課，讓他們知道個體崩解的恐懼，或是對一個超越小我的力量俯首稱臣，都不過是透過自我反映出分離的慾望的虛妄。無論願意與否，他們都會在躍入宇宙之海的深淵時學會信賴，週期性地體驗到個人限制的自我消融。這些限制往往會造成他們無法成長，所以自我消融是必經的過程。當他們從深淵中脫身時，就能獲得完全的蛻變。這種蛻變可以為他們帶來新的認知，發現自己內在的潛力，最後就能撥開迷惑的雲霧，找到自己一路追求的答案和新方向。自我消融的週期循環可以讓他們越來越清明。他們無法透過自我來控制這個過程。這個循環的進程會藉由個人靈魂的發展方向，表現出冥王星在十二宮的「生命功課」的本質。這些人可以透過這樣的週期循環學會信賴。信賴在某種程度上與認知有關，知道總有「某個東西」會透過某些方法，讓現在和過去的困難迎刃而解。當這種揭露和理解突然出現在他們的腦海中時，他們就能藉由自己的方式體驗到「與神性的融合」或指引。

冥王星在十二宮的演化衝動就是認同本源或是與本源融合，但是這類人之中有許多人已經成功地抗拒或否認了這股衝動。這些人為了否認，會接二連三地製造一些幻想或夢想，來找到自我所尋求的生命意義，彷彿這些幻想或夢想就代表「終極意義」。這股否認的力量也反映出與本源分離的慾望。這些幻想或夢想會被分離的慾望影響。因為所有冥王星在十二宮的人都會在生命中追求終極意義，因此這些幻想或夢想都具有強大的力量，而且經常會被美化或扭曲。對於這些人來說，虛幻的事物都非常真實，而且往往只聚焦在單一的生命領域上頭。他們可能會在發現自我的過程中，體驗到這些幻想或夢想，原因如下：

1. 冥王星的根本慾望會透過個人實現出來。如果冥王星是落在十二宮，這個過程就會讓他們知道與終極本源的關係，而且自己也扮演了共同創造現實的角色。實現幻想或夢想的力量與形象化及信仰有關。一個人如果對這些幻想或夢想抱持堅定的信仰，同時相信冥王星在十二宮固有的形象化或肯定的力量，那麼這些幻想或夢想就能成真。

2. 這些幻想可以讓他們認清幻想的虛妄本質。我們要牢記一個重點：無論是在意識中製造出這些幻想，或是在實際生活中活出這些幻想，對他們而言這些東西都是十分真實的。冥王星在十二宮的人即使能把幻想或夢想實現，讓一切都顯得非常真實，仍然得努力地發現或了解這些「現實」都是源自於幻想或夢想。換言之，他們活出了這些幻想，因此這些幻想也成為他們實際或具體現實的基礎，一切看起來都是如此地真實。

讓我舉一位個案的經歷來解釋這一點。某位男士的冥王星與火星合相落獅子座十二宮；南交點落射手座在四宮，而南交點的主宰行星木星是在天秤座，逆行入二宮；北交點落雙子座在十宮，而北交點的主宰行星水星在金牛座和十宮；位於七宮的雙魚座月亮與交點軸形成四分相，同時與冥王星及火星形成十二分之五相。他正處於個體化的演化階段。他在這一世很自然就能意識到一種超越自我的力量。但是他仍然有一種強烈的恐懼，害怕自己會被拖進深淵裡，也不敢有意識地發展自己與生俱來的靈性需求及本質。他在無意識中有一種「上帝情結」，期盼現實都圍繞著他打轉。他的潛意識也渴望在別人的生命中扮演上帝的角色。基於前世的努力，他這一世天生具備教學和治療的天賦，因此整合了各種相關的法則，發展出一套新的治療方法。他的慾望和需求就是被別人重視，被別人認為自己既有力量又很特別，所以就根據這種新的治療法則和方法，實現並創造了自己的事業。此外，他還渴望建立一個全國性的醫療網，應用自己創造的治療方法。

這位男士除了希望能被別人視為無所不能之外，同時也非常渴望透過工作賺取財富。他吸引了一些具有類似治療慾望的人，這些人都把治療視為個人生命的重要部分。他教導這些人新的治療方法，加深他們的慾望；而且還對他們許下不可能實現的承諾，讓他們相信只要與他的力量結合，就可以獲得相當程度的財富和名聲。他將這些人組織成一個全國性的網絡，以宗教為基礎，把一些尋求幫助的客戶交由這些人治療。換言之，他位居這個全國性網絡金字塔的頂點，同時也從安排別人替他實現夢想的過程中，賺取了大量的財富。他成了別人眼中的偶像，這些人都很了解他的本事。他的確實現了自己的慾望和夢想。他試著在單一的生命領域中整合自己，於是寫了一本書，四處演講，同時還成立了全國性的組織，讓自己不停地工作。這種強迫性的工作驅力，反映出他非常恐懼被拉入消融自我的深淵中。但這股拉力反而在他侷限於治療驅力的自我形象上，留下了一道裂痕。

這道裂痕帶來了斬斷的效應，使他深感孤獨，覺得自己的生命中遺失或缺少了某一樣東西。因此他又創造了另一個職業上的夢想，那就是撰寫充滿性愛情節的羅曼史。他甚至還用了筆名，透過書中的角色和情節，替代性地實現了自己潛意識中的慾望。他在現實的親密關係中也「正好」欠缺性愛的浪漫，於是就陷入了一場類似自己書中情節的婚外情。

這位男士其實是在實現潛意識的慾望和夢想。這些東西對於他自己和別人而言，似乎都非常「真實」。他沒有意識到自己是在避免或害怕與本源結合，也沒察覺自己有扮演上帝的慾望。他沒有發現自己最後總是覺得很孤獨。事實上，他的感受正好與實際情況相反，而這也是冥王星在十二宮的人最常出現的問題。他們必須花好長一段時間，才能認清自己「夢想出來的現實」的基礎，因為他們一直都活在夢想中。他們很難認清這個基礎，因為創造這些夢想和現實的動機和恐懼，都是出自於無意識。此外，這些慾望在本質上是脫離本源的，它們並不是根據與本源的內建關係的產物，所以它們創造出來的現實，在某些方面註定是要失敗的。夢想的氣球遲早會破滅，讓現實遇到衝擊。他們必須面對事實，承認「現實」只是個夢，幻想就是幻覺，到最後他們只是孑然一身地站在懸崖邊緣，沒有一絲存在的意義、滿足

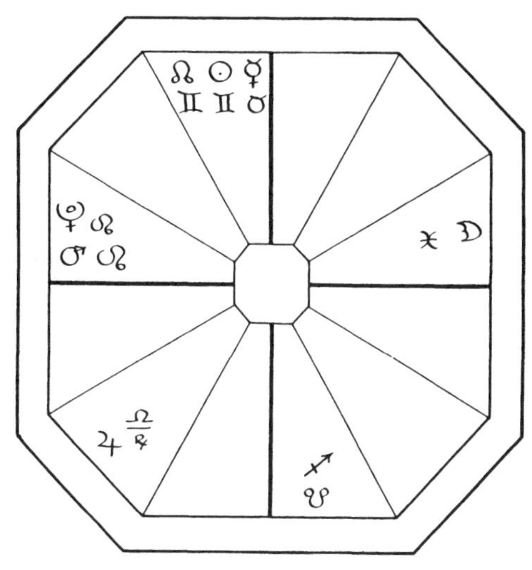

或平靜。

在上述的個案中，這位男士創立的全國性網絡後來垮台了，因為許多成員開始認清了他的本質。垮台的原因還包括有很多成員並不符合做這份工作的資格，而這位男士也沒有經過適當的篩選或評估，就認定某些人是自己可以幫助或治療的。終歸其因就是他想要扮演上帝，而這份工作又不是順著本源的方向在發展。換言之，所有冥王星在十二宮的人都必須把自我意志和慾望，與本我及解脫的慾望結合。他們如果沒有這麼做，那麼那些根據自我中心和分離慾望所建構的現實，到了某個時間點必然會崩潰瓦解。這種情感上的震撼，是要讓他們認清自己的夢想、幻覺和幻想的本質及基礎。再讓我們回到這位男士身上，他一手打造的全國性網絡垮台後，他的不倫戀的消息也爆發出來。他心中建構的幻想與現實的不倫戀很不一致，而這段婚外情幾乎毀了現有的親密關係。這種雙重打擊帶來的情感震撼，迫著他開始徹底重新評估自己的人生：自己到底來自何處？為什麼會來到這裡？

冥王星在十二宮的這種強迫性的追逐夢想模式，可能持續了許多世，因為這些夢想和想像完全不受外界影響，只受限於他們個人的想像力。不過當然，在演化進程中的某些時刻，他們一定會耗盡帶著隔離與逃避傾向的慾望，產生極度疲乏的感覺。當他們徹底醒悟之後，就會重新回到本源，面對無限的深淵，而試圖和宇宙整體建立關係。所有冥王星在十二宮的人都會耗盡分離的幻象和慾望，而這些東西都是源自於虛幻的想像。他們在耗盡之後就能體會一句古老的諺語：「人生不過是一場夢」。正如浪潮必須回到最初的海洋，我們所有人也必須回歸本源。當冥王星在十二宮的人領悟到這一點時，他們真正認同的本性就能感應到神性的啟蒙，而且還能因為這份啟蒙，替我們所有的人實現某些「任務」。這些人必須和本源建立一種清醒的關係，才能領悟到這一點，而他們的行為和慾望也會完全符合本源要表達的狀態。

如果他們抵抗或拒絕與本源融合，就可能出現其他的「症狀」，其中包括否認自己本身或生活有任何差錯。他們會強迫性地假裝一切都很好，即使「現實」看起來並不是那麼一回事。冥王星在十二宮的人會運用盲目的意志力，努力地讓一切看起來都沒問題。在某個演化或業力的時間點上，這副眾人皆知的粉紅色眼鏡終究會產生裂縫。代表真理的耀眼光芒將會透過這道裂縫，照亮他實際的處境及生命狀態。這些裂縫是源自於無意識的自我破壞傾向和外境之間的衝突。在衝突中自我創造出來的現實會動搖內在的信仰，讓他們經歷情感上的震撼。現實遭遇的震撼又會帶來懷疑、分裂、困惑和疏離，迫使他們意識到自己「緊緊依附」的現實，其實是不真實的。這類的震撼也讓他們發現自己為何如此封閉、否認或過度天真，同時可以幫助他們了解自己的幻覺，或是拒絕承認真相的疏漏之處。他們得經過很長一段時間的不知所以然，才能產生清明的覺知。總有一天，必要的知識會自行照亮他們的意識領域。當這種清明和理解的魔法發生時，他們就會不由自主地觀照到那個一直在操縱著自己的力量。

所有冥王星落在十二宮的人，在這一世都會有一種終極的是非觀。這種終極的是非觀會反映在理想化的行為標準上面。這種理想化的行為標準表現的方式不一，必須視每個人內在意識的發展或演化的狀態而定。就他們而言，這是一種內心深處的感覺，認為事情理應如此。他們的這種內在的感受是源於前世的演化導向，一種對超驗的真理的認同。基於前世的演化導向，這類人都會根據這種理想化的行為標準來評斷自己、別人和整體人類。當自己、別人或人類的行為不符合這個標準時，他們就會用一種負面的角度去看自己、別人或人類，認為一切都違反了理想。我們都知道靈魂之中存有兩種慾望，回歸本源的慾望會和分離的慾望。這裡談到的分離慾望就是夢想和幻想，而這些東西本質上都帶有逃避或避免與本源融合的色彩。這些人會週期性地評斷自己，認為自己應該完成些什麼，或是現在應該做些什麼。因此，他們都有強烈的自我迫害傾向，因為他們發現自己無法做出「正確」的事，也無法達到理想的行為標準，而這些標準都是奠基在與本源融合的需求上面。

這類人還會嚴懲或批判別人的相關弱點或缺失。他們有很多人在過去世中都曾經自我嚴懲過，藉此來彌補自己沒有把事情做對的罪惡感。這種過去世的狀態往往會變成投射的基礎，所以他們才會用理想的行為標準來評斷或嚴懲別人，只因為對方沒有做到他們認為正確的事。有些曾經在過去世自我嚴懲過的人，此生還帶有一種根本性的受害和烈士情結。他們會覺得生命完全不受控制，只能任由這些超出自我控制的力量擺布。有些「受害者」會不由自主地藉由藥物、酒精或任何逃避的活動，來脫離或逃開現實。這種前世的業力狀態反映出一個事實：他們會透過自我中心的觀點，渴望破壞或銷毀小我的力量。有些人會以自我中心的觀點來濫用權力，這種觀點就是「上帝情結」。這種情結讓他們經歷了好幾世的迫害或限制，完全被比自我更大的力量操弄。這些人並不了解這些狀態的目的，也無法讓自我的意志力與「高層意志」連結，最後就會強迫性地怪罪所有的人事物，藉此來合理化自己的負面傾向和逃避的行為。有些人會將自己鎖在一手打造的監獄中，任由生命浪費消逝。有些人則會強迫性地扮演南丁格爾，想要幫助每一個人，不去考慮對方到底需不需要。這類人會對所有的人表現出同樣的仁慈，完全不去評斷任何事情；彷彿評斷本身就是「錯誤」，而應該要避免的事。事實上，冥王星在十二宮的人必須了解評斷的真正意義。到底什麼是評斷？什麼不算是評斷？他們也必須學習對生命的每個方面提出適當的評斷。

他們在過去和現在所面臨的功課，就是要學習根據目的做出最後的評斷。每個人的目的都反映了自己的慾望。這些人必須學會專注在自己的慾望之上，如此才能了解自我的慾望與目的之間的關聯性。他們想要做出正確行為（與自我理想化的行為標準有關）的慾望如果非常一致又強烈，那麼行為的目的就會隨著慾望而產生。

同樣地，冥王星在十二宮的人也必須學習根據別人的目的來評斷對方。他們內在的評斷是根據自己的行為標準產生的，但如何將這種評斷應用在別人身上，而且是要根據對方的行為而定，就是一門相當重要的功課了。耶穌曾說過，當一名妓女站在想要報復的群眾面前時，「就讓沒有罪惡的人先丟石頭」吧。當然，沒有人有資格丟石頭。這些群眾的憤怒是源自於自己的行為標準。但正如耶穌所指出的真理，這些人只想要別人符合自己的行為標準，而其實沒有一個人是完美的。不過當然，他們仍然可以在內心評斷妓女行徑的過錯，也可以根據行為的標準來評斷自己的過錯，但是他們不能因為妓女的過錯就對她扔石頭。扔石頭是不對的，因為他們自己也無法免於過錯或罪惡。

這種內在的評斷是必要的，因為評斷可以讓他們更加符合理想化的行為標準。必要的評斷的重點就在於，他們必須原諒自己和別人的缺失，因為很少人是完美的。想要改善、趨近完美的導向本身，就是最根本的標準。根據這個標準，我們所有的人都會被自己、別人及本源評斷。自我評斷是一種非常重要的訓練。同樣地，冥王星在十二宮的人必須用一種最根本的行為標準，來認清別人不正確的慾望和行為，唯有如此，他們才不會在欠缺必要的評斷和辨識時，反映、推測或突顯了別人的「錯誤」行為。當他們在關心別人的時候，除非對方提出了要求，否則就得學著不要發表任何評論。除非他們被所強調要求發表評論，否則最好的方式就是在心理上肯定對方會有最佳的改變。

有些冥王星在十二宮的人注定要扮演受害者或殉道者的角色，藉此來學會評斷的功課。這些人的生命歷程留給我們充滿著啟發性的見證，讓我們見識到十二宮所強調的評斷和寬恕的真理。耶穌當然是一個經典的例子，他說：「原諒他們，天父。因為他們不曉得自己的所作所為。」安妮・法蘭克（Anne Frank）又是另一個例子，她在自己的日記中寫到：「儘管世界是如此，我仍然相信人們的內心都是非常善良的。」耶穌的海王星與南交點合相在天蠍座，六個行星落在雙魚座，與逆行在處女座的火星及冥王星形成對分相。而在法蘭克的本命盤上，南交點是落在天蠍座，主宰行星冥王星在十二宮；北交點是在金牛座，主宰行星金星也在金牛座、十宮。

從另外一個角度來看，恰當的評斷也是非常重要的一門演化功課。許多冥王星在十二宮的人對於未知有一種非理性和自卑的恐懼。其中有許多人無法獨自面對自己。所有冥王星在十二宮的靈魂，都在朝著整體或宇宙性的方向邁進。雖然我們每個人都會感受到拉向宇宙本源的引力，但比起冥王星落在其他十一個宮位的人，冥王星落在十二宮的人會更強烈地感受到這股引力，而這就是他們的「最後底線」。他們有許多人都覺得這股引力就像內心深處的漩渦，將他們拉向宇宙的黑洞，讓他們在虛空的深淵中耗盡生命力。他們會因為恐懼消融和失控而表現出各種脫軌行為，最極端的例子就是激烈的偏執狂、精神官能症、精神分裂和恐懼症。有些比較緩和的「徵兆」則包括：密集的夢魘、夢遊、不敢閉上眼睛、不敢獨處、不停地行走、強烈的逃避或脫逃傾向（不停地忙碌，直到自己筋疲力盡為止），拒絕或否認自己不想聽到、碰觸、感覺、體驗、品嚐或聞到的事物。

有些冥王星在十二宮的人會成為其他存有或能量「拜訪」的載體，他們可以體驗到源自於「未知」的感受、情感、情緒、想法和慾望。這些來源有時是他們壓抑在自己內心裡的東西，突然間浮現了出來；有時則是透過通靈接收到別人的想法和情感；有時則是來自於其他世界的力量或存有的「催促」。

他們所有的行為徵兆都反映出同樣的演化導向：消融一切妨礙自己與宇宙本源建立直接關係的障礙，與一個超驗的信仰系統連結，藉此來加強這份關係。他們如果試圖抗拒這種演化的發展方向，就可能導致極糟糕的結果，像是失去理智、過度佔有，或是完全的崩潰瓦解。少數人會表現出耶穌症候群，完全被自我蒙騙或蠱惑，以為自己就是上帝。

對於冥王星在十二宮的人而言，評斷和辨識是必要的功課，因為這可以幫助他們了解自己內心的變化。這些人必須與一種超驗的信仰系統或結構連結，才能體悟到這一點，而這份體悟可以讓他們透過適當的觀點，來了解所有行為徵兆背後的原因。他們可以在這個過程中學會分辨什麼是錯覺、幻想或想像，什麼才是諭示、真理和神聖的靈感。他們也能把自己對於未知的恐懼，轉化成信仰和信心，勇敢地躍入未知的深淵，然後獲得重生和轉化。有些人則會藉由這個過程，將恐懼化為虛無，最後一消而散。

有些冥王星在十二宮的人曾經在宇宙中找到棲身之處，能夠正向地面對先前的演化目的，到了這一世就會成為天生的靈媒、管道或媒介。還有些人能夠帶著信念，毫無保留地躍入無垠的深淵，將所有的注意力都集中在本源上面。少數人則可以體驗到絕對的諭示，發現創造的本質。他們會覺得自己是個宇宙人。還有些人因為已經了解或感受到「萬事皆無用」，所以會否認自己需要承認或發展的部分，也就是不能被壓抑的部分。每個人都是獨一無二的。每張本命盤都能揭示之前的演化和業力背景，而這一切就造成了今生所有的狀態或條件。

有些冥王星在十二宮的人不知道自己為何會來到這個世界，對他們而言，地球就像異國一樣陌生。這些人可能有許多世是活在其他地方（其他星球），或是有很長一段時間魂不附體。這種類型的人最常見的問題就是：無法和別人描述自我的感受，因而感到沮喪。

有些冥王星在十二宮的人在過去曾經連續好幾世都是離群索居，與世界脫離。這種脫離可能發生在修道院、監獄或荒野等地，這麼做的目的乃是要在宇宙中進行自我冥思。有時他們是因為被監禁而被迫與外界隔離，但這也是要讓他們學會同樣的功課。當他們是被迫受到監禁時，就必須考慮是否源自於業報的懲罰，同時要評估背後的原因。

所有冥王星在十二宮的人的腦部松果腺，都受到高度的刺激。正如曼利・霍爾（Manly Hall）在《解剖人的玄奧面》（*The Occult Anatomy of Man*）提到，這種腺體在其他的文化和時代中經常被稱為神祕腺體。松果腺位於脊柱上方、腦部的正中央，會分泌一種天然的超驗化學物質，叫做褪黑激素。舉個例子，當我們吸入ＬＳＤ迷幻藥時，意識狀態會產生改變，當松果腺分泌褪黑激素時，也會有同樣的作用。光線一旦進入我們眼睛的視網膜，松果腺就會受到刺激。當這些人的松果腺受到高度刺激或非常活躍時，就能週期性地體驗到另類意識狀態。這是一種自然的心靈化進程。然而，他們如果在意識上並不渴望追求或發展自己的靈性面，這種進程反而會產生先前提過的負面心理徵兆。

從生理學的角度來看，源自於松果腺的褪黑激素可以讓我們的整個身體更加敏感。當我們的大腦（意識）變得敏感時，神經系統也會變得更加敏銳，能夠感應到「更高頻率的振動」、脈衝或是超驗的知識。褪黑激素可以讓我們對任何刺激都變得更加敏銳，包括觸覺、味覺、聽覺、嗅覺和視覺。舉個例子，冥王星在十二宮的人如果沒有注意到食物不乾淨，他們的胰臟（分泌酵素和胰島素）、膽囊、胃、十二指腸、肝、消化道、大小腸內必要的細菌量、內分泌系統，以及星光體或以太體的能量，都會出現問題。任何情緒、心靈、心智或身體上的壓力，都會導致生理或心理上的問題，而且還會抗拒演化的引力。他們如果過度地自我否定或壓抑，最糟糕的情形還會出現癌症、腫瘤、癤瘡或膿瘍。

從前世的觀點來看，所有冥王星在十二宮的人都曾經學習過如何分配時間，在出離的需求和對外的活動之間取得平衡。這種平衡是非常重要的。過於偏重其中的一方，就會導致各種類型的情緒扭曲，喪失思考能力和自我重心，或是心靈被扭曲。由於他們很容易和自己失去連繫，所以也容易將這種平衡的需求拋到腦後，忘記自己何時應該退縮或隱居，何時該勇敢面對現實。與自己失去連繫就反映了自我消融的過程，也意味著他們過度認同自己的某一部分，或是不停追逐著一個又一個的夢想或幻想。對於冥王星在十二宮的人而言，平衡點或節奏是不停在改變的，從來不會是一樣的。這種不停的改變，是因為他們渴望活在永恆的當下，而這當下又能同時反映出過去和未來。因此無論是在過去或現在，對於他們而言最重要的就是針對內外的活動不停變動的本質，隨時進行內在的調整和覺察，依此來採取行動。當這種平衡的需求出現時，冥王星在十二宮的人如果能順勢而為，就能培養出帶有一致性的清明或洞見，認清自己的所有層面及外在活動，因為他們已經與自己或宇宙達成了和解。中國的道家把這種狀態稱作「無為」。簡單地說，就是不主動採取行動。一個人如果在任何時刻都能有意識地覺察到當下的需求，順勢而行動，他的行為就能符合當時的需求。因此所謂的「無為」，就是依照當下的覺知來行動。

冥王星在十二宮的人面對前世的演化導向時，通常會出現三種反應模式，這些反應模式也會導致一些相關的業力狀態。詳細的介紹如下：

1. 這類人有些會運用自我的力量來抗拒或排斥演化的慾望。所以他們會背離深淵，迎向已知的光明世界，而這指的就是過去的一切。他們會緊抓住熟悉的事物或傳統不放，否認任何超越自我的更大力量或源頭。他們會被自我蠱惑。就業力而言，這種反應模式只會讓他們不斷地或逐漸地感受到生命的無能為力。實際的表現方式可能是身體殘障、被監禁，或是因業力而無法運用個人的意志力。

2. 還有些人會站在懸崖邊緣，無法向前一步，也無路可退，變得動彈不得。他們已經意識到自己和宇宙本源之間的連結，但還是無法擺脫強烈的恐懼，擔心自己會走得太遠。他們在潛意識中抗拒將自己交給一個超越小我的力量。他們一方面渴望能有意識地與這股力量建立關係，一方面又十分抗拒。他們在一種模糊不清的靈性中摸索。他們之中有些人只會在經歷極險惡的危機，當一切都垮台時，才會承認自己有發展靈性的需求。然而危機一旦過去了，這種需求以及對靈性的重視也就煙消雲散。這類型的人時常會從事人道服務的工作。就業力的角度來看，他們最常遭遇的情形就是：疏離、情感上的困難或崩潰、工作問題、精神混亂、週期性地覺得生命毫無意義、空虛或徒勞無益、幻滅感和神性上的不滿足，這些情形都是要讓他們積極地發展演化的正確導向。他們有些人會成為極具創造力的偶像，將我們的視野轉向宇宙的本體。世界上有許多才華洋溢的演員、作家和作曲家，都有冥王星落在十二宮裡。

3.另外有些人則會帶著信念面對深淵，然後一躍而下，藉此化解所有老舊的束縛和侷限，不再受文化或社會認同的限制。他們會獲得重生，而本源在過去和當下都藉著他們顯化出來。換言之，他們的個人意識中心已經從波浪轉為海洋。當他們與本源合為一體時，就會很自然地完成被要求或命中注定的工作和職責。有些人會代表我們所有人去執行一些非常特別的「任務」。就業力而言，他們正在快速地擺脫人世間的事物，不到必要的時刻，他們是不會重返人間的；除非他們自己想要回來，或是本源及本源的代理人要求他們這麼做。

第一種和第三種反應模式比較少見，第二種最常見。當然，這三種截然不同的反應，會隨著一個人的內外狀態的消融或滋生而交替出現。這些人的演化及業力狀態，將有助於我們理解他們在面對先前的演化導向時，為何會陷入其中一種的反應模式。

整體而言，所有冥王星在十二宮的人，都一直在學習如何擴張自我意識，將宇宙萬物融入其中；他們渴望變成整體宇宙，將自我和別人視為本源的延伸或顯化。在十宮的階段，人們會學著成為帶有國家意識的文化人；在十一宮的階段，則會學著成為國際公民或地球人；最後到了十二宮，則必須學著做宇宙人。在這個進程中，他們必須重新定義自己與時間、空間及文化的關係。他們也必須重新面對與自己志趣相投的心靈團體，以及任何造成他們分離和產生個人意識的事物，因為這些事物無法融入他們在本源或宇宙大海中的永恆意識。他們必須了解自己要在人生中扮演何種的角色，然後透過這個角色表現本源的面貌。

在這個進程中他們必須學習放開過去的一切，準備再一次地展開全新的演化循環，而這個新的循環將會是冥王星入一宮的階段的情況。我們所有的人都會不停地循環，直到能夠完全理解十二個宮位的原型目的為止。這是一種精煉的過程，我們會逐漸消融掉分離的慾望，以及這些慾望所產生的業力。

冥王星在十二宮的對應點是六宮或處女座。就整體而言，這裡的演化導向就是要培養特定而實用的方法或技巧，藉此來分析自己。他們在發展智識技巧的過程中，就能了解自己的工作和行為處事的方式及原因。此外，他們還能漸漸學會觀察、體驗或見證生活中的局部與整體的關聯性，或是單一部分及狀況對其他部份的影響。

冥王星在十二宮的人必須與一種超驗的信仰系統連結，因此這個對應點會要求他們透過一些特定的冥想技巧，來加強天生俱備的禪定能力，然後就能更敏銳地、更經驗性地體會生活與本源的連結。他們可以透過這些技巧和方法，檢視自我意識及理智之中，是否有任何動力需要調整、改變、消滅或根除，因為這些動力會產生阻礙，妨礙他們與本源產生連結。

此外，這個對應點也要求工作必須帶有實際的利他本質。他們在此必須落實的重點就是人道服務。換言之，他們不能與世隔絕，一昧沉溺在自我中心的追求中。他們可以從事任何一種形式的工作，只要能達成人道服務的目的。另一方面，這份工作也必須反映他們身在此處的目的，而非「任何」一份工作都行。這些人最適合的工作必須符合業力及演化的階段性目的。

東方業力瑜伽的概念可以反映他們的業力需求。業力瑜伽指的是一個人必須根據他們天生的能力、傾向及行為模式，與「正確的」工作結合，然後進行微調，而與「神聖意志」（Divine Will）達成一致。一個人如果能按照這種方式找到正確的工作，就能符合且達成工作的要求，讓神性或本源透過工作展現出來。藉這種方式，工作本身就變成了一種工具，而他們不僅能藉此獲得自知之明、理解及淨化，同時也能學會奉獻和謙虛的功課。這種類型的工作也可以裨益所有與這份工作有關的人。無論外界認為這份工作是偉大的還是卑微的，最重要的還是他們對工作的態度。這種特定類型或形式的工作，無論何時都應該滿足群體的需求。

對於冥王星在十二宮的人而言，工作是必要的動力，因為這股力量可以讓他們聚焦，協助他們強化或導引十二宮裡不確定的能量。當他們在工作時，必須全神貫注地投入其中，這可以促使他們面對自己，將焦點集中在自己身上。這份工作就像一面鏡子或鏡頭，讓他們體驗、見證、觀察或分析自己的感情、情緒、感覺、意像、存在的狀態、內在的驅力，以及所有浮上意識層面的個人特質。透過這種方式，他們可以調整、改變、消除或淨化一些造成阻礙的部分或驅力，但這些東西也會導致誤用或誤解，或是具有自欺的本質。

除此之外，冥王星在十二宮的人也必須學會認清真正的現實。他們必須知道現實並非自己想要看到的東西，也不是自己盲目地以為正在發生的事情，更不是基於幻想、自欺或頭腦簡單所創造出來的世界。由於今世的演化導向，這些人往往會週期性地遭遇危機。危機會逼著他們攤牌，將真相完全攤在檯面上。危機的本質和作用是要逼著他們面對現實：觀察事物的真相以及背後的實際原因。這些危機可能發生在他們的情感、肉體、心智或精神層面上。許多冥王星十二宮的人來到這一世，會在潛意識裡渴望或企圖為自己製造危機。他們對於危機的渴望有時是強迫性或無意識的。我看過有些個案，他們完全沒有意識到這種模式，也不知道為什麼危機總是一再發生。有些人會認為是受害心態在作祟。有些人會將這些危機歸因於「命運」。還有些人會不由自主地在別人的生命中製造危機，因此破壞了他們與對方的連結。他們的破壞行為有時是出現在潛意識中，譬如渴望瓦解自己與別人連結的基礎，也可能是不停地批評別人，因為他們覺得別人也應該受到懲罰，正如他們為自己的錯誤懲罰自己一樣。當然，如果他們把這種心態投射在別人身上，通常會招致批評。

這類人有些在過去世曾經濫用權力、過度自戀，或是否定了之前的演化導向。當這些人在尋找一些有意義、可以發揮自我潛能的工作時，往往會遭遇嚴重的限制。他們可以透過謙卑和世俗的工作，體驗到真正的現實。他們會覺得彷彿有一隻強而有力的大手在背後牽制自己。這種業力的影響不僅能讓他們體悟到謙虛，還能更加意識到超乎小我的力量。有些人還會出現生理上的問題或變成殘障。這些危機也是要讓他們去分析造成這類情形的原因，而他們即使處於這樣的狀態，仍然得服務他人。

有些冥王星在十二宮的人會從事一些具有永恆價值的工作。這些人在過去或現在曾經有過「神聖的啟悟」，因此可以充當別人的典範，而他們自己也可以透過工作的本質，獲得某種程度的幫助或轉化。但這類型的人必須學習讓自己休息，因為他們很容易過度投入於工作，過度地犧牲自己，除了工作之外，完全沒有其他的生活或身份認同。他們如果忽略了十二宮的基本需求，意即在工作和休息及退隱之間無法取得平衡，就會把自己弄得筋疲力竭或糟蹋自己。此時可能會有一些危機介入，讓他們必須去注意這個基本需求。

所有冥王星在十二宮的人如果能開始落實這些演化功課，就能獲得自我轉化，展現謙卑的特質。這種轉化會透過倒金字塔的現象表現出來，也就是說，宇宙整體的力量都會透過此人宣洩或流露出來。他們會散發一種內在的光芒，照亮別人的人生。冥王星在十二宮的人無論處於哪個演化階段，無論在宇宙中注定扮演哪種角色，都具備這種能力。在最極致的情形下，他們可以成為道家「無為」哲學的活典範，無論任何時刻，他們的行為都可以和當下的需求達成一致。

冥王星在十二宮或雙魚座的人常見的特質是：非常低調、並非別人眼中的樣子、極為敏感、對事情很認真、內心深處害羞到了極點、非常情緒化、會默默地付出、有許多深沉未解的恐懼、夢幻的氣質、會做一些極具能量的夢，或是因為過度消耗自我而完全不做夢、天生的靈媒。

冥王星在十二宮或雙魚座的名人：

德日進（Teilhard De Chardin）

克勒拉・巴頓（Clara Barton）

克里斯多弗・伊修伍德（Christopher Isherwood）

強納・賽巴斯汀・巴哈（Johann Sebastian Bach）

喬治・巴頓（George Patton）

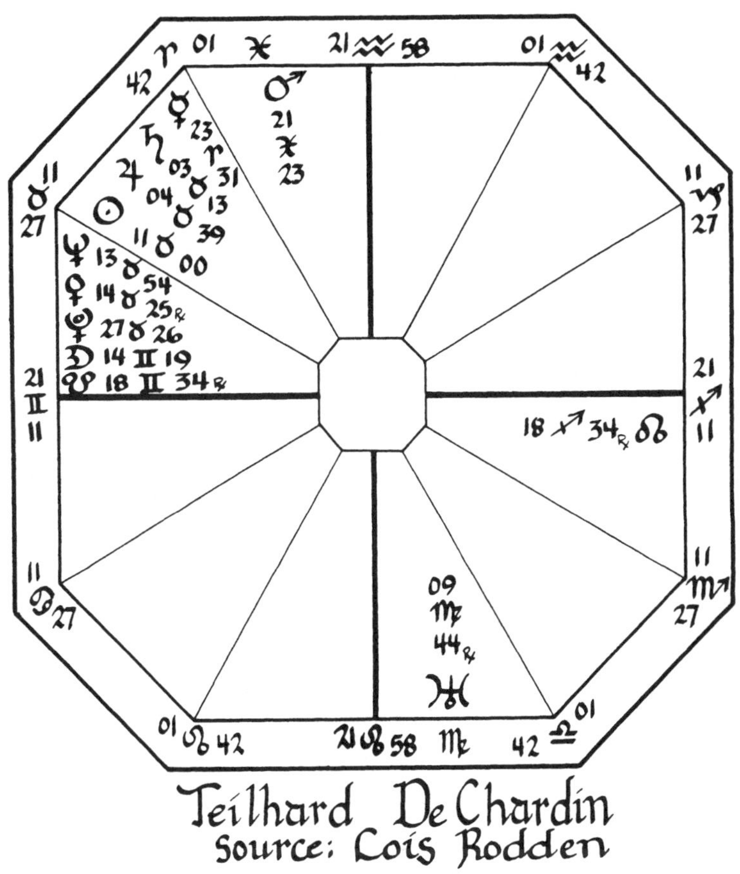
Teilhard De Chardin
Source: Lois Rodden

德日進

來源：路易斯・羅登

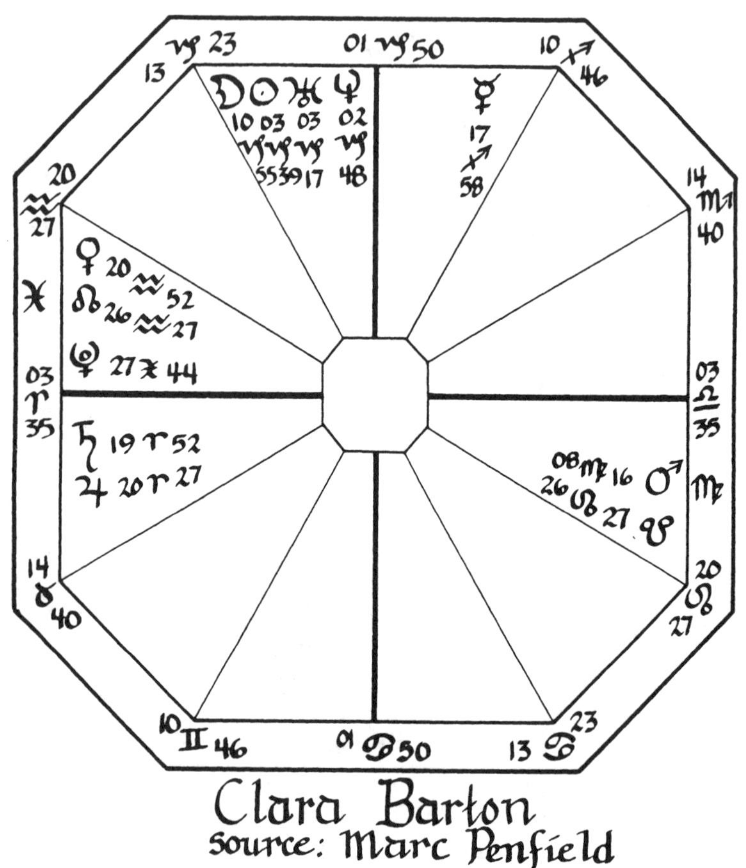

克勒拉・巴頓

來源：馬克・潘菲德

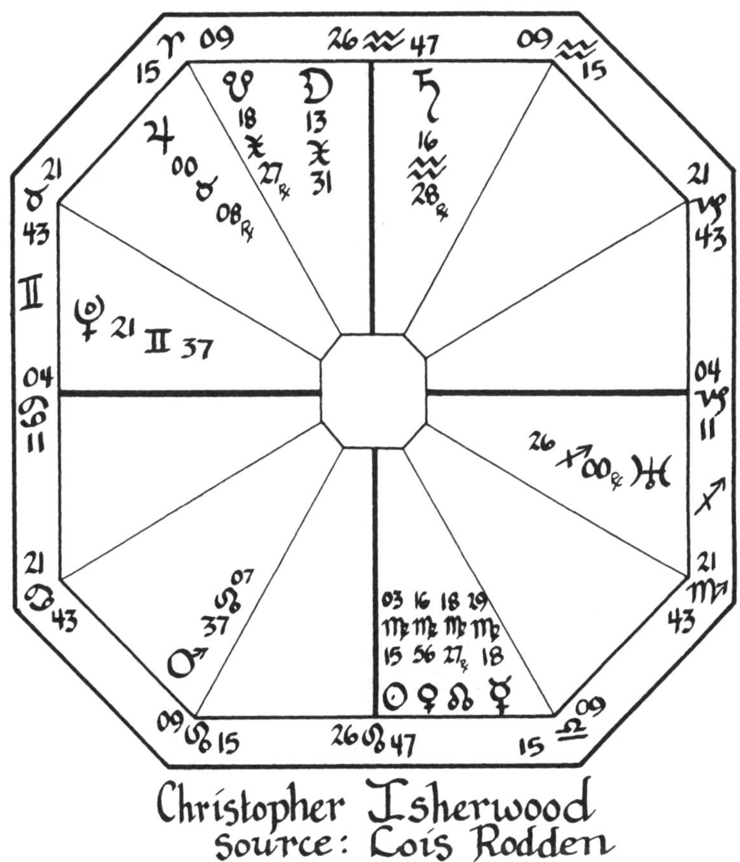

克里斯多弗・伊修伍德
來源：路易斯・羅登

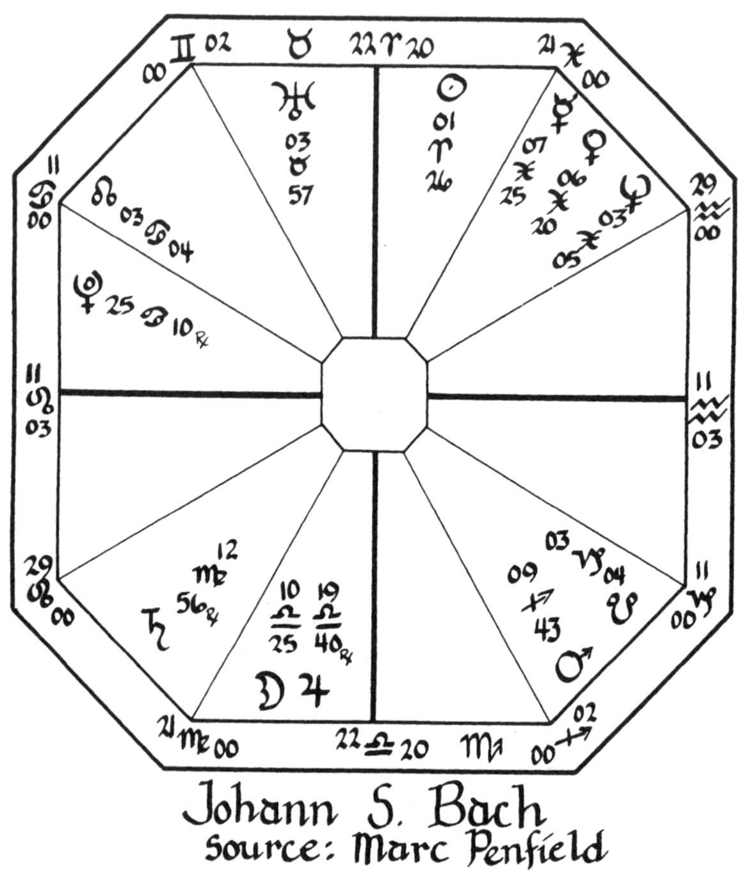

強納・賽巴斯汀・巴哈
來源：馬克・潘菲德

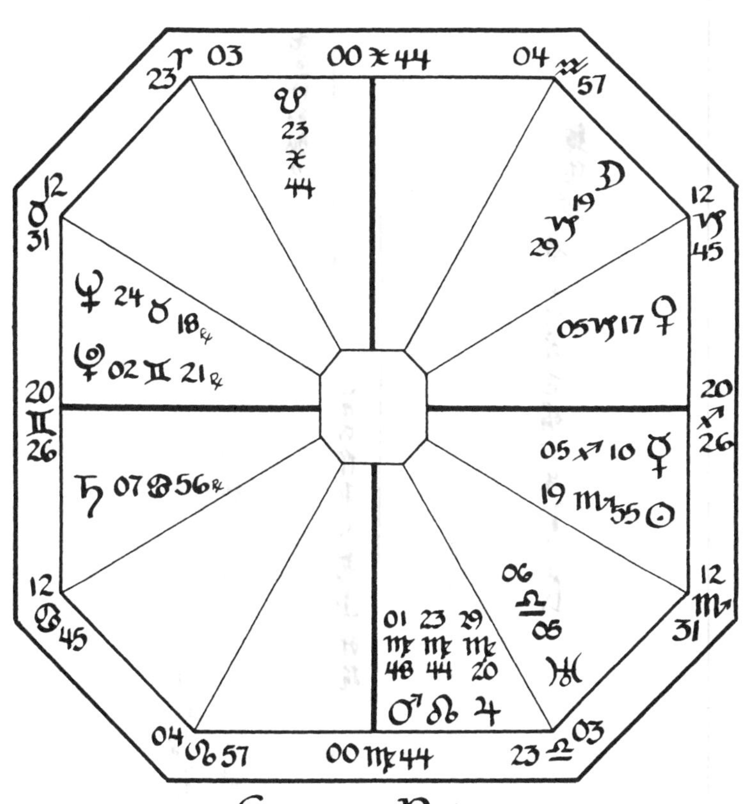

George Patton
Source: Lois Rodden

喬治・派頓
來源：路易斯・羅登

本命盤範例

接下來會舉兩個例子，來闡述前面提到的概念、原則和程序。我們將採用下列的程序來分析個案：

1. 透過觀察或交談，決定案主的自然演化階段或條件。
2. 考慮案主的社會、文化或政治背景。
3. 找出冥王星落入的星座及宮位。這可以看出案主之前的演化導向，以及在這一世自然會去追求安全感的生命領域。接下來要判斷冥王星與其他行星形成的相位數目，藉此評估他／她的「演化進程」。此外還要注意冥王星是否逆行。
4. 找出南交點落入的星座及宮位，藉此判斷案主在過去世的運作模式，這種模式實現了過去的演化導向或慾望。接下來要檢查南交點與其他行星形成的相位，藉此判斷案主在過去世曾經透過哪些領域（宮位）或功能（行星），促進本命冥王星之前的演化導向。此外還要注意相位的性質。
5. 找出南交點主宰行星的星座及宮位。這個行星的位置代表其他的生命領域，在過去世與南交點的運作模式有關。
6. 找出冥王星對應點的宮位和星座，藉此判斷案主這一世的演化導向。
7. 找出北交點的宮位及星座，藉此判斷案主這一世的運作模式，這種模式可以促進案主發展冥王星對應點描述的今生演化導向。接下來要檢查與北交點形成相位的行星。這些行星的星座及宮位代表其他的生命領域或功能，有助於案主發展北交點描述的運作模式。此外還要注意相位的性質。

8.找出北交點主宰行星的宮位和星座。這顆行星代表的生命領域及功能將會成為主要動力，有助於實現北交點代表的運作模式。

我們現在可以把前面兩章提過的程序和原則，運用在接下來的兩個例子上面。我會言簡意賅地點出個案主要的業力和演化驅力以及底線，藉此看出過去的演化發展如何影響了他／她在這一世表現自己的方式。

你如果在閱讀接下來的個案分析時遇到瓶頸，尤其是南北交點的部分，請回頭閱讀冥王星落入各個宮位的部分。例如，在希特勒的本命盤中，南交點是落摩羯座在三宮。你就可以參閱冥王星在三宮及十宮的部分。關鍵在於將所有的解釋綜合起來，應用在南交點描述的基本意義或原則之上。我們都知道，南交點的運作模式有助於發展冥王星落入的宮位所描述的先前演化導向。同理而論，在希特勒的本命盤上冥王星是落雙子座在八宮，那麼你就可以參閱冥王星在三宮及八宮的部分，然後綜合這兩部份的解釋，來了解這個靈魂過去的演化導向是如何被發展及實現的。

艾德琳・赫特：性治療師

路易斯・羅登在《女性側寫》（*Profiles of Woman*）一書中對艾德琳・赫特（Adrienne Hirt）的描述如下：

「艾德琳曾經嘗試過一些充滿活力的工作，她在一九六七年結束了七年的婚姻，育有一個女兒，當時的工作是芭蕾舞者。她很喜歡舞蹈的自發性和感性的一面，對於會社活動、登台露面和團體教學的工作也很有興趣。她在一九七三年修了UCLA大學的敏感度課程，覺得內心深處有個東西在『滴答作響』。一年後，她又參加了席維亞・卡克（Sylvia Kak）開設的心靈敏銳度工作坊，接受了整體性的身體訓練。

「她強烈地覺得必須與別人建立深刻的關係，最後終於在事業中獲得滿足。她在一九七五年時成為代理性伴侶，經由心理學家的推薦，每星期與七名客戶見面。她與客戶四個月裡每周見一次面，有時甚至長達兩年以上。她說：『這是一種治療及教學的工作。一位有性功能障礙的男士需要學習的不是交媾的過程，而是親密感。我能夠幫助他感覺非常美好。』」

基於以上的敘述，我們可以肯定地推測，艾德琳正處於個體化的演化階段。她是白種女性，社會／政治背景是美國民主黨員。她的冥王星有六個相位，其中包括與南北交點形成四分相。她想要這個目的快速地獲得成長，而且能在這一世中做完許多功課。她的冥王星是逆行，所以她會用自己的方式去達成這個目的。她的一生會經歷週期性的深度轉化。

她的冥王星是在獅子座，逆行入七宮；南交點在天蠍座和十宮（過去世的操作模式），而其主宰行星又是冥王星，冥王星又與南交點形成四分相。我們可以針對她過去的演化及業力狀態，做些簡單但基本的觀察，而這與她今生演化的方向有關。

我們可以從這些符號看出她內心的慾望和需求是相互衝突的，而這些都是從過去世延續下來的狀態。一方面，冥王星代表她在過去世需要與別人建立親密關係，並透過對比或評估來定義自我的獨特性。這也代表她之前必須學習給予、平等和相對性的功課。我們也可以從冥王星看到她獅子座的需求和慾望，是期待自己在別人眼中是很特殊的人。這代表她必須依賴別人才能學會這門功課，也很迫切地需要與別人建立親密且深入的關係。因此到了這一世，她非常年輕就步入了婚姻（她是一九四七年出生的），而且還生了一個小孩。這個經驗反映了冥王星落獅子座在七宮的天生傾向。另一方面，她又需要透過事業來達成自己的目標，因為她的南交點在十宮。結束婚姻之後，她成了芭蕾舞者，參加演出和教學（冥王星與水星成三分相，木星落射手座在十一宮）。無庸置疑地，她非常能勝任這份工作。她對於關注及肯定的需求，是表現在與事業有關的公共關係上（冥王星落獅子座在七宮，南交點落天蠍座在十宮）。

這裡有個業力及演化的問題，也就是非常出名的天蠍座／冥王星的二選一陷阱。她必須在極耗心力的親密關係及事業中做出選擇。她的南交點落天蠍座，與逆行在七宮的冥王星形成四分相，也和逆行入八宮的土星形成四分相，這代表她正在重新經歷與過去世有關的狀態。第一段婚姻就是底線，這是她很自然會做的事情，因為這樣才能找到自我的獨特性及完整感。透過婚姻她滿足了內心深處對安全感的需求，但也喚醒了與事業需求有關的演化衝動。

當她為了親密關係以及人母的責任而忙得心力交瘁時（南交點在十宮），自己卻陷入了被監禁及限制的狀態中。這種狀態引爆了她內在的火山，激發了她對事業的需求，同時也喚醒了她獨立培養個人特質的演化慾望及導向（冥王星的對應點在第一宮）。她必須擺脫為了滿足伴侶的需求或期待所帶來的負擔及義務，才能實現自己獨一無二的使命。當她面對一些天生就很好奇的問題時，不該只仰賴親密伴侶、朋友或父母的回答，而是必須學會靠自己找到答案，滿足自我的需求，藉此來達到自給自足的目標，從內建立情緒上的安全感（北交點是金牛座在四宮）。

由於她的冥王星與北交點形成了四分相，北交點的主宰行星金星則與南交點形成六分相，又與北交點形成三分相，所以此生並非她第一次學習自給自足和內在安全感的功課。這些符號代表的是許多世所累積的與親密及性有關的業力，而她這一世必須再度經歷這些情境，完成沉重的業力。她的冥王星與南北交點形成四分相，代表她很想省略這些過程；換言之，她

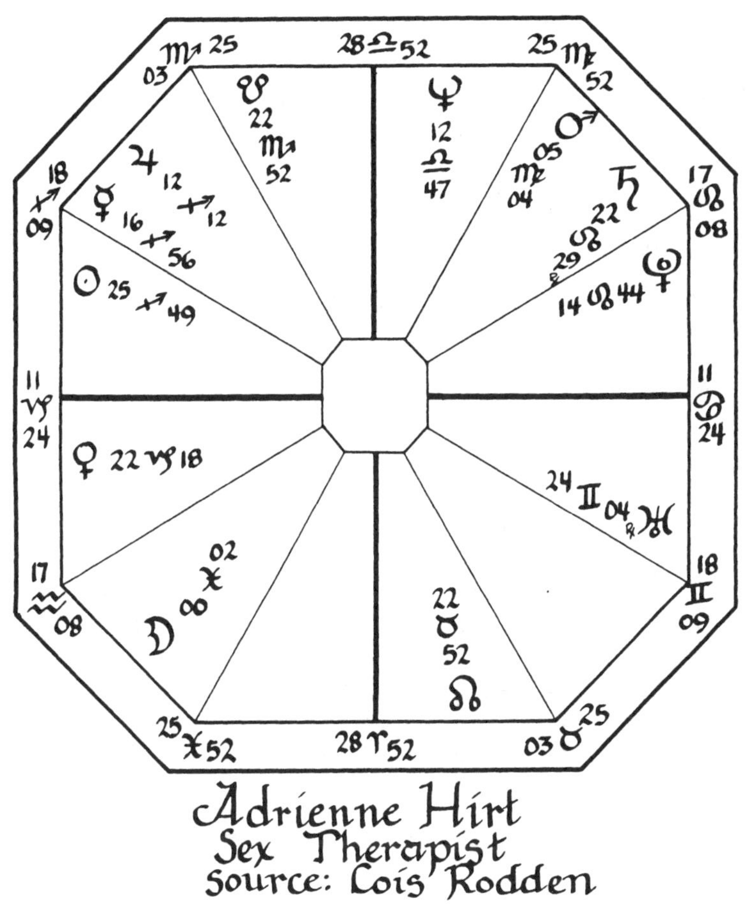

艾德琳・赫特
來源：馬克・潘菲德

想拋開一些必須解決的問題，不願學習在投入一份親密關係之際，還能發展和實現自我的身分認同及事業。這些省略的行為就變成了二選一的局面。她必須重頭走一次這些被省略的過程，透過兩者兼具的方式完成此生的演化需求。從她的本命盤來看，過去的業力非常沉重，因為她拒絕了許多能解決自己問題的方法。她顯然渴望深入地探索生命，知道自己為何而生，為何而死。她很可能在許多世以前就已經意識到一種超越小我的力量。

基於這個出發點，她與許多人建立了關係，因為她覺得對方擁有一些東西，足以回應她的疑惑、滿足她的需求。從她本命盤的符號來看，這些關係通常都是工於心計和不平等的，而且導致一些主權及掌控上的衝突或對立。她在某些關係中是握有主權及掌控的一方，在某些關係中又成為被掌控、被限制的那一方，而在另一些關係中，她又和對方對調彼此的角色。我們可以從本命盤的符號判斷出，這些關係只是因為她自己或對方的需求而存在。關係本身就像帶有催眠作用，充滿了性的吸引力，讓她不自覺地想要找出吸引力的源頭。此外，本命盤上的符號也暗示她會面對許多終結（離開和分離），以及未解決的問題（業力），對象多半是她在過去許多世曾經有過關係的人，因此她在潛意識中會有罪惡感（南交點在十宮與土星及冥王星形成四分相）。此外，這些符號也意味著有許多情感上的創傷，這不僅是對她自己而言，同時也包括她在過去世曾經往來的人。她渴望能信任對方，然而在當下又心存恐懼。因此她在業力上註定要在此生重新經歷這些情境，不能再任意地略過。

從前世的觀點來看，她一直想要擺脫這類關係的束縛，建立自己的事業和身分認同（金星是摩羯座在一宮，與南交點形成六分相，與北交點形成三分相，與逆行的土星形成十二分之五相，也與六宮的天王星形成十二分之五相）。這些符號意味著她必須用新的方式實現前世的需求，用新的方式處理關係，同時要反抗社會和父母的約定成俗。但她的冥王星是在獅子座、七宮，這代表她在情感上需要獲得父母、社會及愛人的認同和接納。但因為冥王星與南北交點形成四分相，所以這種認同很難出現，問題在於她不停地渴望自給自足以及內在的安全感，同時也渴望能夠建立自己的權威性、價值觀、信念及身分認同，還有足以反映這些特質的生活方式。因此，衝突就發生在她的父母、愛人和社會無法給予她需要的東西。換言之，她很自然地引出了父母的無能，無法滿足她的情感需求，而迫使她必須仰賴自己。這種情形延續了許多世，最後造成她情感上的錯置，總試圖透過愛人來滿足情感的需求。這種驅力轉成了一種深層的期待而投射到伴侶身上（南交點的主宰行星冥王星在七宮）。

情感上的打擊帶來了對抗，這種情形一再地發生，最後就導致了分離。外境就是我們內在現實的反射，所以她也吸引了一些有情感錯置問題的人。分離會迫使一個人在每個層面上都自給自足，這種效應不僅發生在她的身上，也發生在她的伴侶身上（冥王星與北交點形成四分相，金星落摩羯座在一宮，與北交點形成三分相；月亮落雙魚座在二宮，與南交點形成三分相，與北交點形成雙重七分相）。此外，這些經驗也迫使她認清事實，然後依靠自己的資源來滿足生理及情感的需求，而且還能學會為自己的行為負責（她必須知道為什麼現在是這種情形，為什麼會發生這件事情）。

學習含蓄和保留也是業力的懲罰方式。她的月亮是落雙魚座在二宮，與北交點形成雙重七分相，與六宮的天王星形成三分相；而天王星又與南交點形成十二分之五相，與八宮的土星形成六分相，土星又與南交點形成四分相，這種組合代表她的工作會走向人道服務和心理學的領域，而且性會是一個自然的出口。她所從事的工作讓她覺得「自我感覺良好」，這也暗示她開始與過去的罪惡感和解。感官或感官導向的工作不僅可以讓她獲得生理和情感的治療，同時也能對那些參與她工作的人產生同樣的療效。她對敏銳度的訓練產生興趣，開始讓她有機會面對過去的老舊創傷，然後再用同樣的方法去幫助別人。

過去世留下的議題必須解決，而業力懲罰的部分也必須落實。有鑑於此，她成功地建立了一種新的事業，不僅可以滿足自己對於深度親密關係的迫切需求，同時也能治療別人的情感創傷。她現在處於掌控的地位，與過去世被他人掌控的地位形成了對比（南交點落天蠍座在十宮，冥王星是獅子座在七宮，北交點落金牛座在四宮，北交點的主宰行星金星落摩羯座在一宮）。她是相關工作領域中的權威人物。這類型的工作是非常激進又新穎的，可能招致許多批評（天王星在六宮與摩羯座的金星形成十二分之五相，與天蠍座的南交點形成十二分之五相，與八宮的土星形成六分相，又與雙魚座的月亮形成三分相），但也要求她的出發點必須是完全純潔無瑕的。

冥王星與十一宮射手座的木星及水星形成三分相，而天蠍座（冥王星主宰天蠍座）是位於十一宮的宮頭，這意味著她的工作會有多元的性接觸，讓她可以用「非個人性的個人性」與這些男士發生關係（十一宮）。這種動力強迫她必須學會抽離，因為當療程結束後，這些個案（男士）就離開了。她必須放手讓他們走，才能在所有層面都保持獨立和自給自足。就業力上來看，這些男士在過去世都曾經與她發生過關係，但是關係沒有解決或結束，而她的工作讓她有機會與他們重新來過，把沒有解決的部分好好善了。她也可以藉由工作去解決輪迴轉世殘留的困難和痛苦。

她的南交點和北交點分別落在十宮及四宮，這很清楚地代表一個舊的演化及業力循環即將結束，新的循環正在展開。再提醒一次，她的冥王星與交南北點形成四分相，這意味她必須重新再經歷一次同樣的問題，讓老舊的能量累積到一個極限，然後就可以獲得永遠的解脫。由於冥王星是朝著北交點在行進，所以這些經驗一定會發生，迫使她在所有層面都能做到自給自足。

心理學家的身份也是很好的緩衝，因為它提供了一種選擇或辨識的運作過程（天王星與南交點及金星形成十二分之五相，與土星形成六分相）。雙魚座的月亮與位於八宮處女座的火星形成了對分相，這代表她在過去世並沒有好好發展辨識的能力。她的腦海中的確會出現一些通靈的影像，但是火星落處女座的分析和懷疑傾向，往往會混淆或凌駕這些影像。這個相位代表困惑或不切實際的評估，無法認清現實或動機，容易被別人的傷心故事打動。因此她能夠相信（月亮在雙魚座）客觀的外在權威（南交點在十宮，天王星在六宮），對她來說是好事。此外，月亮與火星的組合，也讓她有能力看透別人的核心、認清別人的處境，同時也可以找出他們在情感／性方面的困難的起因。火星是落處女座在八宮，與二宮的雙魚座月亮形成對分相，這也象徵了一種個人的資源，代表她可以在金錢層面自給自足，而這也與她代理性伴侶的工作有關。

太陽落射手座在十一宮，與北交點形成十二分之五相，代表她能發展教學和寫作的天賦，將此做為擴張事業的出口，同時也可以將這兩者作為自我整合的工具，藉此來創造性地實現自己的人生目標。當她把這種動力與超驗或形而上的信仰架構連結時，就能發展出全面性的覺知，了解這種動力運作的整個進程。除此之外，她也必須學會滿足休息及冥想的需求，這樣才不會耗損自己，失去自我的重心。如此一來，她獨特的個人身份認同就會經歷週期性的轉化，而這就像一個同心圓，隨著圓圈日益擴大。她對自我的認識也就越來越清楚。

這位女士最後成功地自食其力，闖出自己的一條路（冥王星的對應點在一宮），同時還能實現自己的創造性目標（冥王星在獅子座），將這個目標與社會的需求（獅子座的對應點是寶瓶座）結合。到了某個階段，她還是必須建立一段持久、能付出承諾的親密關係，來滿足自己對親密關係的業力需求，同時讓她的事業發展能獲得支持，不會受到威脅。很顯然地，她需要一位不依賴她又牢靠的伴侶（七宮宮頭是巨蟹座，主宰行星月亮落雙魚座在二宮）。她如果決定以後只要教學、演講和寫作，就需要一位開明的伴侶，能夠理解她過去所從事的工作。艾德琳目前正透過上述的各種方式，實現自己的業力及演化的慾望和需求。

阿道夫・希特勒（Adolf Hitler）

根據希特勒一生的經歷，我認為他正處於過渡期的演化階段，也就是從合群過渡到個體化的階段。這種判斷是根據我對他的觀察，因為他完全了解社會的運作方式，但是卻用自己的方式發展了新的方法和概念，而打破了過去的限制，藉此來根本性地重建自己的世界。我們要記住一點，長時間停留在合群演化階段的人，已經很熟悉「制度」的運作方式，所以當他們往個體化階段邁進時，往往具備了領導或控制「群體」的能力。希特勒的社會／政治背景是一個因急速通貨膨脹而搖搖欲墜的德國，以及充滿無力感的民族意識。希特勒的冥王星有四個相位，其中兩個是十二分之五相，一個是八分之三相，另外一個與海王星合相在八宮。

希特勒的冥王星是雙子座在八宮，與海王星合相，這意味著他在前面許多世一直在學習權力以及無力感的功課。這也代表他的演化需求就是學習權力的限制。這些過去世的功課也代表他到了這一世，已經能覺知一種超越自我的力量。冥王星與摩羯座的月亮、三宮的木星形成十二分之五相，而木星又與月亮及南交點合相，這意味著他前世的需求是操弄社會或國家的權力。這些相位也代表他天生就能理解社會結構的基礎。木星與月亮也與十宮的獅子座土星，形成十二分之五相，而土星又是南交點的主宰行星，這意味著他在過去世曾經成功地握有權力，居於領導地位。

他掌握權力的手段在本質上都是充滿著操縱算計的，而且容易導致分歧（冥王星與海王星合相在八宮）。根據本命盤上所有的十二分之五相，再加上冥王星與海王星合相，我們可以推測他在前世對於權力及無力感的覺知，都圍繞著迫害及被迫害在打轉，也和陰謀及陰謀者有關。在我看來，冥王星與海王星落雙子座合相在八宮，代表的是他在前世曾經研究過寫作、哲學，或是其他有關烏托邦或理想社會制度的概念（木星與南交點合相，又與冥王星及海王星形成十二分之五相）。

木星落摩羯座在三宮，與十宮獅子座的土星形成十二分之五相，這就更確定了我上述的判斷，同時也暗示他會用一種「金字塔」的方式，建構這些理想主義或烏托邦的社會制度（土星是獅子座）。除了理想主義之外，這種動力也很容易轉變成獨裁主義或極權統治，或是把「理想」加諸在群眾身上。從前世的觀點來看，這些符號也代表對於偉大的執迷，同時也暗示著希特勒在其他的許多世中，曾經到遠方四處旅行，試圖從許多不同的文化及來源中，追尋教誨及理想。他在其他的許多世中也可能因為將自己的理想強加在別人身上，而陷入了麻煩。

理由是天王星落天秤座，逆行入十二宮，與南交點形成四分相，又與水星形成對分相（水星本身與南交點形成對分相），而天王星又與冥王星形成八分之三相。這些相位意味著希特勒在其他世中，曾經因為自己的理想被別人視為太過瘋狂或激進，因此遭受到迫害。他很有可能曾經被監禁在精神病院中。此外，冥王星在八宮與天王星形成相位，天王星與火星及金星形成十二分之五相，又與六宮的牡羊座水星形成對分相，這代表他可能已經累積了許多世

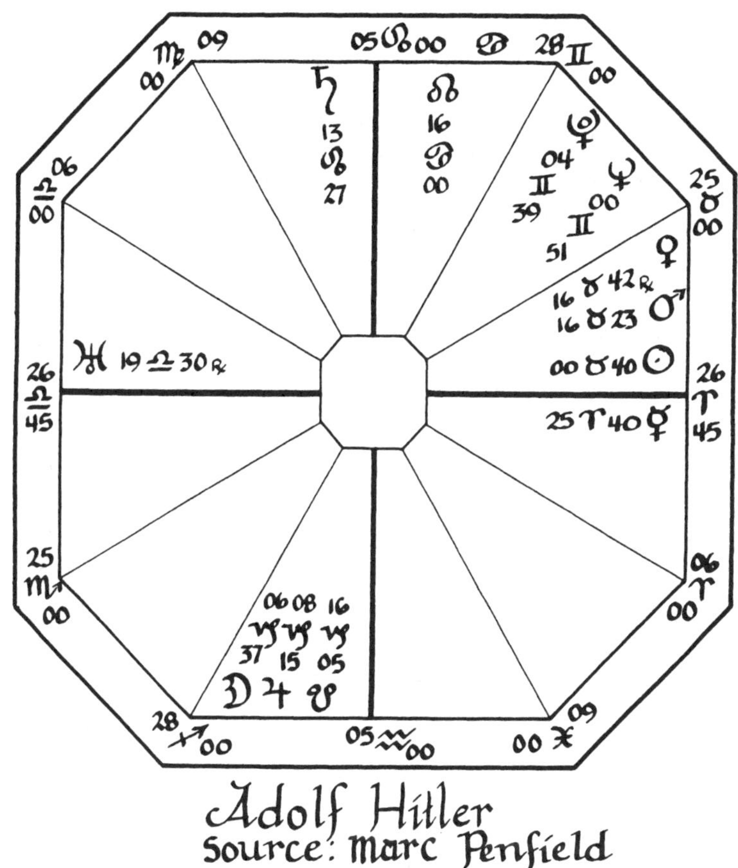

阿道夫・希特勒
來源：馬克・潘菲德

的憤怒，讓他渴望復仇或雪恥，創造一些大型的計畫來報復「迫害者」。

希特勒最近一世的轉世可能就帶有上述的前世模式。北交點的主宰行星月亮與南交點合相，而天王星與水星都與交點軸形成四分相。這些相位代表他必須重新活出過去的演化和業力驅力。他很自然就會出現前世的模式。他選擇了一位非常愛批判又專制的父親（土星是獅子座在十宮，與七宮的金牛座金星及火星形成四分相，同時又與摩羯座的月亮、木星及南交點形成十二分之五相）。這種模式也暗示著他因為前世的罪惡而必須批判自己。他會從父親對自己的批判感受到業力的報應，而這都是他自己在過去世的批判模式造成的結果。他選擇誕生在一個正在經歷快速通貨膨脹的文化中，而且從國際的層面來看，這種文化是十分無力的。希特勒早年的人生經驗都是相當卑微又無能為力的。

希特勒對於身份認同和權力的渴望，後來讓他因為鼓譟叛亂的政治活動而身陷囹圄。他研讀過尼采、黑格爾、馬克斯及東方神祕主義的哲學及觀念。

他將這些觀念經過一段時間的發酵，終於融合成自己獨特的制度和哲學，而走向了國家社會主義運動的道路。他當時研讀的書本和觀念都象徵著轉化的力量，讓他可以從社會的觀點，將個人的無力感轉化成掌權的狀態，再透過納粹的教條，將這些觀念融入自己的制度中。這種觀念的融合，與他對德國問題的看法有直接關連。他創造了一個「大計畫」（Master Plan），也就是一種新的哲學或看法來解決這些問題。這些看法或計畫只是他個人演化需求的投射，這裡指的就是學習自給自足，認識並利用自我的資源來維繫生存（冥王星的對應點在二宮，與位於九宮的巨蟹座北交點有關）。

這個計畫也投射出他得培養內在安全感的演化需求（北交點在巨蟹座），而且必須鞏固自己的地盤，才能控制自己的人生。當時的德國必須接受其他國家的施捨，並沒有真正的國家目標，也無法控制自己的命運。這裡的重點是，希特勒的個人發展無法避免地與這種演化的需求有關，這意味著他必須再經歷一世的社會地位、領導才能及完全的掌權。土星在獅子座代表他已經知道如何接受命運，懂得利用自我的意志力來塑造命運。他把這種天生的才華運用在國家的前景上。他告訴德國人應該要掌握自己國家的命運（巨蟹座北交點再次透過三宮摩羯座的南交點呈現意義；南交點與月亮及木星合相，又與十宮的獅子座土星形成十二分之五相）。

他借用尼采的想法，並且將這些想法發展成一種以種族淨化為基礎的優生學（天王星在十二宮，與交點軸形成四分相，又與六宮的水星形成對分相；這與八宮冥王星的底線有關，而冥王星又與海王星合相在雙子座）。八宮、冥王星和天蠍座都與人類的遺傳學有關。十二宮及六宮則與淨化有關。尼采曾經在《查拉圖斯特拉如是說》（*Also Sprach Zarathustra*）闡述一種超人哲學，所謂的超人是從天而降來領導群眾的人。尼采還寫過另外一本書《權力意志》（*The Will to Power*），主張人應該靠著自己的意志來塑造命運。希特勒相信這種個人意志可以應用在國家意志之上。他從理想主義的觀點去溝通和投射這些想法，同時採用了一些符號，讓群體能夠認同而凝聚團結起來。納粹的符號其實是源自於西藏，代表從本源發射出來的四個基本點。希特勒用這種符號象徵源自於德國的權力軸心。對於德國人而言，這個符號就像一種團結的標記或象徵，讓全國上下完全團結起來，重新掌握個人和集體的命運。

希特勒找到了一個代罪羔羊，就是猶太人。他必須運用這個策略來實現自己重新控制德國命運的理想。因此，猶太人成為了萬罪之因。他將猶太人視為一種傳染病，會從內而外玷污整個德國。他提出了一種說服德國人的觀點，就是德國的經濟問題是源自於猶太人控制了大部分的經濟和銀行系統（冥王星落雙子座在八宮與海王星合相）。他試圖透過隔離和迫害德國境內一整個次種族的方式，重新獲得自己和國家的權力（冥王星在八宮與海王星合相，而南交點是摩羯座，北交點又與天王星形成八分之三相）。

這些理想、前景及哲學，再次顯示了他從前世帶來的瘋狂和激進的本質，但是德國人基於當時的國家局勢（文化背景），都接受了他的看法。希特勒在前世已經培養出口才和溝通技巧（南北交點落在三宮及九宮，冥王星與海王星落雙子座在八宮），所以可以有效率且帶著強迫性地散播自己的想法。他的溝通能力已經發展到極致，足以催眠眾生。他用強勢的人格面具及理想穿透了群眾的靈魂，讓整個國家都陷入被催眠的狀態。再加上天王星與這些符號之間產生了連結，所以希特勒就成了國家的偶像。對於每一個德國人而言，他象徵著自己想要變成的模樣。

希特勒設計了許多符號來激起國家認同的意識。事實上，他是在操縱集體意識和心智。他想要把德國變成權力中心，讓其他國家的民眾依附其下。透過這種方式，德國可以操縱所有國家的資源，甚至將這些資源變得更具力量（冥王星的對應點在二宮，其影響力再度透過八宮展現出來）。希特勒本身也可以透過這種方式變得更加強勢。

當希特勒把這種策略落實到現實世界之後，他的主張讓其他國家感到非常驚恐。他的種族理論導致數以百萬計的猶太人、吉普賽人、共產主義份子以及其他「不受歡迎的人」慘遭屠殺。這種虛幻的國家夢想，最後變成了現實界的夢魘（十二宮的天王星與六宮的水星形成對分相，又與交點軸有關）。當種族大屠殺進入尾聲時，希特勒表現出與生俱來的情緒及精神的不穩定性。他自己的部屬，也就是他的家人（摩羯座的月亮及木星，與八宮的冥王星及海王星形成十二分之五相），以及其他的國家（天王星與交點軸形成四分相，與冥王星形成八分之三相）都想要暗殺他，這反映出他在過去世對別人的迫害和衰敗經驗。他變得越來越不理性，提出的方針及策略只是加速了自己和德國的毀滅。他在潛意識中非常渴望死亡，希望能藉此彌補內心深處的罪惡感。他在最後選擇自殺（冥王星與海王星合相在八宮）是為了避免別人的羞辱，因為他必須為那些因他而生的人性罪惡負責（冥王星在八宮，與十二宮的天王星形成八分之三相）。

有趣的是，希特勒跟美國的羅斯福總統在同一年執政。他們也在同年同月辭世，只相差了幾天。善與惡的力量似乎同時呈現在這兩位國家領導人的身上。我們可以從希特勒位於九宮巨蟹座的北交點，看到他與羅斯福及民主陣營之間的問題。這個符號代表一種根本或終極道德的正確性，希特勒註定要扮演他在這一世所演出的角色，這是源自於他累世積欠的業債，

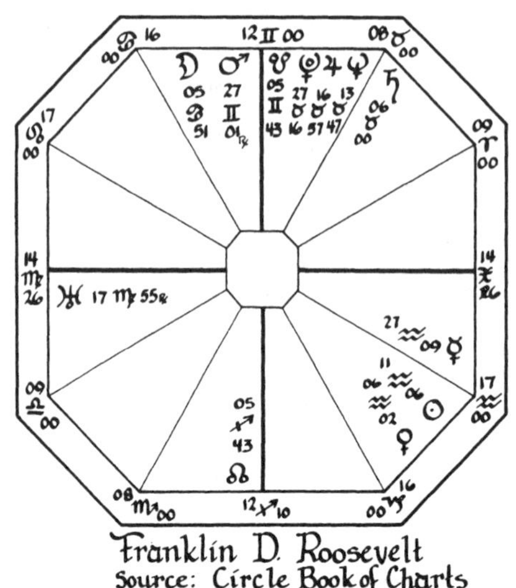

富蘭克林・羅斯福（Franklin D. Roosevelt）
來源：《本命盤流通書》（*Circle Book of Charts*）

而這一切都反映在他的慾望上面。更有趣的是，羅斯福的月亮在巨蟹座，與希特勒的北交點合相。此外，他的土星與希特勒的土星形成四分相，而希特勒的冥王星與海王星又與他的南交點合相。即使當時羅斯福總統策謀了許多事件（珍珠港）而全面掀起戰爭，但美國其實是為了更深層的理由而參戰。人們在當時無法了解背後的原因，也許到現在也無法理解。希特勒著魔般地認為羅斯福是達成他個人野心的障礙，他甚至把羅斯福的死亡視為自己戰勝的徵兆。沒料到過了幾天「更大的力量」就包圍了他，讓他結束了自己的生命。

我將會用完整的章節介紹行星的推進，但我想先針對羅斯福和希特勒，指出一些明顯的符號象徵。羅斯福在一九四五年四月十二日辭世。當時的冥王星與他本命盤的北交點形成三分相，與南交點形成六分相；冥王星還與他本命盤裡五宮的寶瓶座太陽及水星形成對分相，與八宮的金牛座土星形成四分相。此外，土星正推進通過十宮，剛好與他的月亮合相，又和太陽及北交點形成十二分之五相。如果這些相位還不足以解釋他的死亡，那麼容我再補充一點，當時行運的太陽、月亮、水星及金星（全都在牡羊座）都落在他的八宮。木星則正與一宮處女座的天王星合相。

希特勒是在一九四五年四月二十九日自殺，當時行運的南北交點正要回歸到他本命盤裡落巨蟹座與摩羯座的南北交點（新舊循環的結束與開始）。行運的南交點與他十宮裡的土星形成十二分之五相。行運的冥王星則快要與他的土星合相，同時與月亮及木星形成十二分之五相。行運的海王星正好與他八宮裡的冥王星形成三分相。行運的土星則快要與他的北交點合相，與南交點形成對分相，還與月亮形成精準的對分相。很顯然地，他意識到惡運將至，於是選擇了自殺，藉此來逃避即將到來的復仇。

第三章 冥王星與其他行星的相位

關於冥王星的個別相位

在本章中，我們將討論冥王星與特定行星的相位。有一點請務必牢記在心，冥王星相位的數目，會決定一個人在此生的演化速度。我們都知道每個行星都具有特定的功能，而宮位則代表生命領域。事實上，冥王星與其他行星形成的任何相位以及落入的宮位，都曾經受過冥王星演化驅力的影響，如此才能轉化或重新調整那個領域或作用力的表達方式。相位的類型則會影響一個人用何種態度或方式來面對演化的驅力，以及如何消滅阻礙進一步成長的限制或障礙。一個人在前世所採用的演化方式，會反映在這一世的態度和方式上面；每一張本命盤都是許多的驅力交互影響的組合，而這就構成了一個人的本質。舉個例子，一個人處理金星與冥王星四分相的方式，必須視整體的天性及人生態度而定。即使金冥四分相的原型意義在每個人身上都是一樣的，但反應卻截然不同。我們如果把一個人所處的四種自然演化階段也考慮進來，反應模式的差異性就更加明顯了。

根據過去的分析，一個人對演化驅力的反應，將會呈現在他的價值觀及信仰上面。有些人可能會重視持續成長的必要性，對此抱持著歡迎的態度；有些人則會渴望用一種輕鬆沒有壓力的方式面對人生。後者通常會抗拒必要的改變，前者則會歡迎和理解改變是必要的。我們也必須考慮社會的因素。這些因素是非常重要的，因為傳統上對於相位的定義，例如三分相代表輕鬆，四分相代表壓力，並不會用固定或一成不變的方式呈現在所有的本命盤上。相位的原型意義是不變的，譬如四分相代表壓力，但每個人對「壓力」的反應或表現方式卻是不一樣的。舉個例子，有些人完全不認為金星與冥王星的四分相代表壓力，反而會將這種演化驅力視為必要的改變或轉化，能促使他們用不同的方式來面對自己或別人。有些人會用理解與合作的態度面對週期性的轉化（不抵抗），這種態度並不代表他們經歷的演化循環比較輕鬆或容易，但是相對於抵抗演化進程的人而言，他們比較會用一種不情緒化或心理壓力較少的方式，來處理或了解這個過程。

同理而論，傳統上認為三分相、六分相及其他柔和相位，代表比較容易理解演化的必要性，但也不盡然是如此。有些人的冥王星有柔和相位，反而很容易對演化的驅力產生「抵抗」。換言之，他們可能在受冥王星影響的行星及宮位中，維持先前或目前的強迫性模式。對於有些人而言，柔和相位反而會帶來壓力，因為他們會想抵抗必要的改變。最容易的作法就是重新回到老舊的強迫性行為模式裡，或是把老舊的模式充當自己的原則，不僅用它來合理化（阻礙）當下所體驗到的感受，更會藉此來反對必要的改變。當然，在其他的例子中，柔和相位的確會讓一個人容易理解演化的必要性。每個人都是獨一無二的個體，所以我們必須考慮每個人的演化及業力的整體狀態，以及他們的社會背景。

當我們在考慮冥王星與其他行星的相位，以及冥王星在各個宮位及星座的表現時，最重要的一點就是要知道：我們基本上是在處理一種無意識的進程。所有源自於靈魂（冥王星）的慾望、動機、導向及需求，都決定了我們意識層面的想法、情感、情緒、感受、慾望、反應，以及看待人生的態度及方式。然而，我們之中有多少人能覺察到那些源自於無意識深處的東西？根據我多年占星諮商的經驗發現，一個人除非在心靈或形上學方面已經有相當程度的發展，否則根本無法覺察、理解或認識這些無意識的影響力。許多人會像處於催眠狀態似地，對無意識的指令產生機械化或強迫式的反應。他們會重覆且習慣性地用同樣的方式，去面對特定的生命領域，讓相同的遭遇一再發生。但無論這些強迫性的行為會帶來多少問題或困難，的確都能為他們帶來無意識裡的安全感，而這就是他們從前世的行為和發展中學到的方法。一個人對於必要的改變的抗拒程度，將會影響他遭遇到的演化經驗：有可能是災難性的，也可能是持續卻緩慢的成長。冥王星（靈魂）象徵的演化壓力及進程教會了我們一件事：我們的確擁有自由意志或選擇權，而生命的狀態、經驗及傾向，只是反映了自己內心的慾望。身為一位諮商師，當你面對的案主一再用慣性或重覆的方式，去面對特定的生命領域時，你可以點出這些強迫性及安全模式的基礎以及相關的慾望，藉此來幫助他們對自己的反應模式產生覺知。

冥王星的宮位以及與其他行星產生的相位，都代表此人在那些生命領域曾經歷過演化。相位的類型則代表演化進程的運作方式。整體而言，合相、四分相、八分之三相、十二分之五相、半四分相或對分相等緊張相位，會產生巨大的凝聚能量（慾望），企圖轉化或重新塑造與冥王星形成相位的行星的表現方式（行為）。這種進程通常沒有在前世完成或實現，所以其功能（行星）才會在這一世中繼續處於同樣的狀態。整體而言，最簡單的判斷方法就是，如果行星並沒有形成所謂的正相位（冥王星位於獅子座十六度，與位於天蠍座十六度的金星形成四分相），就可能出現下列兩種情形：

1. 如果行星與冥王星形成的度數在正相位之前[1]，代表這顆行星象徵的功能最近才受冥王星強烈的演化驅力影響，而且正在試著達成它的演化要求。因為這是一種比較陌生的狀態，所以一切都還沒完成。

2. 如果行星與冥王星形成的度數在正相位之後[2]，代表這個行星象徵的功能在過去很長的一段時間，曾經與冥王星的演化驅力產生互動，而且即將完成或正在落實演化的要求。

與正相位相差的角度距離，也暗示著這個進程的「新舊」程度。整體而言，緊張相位已經

1 所謂的入相位。
2 所謂的出相位。

（或是在未來）讓一個人感受到強烈的停滯感、限制、抵抗或情緒上的震撼，而這些生命經驗都跟與冥王星產生相位的行星，以及該行星落入的宮位有關。無論一個人願不願意合作，與這些行星有關的生命領域，每隔一陣子就會被迫重組、重新定義或是改變表現方式。換言之，冥王星與其他行星形成的緊張相位，代表一種先存的強迫性行為模式，會阻礙這個行星的功能或經驗的進一步發展。這些相位也可以看出此人在這一世中，會在哪些領域或是為了哪些原因，遭遇到困難或負面的業力，而這些都是前世行為的因果延續。當這些週期性的轉化發生時，很少有人能了解背後的理由及基礎。這些轉化的經驗可能非常難熬，會帶來強烈的情緒和感受，讓一個人覺得彷彿有「更大的力量」在控制或操縱一切。他可能會覺得無力阻止或控制這些經驗。只有當經驗結束，或是到了最後的階段，他才可能有後見之明，認清這些強迫性的改變背後的意義，也就是經驗自身的本質。

緊張相位帶來的衝突，會展現在安全感及演化導向的對立上面，安全感通常來自於老舊的行為模式及傾向，演化的導向則是將這些老舊模式轉化成新的表現方式。

壓力或困難的程度取決於此人對必要的改變的抗拒程度，而抗拒往往源自於對未知的恐懼，也就是不安全感。這種對立的發生能夠讓一個人意識到自己的動機、目的、需求及慾望，就是這些東西決定或創造了先存的模式及傾向。一個人如果有所覺知，就能帶來自知之明及成長。

整體而言，半六分相、七分相、五分相及三分相等柔和相位，都會讓一個人比較容易理解與過去或未來有關的驅力及議題，而這些東西都與必要的成長有關。與冥王星形成柔和相位的行星，可以幫助一個人在生命中的每一刻，比較輕鬆地在過去和未來之間轉化自我。柔和相位可以促進持續一致、非災難性的演化。緊張相位則會累積情緒能量（就像水庫的水、火山內部的岩漿），最後一定會爆發出來，將導致阻礙的行為功能完全改變。當演化持續進行時，柔和相位可以讓一個人「知道原因」。即使此人透過柔和相位來抗拒這種演化的進程，但在某種程度上他還是知道這一切為何會發生。這個人即使是抗拒遭遇到困難，仍然可以在困難發生的當下知道原因何在。為了個人的成長，困難是無可避免的，即使他不喜歡這一切，但仍然能體認其原因為何。

柔和相位也讓一個人意識到自己必須有所作為，才能產生改變、成長或演化。但這個人也可能因為欠缺壓力，而不會將這種想法付諸行動，也不去實現或追求必須發展的方向或經驗，反而保持在老舊舒適的狀態裡。也有些人會對必要的改變漫不經心或是半途而廢。他們如果一直採取這種懶散的態度，到了某些時刻，也許是在這一世或下一世，柔和相位就會產生壓力。而在這一世中，柔和相位也可能因為行星的推進、移位或太陽回歸而產生壓力。一個人如果願意與演化的要求及需要合作，那麼緊張相位也可能轉為柔和的能量。我們可以從容許度的情形，來評斷這個進程是比較陌生的，或是相對於目前的演化循環，來判斷這個進程是比較熟悉的，抑或是處於最後階段。

我們可以依照容許度將相位分為兩種特質，而相位的特質將會決定冥王星的演化如何發生。我接下來會摘要地整理每一個相位在整個循環（從零度到三百六十度）中的運作模式，藉此來解釋特定相位的運作情形，我想這對於相位的理解會很有幫助。如果想要完整地認識相位，建議閱讀羅伯・詹斯基的《如何解讀你的相位》（*How to Interpret Your Aspects*，Astro-Analytics 出版）。此外，我也即將推出《階段、相位及主要的行星組合》（*Phase, Aspects, and Key Planetary Pairs*），這是在詹斯基去世之前，我與他合寫的一本書。

當你在讀到下面的內容時，務必與冥王星現階段的演化導向或狀態聯想在一起。舉個例子，冥王星與水星即將形成三分相，換言之，這是一個入相位。我們必須將每個特定相位的意義，與演化的目的連結在一起，才能正確地應用原理。再提醒一次，演化的目的是表現在冥王星對應點的宮位及星座上面，而演化進程的運作模式，則要看北交點及其主宰行星落入的星座及宮位。入相位是從零度到一百八十度，而出相位是從一百八十度到三百六十度。當我們要判斷到底是出相位或入相位時，最簡單的方法就是找到與冥王星形成相位的行星，然後判斷該行星與冥王星之間的角度。把冥王星當成不動的點或指標，然後以逆時針的方式，計算該行星離開冥王星幾度。唯一的例外是太陽。因為太陽是太陽系的中心，所以當我們判斷太陽與其他行星的相位時，必須把太陽當成不動的點或指標。

入相位（Waxing）

1.零度—合相：兩個行星的功能結合為一。新的演化目的或循環會如本能般地自然展開，完全沒有自我中心的意識。這是非常純淨、沒有經過壓抑的表現或行為。會有一些偶發的生命經驗，帶領此人探索新的演化目的。

2.三十度—半六分相：這會讓一個人對於新的演化目的或循環，表現出或形成一種自我中心的認同感。這個人如果開始意識到特定的演化方向或經驗，偶發性的行為就會減少，接下來就能理解或發現新的演化目的或循環的意義。

3.四十度—九分相：針對新演化目的所產生的自我中心意識或認同感，開始進入消化的過程。此人會主觀地朝著新目標的發展或實現邁進，逐漸成長，並且賦予它個人性的意義。換言之，他已經開始有意識地朝著新方向前進，而這些新方向在本質上是非常個人性的。在這個階段中，自我探索的渴望會被突顯出來，而偶發性的經驗也會越來越少。

4.四十五度—半四分相：新的演化目的變得更加明顯。這個人會用自己的方式，努力地達到目的，或是讓目的實現。這種明顯的掙扎是因為他試圖脫離所有過去的狀態，這些狀態把他／她與老舊的秩序、模式或制度綑綁在一起。

5.五十一點二五度—七分相：此人會將新的演化目的或循環，與某種形式的個人獨特使命連結在一起。他會透過一些行為及經驗，來理解或發現這個獨特的目的或使命。此人的行為可能是偶發又令人困惑的，也可能是清楚一致的，要看與冥王星形成相位的行星而定。例如，天王星可能會導致突發的行為，而太陽則會對行為產生清楚和一致的影響。

6.六十度—六分相：此人可以透過對照和比較，有意識地理解新的演化循環和目的。他必須隔絕外界的影響，從內去發掘或理解自己獨一無二的全新特質。這個階段的行為會開始內化，讓此人透過自我的冥思，與外在現實環境做對比。他能夠了解有關過去、個人和集體的問題，同時知道可以利用哪些經驗、方法或技巧，用自己的方式來促進新的演化目的之發展。

7.七十二度—五分相：新的演化目的會變得個人化，讓這個階段變成一種創造性的轉化進程。所有的意義也會變得極具個人色彩，而且十分明確。這種新的演化目的即將轉化成外在行為，但是因為過去的引力，仍然會有掙扎或抵抗出現。

8.九十度—四分相：為了在內心完整地建立或實現新演化目的之個人意義，就必須為它找到新的運作模式。這種「模式」可能是任何形式的，要看和冥王星形成相位的行星而定。舉個例子，如果是水星與冥王星形成四分相，新模式指的就是新的思想體系，以及隨之衍生的見解。這種新模式也會要求一個人針對主流的思想體系或知識團體，分析其本質上的弱點及缺陷，分析的過程將會帶來新的洞見。如果是金星與冥王星形成四分相，則代表此人必須建立新的關係模式，或是用新的方法面對關係。當一個人帶著新模式前進時，時常會不由自主地受到舊有行為模式的誘惑，這時就會產生創造性的衝突。當一個人不知道如何實現或建立新的模式時，這種創造性的衝突就會被突顯出來。這種衝突或對立看似在跟自己或別人作對，好像和社會或過去所有的事物都過不去。但是從演化的觀點來看，此人必須實現或建立這些新的模式或方法，才能繼續向前邁進。

9. 一百零二點五度—雙重七分相：四分相就像是演化的交接點，要求一個人建立或培養新的模式。這種新模式到了雙重七分相的階段，就會被視為帶有高度個人色彩的特定使命。這個相位也會讓我們憶起在七分相階段所認同的一切。此階段的慾望是將演化的循環或目的表現出來，創造出一種足以反映它的個人現實處境。

10. 一百二十度—三分相：我們可以說有這個相位的人正處於完成的階段。他必須用創造性的方式來實現新演化目的的慾望和想法。這種相位也讓一個人能夠有意識地覺察整個演化進程，以及造成現在的過去種種。此人可以創造一種個人的現實處境，清楚地反映出從合相階段開始的新演化目的。他會很清楚地知道自己必須做些什麼，才能創造出這種現實。

11. 一百三十五度—八分之三相：這個相位代表最初演化的目的已達到個人化的頂點，現在想要透過創造性的活動及行為表現出來。如果此人試圖將針對這個目標的想法發揮在周遭環境中，外界就會出現挑戰。這些挑戰會讓一個人開始調整自己的目標，去覺知環境及別人的需求，但也可能導致負面的結果，因為他可能會拒絕改變或調整自己已經擁有或實現的目標，這裡的目標指的就是新的演化導向。這個人如果一味地抗拒，就會回到過去的窠臼裡，不知如何在外境中建立個人的現實及目的，直到他做出必要的調整之後，才能重新找到方向。

12.一百四十四度—雙重五分相：雙重五分相如果以負面的形式呈現，就會讓一個人透過在五分相發生的個人化進程，重新調整最初的演化目的（從合相開始展開的演化目的）。此時他必須開始分析該如何將個人的演化目的，與環境及別人的需求連結。這種分析一定要徹底做好，新的演化目的才能滿足整體的需求。只有透過服務獲得的深刻意義，才能讓此人了解自己的演化目的。

13.一百五十度—十二分之五相：這個相位代表此人會針對自己的想法進行自我分析，這種想法往往與最初的演化目標的導向有關，而分析的結果可能會帶來清明或困惑。此人已經意識到必須針對演化的目標做些「特別」的事情，但仍然不知道應該如何透過服務，讓這個目標與別人或整體連結。這個相位會帶來某些形式的危機，迫使此人進行心智上的自我分析，摸索自己該如何調整態度，才能在社會環境的現實架構內，打造自我的現實或目的。這個相位也會讓此人捨棄自我膨脹和固執，學會謙虛。

14.一百五十四度—五分之二相：這個相位會帶來清明的心智，讓此人看清楚自我的想法及演化目的，該如何與別人、環境或整體的需求連結。這也代表一種必要的自我分析，讓此人徹底消除在十二分之五相位產生的自命不凡。這種自命不凡都是自我膨脹的幻覺。到了這個階段，這樣的幻覺必須轉化成最根本的謙虛，讓此人準備好將自我的目的與社會環境的背景整合。

出相位（Waning）

15. 一百八十度—對分相：對分相的出現，代表此人已經走到演化的交接點。到了這個階段，最初的演化目的不僅具備個人性的意義，還必須被賦予社會性的意義。這個目的必須與別人分享，產生關聯性。對分相還要求一個人必須為最初的演化目的加上社會的背景或架構，透過這種背景或架構，他／她可以繼續發展在合相階段展開的演化目標。為了達成這個目標，此人必須進入社會關係的網絡中，學習自他平等的道理。他／她必須透過關係，學習聆聽別人的心聲，然後才能評斷自己的獨特性。他／她也必須學著將個人的演化目標與別人的需求結合。

對分相也會導致意志與慾望之間的衝突，因為此人一定會覺得與別人進行必要的接觸時，自我的權力或身分認同被吸收或消失了。從純屬自我中心的觀點來看，他／她一定會覺得無法再掌握自己的身分認同，同時也失去了塑造命運的力量。他／她必須培養一種社會化或是更擴張的覺知，來脫離狹隘自戀的世界。這個人可能會抵抗這種自然的演化發展，選擇回到過去。他／她如果做出負面的回應，就可能試圖運用意志力來控制別人，將個人的目的強加在別人身上，藉此來覺得自己很有權力及安全感。

這種人會一直停留在演化的關卡上，直到他／她將個人性的目的與社會需求連結，變成社會中與人平等相處的一份子。與對分相對應的這股力量，存在於別人的想法、價值觀、信念及需求之中，這些東西會與自己的需求、想法及信念形成對比。這股相反的力量也可能反映在靈魂固有的雙重慾望中，而這些慾望又會轉成個人意志，與靈魂中的高層意志產生衝突。回歸本源的慾望會轉成向前移動的需求；維持獨立的慾望則會讓一個人基於安全感的理由，維持在先前的狀態裡。

16.**兩百零六度—五分之二相**：在對分相的階段，最初的演化目的及個人意義會被社會化。到了五分之二相的階段，此人處於已經理解的狀態，正準備與社會或集體的需求合作。

17.**兩百一十度—十二分之五相**：新的社會性演化目的或導向，會幫助此人看清楚自己的想法、意識以及社會意識的限制；也可以讓他／她了解為了表現這個社會性的目的，有哪些事情是可以做的，有哪些事情是不能做的，而別人又會對自己有何要求。此人如果超越了這些限制，就可能遭遇強烈的情感衝突，迫使他／她在意識層面上做好這些功課。入相位的十二分之五相可以帶來謙虛的胸懷；出相位的十二分之五相則能帶來與社會互動所產生的謙虛及淨化。

18.**兩百一十六度—雙重五分相**：在這個演化階段裡，社會性的演化目的變得更加明確，因為此人會將自己的潛能、才華或能力，與別人的潛能、才華或能力相互對照和評估，從中意識到自我的獨特性。

19.**兩百二十五度—八分之三相**：這個演化階段會出現新的危機，因為此人必須認識整體的文化、社會傳統、習俗、規範、法律、規則及禁忌，才能與社會共同建立演化的目標。新危機的出現是因為此人已經準備好要散播、應用並實現這個目標，但是必須先學會如何透過社會的規範來達成此目的。

20.兩百四十度──三分相：這個相位代表抽象及社會性的思想已經進入擴張及明確化的階段。這意味著此人已經有權力或能力理解社會的運作方式。他／她會以此為基礎，在社會中建立或建構個人性的社會目的。他／她已經可以開始散播或改造這個目的，因為別人（社會）不會覺得被威脅，也不會覺得受到他／她不必要的挑戰。

21.兩百七十度──四分相：這代表意識層面的危機。在這個演化階段中，此人已經了解了社會及文化的種種，也已經成為社會的一份子，他／她現在必須在意識層面上進行兩極化的重整。重整所導致的危機會圍繞著過去的議題打轉，也與此人的現況及未來有關。這個相位的演化目的，是要此人準備為自我的意識及知識系統重新建構新的根基，將宇宙、永恆及絕對性的意涵都納入其中。到了這個階段，老舊的模式、信念、以時間為基礎的文化、真理或價值，全都不再適用，儘管這些東西在過去猶如一張生命藍圖，讓此人根據它創造了個人及社會性的意義。這個相位也意味著此人已經展開自我重建的旅程，此時最迫切的問題就是：該相信什麼？該考慮什麼？該如何與一切產生關連？

22.兩百八十八度──五分相：這個相位的演化目的是要轉變個人及社會性的身分認同。此人必須用一種全然不同的方式內化思想，因為他／她不再是自我中心的意識或社會性的個體。這種重新導向的進程，會讓此人產生宇宙性與永恆的視野及覺知，意識到自我與「終極他者」（Ultimate Other）的關係。他／她必須學習認識自己和宇宙的關係。他／她會逐漸認清或理解自己在這一世應該發揮的功能或職責，與自己在宇宙中扮演的角色有何關聯。

23. 三百度—六分相：這個相位代表和宇宙整體有關的全新個人意識，會被賦予具有生產力的目標及認知，讓此人能在這一世實現自我的宇宙／社會性角色。這種在過去及未來之間的轉換過程可能非常容易，也可能產生抗拒。

24. 三百零八點二五度—七分相：這個相位代表此人會根據已知的宇宙／社會性目的及角色來採取行動，同時將這種目的或角色與某種「特殊的使命」連結。他／她也可能會誤認或誤用這個目的或角色，對此產生妄念。他／她如果走錯了方向或是感到困惑，這個相位仍然會在重要的關鍵時刻製造一些情境或狀況，讓他／她重新走回正途。如果他／她對於這個角色或目的感到不確定，就會出現一些情境或狀況，教導或提醒他／她這個目標的意義何在。

25. 三百一十五度—半四分相：這個相位代表新的演化危機，因為此人會在過去、代表個人及文化背景的事物及未來之間，加速轉換的步調，而未來就象徵著未知、不受限制、永恆及絕對。就某一方面而言，此人會想要退縮，內化自己的意識，如此才能覺察到新的演化循環所帶來的新開端或新驅力。他必須進行自我冥思，實驗一些足以反應這些新開端或新衝動的全新模式、想法和經驗，同時在實驗之中看到錯誤。這些實驗可能會產生真實的衝突及困惑。這個人可能會對這種狀態感到厭倦，試圖回到過去的模式。他／她如果真的選擇這麼做，就會出現全面性的瓦解。到頭來他／她仍然得回到同一條演化的道路上，與別人建立新的社會關係。另一方面，他／她也必須履行社會的責任義務，但這會與他／她想要退縮及實驗的慾望起衝突。這裡的關鍵就在於兩者兼顧，當對比的旋律出現時，他／她只要盡力跟隨著節拍走就對了。

26.三百二十度—九分相：這個相位代表新的演化循環，讓此人用一種完整的概念及想法，清楚地將今生想要建立的事物呈現出來。換言之，此人可能想要在自己的文化背景中，為自己塑造一種永恆的價值，而他／她也很清楚時間、空間和所有的一切，在本質上都只是過眼雲煙。別人可能會認為他／她很奇怪又與眾不同，也無法理解他／她想要做什麼。此人會因為別人的挑戰而必須經歷一些考驗，並且得堅持下去，將焦點集中在這種新的想法或永恆的價值上面。從合相階段展開的演化循環，現在正在快速崩解。他／她會覺得生命沒有意義、非常空虛，還會對演化的目的及個人的身份認同感到模糊失焦、無法定義，而這通常都跟冥王星形成相位的行星特質有關。這裡的關鍵點就是拋開與過去有關的功能及傾向，願意讓新的模式、想法和驅力進入個人的意識領域。他／她如果能採取這種方式，這些新的想法、概念和驅力，將會成為照亮未來人生道路的明燈。

27.三百六十度—合相：這個相位代表個人生命之旅的演化循環已經完成。從入相位的半四分相到合相階段，此人展開了一段擺脫自我、將自我視為宇宙整體（將自我完全融入宇宙的背景中）的進程。這代表本命盤中與冥王星形成相位的行星，已經完成或正在完成一整個演化循環。最高潮的頂點已經過了。他／她未來再也不會經驗這些行星之前的表現方式了。一種嶄新的演化循環即將展開。與冥王星形成合相的行星可以做為一種工具，讓此人有意識地體驗或感受到宇宙、永恆或本源。相反地，這些行星也可能成為另外一種工具，讓此人感到迷惑、隔絕、疏離或不滿，藉此來認清個人的妄念、夢想及幻想的本質。

我們現在可以開始討論冥王星與特定行星的相位。我們要記住一點：所有與冥王星形成相位的行星，都必須改變、定義或轉化從過去延伸而來的限制。這種演化的進程在過去都曾經發生過。我們可以從相位的類型，以及該相位與正相位之間的容許度的差距，看出這個進程是「新」或「舊」，藉此來判斷這個進程在以前是如何運作的（根據行星的類型）。除此之外，這個演化進程也可能以不同的方式展開，有關這部份的敘述，可以參考第一章「冥王星影響今生的演化的四種方式」。建議可以重新閱讀那個部分，將會對你產生一些幫助。

冥王星與太陽的相位

整體而言，一個人如果有冥王星與太陽的相位，無論是過去或現在，最該強調的重點就是如何用一種創造性的方式，在這一世中發展一種特別的目的。這類相位會讓人意識到自己內在的力量，藉此來創造一種足以反映此目的及存在意義的個人現實。他們在過去世中曾學過如何掌控自己的命運，也知道該如何利用自己的意志來改變或創造命運。這是一種持續的進程，結果若是正向的，他們就可以在相關的生命領域裡進行創造性的改變。這些人如果想要讓這個進程獲得正向的結果，就必須學習如何將個人性的目的與社會性的需求連結。他們如果不學習這麼做，個人的創造性就會淪為空泛的自戀，無法為別人帶來什麼意義。

演化的進程一直在教導這些人認識個人力量的限制，讓他們知道什麼事情可以做，什麼事情不能做。即使他們已經學過如何掌控自己的人生、如何運用意志力創造自己的命運，但命運和目的本身仍然有一些限制。這些限制往往與他們在社會或文化背景中注定要扮演的角色有關。他們必須學習接受這些限制，但仍然可以在這些限制中，創造自我的現實、身分認同、目的及命運。

這類相位會讓一個人積極地認同某位崇高的人士，此人象徵著社會權力，或是已經凌駕於社會整體之上的人。舉個例子，一個人如果對心理學抱持嚴肅的興趣，想要成為一位心理學家，他／她就會認同心理學領域中的崇高人士，例如榮格、佛洛伊德或史金納等人，並且與對方建立一種想像出來的關係。他／她一旦認同了這位崇高人士，就可以透過同化作用，將對方的生命精髓抽取出來，與自我融為一體，這種精髓可能是對方的概念、原則、方法、技巧和信仰等等。透過這個方式，他／她可以將抽取出來的精髓重新改造，再用一種獨特的、富創造性及個人性的方式表現出來。

冥王星與太陽形成相位，代表一個人的創造力及目標，會在今世經歷重生、更新或轉化，讓他更深的潛能得以週期性地揭露出來。這個進程可能會充滿挫折和限制。即使他已經略知或完整地意識到自己也許可以達成什麼目的、變成什麼模樣，充其量也只能在特定的人生階段裡發揮這些潛能，而且只限於這些階段。

有些冥王星與太陽有相位的人，會吸引或透過父母中的一方來掌控自我的發展，通常會是父親（或是握有最多主權的一方），但仍然要視個人演化和業力的背景而定。換言之，這位至親會試圖透過自我的意志，來塑造他們的人生目的或身分認同。他們會感受到不同程度的威脅，這種威脅可能會為自己帶來影響，於是就會按照對方的模式來實現自己的目的或命運，以滿足她或他的慾望及要求。

這位照料者會毀滅他們的個人性目的或創造力。但無論是過去或現在，演化的需求都會要求他們培養自我的創造力及目的，所以在某些關鍵的時刻，必然會出現一些「狀況」或對峙。這種狀況通常會讓他們重建或改變彼此的關係：也許是父母被拋到了腦後，也許是父母做出了改變，配合並鼓勵他們去積極發展自我的獨特目的及使命。

有些人則可能會吸引或促成父母之中的一方，去鼓勵他們積極地發展自我的獨特目的及使命，但這仍然要視演化和業力的背景而定。這樣的父母會告訴他們生命和現實是自己一手創造的；父母也可能會教導他們，只要一個人下定決心成為自己想要的模樣，沒有什麼事是不可能實現的。有些人的父母雙方會分別扮演上述的兩種角色。我們必須考慮每個人特定的業力要求及需求，才能知道為什麼會有這樣的情形，而自己又該如何面對。

整體而言，冥王星與太陽有相位的人都必須在今生完成非常特殊的使命。這個特殊的使命可能會讓他們獲得名氣、認同、奉承或讚美。但是在某些業力狀態下，這類相位也可能造成一個人濫用權力，或是拒絕承認權力的限制，這樣他就不可能獲得認同及讚美。在這種情形下，此人終身都得活在別人的成就之下，被社會或別人貶低。這種強加的限制是要他們培養客觀意識，讓他們明白為什麼會有這種情形發生。他們如果能培養出客觀意識，最後還是能跳脫這一世的限制，或是在下一世的輪迴中獲得自由。

我們必須記住一個重點：這類相位會強迫一個人消滅所有妨礙表現或障蔽個人力量（或個人性）的限制及驅力。因為他們在過去世已經學過創造性地表達或投射個人的權力及目的，所以可能會無意識地渴望被視為特別的、有權力的或重要的人，甚至會緊抓住自我的榮耀不放，而這是很危險的事。就負面的角度來看，此人過去世獲取權力的手段可能非常不正當，充滿著算計或無情，甚至可能是犯罪行為。如果過去世展現的是正向的方式，此生就不會讓自己成為實現演化目標或使命的犧牲品。他們會知道如何透過合法的手段實現自我，同時會去挑戰或攻擊用不法的手段獲得的權力或身分認同。

許多有冥王星及太陽相位的人，會不自覺地控制或操縱別人的個人表現，尤其是與自己關係密切的人。他們可能會根據自以為是的行為標準，不停地修正或改變別人的行為。這種作風當然會造成衝突、情感上的對峙，而且會導致分離。這種情感上的震撼會讓他們陷入不同程度的絕望。從樂觀的角度來看，這可以讓他們覺察到造成這種問題的內在驅力。

相反地，有些人則會尋求一段關係或是一種情形，讓自己與別人的權力及意志融合為一。就負面的角度來看這種傾向，其實是渴望透過權力及目的結合，讓自己變得更有權力、更有意義。這種關係最後一定會失敗，直到他們能夠抽離出來為止。這可能會帶來一些必要的衝突，直到他們能依據自己付出的努力，來建立獨特的命運及演化目的。

就正面的角度來看，有冥王星與太陽相位的人不僅能實現自己的權力及創造性的目的，同時也能鼓勵別人根據最自然的發展及演化潛能，來實現他們的自我。這類人會一直用這種方式來實現自我，同時也無法容忍別人不這麼做。他們可以做為別人的榜樣：培養勇氣，擺脫人生中不必要的限制。

冥王星與月亮的相位

這類相位在過去世的演化導向是消除所有對外在的依賴，學會內在安全感的功課。此外，它們也代表重新調整或轉化內外因素造成的情緒反應。透過這兩種方式，此人就能學會轉化自我形象，改變看事情的角度和身分認同。這個相位意味著容易與女性或母親產生情感問題。一般而言，他們生命中的女性或是扮演母親角色的人，都是非常強勢、控制慾強的人，而且會把嚴格又極端的行為標準投射到他們身上。如果他們拒絕或是無法符合這些強迫性的命令及期望，就會遭遇情感上的打擊或攻擊。另外一種情形是，女性或母親類型的人會壓抑情感的表達，顯得冷若冰霜和沉默，容易將不滿、失望或受傷的情緒，投注在能量場（auric field）上面。無論是上述哪一種情形，有冥王星與月亮相位的人都必須向內展開演化的功課。

根據以上的敘述，我們不難猜想這類人時常會將轉移掉或未解決的情感需求及問題，投射成對別人的期望。別人如果無法滿足自己的情感需求，也無法解決自己的問題，他們就會有被激怒或氣憤的情緒反應。這種經驗當然會造成他們與別人之間的對立，他們也可能因此而向內退縮。另外一種常見的反應則是雖然維持著與別人的情感聯繫，但內心深處的需求都無法獲得滿足。這些經驗的強烈程度，往往與演化進程的「新舊」有關，而月亮與冥王星形成的相位類型也會帶來影響。舉個例子，有一位案主的冥王星與土星合相，都落在獅子座、逆行入九宮；同時又與四宮的雙魚座月亮形成十二分之五相。

他的父母在他六歲時分居了。他當時被送到孤兒院，之後父母又復合，再把他接回家去。十歲時他不小心聽到父母在談話中透露他們並不喜歡他，甚至希望根本沒有生下他。他聽到這些話之後立刻離家，走了二十五英哩的路到祖母家。祖母非常愛他，但父母還是把他帶回家了。他被迫活在一個不被接受、愛護或了解的環境裡。由於他的十二分之五相是在正相位之後的四度，因此這種被拒絕的情緒或心理反應並不強烈。他的確記得自己在其他世中也有同樣的經驗，因此或多或少已經學會減少對別人的期待和依賴。他的演化必須透過與父母的相處經驗，來做完最後的必修功課。

相反地，其中有些人也可能會遇到女性或母親類型的人，鼓勵他們培養情感的自主性及內在的安全感。這些女性或母親類型的人具有洞悉能力，可以了解他們的情感驅力，幫助他們認清自己的情感風暴、情緒及感受的基礎及原因。

這類相位意味著這些人一直在學習重整自己的情感表現及自我形象。當冥王星與月亮形成相位時，此人就會用強迫性的方式表達情感。他們在心智或情感上會用不同的方式表達自我，但最深的恐懼就是發現自己的情感又出現了老舊的強迫性模式。他們可能會陷入週期性的自我怨恨、氣憤及憎惡，因為即使想要改變這些模式，他們仍然覺得無能為力。最糟的情形是自殺或在潛意識裡渴望死亡，藉此來逃避感情生活的痛苦。

這些人已經學過如何認清自我的內在情感驅力，知道這些驅力的運作方式及原因為何。因此他們也會非常注意別人的情感驅力、導向及動機，並且能找到這些東西的根源所在。如果冥王星與月亮的相位是比較「舊」的，那麼他們就具有一種天生的能力，可以了解別人的情緒源自何種心態。

有些人會強迫性地重新塑造別人的自我形象或情感表達方式，如同他們生命中的女性或母親類型的人對他們所做的事一樣。換言之，他們會重複母親或生命中重要女性的行為模式。大部分的人都無法長久忍受這種專橫的情感模式，因此他們生命中的許多親密關係都是以對立及震驚收場。當別人無法滿足或達到他們的情感需求或要求時，就會變得非常無情、善妒、懷恨在心，甚至產生報復的念頭。他們平常會嚴格控制自我的情感表達，但是當激怒及怨恨讓一切失控時，卻可能會出現肢體上的暴力。另外，有些具有冥王星／月亮相位的人，會用一種非強迫性的方式去幫助別人認清自我的情感驅力。他們會鼓勵別人在情感上自給自足，建立內在的安全感，不再依賴他人。這些人可能曾經在女性或母親類型的人身上遭遇過同樣的經驗，或是透過情感學堂的困難功課學習到這種能力。

這些人一旦懂得在演化的進程中，有意識地追求或學會內在安全感的功課，就能將所有的負向情感表現轉化成正向的行為。他們慢慢可以學會如何滿足自己的情感需求，同時可以用一種不去要求別人、穩固自我的方式，來面對親密關係及人生，讓自己獲得解放。他們不但可以對過去難以忍受或不耐煩的事表現出耐心及寬容；同時還能促進別人內在情感的成長、健全及獨立。他們以前會拒人於千里之外，讓別人不敢親近，如今卻能像磁鐵般地吸引別人靠近，因為別人發現了他們天生的療癒能力。

月亮代表心內的自我。有冥王星與月亮相位的人，已經學習過如何透過顯意識來集中靈魂的力量。因此他們在追求任何一種目標時，都會表現出不可思議的決心及專注力。這些人具備了冥王星的洞悉能力，可以將任何事物建構或運作的「底線」挖出來。他們本能上就知道該如何操縱或利用一些必要的手段，來達成自己想要追求的目標或任務。當這些手段以負面的方式表現出來時，可能會十分無情或充滿陰謀；如果用正向的方式表現出來，又可能非常坦蕩和光明磊落。他們的眼眸和目光通常很深邃，十分具有穿透力，因為月亮的符號象徵與眼睛的角膜有關。當他們想要看穿別人的核心、挖出背後隱藏的真相時，往往會透過眼睛反射出靈魂的力量。

月亮也代表個人的環境，所以有月冥相位的人會因為散發出強烈的磁場，而輕易地主導環境裡的一切。這種主導的能量可能是沉默地散發出來，或是透過溝通及行為表現出來。無論是哪一種方式，別人一定會感受到他們的「存在」。別人時常會誤解或誤認他們的目的，這是因為他們的情緒磁場裡帶有一股神祕難解的氛圍，而這都是來自冥王星的隱祕天性。他們對這樣的被誤解經驗可能覺得十分挫敗。但環境帶給他們的這種挑戰，就是要他們抽離出來培養一種覺知力，清醒地覺察到自己的實際感受及想法。這種挑戰也會促使他們觀察自己的動機、導向，以及造成這種挑戰的起因。他們一定得經歷自我檢視的進程，因為他們時常會在情感上「閉關」。這種閉關會帶來一種危險，那就是當某種情緒或心理問題爆發時，他們就會失去所有的認知能力。這些人如果是處於閉關狀態，則會出現一些挑戰將他們拉出來。這些人如果處於活力十足的狀態，外界的挑戰就會讓他們質疑這種狀態的基礎為何。他們如果拒絕揭露內心世界的運作模式，就會抗拒外界的挑戰。當外界的挑戰出現時，這些人往往會拒絕接受別人的見解及認知的正確性。最重要的是，與他們接觸的人必須了解這一點。他們天生就必須週期性地閉關，為自己的情緒能量充電。此外，他們每隔一陣子就會因為無意裡的能量被耗盡而感到筋疲力竭，所以閉關絕對是必要的。這樣的歷程可以讓他們在演化之旅的關鍵時刻，為顯意識注入知識或洞見，釋放一些來自靈魂深處的全新想法、感受或情感。對於他們而言，如何在閉關及活躍的循環中取得平衡，是十分重要的一件事。他們如果太偏重其中任何一種狀態，都會造成扭曲而失去自我的重心。當外在環境針對這種狀態提出挑戰時，這些人必須多加注意，因為這「意味」著這種狀態已經到達極限了。這些人如果是處於活躍的狀態，挑戰就會逆向而行，因為他們需要充滿活力的回應。有月冥相位的人如果能夠注意這些環境裡的訊號，就能促進情緒及心理的平衡。與這些訊號唱反調，則會導致不平衡。

有月冥相位的人在情緒上非常敏感。他們周遭環境的狀態必須「恰到好處」。如果環境還是如此，就可能變得非常沮喪，而試圖去糾正一切。別人的所做所為必須符合他們的行為標準。這種期許當然會導致衝突，而衝突又會讓他們在面對不符合自己行為標準的人事物時，試著去改變自己本能的情緒反應。他們嚴格而刻板的標準，必須被外界質疑，才能帶來自我的蛻變。這樣他們才會明瞭別人的行為標準、價值觀、需求及信仰如同自己的一樣，也具有權威性、正當性及有效性，而且是中肯的。

這種相位時常會激發強烈的情感及性需求。他們所累積的情感能量每隔一陣子就得釋放、投射或表達出來。這種釋放可能表現在性行為上面。他們如果無法在情感上自給自足，或是靠自己滿足性需求（自慰），就會將這種需求投射到別人身上，而且通常是非常強烈又索求無度的。對於有月冥相位的人而言，性的釋放可以帶來情緒上的穩定性及療癒。他們的性釋放（高潮）通常是全面性地解放。當高潮產生時，他們會變得非常自在，然後進入完全放鬆的狀態。

有月冥相位的人，最好能夠認同一種專注又強烈的治療方式，讓天生的情緒反應模式獲得轉化或徹底翻轉，進而用一種更客觀、開放的方式調整人生態度。這對他們而言是一件好事，因為他們的無意識裡存留了許多痛苦又困難的情感記憶。這些記憶讓他們出現了強迫性又「非理性」的情緒反應。有月冥相位的人時常被自己的情緒、感覺和情感消磨殆盡。這些情緒從最黑暗到最光明，形形色色的，全都源自於遙遠的無意識記憶。對於他們而言，最重要的就是認識這些情緒、感覺和情感，並且學會控制它們。這些人可以持續地投入一些治療系統，來獲得自知之明及控制能力，前提是這些治療系統必須能讓他們發展客觀的覺知。

冥王星與水星的相位

整體而言，冥王星與水星的相位自知之明會讓一個人與別人產生必要的心智衝突，藉此來改造、轉化或拓寬自己嚴苛死板的想法。有這類相位的人情感的穩定性及安全感，往往來自於心智建構現實的能力。由於這些人的安全感與強烈的規劃組織能力有關，所以常常會強迫性地捍衛並堅持自己的想法。他們如果改變想法，用不同的方式來思考一件事情，可能就會失去安全感，甚至覺得很無力。演化的需求一向在追尋對立之中的平衡性，因此，任何的僵化傾向都會阻礙進一步的成長。對立的力量會讓這些人重新思考或檢視自己最重視的想法，無論他們願意與否。

有這類相位的人通常都具備強烈的專注力。這種能力讓他們只要願意認真思考，就能一眼看穿事物的底線。當他們在觀察一件事情的時候，會先分析並注意它的底線，最後就能判斷它的結構和本質。這些人的詮釋方式往往反映了他們既存的信念。這個信念系統就像是一張濾網，任何被檢視、研究或分析的事物，如果無法反映他們的是非觀，通常就會被他們拒之門外。換言之，他們就不再允許這些資訊進入自己的腦海中。他們如果開始思考這些不同的資訊，又會對自己之前的信念構成挑戰，也會危害到安全感，而這種安全感多半來自於他們對事物本質的意見及想法。就另一方面來看，如果他們學習經驗在某些方面可以支撐之前的信念，就能夠有系統地、完整地接受這些資訊。他們會透過冥王星的同化作用，將這些資訊變成自己的知識。

這類相位的重點就在於必須檢視水星本身的狀況和實際的本質。水星是落入哪個宮位及星座？水星及冥王星形成的哪一種相位？水星本質上會對任何東西感到好奇，而且渴望在心智上體驗許多事情，渴望與別人溝通自己的知識。水星渴望與別人一起進入心智的國度。水星也渴望透過心智來組織事物，用邏輯的方式體驗生命，如此才能讓一切產生連結。

水星與冥王星形成相位，可能會產生兩種極端的類型。其中一個是「封閉型」，這些人如果在生命中體驗到全新的心智經驗，卻無法反映自己認為有價值或有用的既定興趣，就可能完全抗拒它。這種極端的表現會導致心智的狹隘性。至於在溝通方面，除非是出自於某種目的或需要，這些人是不會與人溝通的。他們不會與別人進行無謂的溝通或閒聊。當他們想要與人溝通時，一定會切入重點，直言不諱。這些人溝通的語調非常具有情緒的渲染力，幾乎有種催眠作用，因為他們靈魂的力量，會反射在心智的信念及意見上面。另外一個類型是

「開放型」，這些人在心智上對任何事都抱持著開放態度，同時具有非常強烈的好奇心，會不停地追尋知識。這種類型的人會強迫性地需要與別人溝通，為了追求資訊及知識不斷地研究所有事物。當他們相信一件事情或是對這件事有些想法時，就會用一種強而有力的方式與人溝通，過程中充滿著強烈的情緒和信心。當然，這兩種類型的人，仍然有許多差別，表達的方式也不盡相同。

所以我們不僅要了解他們的整體本質，還要明確地分析水星的宮位、星座、與其他行星的相位，以及與冥王星之間的相位類型。舉個例子，水星落天秤座在三宮，與一宮的冥王星形成六分相。這個宮位意味著此人會傾向於「開放型」。相反地，水星落金牛座在八宮，與五宮的冥王星形成四分相，則會導致「封閉型」；這類型的人注定會經歷兩種方式的對立：

1.他們會經歷外在的對立，而這些對立通常來自於測試、挑戰或質疑他們心智結構及意見的人。最根本的問題就在於他們心智的狹隘性及主觀傾向。這種傾向會造成一種限制，讓他們對事情只有非黑即白的二分法。他們經歷的一切都會被強硬地歸類於黑或白。他們所堅持的觀點不一定是錯的，但卻是有限的。從演化的角度來看，對立是必經的過程。對立可以讓他們狹隘的心智出現一道裂縫或開口，讓新的資訊進入，改造或拓寬原本接收訊息的系統，然後才能轉化、產生新的見解。

這些人可能會很強烈地抗拒對立，因為情感的穩定及安全感受到了威脅。這種抗拒可能會產生潛意識裡的反應，讓他們不去聆聽別人在說些什麼，甚至會抗拒別人最具說服力的觀點。這種抗拒通常發生在對立出現的時候。當事過境遷之後，他們往往會回頭反省自己的經歷，考慮或選擇將部份的資訊及觀點納入心智的資料庫中，前提是他們必須了解這種過程的用處或正確性。當這些人為了捍衛自己而試圖去駁斥別人的說法時，通常會挑出對方的論點或思維中最弱的一環，將這個弱點作為對抗的基礎。

2.這種黑白分明的思維方式也可能造成內在的衝突。他們每隔一陣子就會發現，無法再用自我中心的思考方式來了解自己、別人和人生。他們可能會失去清晰的認知和洞見。這種週期性的衝突，會讓他們迫切地渴望新的訊息或想法，希望能藉此產生新的觀點，認清當下導致衝突的問題本質。

對於開放型的人而言，對立的發生是因為他們無法長期認同某一種特定的觀點。當他們逐漸迷失於觀點的旋轉門時，就能看清楚所有觀點的相關性及正當性。這種情形會帶來一種心智上的危機，因為演化的需求是要他們認同一種特定或特殊的知識體系，讓所有的觀點都能有所依據，然後才能在情感和心智上整合出自己的見解。這種透過演化的需求所帶來的心智危機，會導致對立或衝突，讓他們不知道該認同哪一種體系。他們可能會強烈地感受到別人觀點的力量，也許會閱讀各種不同的書籍、到處進修、參加研討會，但是只會讓問題更惡化。當他們不停地遊走於各種觀點之間，試圖去解釋問題的本質時，反而會失去自己的觀點。他們也可能在談話中強迫性地採取對立的看法，或是交換立場試圖證明另一種觀點的正當性。

該相信什麼、該思考些什麼，或是該如何思考，是他們生命中最大的難題。演化對於這種難題的解決方法，就是選擇一種在情緒上很自然能達成共鳴的思想體系。一旦選定了某種體系，就可以產生清晰的想法及觀點，讓自己在情緒上更加穩定、更有安全感。但這裡的挑戰就在於，他們不能捍衛這是唯一「正確」的系統，因為這種態度會導致「封閉」的情形。這些人必須認同且吸收一種特定的思想體系，利用這個系統來創造心智和情緒上的和諧性。他們如果能做到這一點，就會發現自己的系統對自己是有用的；而其他的觀點或系統也很完美，可以對別人發揮作用。他們不會再一昧地捍衛或辯論，反而可以善用心智能力來分享自己的觀點。這種內在的基礎可以幫助他們發展健全而有效的辨識力，讓他們在面對任何挑起好奇心的觀點或想法時，不至於喪失自我，淪為心智的獵物。

有冥水相位的人都有一種智識上的需求，非常渴望去探索、體驗或研究，那些被社會或原生環境視為禁忌的生命領域。這些人認為禁忌可以提供一些必要的知識或資訊，藉此來了解生命的奧祕。禁忌也暗示著限制，而這些人的演化需求就是超越任何造成限制的事物。

冥王星與金星的相位

整體而言，當本命盤中有冥王星與金星形成相位時，代表此人從過去到現在（或是未來）一直因為金星的雙重本質及需求，經歷了長時間的衝突。金星的原型或驅力就是先學會如何與自己相處、愛自己，用一種自給自足的方式來滿足自我的需求，為自己的疑惑找到答案，然後才能圓滿地經營親密關係。我們必須先做到以上所說的事情，才能成功地進入一段關係。我們如果能落實金星的原型或驅力，就能在親密關係中減少期望或要求，不再需要對方來滿足或達成自己的期望。我們如果不能愛自己、不能與自己相處，又如何去愛別人、與別人相處呢？冥金的相位要求我們學習與別人融合。透過這樣的經驗，雙方都可以感受到自我的轉化。由於演化的需求是與別人融合，所以大部分有冥金相位的人，都不知道如何跳脫關係的影響來面對自己。他們沒有學過自給自足的功課，無法在關係之外認清自己的問題，也無法替自己找到答案。他們很多人都覺得在關係之外的自我是不完整的、不踏實的。

由於冥王星的需求就是探索並挖掘更深層的生命意義，所以這些人時常會像被催眠了一樣，不自覺地靠近一些有同樣需求的人。這種驅力模式也暗示著無論這種吸引力發生在何時，都代表此人還沒有擁有自己需要或渴望的事物。他們可能會陷入一種迷惑，誤以為自己尋求的意義是埋藏在別人身上而非自己的內在。當他們想要擁有一位具備自己想要的特質的伴侶時，很可能會在情感上操縱對方，藉此讓對方與自己產生關係。他們操縱的方法和策略是不受限制的，可能非常隱晦和緩慢，也可能非常公開又直接。有一點我們必須謹記在心，別人可能也會基於同樣的理由，用同樣的策略和方式來接近他們。再提醒一次，外在的現實就是我們內在現實的投射。

這樣的關係會導致許多心理、情感及業力的問題，因為有冥金星相位的人可能將強烈又不切實際的期望投射到別人身上，或是別人會將這樣的期望投射到他們身上。這些人在對別人付出愛、滿足他人的需求之前，必須先滿足自我的需求。他們如果沒有先滿足自己，就會對付出愛有所保留。這裡最顯而易見的衝突就是到底該先滿足哪一方的需求，而這往往會造成許多感情上的問題。在很多的案例中，這些問題最後都以關係結束收場，而且分手的進程通常都充滿困難。

許多有冥金相位的人在過去許多世中，曾經歷情感、心理，或肉體上的虐待。這樣的記憶會被他們埋藏在無意識的資料庫裡。所以他們之中很多人到了這一世，很自然地會對別人產生質疑。他們會想，此人是從哪裡來的？他的動機是什麼？而且他們通常都有頓失所依的恐懼，所以會在情感上表現得疏離又冷漠，或是無法完全投入一段關係。就業力上來看，有冥金星相位，特別是有困難相位的人，往往會吸引一些曾經在過去世有過關係的人，或是被這些人吸引。他們關係的主題通常是要解決之前沒有妥善處理的議題。

這些人另外一個常見的問題就是，他們的關係往往只是因為關係產生時的需求而存在。換言之，當自己的需求被滿足了，或是不存在了，他們就會想要結束一段關係。所以在他們的親密關係中，經常會出現一種情形：其中一方覺得沒有理由再繼續下去，另外一方卻希望關係繼續下去，認為一切都還沒結束。有冥金相位的人可能扮演這兩種角色：也許是他們被拋棄了，或是他們主動離開。這裡的問題本質仍然是，他們試圖在自我之外尋找個人的成就感及意義。

有冥金相位的人即使處於一段重要關係，仍然會無法自拔地受到別人吸引。當這種吸引力出現時，往往意味著有些需求沒有在現存的關係中獲得滿足。在這種時候，問題就產生了。就整體而言，冥王星／金星相位的人的演化需求就是只對一個人忠誠。這個人對於問題的反應將會影響業力的表現。他如果離開了現存的關係，追逐這種如催眠般的吸引力，他與現在的伴侶之間就產生了業力，必須在其他世裡解決。如果他受到這種吸引力左右，那麼與這種吸引力有關、未被滿足的慾望，就必須在以後解決。

他們對待關係的方式還有另外一個問題，那就是其中一個人會比對方強勢。他們如果根據自己的需求或是對方的付出能力，而與對方建立一段關係，那麼對方就會擁有關係的主導權。這種驅力模式顯然會造成不公平及衝突，因為對方會強迫性地操縱冥王星／金星相位的人，藉此來保有關係的主導權。另外一種情形則是，對方是因為自我投射的需求，受到冥金相位的人吸引，於是有冥金相位的人就掌握了關係的主導權。當然，他們之間還是會因為同樣的原因產生衝突。冥金相位的人在前世曾經扮演過這兩種角色。

他們幾乎都得對抗或挑戰社會認定的人際相處模式。他們一直渴望且需要消除關係相處的「禁忌」。他們通常都不會根據現存的價值觀去直接挑戰禁忌，反而會把這種渴望及需求放在心裡。這種渴望及需求會吸引一些追求相同經驗的人。他們在私底下的親密關係中，往往會去探索不同的可能性，而且很自然地就會想要試驗及探查。

許多有冥金相位的人都需要不同程度的掌控或被掌控，由於渴求情感的穩定性及安全感，往往會很想擁有另一半。這當然是因為他們在尋找一個能夠滿足自我需求的伴侶，或是對方基於同樣的理由來接近他們。這種掌控性及情感上的限制，只會讓彼此陷入僵局。到了某個時刻，就會出現一個重要的事件，讓關係中所有壓制下來的能量向外或向內爆發出來。關係中的對立或分離會導致上述的業力因果。這些人在親密關係中的掌控及佔有慾，取決於他們有多想跟對方在一起。渴望的程度則會決定需求的程度，而需求的程度又會決定掌控的程度。

就負面的發展而言，如果這些人的伴侶做出一些威脅或破壞、虐待或傷害他們的事情，或是不認同他們的需求，他們就會表現出極端的忌妒、強烈的佔有慾、意圖報復，或是非常殘酷又刻薄。有冥金相位的人也會保留自己的情感、愛或感覺，因為他們害怕被另一個人擊敗或虐待，所以把自我孤立當成控制關係的工具。當然，他們也可能吸引來一些與自己有相同反應的人。

有冥金相位的人都必須知道為何對方與自己的感受不一樣。他們需要了解自我需求的原因，同時也必須知道對方需求的原因。經過時間的磨練，這類人很自然就可以看穿別人的需求及原因。這種能力會創造出一種強烈的魅力，很自然地吸引一些人靠近他們，而這些人會認為他們可以了解或滿足自己的需求。相反地，有冥金相位的人也會因為同樣的理由，被一些具有這種魅力的人吸引。整體而言，他們會被一些性格強烈的人吸引，而對方也能幫助他們處理一些生命的深層議題。他們不會被膚淺或「平凡」的人吸引。這些人對關係採取的是一種自然的對應方式。他們會聆聽對方的心聲，或是試圖了解對方言行背後的深層意義；而對方也會用同樣的方式回應他們。

有冥金相位的人通常都相當熱情和感性。他們非常享受也需要身體上的觸摸及溫暖。事實上，他們的觸摸本身就反映了他們對自己的感受，以及他們對想要觸摸的對象的感受。

有冥金相位的人一旦開始學會與自己相處，認清並滿足自己的需求，所有的問題和業力就會立即或逐漸獲得轉化。最基本的自愛以及與自己相處的能力，都可以讓他們避免將不切實際的需求及期望投射到別人身上。此外，這些人也會學到如何鼓勵並支持伴侶的獨立及自給自足，而非一昧地控制對方。關係中衝突的出現，就是要他們學會這些功課。他們一旦不再向外尋求自己生命的意義時，就能選擇一個能夠真正反映出更高的演化及業力需求的伴侶，而且能夠與對方安定下來。這樣的關係會不斷地成長茁壯。在一些困難的業力狀況下，某些人必須經歷伴侶去世的情感震撼，藉此來學會上述的功課。任何一個與他們關係密切的人死去，都會讓他們面臨同樣的功課。冥王星與金星相位的能量獲得轉化後，這些人不僅可以成為最親密、最值得信任和最忠實的伴侶或朋友，同時也可以支持或鼓勵別人去轉化人生的侷限及阻礙，獲得真正的自由。

冥王星與火星的相位

在我們討論冥王星與火星的相位之前，必須先依序介紹這兩個行星之間的關聯性。

我們都知道在傳統占星學上，火星是冥王星的低八度。低八度是高八度的具體密集表現。從演化的觀點來看，冥王星與靈魂有關。我們在第一章曾經提過，靈魂有兩種原型慾望：一種是與靈魂本源分離的獨立慾望，另外一種則是回歸本源的慾望。這兩種慾望是同時存在的，而且會交互作用。靈魂是深植於我們的無意識中。當我們聆聽心靈導師的見證或開示時，該如何去理解他們所說的靈魂？我們都知道靈魂的存在是因為我們有慾望。所有人都有金字塔式的慾望，而這會決定我們對自我需求的認知，進而做出選擇。這些選擇會影響我們採取的行動。行動又會導致反應，然後又產生了新的行動。諸如此類的循環會繼續下去。

火星是冥王星的低八度，因此也和我們意識中的人格有關，而人格會根據源自於靈魂的慾望，本能地採取行動。火星代表一種本能衝動，刺激每個人採取行動、想要變成某種模樣，或是讓生命向前邁進。我們生命中的每一刻，不都是處於持續變化的狀態嗎？當我們想要變成某種模樣時，就會採取行動，於是就在變動中了。我們每個人都會根據業力（行動／反應）及演化的法則，變成獨一無二的我。這些法則是由我們的過去、現在及慾望所決定的。舉個例子，現在我如果殺死一個人，未來就會被別人殺死。

因為火星是有意識的，而冥王星是無意識的，所以大多數的人都會認為慾望是源自於有意識的自我中心層次，而自我是受制的。事實上，所有的慾望都是源自於靈魂，然後才被傳達到個人的層次上，這裡指的就是火星。火星本能地會去滿足源自於靈魂的慾望。這種驅力就是印度教裡「馬雅」（Maya）概念的基礎，而所謂的馬雅指的就是和宇宙整體或本源分離的幻覺。我們可以用經典的海浪及大海的比喻來說明這個觀點。我的意識如果是集中在海浪上面，那麼從海浪的角度來看，我就是一個自我中心的個體；但我的意識如果是集中在海浪源頭的大海上，就會發現自己不過是大海之中的某個面向。正如同海浪會回到大海，我們所有人的演化之旅的終點也是回到本源。火星就像是海浪，而冥王星代表的靈魂就像是波浪的源頭。但是別忘了，冥王星所代表的靈魂，也不過是終極本源的海浪，而靈魂及其他眼見的一切，都是本源創造出來的。

正如海浪會因為向上的移動及推力，抗拒重新融入大海之中，我們也會抗拒回到創造的本源中。火星代表一種個人的、有意識的主觀意志，會集中地表現在我們的人格之中。而靈魂因為具備了雙重的慾望，所以會與回歸本源、與本源分離的兩種意志同時產生關聯。這種驅力模式就是自我衝突、自他衝突，以及自我與本源之間的衝突的來源。這種衝突源自於靈魂，而且會透過人格表現出來。之前曾經提過，我們的人格是從靈魂產生的，而且與我們自己設定的業力及法則有關。業力及演化的法則與我們前世的行動和慾望有直接關聯。別忘了，冥王星會將自己的慾望傳達給火星。關於靈魂的雙重慾望，每當我們滿足了一種具有分離本質的慾望時，難道不會意識到「應該還有更多」嗎？火星會透過一種有意識的方式，反映分離及回歸的無意識慾望。所以我們會渴望一個新的愛人、地位或財產等，但仍然會覺得還應該有更多。當我們實現了一種具有分離本質的慾望時，雖然會獲得短暫的喜悅，之後仍然會覺得不滿足。這種不滿足的感受，就是有意識地反映出回歸本源的無意識慾望，而這也代表對終極的圓滿的渴望。

這裡的重點是，火星與冥王星在本命盤中的位置，它們的星座、宮位和相位的類型，都會影響一個人如何執行（火星）源自於靈魂（冥王星）的慾望。冥王星在本命盤落入的星座及宮位則代表特定的生命領域，我們會透過這個領域突顯各種慾望，如此才能在生命中的每一刻，變成業力及演化法則注定的模樣。無庸置疑的，我們的靈魂都有自由意志和抉擇，可以決定哪些慾望應該被實現，哪些慾望應該被拋在腦後。當我們把這種意識傳達到火星的領域時，自由意志及抉擇的表現，也會反映在我們顯意識的人格上面。

這裡用一個簡單的例子來解釋上述的概念。冥王星落獅子座在九宮，與二宮射手座的火星形成三分相。我們假設這個人是處於個體化的演化階段。我們之前曾經提過，冥王星在九宮的人天生喜歡思考形上學、宇宙論或哲學中有關存在本質的問題，藉此來了解自己所扮演的角色。這個人的靈魂在過去世一直渴望這方面的知識，到了這一世仍然有同樣的傾向。他這一世的演化導向會反映在對應點的三宮及寶瓶座，也就是認識形上學、宇宙論、哲學或宗教的相對性。換言之，他個人主張的宇宙秩序（信仰），以及了解這種秩序的真理（管道）的方式，都是相對性的。

他可以透過很多種方法追尋真理。內在及外在的哲學或心智衝突，可以讓他學會這門功課，而且能激發他培養必要的客觀性。火星在二宮代表這個人會很自然地表現出對自由的慾望（源自於九宮獅子座的冥王星），不受拘束地去探索任何必要的經驗，藉此來了解自己要面對的功課。當他接觸到各種不同的經驗時，不僅可以學到更廣泛的形上學的關聯性，同時也能了解不同觀念或系統之間的相對性。火星在二宮還意味著他天生就渴望自給自足，能夠獨立思考。他可能對大自然有與生俱來的興趣，想要探索大自然揭露的自然法則。透過這樣的探索，他可以從宇宙論或形上學的觀點來認識自己，因為他與大自然的關係以及自然的法則就在其中。火星與冥王星的三分相如果是入相位，他就比較容易理解這個演化過程。這代表他可以將所有的經驗和想法整合成自己的信仰系統，以此為依據去認識生命的本質。

火星在二宮也代表想認清個人的資源是什麼，並利用這些資源來維持生存的需要。冥王星落獅子座在九宮則代表教學的天賦，他可以利用這種天賦來創造性地實現自我獨特的目的及使命。演化的潛力和慾望將會透過二宮射手座的火星表現出來，代表這個人會渴望把教學當成自給自足的手段。當他在發揮教學的潛力時，自然就會接觸到別人的想法、哲學及意見。這種趨力會促進今生演化的慾望，也就是認識不同信仰系統之間的相對性，以及通往真理的各種途徑和方法，實現創造性的目標或使命，並將其與社會性的需求連結在一起。這種演化的方向及堅持還能帶來一些附加的成果，就是讓他更進一步地發展自我，產生更廣泛的客觀意識。就負面的表現來看，二宮的火星也可能代表退縮的慾望，藉此逃避對立的情況，因為這些情況會威脅九宮冥王星的安全感和最深的既存信念。二宮的火星也會用同樣的方式，反映出九宮冥王星意圖傳遞的慾望。

這些人在過去世都曾經體認過慾望造成的業力及演化功課，而這種學習在未來仍然會繼續下去。我們所有人到最後都必須面對這門功課，但是對於有冥火相位的人而言，這是更重要的事。火星與南北交點形成相位，也與這門演化功課有關。

這類人天生就具有強烈的原始能量及力量，運用的關鍵就在於將能量或力量引導至個人的目標上面。當他們開始引導天生的能量或力量時，就會在生命中採取一致而持續的行動。他們可以透過將力量與相關的目標結合，藉此來控制自己的力量，並創造出一種處理自我能量的驅力。換言之，當他們對目標許下承諾，同時投入目標需要的活動時，就能對自己更加地認識或了解。這些人對目標許下承諾之前，常常會去追逐一個又一個的慾望，而帶來不同的經驗。他們個人的能量會因此消散殆盡。到最後他們可能會失去透析的能力，不知道自己是誰、不知道自己在做些什麼，也不知道這一切是為了什麼。

有冥火相位的人，內心深處都渴望改變現實及個人身份認同上的限制。他們必須將自己的能量引導或應用在某些活動上，才能用正向的態度進行改變及改進。我們可以用水庫的水流經發電機的過程來做個類比。水庫會透過不同的閘門疏通水流。水可以啟動發電機，產生巨大的電力。同理而論，引導能量可以讓有冥火相位的人改變既有的限制，讓自己在生命中的每一刻都不斷地處於「變化」的狀態。

有冥火相位的人會對外界加諸在自己身上的限制感到憤怒。他們也會對自己內在的限制感到憤怒。這些人有強烈的慾望和難以控制的衝動，想要消除所有的限制，這代表他們需要去發現自己的核心本質。冥王星與火星的宮位、星座及相位，都暗示或代表他們會根據自己演化的導向和慾望，進行自我的轉化。這些人的內心經常充滿劇烈的衝突。舉個例子，冥王星落巨蟹座在四宮，火星落天秤座在七宮，這兩個行星形成入相位的四分相。就一方面而言，此人很渴望透過一些出自本能建立的關係，來探索各種不同的經驗。他們在這個過程中，會逐漸發現或理解自己內在的新面向。

因為冥王星與火星形成四分相，關係很自然會帶有性的色彩，或者他們會傾向於把它與性聯想在一起。另一方面，冥王星是落在巨蟹座、四宮，代表很需要與家庭或住家有關的熟悉感、延續感及安全感。這些人的心中充滿了相互衝突的慾望，因為他們一方面渴望探索新的情境或關係，另一方面又想維持舊有和熟悉的事物，藉此來獲得安全感。這些人時常會吸引來具有強烈意志力的伴侶，而伴侶也會出自本能地、強迫性地想要控制他們的情感及個人定義。當他們在這樣的關係中感受到限制或壓抑時，就會在心中產生憤怒及怨恨。然而，基於安全感的需求，他們也許不會將這種想要突破限制的衝突慾望表現出來。這些人在本質上會吸引（渴望）這種類型的伴侶，因為他們想要被照顧及呵護。他們的伴侶也會不自覺地被他們吸引，而加強了他們的演化衝突。在生命的某個時刻，當這些限制和壓抑全部一起湧現時，他們就可能在關係中爆發出強烈的情緒；因為火星及冥王星形成入相位的四分相，這種情形幾乎是無法避免的。他們渴望在關係中找到「新的形式」或方法，而這只會加強演化的衝突能量，讓他們想要粉碎所有的限制。雙方的意志衝突只會讓衝突更劇烈，最後迫使這段關係走向終點。

當控制住的情緒爆發之後，就會出現蛻變。蛻變的本質是要讓他們發現或認識自己的核心本質，並且用一種捍衛自我的方式對自己負責。此外，他們也必須學會認清關係中的公平性（火星在天秤座），雙方都必須鼓勵對方用一種自立的方式，在關係之中保有自由及獨立。這樣的關係模式可以讓他們紓解個人的慾望，不至於淪入不斷更換伴侶的追逐中。他們如果不斷地追逐伴侶，最後只會耗盡能量，失去個人的清明認知。這樣的結果會迫使他們面對演化的功課，學會認識自我慾望及演化需求的本質或基礎，認清相互衝突的慾望及需求是如何在交互影響，然後改變或造成了自己的現實處境。

整體而言，冥火的相位會製造大量的性能量。冥王星強烈的情感能量與火星的肉體慾望產生了連結。這種情感和性能量的累積必須找到出口。如果沒有找到出口，就可能導致各種類型的情感扭曲。這種驅力會有兩種極端的表現方式：1.受到性慾本能的驅使或控制。2.控制性慾本能。相較於冥火的柔和相位，緊張相位比較容易導致極端的情感和性能量。

這些人可以透過性經驗來消耗個人的慾望及需求，或是讓自己重新獲得活力。也有很多人可以透過情感和性的經驗，轉化自我的限制。他們迫切地需要這種經驗。情感和性能量可以透過許多不同的方式表現出來，不過要視他們整體的價值及信念系統而定，還要參考火星和冥王星在本命盤中的位置及情形。還有些人會轉化自己的性能量，把全部的心力集中在一個目標或野心上面，然後全力以赴。他們透過這種方式來利用或引導情感和性能量，並藉由這個目標或野心來消耗自己的能量，最後可能產生蛻變，或是帶來個人的限制。

我曾經遇到過一對夫妻，他們是這種轉化進程的有趣案例。男方是搖滾樂手，而女方總埋怨男方不夠愛她。男方的火星落天蠍座在八宮，與五宮獅子座的冥王星形成四分相。他時常會連續彈好幾個小時的吉他。他其實是把情感和性能量傳遞到吉他上面。換言之，他是在跟吉他做愛。因為這種相位的固定本質，使他無法改變自己的重心。到最後，女方開始陷入婚外情，以滿足自己合理的需求。這為男方帶來了情感的震撼，隨之而來的就是暴怒、憎恨及暴力。他攻擊妻子以及妻子的外遇對象。最後被逮捕坐牢，而女方也和別的男人跑了。這種情感上的震撼產生了必要的對質，逼著他去檢視自己來自何方，又為何會身在此處。他迫切地渴望能在音樂事業上獲得肯定、名氣及奉承（冥王星落獅子座在五宮），這種渴望是透過八宮天蠍座的火星表現出來，最後就變成與吉他談了一場「婚外情」。吉他象徵著一種目標或方法，他可以透過吉他來實現五宮冥王星的渴望。

其他的火冥相位也會強迫性地透過親密關係來釋放性能量。這種需求及渴望是要讓自己的能量與他人的力量融為一體，讓個人的限制獲得轉化。這些人天生便渴望與別人產生性的結合、消耗性的能量。他們性表達的方式是非常強烈的。當伴侶無法滿足他們的需求時，情感和性能量的壓力會變成帶有強迫性，但也是非常必要的自慰行為。這些人的性表達之所以如此強烈，是因為他們在潛意識中渴望透過性來穿越或改變彼此的限制。這些人有穿越的渴望，也渴望被穿越。有些人在關係中受傷時，會把性當作一種操縱或控制的手段。還有些人的生命底線與性有關，他們會在性這件事上消耗生命，而且受到性的驅使。他們大多數的人都曾經在別人身上感受到如催眠般的本能性誘惑。這種吸引力有時會變成迷戀。有些人自認為有權力和自由去追逐這些誘惑，其他人則會試圖控制這種誘惑，不讓自己跟著誘惑走，或是根本不承認誘惑的存在。

許多有火冥相位的人會拒絕或排斥社會及家庭所認為的性禁忌。有些人則會渴望或嘗試許多祕密的或「禁忌」的性經驗。性的力量以及透過性經驗來發現自我的渴望，都會對他們產生催眠般的誘惑。

這類人之中有某些在前世曾經有過非常痛苦又困難的情感和性經驗。有些人曾經被強暴過，有些人則是強暴者。還有些人可能經歷過肉體及情感上的暴力，也可能是施暴者。當這些情形透過本命盤或個人的實際經驗顯現出來時，我們就可以從此人的前世背景或是今世的行為中找到因果。有火冥相位的人在過去世往往濫用過情感和性的表達及能量。實際的表現可能是把性當成一種工具，讓他們可以從對方身上得到自己想要的東西，或是利用情感來操縱狀況。還有些人則經歷過情感的衝突，一方面想要忠於伴侶，一方面又渴望自由地與任何自己想要的人發生關係。關係中的其中一方如果覺得自己被利用、玩弄或虐待，這種慾望上的衝突便可能導致肉體和情感的暴力。

其他有火冥相位的人則可能吸引來一些有慾望上的衝突的對象。在這種情形下，這類型的伴侶有可能會突顯或隱藏他們本身的衝突。重點在於這些人可能有長期累積的、困難的性和情感業力。性與情感衝突的結果可以讓他們了解或意識到這種經驗發生的原因。而他們總是可以在自己的慾望，或是以這些慾望為出發點的行為中，找到答案。

有火冥相位的人也可能導致一種業力，就是否認或壓抑自己的性向及性需求，主要的原因就是害怕自己被別人傷害、佔有或控制。這類型的人會嘗試把性的能量運用在目標或野心的實現上，也有可能在強烈的性能量累積到極限時，透過自慰來釋放能量。

整體而言，有火冥相位的人都具有自我轉化或自我毀滅的潛能。當然，這兩種原型驅力很可能在他們的人生中交替出現。就負面的表現而言，火星的部分會因為自我中心及個人的力量而變得更強烈，而這就傳達和反映了靈魂（冥王星）中與本源分離的慾望。這些人可能會用各種不同的方式，拒絕承認有任何事或任何人比自己更有力量。他們的這種反應，也會讓自己拒絕接受任何限制。他們的態度往往是「只要我喜歡，有什麼不可以，管他有什麼後果」。當這些人在實現或滿足自己的需求和慾望時，可能會非常無情和任性。他們會挑戰任何想要控制或影響自己的人，或是任何攔阻自己隨性行事的人。他們在私底下卻深深意識到自己犯下的錯誤。到了生命的某些時刻，必定會發生一些破壞性的事件，讓出自於靈魂、意圖改變及糾正的渴望浮出檯面。換言之，這些人會在潛意識中設計一些事件或情境來自我反擊。這種作用力只會加深情感上的震撼。情感的震撼則會帶來內在的靈魂探索，最後就能讓這類型的人的行為和身分認同產生蛻變。

某些有火冥相位的人會不斷追尋自我的改變，對於他們而言，成長的腳步永遠不夠快。對於別人而言，成長的速度也許已經夠快了；但是對於他們而言，仍然不夠快。當他們遇到限制、妨礙、老舊的強迫性慣性模式時，往往會出現不耐煩、生氣和暴怒的反應。他們一方面渴望消滅自我的所有限制；另一方面則會對自身的阻礙感到憤怒，非常痛恨去處理這些東西。這種明顯的矛盾反映出靈魂中並存的雙重慾望。除此之外，這些人也可能會對別人成長的速度沒耐心，尤其是對與自己親近的人。這些行為的驅力可能會被強化或軟化，必須參考他們個人的整體本質、火星與冥王星的相位，以及火星及冥王星落入的星座和宮位。

對於有火冥相位的人而言，最大的挑戰就是將個人的意志與高層意志或目標結合在一起。任何針對終極演化需求的抗拒，都是源自於靈魂中與本源分離的渴望，而這些抗拒都會呈現在火星的自我中心結構上。這些抗拒是源自於恐懼失控、害怕被一種超越自我的力量佔據或消耗，也怕這種恐懼所導致的無力感。當這種抗拒力被消滅時，他們的行為和慾望就能符合高層意志。當他們能與高層意志達成共鳴時，就能比其他人更快、更不費力地達成或實現自己的目標、慾望及野心。

冥王星與木星的相位

整體而言，木冥的相位代表一種強烈的情感需求，渴望發展每個人都具備的本能或「第六感」。這些人已經意識到萬物是由一股更大的社會或宇宙力量所創造的，因此很渴望能了解其所隱含的自然準則或法則，而這些就是萬物創造的基礎。當這些人在發展自然準則或法則的知識時，同時也在認清個人的自我身分認同、自我特有的法則，以及自我與宇宙法則的關聯性。

這些人對知識性的意見不感興趣，也不會為滿足自己而去蒐集資訊、事實和資料。相反地，他們從過去世到今生一直都想要培養廣泛、整體及抽象的概念，依此來解釋所有的事實或細節，到未來世亦是如此。他們為了發展或實現這種慾望及需求，一直在學習吸收那些瀰漫或圍繞在身旁的宇宙及社會力量。透過這種吸收的過程，他們的內在就會出現一種自然的沉默及平靜，足以轉化由水星代表的心智功能的限制。水星代表一種心智的能力、力量及需求，在實際層面上憑著經驗（邏輯性地）將生命或現實串連在一起。水星關心的是實體的法則；木星關心的則是抽象或宇宙的法則，而這些就是實體法則的基礎。有木冥相位的人可以透過吸收的進程，讓自己和宇宙或抽象法則產生共鳴，就整體的角度來看，這些法則就是現實的基礎。

有木冥相位的人透過這種吸收的過程，已經在過去世培養出直覺性的驅力。他們到了這一世多半帶有天生的直觀力。這些人很自然地就會偏向概念性或抽象性思考。吸收的力量會促進直覺的發展，直覺可以讓這些人不明所以地知道一個道理或一件事情。這種知道並不是推論或邏輯思考的產物，只有當他們在深思或推測一件事、一個問題或事情的本質時才會出現。當他們被詢問、深思或推測事情時，很自然地會去吸收周遭的一切信息，與更大的宇宙力量結合，這時答案自然就出現了。這種吸收能力會促進一種煉金術的融合作用，透過這種作用，個人的意識可以被規範抽象法則的宇宙力量加持。

這類人可以從抽象的角度明白自己知道的東西。然而，當他們試圖透過適當的字眼去捕捉或反映自己知道的東西時，往往會覺得很挫折。這種挫折感時常發生在他們與別人溝通的過程裡。他們講的東西往往超出了別人的理解能力，雖然別人經常指控他們是故意這麼做，但其實他們很少是刻意的。許多有木星／冥王星相位的人會覺得在溝通的過程中，無法正確地闡述自己的想法。但是當他們用這種直覺性的方式來傳遞知識時，卻可以讓別人在一種不知道原因的情形下，了解他們所說的話。換言之，有木冥相位的人可以激發別人培養直觀能力。

對於部分有木冥相位的人而言，如果無法找到適當字眼與別人溝通，會讓他們感到疏離及退縮，而不再與別人進行哲學及知識性的互動。有些人則會一再地發現別人根本不了解或無法理解自己所說的話，於是就會讓他們產生哲學及知識上的優越感。有些人卻會因為同樣的理由而感到自卑。優越感會讓他們想要說服別人來採信自己的立場。自卑感則會讓他們想要更透徹地學習自己想要理解的事物，然後與別人分享一些自己在直覺上就知道是正確的事情。

這類人幾乎都和自己或別人有過哲學及知識上的對立。對立是必須發生的，理由如下：1.讓他們知道自己對於自然、形上學或抽象法則的理解只是相對性的，或者在某些方面是有限制的；2.學習用一種大部份的人都能理解和清楚的語言與別人溝通。

由於冥王星的強烈情感力量，這類人也會強迫性地與別人溝通自己的信念和知識，最後經常導致走火入魔。因為他們已經在過去世培養出直觀能力，可以理解統治眾生的宇宙法則，所以會把所有的事物都與這些「底線」的準則、真理或法則連在一起。這會讓他們表現出冥王星的嚴苛及固著。所謂的底線與他們深層的內在安全感有關，也是安全感的基礎所在。由於底線的準則及信念是較為固著的，所以時常會導致他們在哲學上的狹隘性。這不代表他們的哲學性準則和信念是錯誤的。事實上，在大部份的情形下他們都是正確的。這裡的狹隘性就在於，有木冥相位的人不知道還有別的方法能詮釋或應用這些準則和法則。另外，狹隘性也可能源自於沒有覺察到其他的自然法則或準則。對立性的出現是要加強他們持續進行的演化目的，也就是消滅或改變這些狹隘性及限制，讓他們的成長及直觀力繼續擴張下去。

對立是必要的，因為這可以教導他們用別人能理解的語言來溝通。這類人多半具有教學的天賦。木星代表我們所需要的智慧或知識，而這些都是我們累世的經驗獲得的成果。在印度，木星被稱為Guru（導師）。基於演化的潛能及業力的條件，有木冥相位的人通常都很有智慧，可以透過某些方式與別人分享這份智慧。但除非他們學會了一種大部份人都能理解或接受的溝通方式，否則這些智慧永遠無法被聽到，也無法被接受。

木星與所有人的成長準則有關，因此這類人特別需要也渴望擴張自我，以及超越宗教或哲學上面的限制，而這些限制都是他們的文化、家庭或自己所設定的。從演化的觀點來看，木冥的相位代表想要知道所有的真相，所以有任何教條否認或限制了他們想要懂得更多的權利，或是否認了其他哲學、形上學或宗教系統的相對性或正當性，他們就必須挑戰這些教條的侷限。這些挑戰可能是公然的抗拒或是暗中的攻擊，依強烈的程度而表現出來。

另一方面，有木冥相位的人本身也會因為安全感的需求，而抗拒或否認其他的哲學觀點。當他們受到質疑時，會因為信仰帶來的情感力量，堅持並捍衛自己最重視的法則，而這些也是個人身分認同及安全感的基礎。換言之，當他們面對外界的挑戰時，不僅會用嚴苛又固著的信念來捍衛自我；同時也會用哲學觀點為自己的捍衛合理化。他們的生死都依據這些信念及準則，所以一定會貶低任何不同於自己的系統或觀點。有木冥相位的人可能是宗教或哲學團體的領袖或追隨者，這些團體抱持的態度就是「只有我們是對的，他們都是錯的」。也有些人會抱持同樣的態度，但卻不會加入任何正式的組織或團體，他們可能會帶著自己在哲學上的驕矜孤軍奮戰，對抗所有不同意自己的人。

在本質上，有木冥相位的人憑著直覺就能理解或認清自然法則，而這就是我們在世上共享的現實基礎。他們可以根據這些法則或準則發展出一套信念系統，把它當作生活的依據。許多有木冥相位的人都有強烈的信念及準則（道德感），不僅會用它們來左右自己的行為，同時也會影響自己對生命及周遭現實的理解及詮釋方式。

我相信大部分的人都會同意，人們可以透過各種不同的方法去理解或解釋生命的現象。無神論、佛教、基督教、吠陀哲學、道教、存在主義、虛無主義等等，都是透過更寬廣的視野來理解或看待生命。有木冥相位的人天生會傾向於哪種方式，必須視他們的慾望、業力及演化的需求或階段而定。再提醒一次，慾望決定了我們自認為需要的東西，而自認需要的東西則決定了滿足這些慾望所需的行動及抉擇。慾望也決定了自己在當下最重視的東西。價值觀和慾望則會影響我們如何透過直觀及哲學來引導人生，同時也會影響目前及未來的信仰狀態。對於有木冥相位的人而言，最大的挑戰就是明白每個人都有反映個人真理的信仰、信念和準則，這些都與自我的需求、慾望和價值觀有關；而他們自己的信仰背後也有同樣的東西。每個人都受到業力及演化發展的影響，用不同的方式去適應現實。舉個例子，一個人的慾望、價值觀和需求如果帶有無神論的哲學色彩，就自然會用無神論的本質及因果律，去看待大自然的法則、準則及真理。而其他人的慾望、價值以及業力和演化的需求，則可能會傾向於其他的哲學觀點。到底誰是對的，誰是錯的？相對於他們各自的需求、價值觀及慾望，兩者都是正確的。有木冥相位的人如果能理解這一點，就可以消除所有捍衛自我真理的需求，而不再貶低任何不同於自己的哲學或宗教導向。當他們達到這個境界時，就會知道如何教導別人，而非強迫性地灌輸思想給別人，同時也能學會接受別人的教誨。透過這種方式，他們就能繼續追尋整體性的真理。

冥王星與土星的相位

整體而言，冥王星與土星的相位會激發一個人去實現並了解自己的主權，同時在社會中建立權威性。冥王星與一個人能否在社會中扮演最高權威的角色有關。當土星與冥王星形成相位時，演化的慾望及導向就是實現或擔任這個角色。這類相位可以激發人們進行深層的自我冥思，意識到自己與生俱來的潛能，然後將自我的權威建立或投射在事業或社會角色上面。至於這些人的潛能及角色是什麼，必須考慮冥王星及土星的宮位及星座、兩者之間的相位、兩者與其他行星的相位，以及它們天生具備的業力及演化潛力。如有冥土星相位的人能夠了解自己的能力、潛力，以及自己扮演的社會角色，就可以實現文化或社會所定義的各種可能性。在這個進程中，他們可以透過職業或自己扮演的社會角色，表現出與自我潛能有關的權威性。

從演化的觀點來看，這些人已經在過去世學會了有關世俗權威及權力的功課。文化或社會本身就是世俗權威及權力的來源。另外一種來源則是在家中展現權力和紀律的父母。土星和冥王星形成相位，也意味著這些人必須堅定自己的權威性，我們可以從相位的類型看出他們對這種需求的反應方式，並推測他們會用哪一種方式在世俗的權力及權威之下，表現自己的力量及權威性。

冥王星及土星的緊張相位可能會產生一種情形：當他們想要在周遭文化中發展自己的角色、力量及權威時，往往會遭遇挑戰及排斥，或是不知道自己該採取什麼樣的方式。這類相位也暗示著意志的衝突或碰撞，譬如父母雙方或其中一方嚴格地管教有冥土相位的人，或者總是期待他們能符合自己的標準。我們都知道，土星與時空現象有關，所以緊張相位也暗示著與管教有關的問題，必須獲得社會的認可，唯有如此他們才能發展自我的角色及權威性。冥土的相位要求一個人必須花時間學習或準備自己要扮演的角色。時間也讓他們有機會培養社會意識，學習了解「制度」的運作方式及基礎。當他們培養出社會意識之後，就會知道如何將自我的權威性及角色融入社會中。由於緊張相位也暗示著這個進程在過去世曾經遭遇衝突或問題，所以他們有許多人到了這一世都帶有深層的挫折及無力感。這種挫折及無力感是源自於過去世曾經被否認或阻撓，讓他們無法盡可能地實現自己的野心、目標、慾望和社會角色。否認或阻撓的出現是因為當他們想要實現自我的需求時，沒有採用社會規定的方法或手段。因此，有冥土星相位的人一直在面對的演化功課，就是學習採用適當的方法，盡可能地實現自己的潛能及需求。

這種被拒絕的根深蒂固的感受，通常是來自於冥王星的恐懼，也就是害怕被一種比自己更強大的力量控制或消耗。這種恐懼也反映在個人權威及更大權威之間的衝突，而後者往往來自於文化或掌權的父母。從終極的角度來看，本源中的更大權威創造了個人，但是人們卻將這種恐懼投射在社會上面。從演化的觀點來看，他們最重要的功課就是學會將個人的權威，歸服於更大的權威及本源，並且與這種權威及慾望結合在一起。

還有些冥土呈緊張相位的人，在過去世已經透過自己的意志力或力量，成功地在社會上建立了自己的權力及權威，但是用來達成目標或野心的手段多半都充滿著算計及誹謗，非常無情和下流。這些人的事業或角色的基礎，在某些時刻曾經或可能被強迫性地移除，讓他們經歷情感上的打擊。打擊的程度與他們抗拒改變的程度成正比，也和他們捍衛社會地位及權威性的程度成正比。換言之，他們的抗拒或捍衛越激烈，打擊就越重。

冥土的相位還有另外一層意義，這些人一直在學習如何為自己的行為負責，而這會出現兩種類型的反應。第一種類型是，他們會繼續面對自決力的演化功課，這代表他們必須意識到自己的能力，同時還得找到適當和必要的手段，透過社會的角色或事業來履行這些能力，他們的挫折感往往源自於自己的行動並不符合實踐目標的需求，而演化的解決方式就是用一種自決的態度，發展出實現自我的必要條件。第二種類型則是，他們已經有了高度的自決力，並透過這種能力去實現自己的野心、目標及能力。然而他們的手段是負面的，因此當必要的質疑、打擊或毀滅的震撼出現時，這些人就必須學會為自己的行為負責，並且要糾正過去的錯誤。冥土如果形成困難相位，可能很難理解個人及社會性的權力的限制。在這種情形下，握有權力及地位的人就會帶給這些人情感上的震撼及挑戰，突顯這些限制的存在。

冥王星和土星如果形成柔和相位，則代表比較容易理解如何透過適當的手段和方法，在社會中落實自己的能力及角色。柔和相位也能讓這些人意識到最適合自己的角色，而很自然地就知道角色的限制。有柔和相位的人也能看清自我權力及權威的限制。他們通常都很清楚必須花費多少時間，才能獲得他人的認同，達成或實現自己的社會角色；而他們也會為這個角色或事業打下堅固的基礎，很自然地為這個角色作準備。此外，他們也會認真看待自己的職務及責任。

所有類型的冥土相位都意味著領導才能。領導的程度必須視個人的業力及演化階段而定。有冥土相位的人在扮演領導者的角色或職位時，呈柔和相位的人可以接受並了解隨之而來的義務及責任，也可以接受並認同別人的領導才能。除此之外，他們還能辨識別人的才華，並且鼓勵別人發展天賦，也不會因為別人的權威性或職位覺得被威脅。

有冥土呈緊張相位的人，則可能不會認真看待自己的職責及責任，反而會比較關心地位，或是在意如何維持住自己的角色。當他們把重心放在這裡時，如果忽略或濫用了自己的職責及責任，便可能徹底跨台。這些人可以認同別人的才華，但卻會覺得受到威脅。因此他們可能會壓制或破壞別人，藉此來維持自己的地位。這些人在過去世或現在可能受到過阻礙，無法盡己所能地展現實力，因此現在必須誠實地面對自己，才能確定到底是什麼樣的原因及驅力，導致了這種情形。透過這種方式，他們可以學會為自己負責，作出必要的改變，來移除所有的障礙。有冥土相位的人無論使用任何手段或態度，天生就能讓老舊或滯怠的驅力及結構，得到改造或再生，因為這些驅力或結構已經妨礙了進一步的成長。這種天生的能力會向外投射出來，讓他們的工作或行為產生變化；也可以向內聚焦，讓他們結構性地改變自我意識的傾向及範圍。

土星與組織及定義有關。每種內在的驅力都會造就我們個人身分認同的內在組織及定義。每種外在的驅力則會造就一個社會、文化或事業的組織及定義；同時也會讓我們在某一個特定的時刻，用特定的方法去定義所有的力量，也就是我們所謂的現實。對於有冥土相位的人而言，當演化的成長及發展受到一種或多種驅力的阻礙，而無法產生必要的成長時，必然會帶來結構上的改變，而得到淨化或轉化。這種改變不僅會發生在一個人的內在，也可能發生於外在的現實情況上面。換言之，這種改變會同時出現在個人及集體的層面上。緊張相位可能會導致不同程度的劇變，柔和相位則可能帶來漸進且持續的改變。

簡而言之，冥王星的宮位、星座及相位，代表一個人可以扮演的最顯著的社會角色。土星的宮位、星座及相位，則暗示著最適當的手段、方法及方式，藉此來完成或實現冥王星的社會角色。冥王星與土星的相位則代表他們在過去或未來，將會如何達成這個目的。

冥王星與天王星的相位

整體而言，冥王星與天王星的相位帶來的演化功課就是：徹底消除任何情感、心智、肉體及心靈上的依附，因為這些依附阻撓或妨礙了成長。

這個相位會觸發潛意識的衝動、慾望或需求，激烈地改變一個人內在及外在的狀態。嚴格說來，天王星與個人化或個體化的無意識驅力有關。這種個體化的無意識驅力包含三個訊息：1.我們在這一世或其他世經歷過的所有事情及細節。2.自我壓抑的東西（問題、元素、驅力或感覺等等），一些我們不想面對或不想記得的東西。3.一張未來的藍圖，顯示我們在極致個體化的狀態中，可能變成的模樣。

從心理學的觀點來看，天王星與榮格所謂的個體化原型有關。這個原型代表每個人心中的渴望，想要突破界定個人身分認同的內外侷限。這些界定來自各種不同的源頭，像是社會、家庭、朋友、愛人，以及我們自己的記憶，過去世的情境。這些記憶明確界定了我們的價值觀、信仰、態度及自我形象等等，也構成了我們依附的事物，因為依附的事物代表熟悉及安全感。

當冥王星與天王星形成相位時，源自於靈魂的演化慾望、需求及導向，就是要消除依附的事物，因為這些事物把人和過去綁在一起了。天王星與冥王星的組合代表自由的慾望。上述三個隱藏於無意識中的訊息，可能會持續性地釋放到意識心之中，也可能會週期性地釋放到個人的意識層面，帶來某些災難。柔和相位會持續地釋放，而緊張相位則會週期性地帶來災難。此人無意識裡的想法必須被釋放到顯意識的覺知中，這樣才能讓他們擺脫過去，獲得必要的自由。

這種釋放的導向、影響及經驗，會持續性或週期性地帶來與過去及未來有關的想法、形象或投射。過去和未來交會在當下這一刻，這會帶來覺知或知識，讓我們知道過去是如何影響了當下的現實。這種覺知與知識也會促成對未來的慾望，讓我們不禁去想像未來會是什麼模樣？必須做什麼才能讓自己擺脫過去？而過去都已經反映在當下的現實之中。

天冥的相位可能帶來各種不同的反應，要視個人的整體本質而定。有些人會非常激進，無論是在個人層面或集體層面上，都會完全反抗所有與過去有關的傳統、狀態或限制。這種想要創造新狀態或新習俗的衝動及渴望，會讓一個人或一群人變得非常激進，徹底脫離過去。舉個例子，有很多人是冥王星與天王星合相在處女座，就是他們創造了龐克風潮。這些人排斥過去，創造了自己的生活方式（天王星）及象徵符號（冥王星），展示他們是龐克族的事實。當這兩者合而為一時（天王星與冥王星合相），他們在個人和集體層面上，就會排斥所有象徵過去的狀態及傳統，透過這種方式，他們可以在某些方面轉化整個群體（社會）。

有些天冥成相位的人會恐懼（冥王星）未來（天王星）。對於他們而言，有關未來的想法或衝動都會威脅或破壞自己的安全感，而安全感是與過去（冥王星）相連的。這些人會試圖認同有關過去的想法、價值觀及信仰，並且將自己與這些東西連結在一起。至於天王星所代表的未來性的衝動，他們則會試圖用新的方式將過去應用到未來上面。

當社會隨著時間改變時，有些人完全只會認同未來導向的改變，將自己與未來連結在一起。我們還是拿冥王星與天王星合相在處女座的人為例，這些人會遵循次世代所創造或定義的新規矩或習俗。如此一來，他們仍然會覺得自己是與眾不同的，因為這個次世代是改變主流社會的先驅。

綜觀歷史，天王星與冥王星的相位加速了所有國家及人民的演化及成長。有這個相位的人也會覺得自己演化的步調在加速前進。這些人會感受到一種迫切或立即的渴望，想要改變過去殘存的限制及狹隘性。當他們急著與未來的力量正面迎擊時，過去的力量也會加快腳步。你如果回顧歷史，就可以發現過去與未來的需求碰撞時所產生的強度及迫切性，而這都能夠從冥王星與天王星的相位來評估。

舉些例子，希臘經濟蕭條發生天王星與冥王星形成四分相時，當時的天王星是在牡羊座，冥王星則是在巨蟹座。希特勒和羅斯福都是在一九三三年執政，當時天王星與冥王星剛好形成四分相。他們帶來的改變以及歷史性的進展，足以說明這個相位的威力。在一九四四年末、一九四五年初時，天王星及冥王星剛好形成入相位的正六分相。第二次世界大戰帶來的激烈衝突及壓力開始減輕，衝突結束的希望也如一顆種子般，慢慢地茁壯成長。一開始形成的四分相所造成的演化及業力的壓力，表現在世界強權的改造及重組上面，這裡的強權指的就是美國及蘇聯。透過重組的過程，這兩個國家的盟國開始根據共同的哲學、政治及經濟利益，分裂成兩極化的聯盟。其實這一切早在一開始形成四分相的階段，就已經種下了改變的種子。入相位的四分相所暗示的意識危機，最後轉變成希特勒及羅斯福所代表的對立的政治理念和社會秩序。

另一顆被植下的種子也加速造就了新的世界秩序，那就是原子彈。冥王星與原子以及原子的穿透力有關。天王星則與發明有關。從出相位的四分相到合相，促進了意識的逐漸擴張，讓人們對宇宙或本源產生了覺知。在當時的背景下，這種覺知揭露了宇宙的根本法則，讓原子彈的發展與人類神化自己的負面能力產生關聯。令人咋舌的是，原子彈最初的發明人羅伯特·奧本海默（J. Robert Oppenheimer）竟然認為自己發明了一種非常厲害的武器，可以永遠終結戰爭。除此之外，他還是印度女神卡莉（Kali）的虔誠信徒。對於大部分的人而言，卡莉象徵死亡及重生。在一九五〇年代，許多人都認為核子科技會帶來正面的效應。當天王星正朝著冥王星移位時，人們打著「和平原子」的旗幟。當這兩個行星在一九六〇年代初期形成合相時，當時的美國總統甘迺迪和蘇聯領袖赫魯雪夫正式攤牌，人們才開始了解原子武器對於未來的意義。天王星與冥王星出相位的合相，引領世人進入了一個嶄新的時代。

我們可以從集體的角度來分析這兩個行星的相位循環，也可以從個人的角度去分析和衡量一個人對自己的天冥相位的態度、迫切性，以及感受的強烈程度。透過天王星的星座及宮位，再加上天王星與其他行星的相位，我們可以看出一個人會透過何種管道或經驗，突破過去的束縛。象徵過去的因素則包括：冥王星、南交點，以及南交點主宰行星的星座及宮位，還有它們彼此之間交互作用的相位。天王星與冥王星之間的相位，則可以看出他們突破過去束縛的歷程。

冥王星與海王星的相位

整體而言，海王星與冥王星的相位會促進一種需求、渴望及導向，讓人認識了自然界的幻象、妄念、想像及理想。就最深的可能性來看，這類相位會激發人們的需求，將所有的障礙或界線都消融殆盡，因為這些東西阻礙了自己與造物者產生直接的連結。但大多數人都很害怕放棄自我中心的個人意識。再用一次前面提過的比喻，大多數人的意識核心就如同大海中的波浪，只有少數人的意識是集中在大海本身。大部份有海冥相位的人，都很怕消失在浩瀚的宇宙大海中，所以會不停地追逐夢想。每個夢想都代表他們追尋已久的「某種東西」或「某種意義」。然而，這些人的演化導向就是要消除所有的障礙，讓本源或造物主透過個人的特質呈現出來。這些障礙導致他們無法帶著覺知主動地和宇宙大海連結，也無法將焦點放在宇宙的本源上面。

無論是在集體或個人的層面，這個相位也會帶來對某種終極事物的覺知，或是存在及現實的意義。有海冥相位的人無法實際地描述這種終極意義，所以往往會追逐夢想，彷彿夢想本身才是最終的意義。他們唯有透過追逐夢想的過程，才能認清個人幻象的虛妄本質。但是在生命的某些時刻，他們仍然會發現夢想畢竟只是夢想。有些人能實現自己所有的夢想，有些人只能實現部份，還有少數人完全無法實現任何海王星式的夢想。當這些夢想被實現的當下，看起來的確很有意義、很有趣，但是到了某個時間點又會失去意義。有些人很快就發現這些夢想不是自己認定的模樣。

就原型的意義來看，海冥的相位是要讓這些人知道，只要他們非常相信（海王星）或渴望某種東西，就能具備一種力量（冥王星），任意地（冥王星）創造或摧毀現實。最實際的例子就是，在冥王星與海王星形成六分相的世代，視覺化及科技的力量引起了世人的高度興趣。現在甚至有某一個派別的佛教，提出了特定的中心思想及教誨，來闡述這種力量。但是大部分的佛教徒仍然不會積極地透過本源賦予人類的力量，與本源建立直接的、有意識的關係，反而會藉助這種力量實現自我最深沉、帶有分離性質的慾望及夢想。這些夢想會一一成為現實，但最終都是虛幻而毫無意義的[3]。這個歷程可能需要花上好長一段時間，因為這些夢想都受制於自己的幻覺。然而到了某些時刻，夢想自動就會耗盡。夢想一旦耗盡，這些人就必須面對現實了，此時除了信念之外，他們是一無所有的，因此會極度渴望與創造的本源融合。當融合的進程展開時，他們就能受到神性的啟蒙。此時他們最深的內在啟示及夢想，就能反映出「最高層意識」（本源）的境界。這種意識會用獨一無二的方式來引導他們。這些人無論創造什麼或變成什麼模樣，都能具備永恆的價值及意義。

從心靈的觀點來看，這類相位可以讓人類的靈魂受到「終極存在」（本源）的啟發。就集體的層面來看，所有的靈魂都可以透過冥海的星座及相位，與本源產生共鳴。這種因素導致了集體性的改變，而這都與冥海落入的星座及宮位的生命領域、經驗及驅力有關。每個人都會用自己的方式面對演化，但仍然會受到集體脈動的影響。換言之，每個人都可以消除阻礙靈魂演化的障礙，而這與本命盤中冥王星及海王星的相位息息相關。每個世代的成員都會用自己的方式做一樣的事情。就集體層面而言，這種世代的脈動會滲入個人的社會環境中。這個世代的集體無意識（海王星）自然會適應和接受整個地球的演化需求。

這裡的重點就在於，地球和人類都有自然的演化進程及週期循環，而演化的進程就是由冥王星、海王星及天王星所主宰的。這三個行星的星座與演化需求的重心有明確的關聯性。每個人都會用自己的方式適應這個進程，但演化的衝動往往會造成社會、物質、環境及心靈上的改變，對每個人帶來全面性的影響。我們都知道冥王星代表演化的衝動，海王星代表集體無意識，天王星則代表集體心智。集體的情感需求（海王星）會反映在演化的衝動（冥王星）上，而這又會轉化成內心的思想及看法，反映在每個人的身上（天王星）。集體的每個成員都會適應這些思想及看法，而且無論好壞，都會帶來集體的改變。

有許多戲劇性的歷史證據可以反映演化的進程，也可以讓我們看出這個進程是如何根本性地改變了地球及所有人類。舉個例子，工業革命發生時，冥王星是在牡羊座，而海王星及天王星正通過魔羯座及寶瓶座。另外一個例子就是現在，當冥王星入天蠍座、天王星入射手座，而海王星入摩羯座時，集體的焦點就轉向了基因工程，而這將會讓世界產生根本性的改變。海王星在摩羯座象徵著人類會透過這種方式扮演神的角色。人類希望基因工程引發的道

3 這裡指的是神通力的發展。

德、倫理及哲學問題（天王星在射手座），會引導基因工程往正確的方向發展。但是世事難料，誰知道呢？冥王星／海王星的相位會激發夢想的靈感，這些夢想可能是虛妄的，也可能與高層意識有直接關聯，而高層意識會在個人及集體的層面上引導我們，塑造我們的人生。冥王星固有的並存慾望、我們每個人所下的決定，以及所有人做出的集體抉擇，將可以決定這種演化衝動到底是幻象，還是一種足以反映高層意識的真實啟發。目前世上百分之七十五的人有海王星與冥王星的六分相，這意味著我們都是現實的共同創造者，而我們所做的決定比起人類史上的任何決定都更重要。這些決定的演化及業力因果，將會對未來產生長遠的影響。

第四章
冥王星的推進、移位及太陽回歸

在這一章中，我們將會討論推進、移位及太陽回歸（Transits, Progressions and Solar returns）等關於演化的時機的詮釋技巧。討論的焦點將會是與冥王星及南北交點有關的演化及業力進程。

無庸置疑地，本命盤代表一個人從過去、現在到未來的發展。推進、移位及太陽回歸，則與我們生命事件的發生時機有關。我們可能會在特定的時刻感受到或表現出各種不同的驅力，因為就業力或演化的意義來看，我們已經準備好要處理這些問題或驅力了。很顯然地，我們會透過兩種方式感受到演化的進程，一種是突如其來的變化；另外一種則是緩慢但持續的變化。當我們談論到演化的進程時，沒有一個行星可以像冥王星一樣幫助我們做好準備，去面對即將發生的必要改變。這裡的關鍵在於，必要的業力及演化事件的強烈程度或性質，將取決於我們自己所做的選擇。

推進與容許度

根據我的經驗，針對冥王星的推進，最有效的容許度範圍是五度。這個容許度也適用於推進時的宮位界線，以及與冥王星形成重要角度的行星。當冥王星與一顆行星形成正相位前，或是跨越一個宮位的界線或角度前，每個人都有機會為即將發生的事情做好準備。這些機會與「即將發生的事」的前兆及預感有關。就外在而言，這些徵兆或事件會非常突然地出現，通常都極不尋常，讓人看不出前因後果，也與周遭處境沒有任何關係。想當然爾，有很多人會忽略這些徵兆，完全不加理會，或是完全拒絕承認其所象徵的重要性及意義。

對於已經踏上自我了解之旅的人而言，理解或詮釋事件和徵兆的能力，可以幫助他們準備好去面對未來。最起碼這些事情或徵兆會引起他們的注意，他們也會試著去了解這些東西所預示的未來，因此可以提早做準備。

五度的容許度，無論是在正相位形成之前或之後，或是跨越宮位之前或之後，都像是火山爆發的活動。內部的壓力會累積到最高點，然後爆發出來。在爆發之後，所有的景色都會徹底改變。冥王星的推進也是同樣的情形。導致或造成個人性的「爆發」的累積過程是可以衡量的，主要就是依據冥王星推進通過一個行星、宮位界線，或是與冥王星有相位的行星的容許度。

「爆發」的事件所佔用的時間可能非常緩慢，也可能很快速，主要考慮的是與冥王星形成相位的行星運行的速度。舉個例子，推進的火星通過本命盤的冥王星，大概需要三周的時間。一般而言，當冥王星推進通過本命盤的行星、宮位或主要基本點時，期間所發生的事情，會比行星推進通過本命盤的冥王星來得強烈。當然，冥王星本身移動得非常緩慢。冥王星推進通過另外一個行星或是跨越宮位界線，從開始到結束最短的轉變或演化時間是十八個月。有時這個過程可以長達五年，要視個人的抵抗程度而定。

舉美國前總統尼克森為例，他的冥王星是在十宮，南交點是在天秤座一宮，而南交點的主宰行星金星則是在雙魚座六宮；北交點是在牡羊座七宮，而北交點的主宰行星火星則是在射手座四宮，與冥王星形成對分相。水門案事件發生時，冥王星正推進行經尼克森的南交點形成了合相，同時與六宮的金星形成了十二分之五相。基本上，水門案從爆發至尼克森辭職下台，大約耗時十八個月。但是對尼克森本人而言，必須花更多的時間來理解並解決這起事件。

這個例子提醒了我們幾個重點。首先，水門案的發生是尼克森總統之前一連串的行為造成的結果。我們都知道整個事件之中涉及到欺騙和濫用權力等等。這起事件代表一場大災難，觸發了尼克森必須面對的演化及業力功課。我認為尼克森並不是自願辭去總統職位，我想大部分的人應該都有同感。他與生俱來的本質就是會捍衛自己的社會地位，也就是他的總統職位（冥王星在十宮）。他為了捍衛地位所採取的任何行動或活動，最終都只加速了辭職的結局。當時尼克森有許多其他的選擇及面對方式，可以導致或創造出完全不同的結局。但他的作風卻是依循著前世的慾望模式及導向。他一手打造了自己的命運，將自己送上辭職及顏面盡失的絕路。對於尼克森本人而言，局勢的驟然改變以及情緒上的震撼都是必然發生的結果，如此才能促進他覺察，了解自己行為背後的深層模式、驅力及導向。當水門案的內幕爆發時，出現了許多徵兆及事件，讓尼克森有機會做出不同的抉擇，但是他卻沿襲前世的老舊反應，去面對這些徵兆及事件。

事後回想起來，在水門案曝光之後，尼克森似乎對自己的行為和動機有了一些非常誠實的評價。他必須在離職之後才能對自己有不同的評價。他必須重新塑造整個自我形象，而且不能再以社會地位和權力為基礎了。他的自我身分認同和情緒上的安全需求都完全改變了。他被迫用前所未有的眼光看待自己，最後終於接受且承認了自己應該負起的責任。以我的眼光來看，這是非常正向的進展，因為這不只從根本改變了他的人生態度，同時也為他在這一世或下一世的社會地位及事業，帶來了重大的改善。

冥王星的推進會對我們所有人發生同樣的作用。我們每個人在深層的潛意識或無意識中，都有一些情感、心智、肉體及精神上的模式或驅力，影響並控制著自己的行為及人生態度，而冥王星的推進可以讓這些模式或驅力浮上檯面。即使對於某些人而言這個進程是極度赤裸又痛苦的，但最後的好處卻顯而易見，因為他們可以從中獲得成長，改變和消除老舊的模式或驅力。

透過這個進程，演化就發生了。正如百川之水會克服、破壞或侵蝕沿岸的障礙，找到一個最低點流入海洋的懷抱；我們人類在自然的演化進程中，也會克服、破壞或侵蝕所有的障礙，因為這些障礙阻止了我們一直在進行的演化及成長。

行星的推進象徵著外在的環境及事件，或是與外在的環境及事件有關。這些事件會為我們所有人的內在帶來改變。事件和環境的性質可以從日常生活的芝麻小事，到非常強烈的外來衝擊，因此內在的改變程度也可能小至「順勢而為」，大到徹底改變。

許多占星書籍及文獻都過於強調推進時的事件本身，卻忽略了導致這個必要事件的累積過程。我們必須了解導致這個事件的所有問題及內在驅力，才能獲得成長及覺知。這裡的重點在於事件象徵著我們所有的內在驅力，而這些驅力就是事件發生的必要條件。

我們如果鼓勵自己及案主用這種方式看待這些事件，就能對自我更加了解，並且為自己的遭遇負責。時至今日，我想大部分的人都同意沒有任何事是偶然發生或巧合的。但仍然有許多人會覺得為什麼事情偏偏發生在自己身上，彷彿有一隻大手在天上操弄一切似的。還有些人會覺得自己是事件的受害者。這些人的精神生活通常都比較貧乏，或是對促進自我認識的活動及知識系統不感興趣。但我們仍然可以幫助這些人找出事件背後的驅力，以及內在的演化進程。無庸置疑地，一個人如果能有意識地看待自己必須面對的問題，換言之，當他對於這些必要的問題有一定程度的覺知時，就能用建設性的方式處理這些問題。對於冥王星所帶來的改變，一般人最常見的反應就是抗拒，但是覺知可以幫助人們減少或消除抗拒，同時可以有意識地面對困難的生命經驗，用正向的方式促進必要的改變。

推進的冥王星與本命行星形成的相位，可以讓一生展開積極的演化。演化的進展方式收錄在第一章「冥王星影響演化的四種方式」的部分。行星推進冥王星或冥王星推進行星，都有其特殊的時段；此時與推進行星有關的行為導向及特徵，都會在演化進程中發揮作用。此外，推進的行星進入的宮位及星座也會影響和參與演化的進程。無論在任何時刻，無論是冥王星推進其他行星及宮位，或是行星推進冥王星，都與靈魂的演化及業力的需求有關。這些改變和經驗都是必要的，唯有如此，人們才能隨著時間的推移，來實現本命盤上冥王星和南北交點所代表的今生的業力及演化導向。換言之，與這些必要的經驗有關的運程，可以讓我們體驗到自然的演化及業力需求會隨著時間持續發展，而這也與冥王星觸動演化的四種方式有關。建議讀者重新閱讀第一章的相關部分，將有助於理解。

冥王星的推進一定會讓我們在某些方面產生根本性的改變。任何老舊的、阻礙成長的情感、心智、生理或精神的模式、傾向及驅力，都會被消除或改變。新的模式、驅力及傾向會取代舊有的。對於很多人而言，這種汰舊換新的轉換過程可能十分困難。人們情緒上的安全感往往來自於老舊和熟悉的模式，所以會對改變產生抗拒；當改變勢在必行時，這種抗拒也會導致更多的困難。人們對於必要的蛻變的抗拒程度，與轉化過程事件發生的強烈程度或困難度息息相關。

自然的演化進程往往與業力有關。換言之，我們過去世的行為和慾望所導致的結果，將會在冥王星推進的時候展現出來。這些結果可能是正向的或負向的，也可能是正負向兼具。你不能只根據本命盤就對業力的結果妄下定論。舉個例子，冥王星推進與金星形成四分相時，通常都意味當時關係中的負面業力會被啟動。但是我要提醒的是，這有可能是負面的，也可能不是，必須參考這個人過去在關係中的行為及慾望是什麼。無論如何，行星推進冥王星或冥王星推進所發生的遭遇，也和相關行星過去的表現以及落入的宮位有關。

我們不難想像許多人會對推進時形成的遭遇感到震驚，因為很多人會覺得自己已經處理好或消滅了這些過去的情況、相關性或驅力。這種遭遇的出現通常象徵著兩件事情：1.這個人並沒有完全轉化或消滅這些情況、相關性及驅力。2.這些情況或經驗會再次出現，讓一個人得到最後的淨化或蛻變。冥王星推進所引發的實際問題及事件，顯然與每個人的現實背景有密切的關聯。換言之，也與他們想要體現的自然演化階段及目的，或是個人業力的必然性息息相關。對所有人而言，推進時的主題都是一樣的，例如冥王星／金星形成相位時，但是與這個主題相關的問題和事件卻不盡相同。每個人處理的方式和態度都不一樣。儘管行星代表的主題是一樣的，但業力及演化條件的細微差異卻是截然不同的。因此，我們將會從原型的觀點來描述冥王星通過每個宮位的主題，而每個人都會用自己的方式來回應或面對。

我再提醒一次，每個人面對的主題，與冥王星觸發演化的四種基本方式有關。就百分之九十的人而言，冥王星的推進意味著前一階段的演化及業力的結束。但是當老舊的模式被消滅或轉化的同時，我們也會埋下新的種子，日後又會漸漸萌芽生長，最後綻放出不同種類的色彩繽紛的花朵。

對於另外百分之十的人而言，冥王星的推進會觸發蟄伏著的能力或可能性。這些人不會遭遇迫切的問題或困難，迫使他們改變或消除老舊的模式或驅力。他們反而能意識到更多的發展潛力及可能性。這些人遭遇的問題或事件彷彿只是一隻推手，將他們搖醒過來。這裡有一個很好的例子，就是美國前總統卡特（Jimmy Cater）。當推進的冥王星與他本命盤十二宮的太陽合相時，他才下定決心要當總統。當時發生的事件及環境觸發了他的內在反應。

移位

如果行星的推進代表生命中的環境及事件，反映了導致或創造這個必要事件的內在進程，那麼移位又代表什麼呢？許多占星學的教科書都提到過，移位象徵著導致必要的調整、改變或淘汰的內在心境。

就我個人的意見，用這種方式來看待移位，實在太過狹隘了；因為這會讓我們以為外在的狀況不同於內在的本質。（事實上，一個人的內在本質會創造或反映於外在的生命狀態或情境上面。換言之，外在的狀態或情境會反映內在的自我）。

許多占星執業者喜歡觀察移位所引發的外在事件。但是也有許多人發現，當移位引發了本命盤的能量時，內心的感受與外在的事件並不相同。其實，（行星的推進及移位都反映出同樣的原則，這也是本書的基本論點：我們內在的慾望、行為、過去和現在的一切，都導致或創造了外在環境的條件。從演化及業力的觀點來看，外在條件也反映出內在的自我。

沒有一個人能活在真空狀態。我們的意識、身分、自我形象、價值觀和信仰等等，都與生命的外在條件有關，同時也都受其影響。我們周遭的文化、社會、父母及朋友等，在在反映了自己的演化及業力的需求和慾望。內在和外在的種種會相互地影響及反映。

天上並沒有一隻大手在操弄一切，讓事情發生在我們的身上；是我們自己讓事情發生的。自我認識可以讓我們看清內在及外在遭遇的原因，而這些原因都是根據業力及演化的必然性。我們如果將四種自然的業力演化階段納入考量，就會發現大多數的人並不知道內在和外在的人生是相互輝映的。因此想當然爾，許多人都會認為行星的移位代表著事件。但是那些已經踏上自我認識和內在發展之旅的人，則會很清楚地知道內在的改變驅力，正在為或是即將為自己的人生帶來外在的改變。

行星的移位及推進帶來的經驗的差異，必須視每個人的業力及發展的現實而定。一般而言，移位意味著對一些已經存在的外在狀態，產生不同的內在感受，讓一個人對外在狀態做出改變；或是改變內在的驅力，用不同的方式面對外在的狀態。

整體而言，推進意味著外在的狀態、環境或事件，會促使我們產生內在的改變、調整或淘汰，或是讓一種內在的驅力產生蛻變。這個進程最後會讓一個人的外在條件或狀態，發生改變、淘汰或調整。我再提醒一次，根據上述的分析，行星的推進及移位其實是同樣的道理。移位的容許度引起了不少問題。根據我過去的執業經驗，移位的相位帶來的影響，大概是從正相位形成前的一度開始，然後會在正相位以及正相位之後的一度繼續影響一個人。這個過程會導致並造成改變，最後會讓改變反映出背後的意義。一個人因為移位所感受到的演化成長，持續的時間長短必須視每個行星的速度而定。舉個例子，移位的火星與冥王星形成相位，基本上會延續六年。因為火星每日平均移動三十五分鐘，所以形成正相位之前的兩年、正相位形成的兩年期間，以及脫離正相位之後的兩年，都會感受到這個相位的影響力。這個例子是根據次級移位法（一天代表一年）來推算的。

行星移位至冥王星會產生之前提過的四種改變方式。如同冥王星的推進或是行星推進與本命冥王星形成相位一樣，大多與業力或演化的累積有關；行星移位至本命冥王星的情形亦是如此。只有少數人可以透過冥王星的推進，喚醒蟄伏或潛在的更高能力或可能性，而冥王星的移位也是一樣的情形。

太陽回歸

在太陽回歸法中，冥王星的宮位以及冥王星與其他行星形成的相位，都與此人在這一年中所處理的基本議題和經驗有關，而這將有助於本命盤象徵的演化及業力主題。太陽回歸法的南北交點代表的運作模式就像是一種工具，可以用來促成演化及業力的慾望和實現，而這些東西都顯示在太陽回歸的冥王星宮位中。此外，南北交點的主宰行星也有助於這個進程的發生。太陽回歸的冥王星落入的宮位、南交點及其主宰行星落入的宮位，都代表此人將在這一年裡感受到過去世的經驗。有些過去世的經驗可能是業力的報應，有些則可能是業力的成果，也可能是過去世的久遠因果的顯現。無論太陽回歸帶來了哪些經驗和議題，都與本命盤中個人的演化及業力狀態有直接關聯，也與今生的演化導向息息相關。在太陽回歸的星盤中，冥王星的對應點、北交點以及北交點的主宰行星，全都代表一種途徑或工具，可以用來促成進化、理解、解決或轉變這些議題和經驗。透過對應點所學到的功課，都與今生的演化功課及導向有直接的關聯。在分析的過程中，也必須將冥王星及交點軸的相位納入考量。

南北交點的推進

對於個人持續的演化及業力發展而言，南北交點推進與本命盤形成的相位，也是絕對不能忽略的一環。很少有占星學家注意到南北交點的推進。這個推進耗時約十八年，然後會回到本命盤上的原本位置。當南北交點回歸至原來的位置時，正如同生命中的其他循環一樣，意味著一個章節要結束了，而另一個章節正要展開。

我們曾經提過，本命盤中南北交點落入的宮位及星座代表兩種運作的模式，可以用來實現過去的演化慾望及目的（南交點），以及今世的演化慾望及目的（北交點）。同理而論，推進的南北交點所落入的宮位及星座，也意味著當時的內在及外在狀態，或是可以促進過去及未來之間的轉化。

推進的南北交點的宮位及星座代表的是一種管道。生命中的一些內外的狀態或經驗會透過這個管道展現出來，迫使我們在南交點的宮位及星座所象徵的生命領域中，去處理一些老舊的態度、方法及運作模式。

相對而論，北交點也代表一種管道。外在及內在的狀態或經驗會透過這個管道，鼓勵我們發展與北交點落入的宮位及星座有關的新方法、態度及運作模式。除此之外，也可以提供新的生命經驗，讓我們改變南交點象徵的老舊方法。

在每個人的生命中，過去（南交點）與現在（北交點）的交互作用是一種持續性的過程。這種交互作用決定了我們的未來，而這都與我們根據交互作用所做的決定有關。行星推進冥王星或是冥王星推進其他行星的作用力，都會反映在我們必須改變的生命領域及行為上面，藉此來培養今生本命盤的演化目的；而南北交點的推進則代表基本的狀態，可以協助我們發展今生本命盤的操作模式。

在我們討論冥王星的推進、移位及太陽回歸通過每個宮位和行星的意義之前，最後要提醒的一點是：我們在今生表現的反應、回應、選擇及慾望，都與我們「正在造的業」有關，也就是未來的業。我們在生命中的每一刻，都在用或輕或重的方式造下不同的業。

冥王星通過各個宮位

冥王星通過各個宮位的情形同時適用於推進和移位法。在接下來的詮釋中，「內在」及「外在」的狀態會交互影響。我們對太陽回歸中的冥王星位置的詮釋，只能應用在太陽回歸產生影響的那一年。請讀者務必將每個宮位的主宰行星謹記在心，例如火星主宰著第一宮，金星主宰著第二宮，依此類推。舉個例子，當冥王星通過第一宮時，將會與冥王星推進火星、火星推進冥王星，或是火星移位至冥王星有關。你使用的如果是太陽弧移位法，那麼這也可能意味著冥王星移位至火星，代表的是一個重要的交接點。

我們不會列出或描述每一種相位的變化。下面的詮釋將會以最重要的主題及原型為主。因此你必須運用各種不同的詮釋技巧，將一個人可能經歷的主題及原型，與特定的相位連結。建議你重新閱讀第三章的相位部分，將有助於理解接下來的內容。

冥王星通過一宮

這個進程的原型或主題是啟動新的行動及慾望，象徵一個演化發展的新循環正要展開。這段時間通常會出現身分認同的危機，此人會迫切地渴望掙脫過去，突破所有阻礙自我成長的障礙。過去當然也代表了熟悉感和安全感。

在這個階段中，新的演化衝動會本能地表現出來。想要掙脫過去的深層渴望，會影響一個人的認知。這些渴望通常沒有經過深思熟慮，因此這個人也不知道這些渴望會導致什麼結果。有些人會感到非常恐懼，因為這些渴望彷彿會威脅目前生活的基礎及現實。沒有任何的理性分析能提供答案。事實上，分析反而會造成干擾。

這裡的祕訣就是正向地處理這些衝動，一切照著本能行事：只要本能上覺得內在的衝動是正確的，那就隨心所欲，看看它會導致什麼結果，事後就能知道背後的原因了。相反地，如果本能上覺得衝動或直覺是錯誤的，那麼就不要理會它，而且事後也能知道原因所在。這時如果能隨著內在的直覺及衝動行事，就能發現新的管道及經驗，實現人格的新驅力或新面向。

人面對這個過程的常見反應包括憤怒、焦慮、不安或不耐煩。有些人可能會將這些感覺，不適當地投射在一些自認為有礙成長的人或情境上面。也有些人會對自己感到憤怒，因為自己造成的一些情境，帶來了受限及監禁的感受。也有些人會無來由地感到憤怒，而這種憤怒通常在這一世或其他世受到了壓抑。在這個階段中，他們經常會遇到一些令自己憤怒的情境，或是別人會突如其來毫無理由地對他們發怒。當這種情形出現時，最常見的原因是他們在過去類似的互動中，與別人留下了未解決的殘存業力。

就演化的觀點來看，這些情境或狀態讓他們有機會去發現或體驗自己憤怒的基礎。因此他們也可以藉此清除心中的這股憤怒。此外，他們也有一個業報的機會來解決老舊的憤怒議題，這也許是從別人身上感受到憤怒，或是自己把憤怒投射到別人身上。最糟的情形就是身體上的暴力。他們可能成為暴力的受害者，也可能是攻擊者。這種情形如果真的發生了，通常與源自於前世的殘存業力議題有關。

許多人會在這段期間遭遇人際關係的問題，無論是親密關係或是泛泛之交。關係出現的問題往往與阻礙個人成長有關。最常見的情形是：如果恐懼或抗拒發起新的行動或慾望，進行獨立的自我探索，那麼夥伴、親密伴侶、好友或父母就會帶來衝突，逼迫他們擺脫過去的限制，變得更加獨立自主。有些情形是伴侶甚至會離開或死亡，讓他們經歷必要的成長。

另一種情形則是透過某些方式有意識地擺脫過去的限制，但是卻覺得夥伴、親密伴侶、好友或父母絆住了自己，這時他們就會掀起衝突，最後可能導致決裂。如果這些關係並沒有阻礙他們成長，那就要看他們是否願意實現一些本能上覺得是對的直覺及衝動。有少數的人會遇到朋友及伴侶鼓勵他們付諸行動。

此外，這個過程也可能意味著被別人「電到」的經驗；別人會認為他們很有魅力及吸引力。有些人則會與舊情人或老朋友相遇，產生情感、心智、肉體或精神上的反應，讓他們發現自己內在的新驅力或新需求。一個人會被別人「電到」的原因很多，其中之一是因為對方表現出興趣以及被吸引的態度。舉個例子，一個人可能會覺得現存的關係中缺少了什麼東西。這種欠缺感會製造內在的波動，然後投射到外境上面。這就像是把釣魚線拋到水中，自然就會吸引來一些人，反映出自己在現存關係中沒有獲得滿足的慾望及需求。這個人如果在本能上覺得想要追求這股吸引力，他／她就應該非常誠實地告訴目前的伴侶，避免因此而造下負面的業。這個人如果是單身狀態，而且本能上覺得這股吸引力是正確的，那麼唯一的關鍵就是「勇敢地去追求」。這種關係維持的時間長短並不重要，重要的是相處的經驗的品質，而這通常能帶來新的發現及自我認識。另一方面，他們如果正處於一段適合自己的關係，而且能夠從中獲得支持、產生必要的自我成長，那麼這個經驗就像是一種測試，看看他們是否能維持對關係的承諾，也有可能藉此來解決一些老舊的人際問題。當然，這種情形可能有許多不同的反應方式。我們必須整體地評估每種情形的演化及業力的驅力，才能了解這種情形為什麼會發生，而接下來又該如何面對。

在這個階段的演化中，也可能產生性的對立及困難。當冥王星通過一宮時，一個人的性色彩通常會加重。有些人會在現有的關係中遭遇性的限制或問題，於是就會受到別人的性吸引，來填補自己沒有獲得滿足的慾望。還有些人則會在這個進程中散發如催眠般的、自然的性魅力，吸引來一些在性方面受到他們誘惑的人。這種性魅力可能令人無法自拔。有些人則會發現自己在性上面的另外一面。整體而言，一個人在性上面的身分認同會在這個階段產生蛻變。人們會在此時遭遇許多有關性或性的身分認同的嶄新經驗、方向和表達方式，而這可以讓他們發現不同面向的自我。他們如果願意隨著這種新的衝動行事，就會產生正向的效果。

在這個階段的演化中，還有可能出現身體的問題，通常會呈現在腎上腺、肌肉、血液（中毒或是紅白血球失衡）、頭部、腸、結腸、肝、前列腺、子宮頸、卵巢、子宮、腰椎或海底輪。這時也可能發生導致身體問題的意外。

身體的問題是要提醒人們自我檢查，看看是否有什麼東西妨礙了成長，必須採取哪些必要措施來促進新的成長。他們可以透過這些措施重新恢復健康。重點在於任何藉由身體突顯的問題，真正的原因其實是存在於心理結構和現實之中。這些問題的出現是因為此人抗拒了必要的改變。有些時候，上述的問題也會發生在他們身旁親近的人身上。這個情形如果真的發生了，他們就可以從別人身上見證到抗拒必要的改變帶來的影響，然後學會這些功課。

當冥王星通過一宮時，無論發生了什麼特別的事，人們都會感到焦慮、煩躁和不安，因為他們覺得有什麼新的事情要發生。到底是什麼事情呢？他們可能會因為意識不到是什麼事，而在內心產生恐懼。我再提醒一次，這裡的關鍵就是照著直覺走，只要透過這種方式，他們一定能找到答案。所有的人都會感受到與本命業力／演化驅力有關的新方向、直覺及衝動。

整體而言，這個演化進程象徵著靈魂想要開始並實現新的方向、慾望及行動，讓此人對自己有新的發現，展現不同的面貌。對於有些人而言，他們可能必須完全脫離過去。有些人則可能只需要切割部分與過去有關的老舊反應、方法或態度。無論是哪一種情形，都會讓他們生命中的某些或全部的領域產生改變。

冥王星通過二宮

這個演化進程的原型或主題是：此人對自己的看法會起變化，繼而對別人產生完全不同的觀感，此外，也可以讓一個人重新評估自己的價值系統。

這個進程的演化衝動是激發一個人進行極端的自我檢視。此人可以透過內在的衝突，消除並轉化目前抱持的自我認知及價值觀。很多人會在過程中感受到完全的崩解或是失去自我的意義。生命的意義完全不同了，內在的個人意義也會產生改變。個人的意義與自我價值有直接關聯，也會影響一個人看待自己的方式。這個進程會要求他們挑戰自我價值系統中的限制，改用全新的方式來演化及成長。換言之，就是用新的方式面對自己，然後再依此方式去面對別人。

這個進程的激烈、衝突、抵抗及對立的程度，必須視個人整體的本性而定，而這會反映出他是否願意改變自己。這個人的本質和價值觀如果是比較僵化的，就會對演化的衝動產生強烈的抗拒。另一方面，這個人的本質如果是比較開放或變動的，抗拒的程度就會比較輕微。最簡單的辨別方式，就是觀察本命盤中金星的星座、宮位及相位。其他的線索則是二宮及七宮宮頭的主宰行星。

這個進程還可以促成一種演化狀態，讓一個人意識到自己擁有的新資源，同時可以利用這種資源發展新的謀生技能；或是利用這種資源讓舊有的謀生技能再生，透過不同的方式展現出來。如果是第一種情形，這個人可能會覺得越來越難面對目前的謀生技能。當他覺得舊的技能已經失去意義或連結了，就會出現必要的衝突，讓一些資源及價值能夠融入意識之中。如果是第二種情形，則可能會出現兩種狀況：1.這個人仍然能在目前的謀生技能中找尋意義、價值和連結。2.他的內心會感受到一種需求及渴望，想要擴張或重新塑造目前謀生方式的表現或應用方式，如此才能反映出從意識中產生的新自我。無論是哪一種情形，他都會感受到內在及外在的限制或阻撓，繼而促進自我的發展。

對於某些人而言，這種進程會強迫性地移除或淘汰掉現有的資源、財產和金錢，或是失去一種可以實際維生的狀態，像是工作、婚姻或合夥關係等等。此時也可能出現金錢或財產的衝突。之所以會發生這些情形，是因為他們需要培養新的價值觀，用不同的方式來面對自己和別人。這些經驗也可以加強自我依賴、自給自足的演化功課。當人們在面對這些演化功課時，失去資源所帶來的情感震撼，將會引導或強化他們進行自我檢視，如此才能確定導致或造成這些情形的原因及驅力。有些人可能會遭遇業力的報應。報應的震撼會讓他們覺得內心孤立無援，與一些東西失去了連結，也無法賦予它任何意義。他們必須在內心孤立的狀態中，學習如何面對並發展新的價值觀，用新的方式對待自己和別人，最後就能培養出一種全新的個人意義及價值。

有些時候，這些人必須在實質及情感上，從事一種截然不同的謀生工作，然後才能出現新的個人資源。就業力的觀點來看，這種情形往往與誤用、濫用或操縱自己或別人的資源有關。有些情形則是與否認或封鎖了內在的需求、能力或才華有關，因為這些東西都沒有被落實。當他們被迫失去一切時，唯一的方法就是培養並展現新的價值觀，然後用全新的方式活出自我的價值和意義。最後則會變成用不同的方式去面對別人，發展自己隱藏的潛力、慾望、能力及需求，藉此創造新的謀生技能。

我曾經看過一些個案在冥王星經過二宮時，因為以前的努力而在某些生命領域裡獲得了報償。有些人甚至是因為以前對別人的付出而獲得回報。回報的方式可能是金錢、財產或是別人的價值認同，而這往往與他們之前實踐的事情有關。這種情形同時會帶來新的內在評估及自我檢視，讓他們學著替新的發展或狀態賦予意義。如此一來，他們也會因為這些新的狀態，而用全新的方式面對自己或別人。

這個階段會出現的身體問題多半是在腎、下背部，或是像心理性的聽覺障礙或循環問題，血管或動脈阻塞、腎結石、尿結石或膽結石；也可能是黃體素和雌激素異常，所導致的卵巢或子宮囊腫，因腎毒素累積所導致的頭痛或心輪的問題。

整體而言，這個進程象徵靈魂渴望透過賦予人生個人性的意義，來轉化現有的價值系統。這個階段必須淘汰掉所有老舊的東西、財產，以及對自我或別人的看法，如此才能產生新的模式。唯有當過去的井水被舀空了，才能重新填滿未來的井水。我們如果對這個進程產生抗拒，不僅會帶來心理、業力及演化上的問題，同時也會因為這種阻塞而出現生理問題。但如果能移除心理及情感上的障礙，就能讓個人的活力及健康獲得重生及蛻變。

這個演化進程的原型或主題是遭遇心智的結構、組織及傾向的限制，因此必須去檢視自己的見解的本質，以及別人的見解的基礎。

當這個進程變得越來越激烈時，這些人就會逐漸感受到自己的知識結構、邏輯和心智傾向上的一種內爆（implosion）。這種內爆會造成和別人在心智上的分歧和爭論。他們在潛意識裡也會吸引這類的外境和事件出現，進而加強或導致演化的需求。

這些事件和外境通常都與一些新的人或經驗有關，這些人或經驗會挑戰他們的見解和思維基礎。也可能是身旁的人開始在心智上重新整理自己的人生，同時質疑自己的見解的基礎。因此，他們也許與某些人在想法上達成過共識，如今卻變成相左或發生問題的情況。

這些情況發生的理由是，他們必須逐漸培養新的觀點，擴張自己的心智結構，才能用全新的方式來體驗和理解人生。此外，為了讓他們消除對事物的膚淺或未經深思的看法，這些狀況也是必須發生的。他們可以透過這種方式來發現自己的理由是否真的成立。這些狀況也會讓他們產生覺知，明瞭一個人為什麼會用特定的思考方式來建構現實。

這個進程會加強他們心智的深度。當他們在研究見解、思維傾向及知識結構的基礎時，就會逐漸體驗到三種狀態：1.需要徹底清除某些特定的見解、智識上的態度、觀點，以及既有的知識架構。2.需要重新整理或加深針對現實本質的某些見解，而這些見解仍具有效性和功能。3.需要接觸新的經驗，讓新的見解、資訊和知識出現。

當人們覺得心智上受到限制或變得僵固時，最容易觸發上述的進程。他們也很容易感受到心智上的浮躁不安和厭煩。這個過程當然有可能威脅到他們情緒上的安全感，而這種安全感往往來自於自己的心智結構、想法及見解。

因此他們如果改變想法，就可能失去內在的安全感。有些人可能會對必要的轉化產生抗拒。他們抗拒的激烈程度，決定了內外智識上的對立程度，這些都可以從本命盤中的水星、三宮及六宮的星座，以及這兩個宮位的主宰行星看出端倪。

在這個進程中，他們必須從「外在」環境獲得新的資訊，同時得允許自己的內心出現新的信息或想法。如此一來他們就可以透過新的見解，來檢視或理解自己目前的信念及想法，找到依據的基礎。此外，這個進程也意味著他們會在內外展開智識上的追求，更深入地了解生命的本質，所以當別人表達膚淺的意見時，他們也會十分反感或生氣。我曾經見過一些平常很溫和的人，忽然對別人展開了心智上的攻訐，因為他們認為對方的意見很空洞、沒有重點或過於僵化。這種外在的表現，顯然只是反映了他們正在經歷的內爆。

對於處於這個階段的人而言，最常見、也是最好的建議，就是接觸新的知識體系和想法，建立新的智識基礎，才不會讓必須進行的心智重組顯得毫無頭緒。他們也可以投入或研究一種全面性的思想體系和準則，然後在這個體系或準則的基礎上，去發現一些相關的興趣。這裡的危險之處在於，因為他們太過於渴望新的資訊及想法，所以會粗淺地同時涉獵許多東西。如果他們把精力分散了，只會讓心智的危機更加惡化。他們此時就像是面對著一道想法和見解的旋轉門，不停地與別人發生爭執或衝突，而感到非常失落和困惑。

當這個進程開始時，我基本上會建議他們去嚐試或檢視各種不同的新知識體系，找到其中最適合自己的系統，來完美地反映出自己必須進行的心智重整。他們如果找到一種合適的系統，就要全心地投入並堅持下去，如此才能建立新的基礎，讓其他的想法及資訊都統合成一致性的觀點。

在這個階段裡，旅行也十分有益，因為可以促進他們產生新的思考模式。旅行意味著一種動態。他們可以在動態中消化想法。旅行可以讓他們在沿途中獲得新的經驗，與別人接觸互動。在這個階段中，他們每隔一陣子就會需要旅行。太多的旅行也有可能帶來零星或分散的結果，讓他們失去自我的核心意識。然而，太少的活動或旅行，也可能讓自然的心智內爆變得更加激烈，反而造成在心智和情感上失去了重心及洞見。另一方面，他們也需要週期性地進行內在的探索，透過平靜的方式發現一些新的想法、觀點及心智傾向。這裡的關鍵就在於必須意識到兩種自然循環的時間分配：需要動的時候就要動起來，需要休息或維持現狀的時候就要靜下來，如此才能安頓身心。

這個階段可能會出現的身體問題多半與神經系統有關，像是神經系統的問題、皮膚紅疹、與肺膜有關的肺病、喉嚨的毛病、子宮頸及喉輪方面的問題。

整體而言，這個演化進程會讓一個人擴展心智的視野，淘汰掉過時的思考模式和見解。這個時候最好能深思熟慮，藉此來發現智識上的態度和邏輯推演的基礎，然後就能獲得屬於自己的知識和理解。

冥王星通過四宮

這個演化進程的原型或主題，就是引導一些內在和外在的情境，讓一個人覺得必須去檢視自己的安全感需求、依賴性、自我形象、感覺和情緒的基礎。此外，這個階段也提供了極佳的機會，讓他們檢視早期環境對自己的影響，這往往會反映到父母身上；對於已經為人父母的人而言，則可以讓他們認清自己在情感上如何回應自己的小孩、家庭及伴侶。

隨著推進、移位及太陽回歸的運行，這個進程會促成生命的某個章節的結束，然後展開一個新的階段。人們現在必須改變或消除所有與外在環境有關的依賴性及安全感的追求。因為這種依賴性及安全感的需求在某方面阻礙了進一步的成長。

這個演化階段的時間長短及經驗可能非常難以承受，因為許多人都會感覺到自己的生命基礎受到極大的威脅，甚至被移除了。這種經驗是必須的，而這或多或少都會讓他們的生命中只剩下了自己。他們必須觀察自己，完全地依靠自己。每個人的自我形象會綜合地反映出自己整體現實的內外本質。當某些部分或某些驅力被移除或消失了，人們就必須觀察自我形象如何受到改變，然後根據自己內在或外在必須經歷的轉變，來重新塑造自我形象。

他們可能會在內心深處或是透過外境的不同情況，感受到激烈的情緒波動。外在的因素或狀況可能源自於生活環境、家庭、父母、工作、職業，或是身旁人的問題。這些情緒波動會讓他們非常不安。

這種內在或外在的演化導向，乃是要迫使他們檢視自己建立生活的方式和理由。他們還必須檢查與安全感和自我形象有關的基礎，而這都與自我現實的本質相關。依此看來，他們最適合在此時改變對待自己及別人的老舊情感反應模式，也可以改變或淘汰所有對外在的依賴，而這些都與個人的安全感有關。有些人會在這個階段失去工作、事業垮台、喪親、與家人產生嚴重的情感衝突，甚至是面臨自己的死亡。還有些人的心中則會充滿了對死亡的恐懼；甚至可能會有瀕死經驗，或是與死神擦身而過。

人們也可以在這個階段放掉累世的老舊情感模式及態度，藉此來獲得情感上的淨化及治療。有些模式可能與長久以來被壓抑、否認或埋藏的情感需求及反應有關。當這些老舊的情感模式出現在人們的意識層次時，往往會為他們帶來非常強烈又無法自拔的情緒和感受。在這段期間，每一種情緒上的變化，都會吸引他們全部的注意力。這些情感、情緒及感受，可以讓他們意識到過去對生命產生的慣性情感反應。有些人可能因此而神經緊張，因為吸收了這些不斷變化的情緒能量。這種吸收是必經的過程，他們可以透過這個過程，完整地檢視自我的情感反應、需求、要求、安全感的程式、自我形象，以及早期受到的影響和原因。

這種有意識的覺察和認識，可能會讓他們陷入情緒的停滯狀態。但這種停滯狀態是必要的，因為可以帶來改變的機會。他們的家人或身旁親近的人，也可能會感受到這種停滯狀態。他們與親近的人之間，此時容易出現一些前世未處理好的情感問題。這些問題可能會導致非常不理智又易怒的行為。但這是一個很好的時間點，他們可以趁機解決過去的問題，也可能因為無法解決這些問題，而導致一段關係的結束。無論是哪一種情形，都可以為他們帶來新的情感模式、自我的認識和必要的改變。

在這個階段裡，人們應該鼓起勇氣、有意識地反省過去。換言之，他們應該反省現在所經歷的所有事件、情形及狀態，同時觀察導致這些狀態的條件、內在驅力或原因。透過這個進程，他們就能更加了解容易內在的本質及結構。

這種主動的反省過程應該伴以積極的溝通和面對。他們必須階段性地與別人溝通或釋放從內心發掘到的東西，才能讓情感的結構產生根本性的清除或淨化。換言之，這裡的危險就在於，他們如果一直停留在退縮或沉思的狀態，就可能導致情感上的內爆或扭曲。這種問題發生的頻率是無法預測的，但是會讓日常生活隨時隨地都有波動。他們最好正視自己的需求，進行必要的釋放、處理或溝通。在這個進程中，他們需要有一位值得信賴的人在身旁，讓他們可以覺得不受威脅地釋放一切，不用擔心自己會被毀滅，又能確實地感受到當下。

他們往往很難找到一個值得信任的人，因為他們甚至不相信自己的感受或需求。在這個進程中，有些人會覺得自己非常脆弱，極度地敏感。有些人則會出現類似幼年期的情感需求，無論他們的現實年齡有多老。既然這個進程的目的是要學習內在的安全感，減少對外界的依賴，身旁的人就該透過一些溫和的方式來幫助他們。

這個階段可能出現的身體問題多半與淋巴系統、胃、乳腺、眼睛、黏膜或水腫、黏膜累積的毒素以及便祕有關，也可能出現脊椎或脈輪的問題。

整體而言，這個演化進程會讓一個人的內在情感結構和自我形象，獲得完全的重生或蛻變。一個人如果能改變或消除老舊的情感模式、減少對外界的依賴，就能改頭換面地獲得重生，展開人生的新頁。

冥王星通過五宮

這個演化進程的原型或主題就是引導一些內在和外在的情境，讓人們逐漸學會掌控自己的現實，重新創造自我的現實，藉此來反映或發展出源自於靈魂深處新的創造衝動。這種新的創造衝動與他們的人生目標有直接關聯。

這種演化進程會要求一個人檢視自己對別人付出的理由及方式。另外一種演化需求則是檢視自己對於來自別人的愛和關懷的需要，以及被別人視為重要且特別的需要。當這兩種演化功課結合在一起時，此人就可以體驗並理解自我中心的制約如何影響了這兩種需求的表現及運用。

整體而言，這個進程會促成個人創造力的再生。創造的靈感、感覺及慾望所帶來的深層情緒波動，將會影響他們的覺知。新的想法、感覺和慾望，刺激他們去掌控自己的命運和現實。這種影響力足以重新創造他們的個人現實，藉此配合、運用並表現這些新的創造衝動。他們存在的目的也會因此而改變。這個階段非常適合發展隱藏的潛力。

有些人在這個進程中必須比以前更加自我中心、更加能展現自我。有些人則必須瓦解或消除過度自我中心的傾向，如此才能讓新的衝動表現出來。無論是哪一種情形，這裡的關鍵都在於放任自己跟隨這些新的衝動，即使必須放棄一些既定的想法或信念；在此之前，他們一直將這些想法或信念視為人生的目標及方向。

內在的演化衝動也會反映於外境上面。至於外境會是什麼情況，就得看當時此人的現實本質或背景是什麼了。如果是生兒育女的情況，就能看出這些演化的法則是如何呈現的。對於某些人而言，小孩可以反映出他們的個人創造力、施與受的能力，以及重新出現的人生目的。有些情形則是新生兒帶來了施與受方面的問題。當他們把注意力集中在小孩和自己的需求時，也可能變得太以自我為中心。但是對其他人而言，生兒育女反而會成為一種手段，讓他們藉此改變或消除過度自我中心或自戀的行為及傾向。有些人會在此時懷孕，通常與緋聞或婚外情有關。有些人則可能是意外懷孕。無論是哪一種情形，小孩、父親及母親的關係都與業力有關。當冥王星推進五宮或太陽，冥王星移位入太陽，太陽移位入冥王星，太陽回歸的冥王星入五宮，通常都會提升生育能力。

有些人則可能與自己的小孩發生情感上的衝突和問題。當他們感覺必須培養新的創造性目標、實現方式和身分認同來掌握自己的命運時，他們的小孩也會有同樣的感覺。這種驅力會挑戰或測試雙方的意志力。當這種狀況出現時，通常都反映出他們一直試圖塑造孩子的身分認同，希望孩子能符合自己認定的形象。當孩子有了自己的主張、想要隨心所欲時，就等於直接挑戰了他們的個人慾望。這樣的衝突會促進演化的需求，讓他們去檢視自己所認定的小孩或是對小孩付出的基礎何在。他們可以透過這些對抗和意志的衝突，重塑自己對孩子的看法，並反映出孩子的實際需要及天性。藉由這個進程，他們終於可以付出小孩真正需要的東西。這個進程或階段也可能讓他們用一種創造性的方式重新定義自己，因為外境要求他們做出改變和調整，或是找到新的方向。

在這個演化進程中，他們很可能會被別人吸引，而傳出風流韻事；尤其是他們如果覺得在目前的生活狀態裡，自己沒有被滿足、認可或被愛。他們內在深層的慾望在此時會變得較有創造性，同時也會想要掌握源自靈魂的使命感，所以就會被一些能幫助自己實現或促進這種慾望的人吸引。風流韻事可以滿足他們渴望被認同的需求，同時也能讓他們感受到自己在別人眼中的重要性及獨特性。這個階段的吸引力是非常強烈的，令人無法自拔。他們往往會吸引一些很有魅力和權勢的人，而他們在對方眼中也是如此。有些人的關係可能非常強烈而短暫；也有些人的關係可能非常持久，甚至變成終身伴侶。

他們如果已經有了一段關係，這種吸引力勢必會造成威脅。有些人會覺得飽受折磨，被徹底地撕裂。他們可能同時擁有舊愛和新歡，但重點在於他們無法在目前的關係中感受到足夠的愛、關懷或認同。他們新產生的創造性需求及目的，在目前的關係中遭到了否認或壓抑。這種情形讓他們在潛意識中「門戶大開」，很容易與別人建立關係或是被別人吸引，因為對方可以滿足這些需求。最後則可能出現兩種結果：一種就是目前的伴侶必須改變自己的情感傾向，允許並鼓勵他們採取必要的行動，表現新的人生目標；另一種則是舊有的關係極有可能到此結束。無論是哪種結果，都象徵著他們必須掌握自己的命運，如此才能重新創造命運，反映出源自靈魂深處的創新衝動。

這個演化階段可能出現的身體問題，包括心臟問題、血液循環問題、體力或生命力減弱、因壓力和暴怒導致能量的劇烈改變、膿瘡、腫瘤，或是與眉心輪有關的問題。眉心輪也就是所謂的「第三隻眼」。

簡而言之，這個進程可以讓人們重新打造自己的人生目標。不同的個人潛能與可能性會從靈魂深處浮現出來。人們如果可以跟隨內在的創造性衝動，同時接受這些衝動得到的外界回饋，便能掌控自己的命運，並且在某些方面重新創造自己。這種進程要求人們必須淘汰現階段對人生目的及命運的看法和信念。他們如果固執地抗拒這個新的生命秩序，可能會受限或停滯不前，無法獲得更進一步的發展和創意上的表現。他們不僅無法感受到創造性的重生，反而會覺得自己的創意表現受到限制，或是已經衰敗了。

冥王星通過六宮

這個演化進程的原型或主題就是提供一段自我改善的時間。自我改善的需求會化為深層的內在探索，讓一個人在心智上檢查或研究內在需要被調整、改變或徹底淘汰的元素和驅力。換言之，這個人會經歷一段浸淫在自我批評之中的重要時期。

這個階段的重點是靈魂和肉體的清理、淨化和療癒。但是靈魂和肉體的狀況一開始可能會先惡化，然後才出現好轉。人們會在內心深處對自己產生不潔、不完美、不恰當等負面感受，而這些都會反映於外境上面。他們會用理解內心狀態的方式來看待外境。這種投射當然會讓他們透過環境，吸引到同樣的共鳴。

如果他們遭遇到內在和外在的批評，而覺得自己不足、不恰當或不完美，就會在心中產生很深的質疑。這種質疑是必要的經驗，因為這可以幫助他們改變並調整內外的狀態，反映出從內心深處冒出來的新穎概念、想法、感受及需求。

人們很容易在這個階段陷入內外的危機，為此而耗盡心力。內在的危機往往源自於必須放下既有的想法、信念、態度和各種的標準。這種改變的需求會影響他們的情感、肉體及心智結構，當然也會危害或威脅到個人的穩定性及安全感。

人們在進入這個演化進程之前，通常對於自己的工作、身體及內外的現實，已經有了特定的態度。別忘了，六宮要處理的是水星的處女座面向。水星的雙子座面向是必須蒐集各式各樣的資訊，讓其產生邏輯性的關聯，同時得仰賴經驗來管理眼前環境的秩序；而水星的處女座特質則是要分析並區隔這些資訊，把所有的資訊放入不同的隔間及分類系統中。這裡的重點是事實和細節，以及事實和細節之間如何產生連結。當人們能夠在心智上讓這一切產生連結時，就能為事實的本質創造出一個完整的面貌。當然，每個人選擇或注重的特定事實或資訊，都會限制或影響自己對整體現實的看法。一個人對事實及資訊的選擇方式，通常會受到之前的演化階段及發展的影響。因此這裡的危機就在於必須重整心智及情感的新方向，帶來新的資訊及知識。每個人針對現實結構的老舊標準及態度現在都瓦解了，無法再發揮任何作用。因此身心靈就會在此時產生深層的淨化，因為妨礙進一步成長的老舊態度已經被完全剷除。

人們在此時會對既有想法的限制及不當之處，產生深層的質疑。這種質疑可以帶來自我分析，促進一個人進行心智上的掃描，找出必須改變或淘汰的部分。自我分析也可以讓一個人意識到既有的想法及標準的不足之處，而必須為內外的現實找到新的資訊、態度及方法。

事實上在這個階段中，人們會時時刻刻感受到過去和未來的衝突。這種衝突往往會導致危機，因為冥王星也隱含著抵抗的意味。這種抵抗會變成心智上的壓力，呈現出焦慮、不安及緊張，而這種心智的壓力也時常表現在身體的疾病上。

就外在環境而言，這些人可能會遭遇與別人相處的問題或挑戰，別人可能會挑剔他們。別人會認為他們有不對的地方，所以會提出批評。工作上也可能困難重重。他們會深切地渴望改變工作的層次、性質或方式，也可能對目前的工作品質感到不滿，甚至會認為工作限制或阻礙了進一步的成長。老闆或下屬會帶來挑戰或問題。有些人則會因為業力的報應，在這段時間失去工作，被迫做出必要的改變。

我會建議他們去接受並反省外在批評的本質，不要因此而抵抗、爭辯或憤怒。這裡的重點就在於外境其實反映了內在的現實，而所有的訊息都是必要的線索和指標，提醒此人必須加以注意的地方。透過這個進程，他們的身心靈才能獲得正面和必要的淨化。

他們在內心深處如果覺得必須改變工作，最重要的就是要打造一個必要的根基，讓過去與未來之間產生溫和或逐步地轉化。他們可能在放棄舊工作之前，先找到了新工作，也有可能在現有的工作之餘，接受全新或額外的訓練。

他們如果出現身體的問題，建議最好改變目前飲食及營養的習慣。由於這段時間很適合淨化身體，因此攝取大量的水分、生菜、優格、水果及穀類，將是不錯的選擇。最好避免精製或人工糖類。溫泉、瑜伽和按摩也會很有幫助。

他們如果能將老舊的態度從靈魂中移除，多年積習導致的痼疾及毒素也會被徹底消滅。這是一種很自然的淨化過程，所以心智的壓力才會引發身體的疾病。

在這個演化進程中，身體的問題往往與隱性或潛伏的基因性疾病有關，也可能是一些拖延已久的老毛病變得更加嚴重。問題多半與胰臟（胰島素和酵素的產生）、腸、肝、脊椎（脊髓失去或欠缺必要的液體）、神經及聽力系統有關，也可能出現喉輪的問題。

簡而言之，這個進程代表一個人需要改善的階段，人們會自我檢視需要被改變或移除的老舊態度和標準，並且在所有的層次上進行淨化。他們經過了清理及淨化之後，就能產生強勁的生命力，以全新的方法及態度面對人生，精力充沛地繼續生命之旅。

冥王星通過七宮

這個演化進程的原型或主題，反映了此人必須針對親密或合夥關係上的態度、價值觀、需求及方法，進行必要的轉化、改變或演化。

當冥王星接近七宮宮頭、冥王星推進金星，或是金星移位至冥王星形成相位時，都代表一種業力形成的時段，人們可能會在這個時段遇上前世有關聯的人，也可能與早期有關係的對象出現新的連結。有時金星推進本命的冥王星時，也會在短短的幾個月內出現類似的情形，從相位的性質則可以看出連結的業力基礎。緊張相位代表他們必須處理兩人之間過去沒有解決的問題。柔和相位則代表他們會在此時吸引某些人帶來正向和即時的訊息。

無論是哪一種情形，這些狀況都反映出他們渴望且必須繼續前進，而且需要改變、成長及改進，然後用新的方式面對親密關係。這些狀況也意味著他們想要改變舊有的關係，重新定義自己的基本需求。這種重新評估關係的需求，勢必會吸引一些特定類型的人出現在他們的生命中。對方如果因為過去沒有解決的問題而與他們對立，就意味著要讓他們意識到有些過去的狀態需要解決或改變。對方如果帶來即時的訊息，也是要提醒他們同樣的事情。他們也許會對帶來訊息的人敞開心胸，或是樂於接受那些自己渴望成為的人的訊息。相反地，他們也可能抗拒面對一些象徵過去或未解決的問題的人。但是基於繼續前進的渴望，這些人會用全新和未來的眼光，去看待所有象徵過去的人事物。這種過去與未來的衝突會讓他們心生抗拒，不願意面對這些關係所隱含的業力問題。但是這些業力問題一定得解決，因為他們的人生即將展開新的一頁或週期循環。這些關係反映的過去狀態都必須解決或結束了。唯有如此新的循環才能產生，也才不會讓過去的課題影響到嶄新的未來。

從另外一個角度來看，這些關係帶來的對立是要讓他們意識到自己的新需求。這種對立的經驗會產生如煉金般的質變作用，讓他們把自己對關係的新需求、態度及方式，轉化成有意識的覺知。每個人會遇到的狀況都是獨一無二的。兩人關係的性質或業力，可以透過星盤比對（synastry）來判斷。

在我看來，他們應該鼓起勇氣面對並解決這些問題，才能徹底清除與對方的業力。我建議他們採取一種心理策略；他們應該抗拒誘惑，不要出自本能地對抗象徵著過去業力的人事物。這裡的關鍵在於必須培養一種深思熟慮過的回應，用不帶感情的反思方式看待自己的狀況。透過這種方式他們就能認清造成或導致這種狀況的所有問題，然後用一種適當、符合業力要求的方式來解決這些問題。

這個演化進程有時也會突顯他們與目前伴侶之間的老問題。這些問題可能是在之前被壓抑了，或是再次展現了在其他世中未解決的問題。這些問題或議題可能會造成他們與伴侶之間的衝突。當問題出現時他們不只要解決問題，還必須讓目前的關係獲得改變、成長及演化，或是賦予關係不同的定義，藉此來反映彼此的新需求。我鼓勵他們最好在深思熟慮之後再反應，才能讓必要的演化朝著正面的方向改變。

他們如果不由自主地抵抗新的演化需求，無法重新定義目前的關係，那麼關係便可能在這個階段畫下句點。關係中的任何一方都可能以未來的需求看待對方，因而產生了改變的衝動。但沒有意識到改變的那一方，則可能認為對方破壞或威脅了目前的安全感。他們無論扮演其中哪一種角色都會獲得成長，即使進程可能非常激烈又充滿困難。這個演化進程有時會與伴侶或親近之人的死亡有關。

在這個演化階段中，即使是柔合相位也可以刺激成長，主要的差異就在他們本身或是他們必須面對的對象，都能了解這些經驗背後的原因。如果是緊張相位，就要到事情發生之後才能理解一切。無論如何，結果可能都是一樣的。這些人無論透過哪些方式來體驗演化的進程，需求都是一樣的：淘汰或改變與別人相處的老舊模式，允許新的需求融入意識層面中。他們最後就能用新的方式與人相處，產生新的個人或社會價值觀，並且用不同的角度來看待自己。在這個演化階段中，也經常會有新的人出現在生命中。這些新來者的個性通常都非常強勢又激烈，往往為他們帶來了一種催眠般的、強迫性的影響力，因為這些人象徵著他們的新需求。反之亦然，他們也可能帶給別人同樣的印象。當這個進程剛開始時，他們本身或是被他們吸引的人的需求通常都尚未成形，所以會透過對方來呈現或象徵潛意識中渴望變成的模樣。他們或對方如果正處於一段正式的關係中，就可能會帶來衝突或對立。

就業力的觀點來看，他們如何針對這股吸引力做出抉擇，是一件十分重要的事。如果出現了這種情形，我建議他們採取下列的態度：

1. 他們或是受到他們吸引的人，如果覺得現存的關係只是例行公事，對於關係中的雙方而言，都無法帶來更多的成長或幫助，那麼最重要的就是開誠佈公地面對新的吸引力。他們必須先把舊有的關係結束，再展開一段新的關係。舊關係中的雙方必須一起花時間來解決造成關係結束的問題或狀況，共同反省這段關係的整體本質及經驗，讓這段關係畫下正面的句點。共同反省可以讓他們更加認清自己，看清這段關係的本質，同時讓分手的傷害降到最低。這裡的重點在於，這個過程象徵著這段舊有的關係已經走完了此生必經的路程。

2. 他們或是受到他們吸引的人，如果覺得關係的定義限制了雙方的發展，但仍然有改變的空間，那麼就必須投注一些時間，努力到最後一刻。新出現的吸引力或是被他們吸引的人都只是一種「徵兆」，代表現存的關係有缺憾。他們可以將這種「徵兆」視為對抗的需求，提醒自己必須面對關係中的任何問題，產生必要的轉變。當他們努力到最後，結果卻是微不足道或沒有改變，那麼就業力的觀點而言，自己已經獲得自由了，可以繼續往前走自己的路。對方的反抗會讓他們下定決心，鼓起勇氣採取行動。這種結果雖然會讓對方在情感上受到打擊，但也可能為對方帶來後續的成長。

整體而言，最正向的處理方式就是關係中的任何一方，都必須敞開心胸接納對方的新需求。成長和改變的時刻到了，雙方都必須傾聽對方的心聲，認清彼此的現實，如此才能根據現實狀況滿足對方的需求。如果其中一方覺得這段關係限制了成長，就可能出現衝突。如果其中一方或雙方都採取防衛或封閉的態度，不願意面對另一半的新需求，關係則會因此而畫下句點。

這個演化階段可能會出現的身體問題與下背部、腎、脊椎、血液的毒素、劇烈的頭痛、聽力問題、尿道感染、肝瘀血及心輪有關。

冥王星通過八宮

這個演化進程的原型或主題，就是必須勇敢地對抗所有淤塞或阻礙成長的領域或驅力。就內在而言，這些領域或驅力的本質可能與情感、心智、肉體或精神有關。就外在而言，他們在任何一個生命領域中都可能有這種感受，例如事業、親密關係、家庭、金錢、財產，以及生命的外在架構、方向及定義等。

他們對於任何（或所有）內外驅力的定義及認知方式，都會在這個階段徹底改變，反映出成長的必要性。他們會將任何（或所有）驅力視為進一步成長的阻礙。人們時常會在此階段感覺這些領域失去了意義及重要性，因而在內心及外在產生衝突。這些衝突意味著阻礙進一步成長的生命領域，需要被改變或重新定義。一般而言，需要被新定義的生命領域，多半是他們過度投入的領域。換言之，這些人將自己的整個人生與特定的價值觀、想法、信念及慾望連結在一起，而這也就是他們現實的「底線」。人們之所以會感受到限制或淤塞，是因為他們發現已經很難去定義或面對這些驅力或領域。意圖改變或重新定義這些「底線」，可能會徹底威脅到內心的安全感，因為他們賦予這些東西相當程度的重要性及關注。

由此可知人們在這個階段所做的選擇是非常重要的，因為這會決定他們如何去感受必要的演化。就正面的角度來看，人們會承認某些東西需要被挑戰或改變，進而採取必要的方式來進行轉化。他們會帶著信念改變人生的方向，產生新的情感回應、想法及相關的價值。人們在開始轉化時，可能不知道自己為何想要改變，也不知道這些改變將會導致何種結果。通常要等到轉化落實之後，才能有所體悟，所以信念是不可或缺的。這裡的關鍵就是要帶著源自於靈魂的新衝動、感覺、想法和慾望向前邁進。這個進程就像火山爆發一樣，新的衝動會從無意識的底端衝上顯意識層面，在進程中受到壓迫的能量，反而會促使這些新種子化為顯意識層面的美麗花朵。

身旁親近的人有時會帶來外在環境的訊息，這將有助於他們認清自己必須做些什麼。這些訊息可能是正向的，也可能是負向的。正向的狀態是，旁人會促進並鼓勵他們的成長需求。負向的狀態是，旁人會製造衝突，阻礙他們，因為他們如果真的改變了，就會對自我的安全感構成威脅。他們必須試著將阻礙自己成長的人屏除在生命之外。同理而論，這些人也必須帶著信念及勇氣，允許並鼓勵別人的成長需求。與他們親近的人或許會對這樣的改變產生恐懼及不安全感，因為彼此的關係已經到了臨界點。但是他們必須懷抱著信念，幫助對方做出必要的改變。他們如果能用這種態度面對必要的轉變，消除不合時宜且妨礙成長的驅力，並且拋掉既有的習性，就能用一種正向、漸進、溫和的方式進行全面的重生。

人們如果抗拒必要的演化，便就可能遭遇災難性的劇變。為了促進必要的改變，他們可能被迫失去過於強烈的驅力及生命領域。當劇變快速推動演化的發展時，將是一生難逢的轉化關鍵時刻，而每個人的演化導向都顯示在本命盤主要的業力／演化驅力之中。劇變的規模及性質與每個人的抗拒程度有關，也取決於他們是否能理解或接受自己必經的遭遇。他們如果負向地選擇了抗拒，那麼當必要的改變發生時，他們就可能六神無主，失去自己的覺知。光是內心的失控及停滯便可能令他們筋疲力盡。他們會覺得自己陷入了無底的漩渦，四周黑暗無光，而且無力逃脫。此時無意識的力量會凌駕自我中心的抵抗能力。他們會體驗到一些似乎並非源於自我意識的情緒風暴、情緒、想法及衝動，因而感覺無力及困惑。

從演化的觀點來看，人們會在這段時間根除深埋於無意識層面的老舊行為模式，以及相關性，這些東西往往影響了他們對人生的應對方式。他們如果剷除了老舊的模式及相關的東西，而且真的汰舊換新了，最後就能脫胎換骨地獲得重生。這種剷除的過程可能意味著外在情境或條件的消失，例如事業、親密關係、朋友、金錢或財產等。換言之，外在條件的剷除反映了內在的演化需求。

就經驗層面來看，這個進程通常是非常激烈的。他們在情緒的極端高潮及谷底之間擺盪，而且通常都是身不由己完全失控。高潮往往出現在靈光閃現的頓悟時刻；而當他們覺得失去了一切，生命不受掌控又毫無意義時，就會陷入情緒低潮。人們在此時會覺得自己動彈不得，而當情感、心智、精神及肉體層次經歷激烈的內在衝突時，甚至會覺得自己瀕臨死亡邊緣。再提醒一次，這些都是因為抗拒了必要的改變而出現的反應。

這個演化進程也會突顯強烈的業力。人們在前世或今世的行為如果導致了負向或困難的業力，往往會在此時體驗到後果。這些影響及衝突不僅可以讓他們意識到自己的動機及慾望，還能趁此解決過去的問題及業力。他們必須清除老舊的業力，才能繼續未來的人生之旅。比較正向的情況是，他們過去所實踐或履行的目標及慾望，會在這個階段達到高峰。這種高峰可以促進他們產生新的人生方向，因為過去的慾望已經被圓滿地實現了。

剷除性的演化進程只會讓他們改頭換面獲得重生，對生命的本質及目的產生新的慾望、想法、情感反應及認知。這個過程就像上戰場，經歷蹂躪、悲慘及痛苦，最後傷痕累累地返回家園。同理而論，這些人可以利用演化進程中獲得的認識和見解，激勵自己繼續往前走，不再重複過去的錯誤。

這個階段可能會出現的身體問題包括胰臟病變、直腸及小腸出問題、顯性的遺傳疾病、細胞變形導致的癌症，或是紅、白血球失衡。拙火能量的出現也可能導致嚴重的身心失調或神經疾病，如果這些能量沒有獲得適當紓解。這個階段也可能出現像腿或手臂暫時麻痺的脊髓病症、自發性的出體經驗，或是尾椎骨、臍輪的問題。

簡而言之，這個演化進程不僅能淘汰情感、心智、肉體或精神性的老舊行為模式或傾向，還可以釋放或剷除過去世或這一世累積的負面業力，或是讓過去世的目標及慾望所累積的正向業力臻於高峰。人們在這個進程中還能移除所有過度認同的、阻礙成長的內外障礙。當他們經歷必要的摧毀，從餘燼中重新站起時，就能自由而不受拘束地繼續演化之旅。

冥王星通過九宮

這個演化進程的主題，就是開創一種整體性的成長模式，因此人們必須挑戰自我的哲學準則及信念的限制。為了促進成長他們必須讓直覺引導意念，建立適當的策略。他們如果能向內關注直覺的引領，就能看到未來「願景」的本質，然後根據這些「願景」或直覺的提示，實現新的目標、想法及方向。他們必須學著信任這些直觀性的衝動，即使可能會對目前的現實趨勢構成威脅。

這個演化階段的本質通常都是非常正向的。就整體而言，人們可能會變得十分樂觀，將眼光放在未來，對未來充滿計畫。這個階段很適合制定新目標，然後為此執行新計畫或轉變方向。不過，對於有些人來說，為了配合新的計畫、目標及未來導向的直覺提示，而必須改變目前的現實狀況，的確不是一件容易的事。他們過去一直根據自己既有的哲學導向及信仰，塑造人生的方向和目標，如今卻與新的慾望及需求產生了衝突。這種情形如果真的發生了，就必然會招致特定的情境，直接挑戰或對抗既有的傾向。換言之，外在的對抗反映了挑戰限制的內在需求。無論如何，這些外在對抗的本質及調性通常都是非常正向的。在這個階段裡，別人可能會針對他們目前傾向的限制或弱點，與他們爭論或提出質疑。別人的動機通常都是非常正面和真誠的，只是為了鼓勵他們的人生繼續往前邁進。自我擴張的機會可能來自於外在環境，也會反映在本命盤主要的演化／業力的驅力上面，或是從冥王星推進九宮的宮頭星座、冥王星推進本命盤木星的位置、木星移位冥王星，以及太陽回歸時冥王星通過九宮的整體狀態看出端倪。

這個演化階段可以深化人們的直觀力。他們會用直觀的方式，表現出理解現實、過去、現在及未來的能力。這種認知並不是邏輯推演的產物。直觀性的洞見及認知會很自然地融入意識層面。人們在此時會渴望向前邁進，而且會將過去的一切視為阻礙成長的限制。這種浮動不安會讓他們對目前的現實產生不滿。他們知道自己為何必須在改變來臨之前，先採取必要的改變。當可能的機會或新的策略出現時，他們就會知道其意義所在。即使最冥頑不靈又抗拒的人，也會憑直覺知道意義何在。

對於那些帶著抗拒天性的人而言，即使他們試圖緊抓著過去不放，改變仍然會發生。對於有些人而言，這些改變可能非常困難，但他們仍舊很清楚自己必須經歷這個過程。他們即使因為過度抗拒，被迫失去特定的外在條件來促進內在的改變，仍然會在不幸之中保留希望的曙光。他們事後必能了解被迫失去之中的智慧及正向意涵。再提醒一次，他們基本上都十分渴望能有進步或改變。

在這個演化階段裡，大部分的人都很渴望完全擺脫生命中所有的義務及現實條件，因為他們內心深處有一股不受限制的渴望。然而，既存的現實必須調整、引導和塑造這些成長的渴望，才能控制成長的步伐。這裡的危險就在於用一種不受控制或失焦的方式擴張，導致全面性的瓦解或前進過快。他們必須將新的成長領域融入既有的現實架構中，然後將這些領域裡的東西吸收消化，才能獲得正向的進步。他們如果完全拋棄過去，便無法吸取新的成長模式。這些新的成長衝動如果沒有既定的底線的支撐，這些人就可能會失去方向，毫無理由地不停追逐新的方向或衝動。再提醒一次，阻礙成長的過去歷史或驅力必須被捨棄。

由此可知，這個階段的演化會讓一個人的哲學或宗教信念及準則，獲得擴張或轉化。他們過去是以這些準則作為基礎，依此來明確地詮釋或理解自己的人生，甚至是生命的整體。換言之，他們對於人生的理解，都是建構在這些信念及準則之上，進而對人生產生了概念，找到了人生的方向。當冥王星通過九宮時，他們會感受到自己在哲學上的侷限，於外會吸引來一些情境，點出這些侷限所在。再提醒一次，最好的應變之道就是跟隨內心深處對侷限及擴張的直覺，產生新的認知，讓舊有的信念獲得轉化。對外而言，這些人最好能聆聽別人的概念及想法，並且做出立即的回應。他們應該吸收外來的資訊，著眼於其中的優點，而非保守地捍衛或排斥。他們如果直覺地認為新的想法和概念是對的，就該把新的東西納入自己既有的哲學觀裡面；倘若必須改變、重新定義或消除之前的想法或準則，他們也應該毫不遲疑地採取行動。

這個階段的身體問題可能與胰臟、甲狀腺、腦下垂體、肝、坐骨神經或性輪有關。

簡言之，這個階段會帶來顯著的成長和樂觀的循環。它會加深人們的直觀能力，讓人們相信直覺。成長的機會通常會出現在與個人的演化／業力需求或必要性相關的生命領域裡。

冥王星通過十宮

這個演化階段的主題或原型是舊的生命階段即將畫下句點，人生的新頁正要展開。當這個進程開始的時候，人們必須主動地反省自己，檢視所有創造外在現實結構的內在驅力。他們可以透過這種自我反省產生自我認知，明瞭自己為何會用這種方式將人生拼湊起來，同時應該將這種認知作為依據，淘汰掉所有過時的或固著的情感、心智、肉體及精神模式。這些必要的改變會帶來新一輪的發展。

人們此時必須學會接受並承認個人行為的責任，不要去怪罪別人，試著把過去的模式拋開。他們必須培養新的成長和慾望模式，並將新的模式融入之前建立的責任義務中。此外，這個演化階段會讓一個人意識到自己的判斷的基礎，而這些判斷能反映出不再適用的行為標準。他們必須重新檢視所有的老舊態度，評斷它們是否仍然適用，或是已經不合時宜、妨礙了進一步的成長。

這個階段最常見的心理狀態就是疲乏感，這會讓人們感到空虛，覺得自己的存在毫無意義。這種疲乏感不僅與這一世有關，也可能與過去許多世有關，而這一切都建構於過去或現在的情感、心智、精神或肉體的具體模式之上。疲乏感是必要的，因為這可以促進自省，讓人們檢視一下是否有任何東西需要改變。人們必須對目前的環境或個人存在的整體本質感到毫無意義，才能激發更深層的靈魂探索，藉此來重新建構人生，賦予人生新的意義、目的及適切性。

自省可以讓人們意識到過去所有層次的運作模式，繼而促進內化的現象，也就是淘汰掉所有的外在形式及架構。當他們重新定義或消除老舊的形式及架構之後，就能產生轉化，也就是出現新的形式和結構：結合成各種新的想法、見解、情感、生理反應、態度及標準。這些形式及結構決定了他們的內在及外在的現實，也影響他們如何融入目前所處的社會，如何看待自己的社會地位。

由於十宮、摩羯座及土星代表人們在社會威權（事業）的背景中，建立自己的權威、將個人的權威融入社會架構中的方式，所以這個演化進程會激發他們檢視目前事業的本質及標準。這是必經的過程，因為這決定了他們的自我表現是否具有任何意義。他們如果無法在其中找到意義，就需要創造新的改變，意即新的事業或重新定義目前的事業。對於有些人而言，這個階段的必要演化也可能代表失業。對於其他人而言，則可能對目前的事業產生強烈的挫折感、無力感，或是毫不相關的感受。有些人會在此時與上司或同事發生問題。還有些人可能會在職場上獲得拔擢或責任加重，即使他們對自己的事業並不滿意。這種情況就像是一道演化的測驗題，看看他們會選擇升職、更多的讚賞，還是鼓起勇氣追求自己的成長需求。對自己的事業十分滿意的人，則可能會獲得拔擢、責任加重或知名度增加，這會為他們的事業創造出新的意義。對事業欠缺意義感的人，或是無法實現或落實自我事業需求的人，這個階段則非常適合創業或改行。透過這種方式，他們會找到一直在追求的個人意義。

人們很適合在這個演化進程中檢視個人的判斷基礎，以及依此衍生而出的行為標準。這些標準都是源自於父母及社會的制約，而個人的行為則會導致更多的經驗，進而作出判斷。前世制約的影響通常與這兩種動力（父母及社會）有關。判斷包括了心智及情感的態度和反應，而這些東西都是以上述的動力為基礎。人們通常會為了兩種原因反省自我的判斷模式：1.為了確定這些模式會對自他的行為或未來的行為帶來何種影響。2.為了確定這些模式是否負向地阻礙了自他的成長機會。這裡的關鍵就在於，他們必須確定這些判斷標準的負向影響，觀察這些影響是否會在構思未來的行為時造成阻礙，同時也必須反問自己為何會產生負向的判斷。當他們在構思未來的可能性時，如果發現了內在的阻力，或是意識到別人及社會的負向回饋所導致的阻礙，就可能出現兩種情形：1.阻力反映的是因恐懼或老舊不合時宜的判斷，而抗拒向前邁進。2.老舊的態度、連結的方式或未來的可能性，彼此之間毫無關聯。

如果是第一種情形，就必須檢視抗拒的原因、恐懼或老舊的判斷模式，然後試著擺脫這些東西，繼續未來的人生。如果是第二種情形，就必須對造成這種結果的外在跡象，抱持開放的態度。換言之，所有建構於既存判斷標準之上的老舊態度及連結，都可能換來別人負向的回饋。他們必須願意接受這些回饋，作出必要的改變。針對那些可能招致外在負向反應的未來發展，他們必須判斷這種可能性在自己持續前進的人生架構中，是否是「真實」合理的，或者只是現實生活中完全不可能發生的情節。外在環境的跡象會讓他們進行內省，幫助他們作出判斷。這些跡象有時是正向的，有時是負向的，無論是何種性質，都可以協助他們採取正確的行動。

如果行為看起來是正確的，他們就必須不屈不撓地採取行動，此時環境的跡象也會是正向的，而且會為他們敞開大門。人們在這個階段必須重新定義或消除特定的人生條件，如此才能反映出賦予人生意義的新方向。但如果行為的方向和可能性是錯誤的，那麼無論他們怎麼做，都會四處碰壁。

我曾經遇過一位個案，正好可以解釋這個演化階段。案主是一位五十六歲的女士，她的小孩都已經長大成人，而她完全不知道能為自己的人生做些什麼。當時冥王星正推進她的十宮宮頭，而從本命盤看來，她有當心理學家的天賦。我建議她上學，取得文憑。她一開始因為社會對年齡的標準和評價，非常抗拒我的建議。她說：「我太老了。」她的丈夫也希望她能待在家裡，繼續滿足他的突發奇想和需求。他也是一樣的說法：「妳太老了。」此外，她的父母從小就把她訓練成賢妻良母。我告訴她說，她至少應該研究一下學校的課程，這絕對是有利無弊的。

我一方面象徵著負向的外在跡象，因為我的建議關係到她對年齡的老舊態度。另一方面，我又象徵著正向的回饋，因為我鼓勵她去達成內心深處想要做的事情。結果，她的確聽從了我的建議。她找到的學校非常鼓勵她，而且願意提供財務協助。她必須與丈夫結束關係，因為他根本不想讓她這麼做。他覺得受到威脅，沒有安全感。她試著在既有的責任和義務中（她與丈夫的關係）適應人生的新方向。但因為他無法接受她的新方向，所以她必須結束這段婚姻，讓自己獲得進一步的成長。這個負向的外在「跡象」，再加上我針對她的老舊態度的負向回饋，反而突顯了她受教育和成為占星諮詢師的正向意義。她最後獲得心理學的碩士學位，成為一位專門幫助老年人的心理學家。她試圖幫助老年人擺脫對年齡的假設，最後還繼續進修，拿到博士學位。

這個演化階段的身體問題可能出現在骨髓、骨骼、腦下垂體或免疫系統。還可能出現在皮膚或頭皮的增生、酵素失調、加速老化或是反而變得更加有活力、讓老化延緩、器官組織重生或退化，或是海底輪出現問題。

總而言之，這個進程要求人們重新定義生命中所有過時的老舊結構。新的階段或循環正要展開。他們必須下定決心，不屈不撓，有勇氣去重新訂定人生的方向。

這個演化階段的主題或原型，就是切斷所有約束個人成長的依附傾向。這個進程會加速一個人的成長。這種加速作用會讓人覺得自己被生命中既有的現實所束縛。這種束縛感會讓一個人的意識產生內在的壓力，而這種壓力又會在無意識的領域敲開一道裂縫，其中暗藏著一直以來被壓抑的驅力及問題，包括前世與今世的完整回憶，以及未來的訊息。未來的訊息會對意識產生影響，所以人們可能為了進一步的自我成長，而擺脫過去和現在的束縛。這種擺脫現在和過去的強烈需求，會讓他們在情感、心智、肉體及精神上，陷入週期性的疏離狀態，從而脫離既有的現實。當他們處於疏離的週期時，可以客觀地審視所有導致自己目前狀態的內外驅力。這種客觀的審視，也可以讓他們冷靜地分析是否有任何東西需要改變或淘汰，進而去滿足新的演化衝動。疏離的狀態會與抗拒改變的狀態相互牴觸，而當他們面對未來導向的想法或衝動時，通常會覺得受到威脅，欠缺安全感。

許多人會覺得自己無法控制新的衝動及想法，這些東西彷彿有自己的生命，自動地進入個人的意識層面。他們如果想要正面應付未來導向的想法，關鍵就在於觀察哪些想法一直在重複出現。換言之，如果某種想法重複地出現，他們就應該將它具體地實現出來，如果只是出現一次或兩次，就不需要加以理會。只出現一次或兩次的想法及衝動，通常只是主觀的願望或是提早出現的預示，也許要到很多年後才會看出其中的關聯性，所以不是現在可以理解的。此外，他們也應該留意來自別人的外在訊息，這些訊息也會一再地重複出現，與他們的未來有密切的關係。外在的指引可以幫他們確定自己內在的感受或體驗。

人們在這個階段需要改變或消除關於未來的內外條件、情況或驅力，所以必須先挑戰這些東西，才能獲得自由。就外在而言，他們可能會與朋友或認識的人突然發生衝突。有些衝突和對立也許會讓他們與別人之間尚未解決的殘存業力浮上檯面。他們現在終於有機會解決並擺脫這些業力的糾纏，自由地向前邁進。這種突如其來的衝突可能會讓他們或對方都感到十分困惑。看似穩固、親密、充滿信任的關係，突然間就出現了衝突和對立，這往往會讓關係中的雙方驚訝不已。他們通常會六神無主，不了解為何會發生這些衝突，而最常見的結局就是關係結束。我會建議他們停止依附一些試圖拉住自己、讓自己無法成長的人，並且解決所有導致衝突發生的業力問題，如果意識到有些關係已經自然地分道揚鑣了，就該放手讓關係結束。對方如果鼓勵他們追求成長的慾望，幫助他們客觀地了解未來的想法及衝動，他們就應該努力滋養這段關係。對於他們而言，有些既存的關係一定要畫下句點，才能讓新的人、社團或親密伴侶進入人生，而這些人往往都能與他們當時的新需求及慾望產生共鳴。

人們在這個階段必須停止依附當下的想法和心智導向，也應該捨棄既有的情感、肉體或心靈反應。各種層次的新模式及趨勢正迅速地進入意識之中。演化步調的加速可以讓他們體驗到「演化的跳躍」，讓自然的演化階段獲得進展。因此，我很鼓勵他們在此時接觸新的朋友、社團或團體。當人們不想再繼續依附目前的想法和情感反應時，往往會覺得自己的人生已經不同於以往。走在同一條道路上的人，還有一些已經或正在朝同一個方向演化的人，通常可以幫助他們適應目前發生的一切。這種客觀的鞏固作用可以幫助他們掌握自己的人生，完全擺脫掉阻礙成長的過去。

人們在這個階段時常會吸引來一些正在經歷同樣需求的人。他們的內外似乎都瀰漫著一種迷惘的氛圍。他們也應該鼓勵與自己關係密切的人追求自我成長，即使會帶來外在形式的改變或關係的結束。他們如果能採取這種方式，就能建立或維持正向的業力。他們如果試圖阻礙別人的成長，彼此的關係就可能以負向又困難的方式結束。這種結束會導致負向的業力或留下尚未解決的問題，日後還是得再一次面對。

這個階段會出現的身體問題包括：因不同程度的壓力所導致的交感或副交感神經的問題、因壓力引發的基因缺陷問題、導致中風的神經性問題、肺或呼吸系統的毛病、脊髓問題、皮膚紅疹、因為髓輪（頭骨的底部）緊繃導致的頭痛、暈眩、心律不整導致的血壓不穩，以及與尾輪及喉輪有關的毛病。

總而言之，這個演化的進程會加速一個人的成長步調。他們必須擺脫過去的束縛，才能獲得迅速的成長，讓新的、可能有些激進的想法及衝動，進入個人的意識層面。他們必須終結所有將自己與過去綑綁在一起的事物或關係，然後追隨一再出現、以未來導向的內外訊息。如此一來，他們就能在演化的道路上向前跨出一大步。

冥王星通過十二宮

這個演化階段的主題和原型，就是要讓人們意識到夢想、幻覺及妄念的本質。因此人們必須學會面對並承認這些東西所導致的結果。夢想及願望通常已經反映在當下的現實中，所以人們會覺得這些夢想或願望所導致的現實，似乎不如自己原先的想像。夢想和願望都與具備分離本質的慾望有關。當人們在渴望或試圖讓夢想成真時，往往會學到一門心靈功課：自己是現實的共同創造者，與造物的本源是連結的。人們一旦在夢想和願望成真之後發現彷彿不如原先的想像，就會覺得生命之外一定還有些什麼，而且目前一定少了些東西。這種感覺會讓他們打從心底感到非常孤獨，沒有任何外在或帶有分離性質的慾望能夠填滿空虛，也無法從既有的現實中獲得滿足。帶有分離性質的慾望只能製造片刻的滿足，但馬上就會被更多的念頭取代。因此，人們很適合在這個階段去認識或接觸自我分離慾望的根基。

人們在這個階段會出現與本源融為一體的需求，而這往往會讓他們在現實生活中陷入困惑，對於目前所擁有的一切都感到疏離或陌生，甚至毫無意義。他們會在這個階段感受到根本而必要的幻滅。此時的現實會伴隨著一個接一個的夢想和幻想，而這會讓他們覺得自己是站在懸崖邊緣，光明的世界（過去）與眼前無垠的、絕對的黑暗形成了強烈對比。他們為了滿足自我與本源或宇宙結合的慾望，必須帶著信念勇敢地跳下深淵，才能瓦解阻擋這種意識融合的所有障礙。然而當人們面對這種演化慾望時，往往都會表現出懼怕和抗拒。正如海浪可以暫時抵抗重返大海的力量，他們的自我中心意識也會抗拒向宇宙大海或本源的一體性投降。這種抗拒會讓他們週期性地與現實疏離或切斷關係，而且覺得現實的一切都變得毫無意義。就外在而言，這些人過度投入的生命領域可能會被移除或瓦解，而他們似乎也無力阻擋這種情形的發生。這種剷除及淘汰是必要的，唯有如此他們才能獲得釋放，繼續向前邁進；同時也讓他們知道宇宙之中仍然有一股更大的力量，監督和引導著萬物的整體發展，無論是個人或集體皆然。許多人基於這種瓦解作用，作夢的頻率會明顯地增加。作夢可以釋放潛意識裡的東西，促進靈魂的淨化，讓新的成長循環發生，進而與本源產生直接的連結。這個階段的夢大致可以分為三種類型：

1. 有關過去的夢。他們必須觀察這些夢是否與目前的狀態有關。夢的內容會集中在特定的一世，或是在一個夢中涵括了許多世的遭遇，而夢的本身多半充滿強烈的象徵意味。

2. 有關目前的經驗或生活環境的夢。這些夢讓他們有機會更深一步地探討這些經驗或環境的本質及現實面。

3. 「超意識」（superconscious）的夢。他們在夢中進入星光層或因地的次元，接收到一些指示、知識或啟示，而這些東西通常與他們目前處境的本質，或一直尋求著答案的問題有關。當他們醒來之後，通常會產生兩種反應：第一種是對夢的內容有完整而鮮明的記憶，清楚地記得自己去了哪裡，夢中的一切似乎比生活中的「現實」更加真實；第二種則是完全沒有記憶，但是很清楚自己曾經在夢中到過另一個地方。

我建議他們應該為夢寫日記，把夢的內容記錄下來。這是很必要的步驟，因為夢會跟隨月亮的二十八天週期而改變，所以當他們透過二十八天的循環來詮釋一個夢時，會比脫離循環後的解讀來得更加準確。

在這個演化階段中，人們的腦下垂體很自然會受到刺激，因此自然的褪黑激素會悄悄地融入體內，讓他們的意識狀態產生改變，無論是生理或心理機制都會變得非常敏銳。他們現在會敞開心胸，同時接收外在和內在、正向及負向的頻率震動，而且會受其影響。負向的狀態是不停地接收到帶有虛幻色彩的想法及頻率震動，讓他們週期性地陷入困惑、疏離及隔絕之中。這些想法及頻率震動可能源自於他們自身，也可能是接收到集體意識裡他人的想法。

正向的狀態則是接收到所有具備精神或超自然本質的想法及頻率震動，讓他們獲得神性的啟發、揭示及交融。他們此時應該認同一種先驗性的信仰系統，藉此產生必要的見解及知識，這不僅可以激發精神層面的意識發展，同時還能培養促進覺知的技巧，區分實相和幻相的不同。他們如果能做到這一點，就沒有任何東西能阻礙他們與本源產生清醒的結合，而且還能認清恐懼的本質，知道自己為何如此抗拒這種必要的結合。除此之外，他們也會發現自我慾望的本質，不受拘束地活出此生命定的模樣（這是就演化及業力的觀點而論）。這種自由最後會取代永無止境的慾望，終結所有因慾望而不斷產生的夢想及幻象。

他們還必須學著活在當下，而當下就是永恆。活在當下可以讓他們很自然地朝未來演化，因為未來就是在連綴不斷的當下逐步地揭露出來。如此一來，他們就可以隨時觀察自己，知道所謂的現實就是當下的一切。這個進程可以幫助他們更清楚地認識自己，看清過去及現在的因果關係。此外，它還能幫助他們體驗到神性的引領，這不僅能為他們揭開自己真實的本性，同時還能隨時為他們指引未來的道路。在這個演化階段，人們也必須平衡出離和投入外在活動的需求。這時他們必須與世隔絕，不參與任何活動。如果他們根據自然的流動或韻律，來回應這種外在活動及出離交替出現的循環，就能讓自己維持在清明狀態。這種韻律通常是浮動又無法預測的。他們如果沒有跟隨這種韻律，就會六神無主，感到困惑和疏離。

這個階段的身體問題可能出現在內分泌系統、免疫系統、下視丘及腦下垂體。人們可以趁機擺脫痼疾，因為生理機制正在自行淨化，也可能對食物或飲料的不潔淨特別敏感，而出現過渡期的過敏反應，加重現有或隱性的遺傳疾病、酵素失衡，產生與膽、肝、結腸或小腸有關的疾病，或是對抗療法無法診斷出的疾病，也會有及時性的出體經驗，與性輪或頂輪有關的身體問題（頭頂或腹部中央出現灼熱感）。這時很適合攝取純淨的水分、用瀉鹽泡澡、做舒緩運動、冥想及瑜伽。

總而言之，人們在這個階段需要認同一種超驗性的信仰系統，藉此來促進覺知，認識靈魂真正的身分。他們如果能這麼做，就會知道自己是與本源融合的共同創造者。對現實產生的週期性幻滅、困惑和疏離，都是一種「標示」，為他們指引方向，找到自己一直在追尋的終極意義。他們到此刻總算認清了個人慾望、夢想及幻象的本質，因此就能有意識地將自己的行為、慾望及身分認同與本源結合，而本源也就是一路指引他們走上演化及業力之旅的那股能量。到最後他們會跟本源攜手共進，個人的行動及慾望與本源的意志及慾望和諧地融為一體，呈現在他們的人生計畫之中。

結語

在《冥王星：靈魂的演化之旅》中，作者先解釋靈魂的本質，接著介紹引導靈魂逐步演化的內在驅力；它帶領每個人往自我實現的完美狀態邁進。

以上述內容為基礎，作者透過占星學的角度，來解釋每個人在此生所面對的特定演化功課。一個人獨特的本質和靈魂的人格所造成的在現實界的傾向，不但描繪出了我們將會用何種方式去體驗人生，也點出了每個生命所遭遇的情境及特性。作者希望這種認識人生的方式，能夠幫助人們認同自己這一世的演化導向，同時也能讓人們接受一個事實：我們必須為自己過去的行為負責，而這都深植於靈魂的雙重慾望之中。

這本書是為那些質疑「我為何在這裡？我的功課是什麼？」的人而寫的。我們越來越常聽到人們提出這類的問題，因為海王星正通過摩羯座、冥王星回到了自己所主宰的天蠍座，因此日益加深了靈魂的集體性不安全感。作者希望曾經問過這類問題的讀者，能夠在這本書的協助下找到答案。針對專業的占星諮詢師，作者希望這本書能增進他們的洞悉力，幫助案主找到這些問題的解答。

如果有越來越多的人能透過這種方式來理解自己的人生，與眼前的演化功課合作，集體及個人演化的災難性事件就可能會減少。再提醒一次，個人和集體如果抗拒眼前必要的演化，就有可能導致一些災難，而促成必要的演化。這就是作者寫本書的精神所在。

在《冥王星：靈魂在關係中的演化》中，將會討論冥王星在關係中扮演著何種角色。前世關係的問題、理由及業力讓兩個人在這一世相遇。作者將會透過兩個人的合盤及合盤顯示的主題，深入探討雙方必須在此生一起面對的功課。《冥王星：靈魂在關係中的演化》還會討論冥王星與解剖學及生理學的關係，然後系統性地解釋人體的脈輪。此外，我們還會檢視冥王星在歷史上扮演的角色。冥王星與人類未來數十年所做的選擇有關，而這將決定我們所有的集體現實。

讀完本書之後，如果對書中內容有任何疑惑，很歡迎讀者寫信給我。如果想針對個人的演化及業力需求來分析本命盤，我會很樂意透過錄音帶替你服務。無論是上述哪一種情形，都可以透過雷維林出版社與我聯繫。請附上一個回郵信封，我將會告知所需的資訊費用。你如果希望我能到你所在的地區開課或演講，也可以透過雷維林出版社與我聯繫。

我真摯地希望你能從這本書中獲得新的知識，將此知識應用在你自己以及與你有關的人身上。願神保佑你！

國家圖書館出版品預行編目

冥王星：靈魂的演化之旅 / 傑夫．格林（Jeff Green）著；
韓沁林譯. -- 初版. -- 臺北市：積木文化出版：家庭傳媒城邦分公司發行，
民100.03　面；公分

ISBN 978-986-120-637-0（平裝）
1.占星術 2.冥王星

292.22　　100002450

LIGHT 06

冥王星——靈魂的演化之旅

原著書名／Pluto: The Evolutionary Journey of the Soul Volume I
著　　者／傑夫．格林（Jeff Green）
審　　訂／胡因夢
譯　　者／韓沁林
責任編輯／林謹瓊

發 行 人／涂玉雲
總 編 輯／王秀婷
版　　權／向豔宇
行銷業務／黃明雪．陳志峰
法律顧問／台英國際商務法律事務所　羅明通律師
出　　版／積木文化
　　台北市104中山區民生東路二段141號5樓
　　電話：(02)25007696　傳真：(02)25001953
　　官方部落格：http://www.cubepress.com.tw
　　讀者服務信箱：service_cube@hmg.com.tw
發　　行／英屬蓋曼群島商家庭傳媒股份有限公司
　　城邦分公司　台北市民生東路二段141號2樓
　　讀者服務專線：(02)25007718-9　24小時傳真專線：(02)25001990-1
　　服務時間：週一至週五上午09:30-12:00、下午13:30-17:00
　　郵撥：19863813　戶名：書虫股份有限公司
　　網址：城邦讀書花園　www.cite.com.tw
香港發行所／城邦（香港）出版集團有限公司
　　香港灣仔駱克道193號東超商業中心1樓
　　電話：852-25086231　傳真：852-25789337　電子信箱：hkcite@biznetvigator.com
馬新發行所／城邦（馬新）出版集團
　　Cite (M) Sdn. Bhd. (458372 U)
　　11, Jalan 30D/146, Desa Tasik, Sungai Besi,
　　57000 Kuala Lumpur, Malaysia.
　　電話：603-90563833　傳真：603-90562833

封面設計／唐壽南
內頁排版／中原造像股份有限公司
製版印刷／中原造像股份有限公司

城邦讀書花園
www.cite.com.tw

Printed in Taiwan.

2011年（民100）3月8日　初版一刷

Translated from PLUTO: THE EVOLUTIONARY JOURNEY OF THE SOUL

售　　價／500元
ISBN 978-986-120-637-0

積木文化

104 台北市民生東路二段141號2樓

英屬蓋曼群島商家庭傳媒股份有限公司　城邦分公司

地址

姓名

請沿虛線摺下裝訂，謝謝！

積木文化

以有限資源，創無限可能

編號：VS0006　書名：冥王星：靈魂的演化之旅

積木文化　讀者回函卡

積木以創建生活美學、為生活注入鮮活能量為主要出版精神。出版內容及形式著重文化和視覺交融的豐富性，出版品包括心靈成長、占星研究、藝術設計、珍藏鑑賞、食譜、飲食文化、手工藝、繪畫學習等主題，希望為讀者提供更精緻、寬廣的閱讀視野。

為了提升服務品質及更了解您的需要，請您詳細填寫本卡各欄寄回（免付郵資），我們將不定期寄上城邦集團最新的出版資訊。

1. 您從何處購買本書：__________ 縣市 __________ 書店
   □書展　□郵購　□網路書店　□其他 ____________________
2. 您的性別：□男　□女　您的生日：_____ 年 _____ 月 _____ 日
   您的電子信箱：____________________
   您的身分證字號：____________________
   您的聯絡電話：____________________
3. 您的教育程度：
   □碩士及以上　□大專　□高中　□國中及以下
4. 您的職業：
   □學生　□軍警　□公教　□資訊業　□金融業　□大眾傳播　□服務業　□自由業
   □銷售業　□製造業　□其他 ____________________
5. 您習慣以何種方式購書？
   □書店　□劃撥　□書展　□網路書店　□量販店　□其他 __________
6. 您從何處得知本書出版？
   □書店　□報紙／雜誌　□書訊　□廣播　□電視　□朋友　□網路書訊　□其他 __________
7. 您對本書的評價（請填代號 1 非常滿意 2 滿意 3 尚可 4 再改進）
   書名 _____ 內容 _____ 封面設計 _____ 版面編排 _____ 實用性 _____
8. 您購買本書的主要考量因素：（請依序 1～7 填寫）
   □作者　□主題　□口碑　□出版社　□價格　□實用　□其他 __________
9. 您是否曾進修過哪些身心靈相關課程？
   ____
10. 您曾閱讀過哪些身心靈主題的大師經典？
   ____
11. 您希望我們未來出版哪些身心靈主題的書籍？
   ____
12. 您對我們的建議：
   ____

1942.6.17